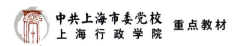

中共上海市委党校 上海行政学院 重点教材

中组部全国干部教育培训好教材

创新创业 活力四射

新时代上海创新型企业攻坚克难实践案例

毛军权 主编

上海张江国家自主创新示范区专项发展资金
"十三五"重大项目资助出版

復旦大學出版社

PREFACE 序

习近平总书记要求上海"加快向具有全球影响力的科技创新中心进军"和"强化全球资源配置功能、强化科技创新策源功能、强化高端产业引领功能、强化开放枢纽门户功能"。当前,上海建设科创中心的基本框架体系正在形成,全球影响力日益积累,"策源式"创新持续涌现。特别是,一大批民营科技创新企业沐浴着新时代的阳光雨露茁壮成长、活力四射,成为上海科技创新舞台上一道道亮丽的风景线。

今年是建党 100 周年,也是"十四五"规划开局和全面建设社会主义现代化国家新征程的开启之年。为更好地服务上海建设具有全球影响力的科技创新中心,加快上海创新创业经验与案例的复制推广,在市委组织部、市教卫工作党委、上海科创办等部门的直接指导下,上海市委党校(上海行政学院)毛军权教授牵头组织编写遴选出新时代在上海成长和发展起来的 22 个优秀民营科技企业创新创业案例,并汇集成《创新创业 活力四射——新时代上海创新型企业攻坚克难实践案例》一书。

该书生动地反映了民营科技企业在上海加快建设具有全球影响力的科技创新中心大背景下,成长、发展、壮大的精彩历程。总体上体现了以下 3 个特点:一是聚焦重点产业。入选案例企业主要来自本市战略性新兴产业、先进制造业、现代服务业、基础设施民生保障四大领域,特别是集成电路、人工智能、生物医药、智能制造、高端装备、新材料等上海先导产业和重点产业,涵盖了科学服务、新零售等现代服务业领域以及在线新经济等新兴业态。二是强调科技赋能。瞄准了前沿科技和未来发展制高点，优先选择那些奋力攻克"卡脖子"关键核心技术，并把技术优势转化为产业优势的科技企业。这次入选的 22 家企业中，近三成企业曾获得国家科学技术奖及省部级科学技术奖，近九成企业曾获得"国家高新技术企业""上海市科技小巨人企业""上海市'专精特新'中小企业""上海市企业技术中心"等称号，3 家企业为人力资源和社会保障部批准的博士后科研工作站的设站单位。三是关注综合效益。在入选的 22 家企业中，超三成企业为上市公司，其余大部分企业也正在接受上市辅导，入选企业经营状况和盈利能力普遍表现强劲，经济效益持续提升。

该书的另一个特点是，案例分别得到专家学者和行业权威人士的点评，故不仅可以作为干部教育培训和高校大学生创新创业教育的教材，也是一本面向社会大众展示新时代"大众创业、万众创新"丰硕成果的读物。

本人衷心期待，本书的面世能激励一批又一批具有强烈的家国情怀，永葆不畏艰险、锐意进取的奋斗韧劲的杰出民营企业家，在新时代新征程中不断创造新的奇迹。

2021 年 6 月于上海

（王新奎先生曾任上海对外贸易学院教授、院长，全国工商联副主席、上海市政协副主席、上海市工商联主席，第十一、十二届全国政协常委）

CONTENTS 目 录

序

001 立志产业报国，实现"卡脖子"产品进口替代
——上海泰坦科技股份有限公司变革"科学服务业"之路

025 锚定"流量经济"，打造全球"游戏+"新型头部企业
——波克科技股份有限公司创新拓展网络文化产业多元发展空间

053 深耕云计算，助力更多数字经济梦想者
——优刻得科技股份有限公司为数字经济创造价值的逐梦之旅

077 构建新时代"互联网+环保"循环再利用体系
——上海万物新生环保科技集团有限公司积极探索二手3C产品再利用新赛道

101 Energy！活力、动力、创新，造就新经济企业互联网科技"小巨人"
——上海艾麒信息科技股份有限公司十年创业启示录

127 立足主业科技创新，铸就制造业发展之魂
——奥盛集团有限公司坚持科创驱动，打造先进制造业"一树四翼"

151 客户为本，创新为魂
——思源电气股份有限公司在深耕输配电领域中做大做强

173 "汇"珠成塔，"珏"胜未来
——上海汇珏网络通信设备股份有限公司创新推动转型的探索实践

创新创业　活力四射——新时代上海创新型企业攻坚克难实践案例

197　让世界见证中国的"生物芯"
　　——上海生物电子标识股份有限公司创新发展历程

217　智联智控智造，护航智慧轨交
　　——上海嘉成轨道交通安全保障系统股份公司以创新引领城市轨道交通高质量发展

243　"中国芯"连通"一带一路"，开辟智慧大物流蓝海
　　——上海西井信息科技有限公司的国内国际双循环创新创业实践探索

269　智观天下，慧创未来
　　——上海眼控科技股份有限公司以人工智能托起交通安全的底线

289　攀登通信仪表高地，护航"中国智造"崛起
　　——上海创远仪器技术股份有限公司"半路出家"登上国家科技进步奖特等奖领奖台

313　驰骋财经天地，领跑"金领"教育
　　——上海高顿教育科技有限公司倾力打造终身智慧财经教育新生态

343　逆流而上，打造数字营销新基建
　　——上海意略明数字科技股份有限公司以数据赋能品牌营销

363　向阳而行，在高端装备"必争之地"实现从零突破
　　——理想晶延半导体设备（上海）股份有限公司自主研发之路

385　抢抓改革历史机遇，科技赋能财税"智"理
　　——上海云砺信息科技有限公司助力"营改增"

409　从"初生"到"领跑"，逐梦"互联网＋体育"
　　——虎扑（上海）文化传播股份有限公司构建中国体育产业独角兽生态

435　推动基础软件发展，实现数据复制核心技术国产化
　　——上海英方软件股份有限公司探索信息安全技术自主可控

457　让"医生的眼睛"实现国产替代
　　——上海透景生命科技股份有限公司推进体外诊断自主创新

473 帮助小微企业从"0"到"1"
——上海山谷优帮众创空间管理有限公司打造创新创业服务平台的实践探索

495 从创新链到产业链：拆除"篱笆墙"，孕育新"烯"望
——上海市石墨烯产业技术功能型平台的发展之路

521 后记

立志产业报国,实现"卡脖子"产品进口替代

——上海泰坦科技股份有限公司变革"科学服务业"之路

摘 要

科研所需的高端仪器、试剂、耗材大多依赖国外进口，能不能自主开发新品、自创民族品牌，实现"卡脖子"产品的进口替代？正是基于这样的愿景，上海泰坦科技股份有限公司（下文简称"泰坦科技"）于2007年10月应运而生。

扫一扫，看视频

在谢应波等6位公司创始人中，有4位是中共党员。作为社会主义教育体系培养起来的大学生，他们牢记党员的初心使命，把人生理想、创业目标与国家发展融合在一起，从校园起步、实验室起家，秉承"产业报国"的信念，瞄准科学实验和科技服务中的痛点、难点及国家战略需求进行创新创业实践。可以说，从泰坦科技成立之日起，红色基因就融入其中，引领着公司的成长、发展与聚变。

得益于上海的普惠政策及良好的营商环境，泰坦科技已取得令人瞩目的成就。泰坦科技于2015年在新三板挂牌，2020年成为科创板首家上市的科学服务企业。企业先后被评为"国家高新技术企业""上海市科技小巨人企业"，被授予"上海市文明单位""上海市'工人先锋号'""上海市'巾帼文明岗'"等荣誉称号。董事长兼CEO谢应波亦曾获"中国青年创业奖""上海市领军人才""上海市青年科技杰出贡献奖""上海市劳动模范"等荣誉，当选全国青联委员、上海市人大代表、上海市总商会副会长，选调参加中央统战部、全国工商联"新时代民营企业家发展计划"培训班。

今天的泰坦科技，致力于成为中国科学服务首席提供商，打破外国品牌的垄断，推进行业信息化进程，成为行业变革的引领者。泰坦科技的发展，其实也是上海科创事业蒸蒸日上的一个鲜活缩影。

关 键 词

产业报国　创新变革　卡脖子　进口替代　骑士精神

一、背景情况

面对当今世界百年未有之大变局,创新已经成为时代机遇。青年是国家和民族的希望,创新是社会进步的灵魂,创业是推动经济社会发展、改善民生的重要途径。党和国家高度重视青年的创新创业。尤其是党的十八大以来,习近平总书记曾作出系列指示批示,发表许多重要讲话,为青年创新创业指明了方向。习近平总书记强调:"拥有一大批创新型青年人才,是国家创新活力之所在,也是科技发展希望之所在。"2013 年,习近平总书记在致全球创业周中国站活动组委会的贺信中指出:"全社会都要重视和支持青年创新创业,提供更有利的条件,搭建更广阔的舞台,让广大青年在创新创业中焕发出更加夺目的青春光彩。"2015 年,国务院政府工作报告明确将"大众创业、万众创新"作为驱动经济发展的"双引擎"之一。2018 年 9 月,国务院印发《关于推动创新创业高质量发展打造"双创"升级版的意见》;10 月,习近平总书记到民营企业调研时指出,民营企业对我国经济发展贡献很大,前途不可限量。党中央一直重视和支持非公有制经济发展,这一点没有改变、也不会改变。创新创造创业离不开中小企业,我们要为民营企业、中小企业发展创造更好条件。2019 年 3 月 10 日,习近平总书记在参加十三届全国人大二次会议福建代表团审议时强调,"要营造有利于创新创业创造的良好发展环境。要向改革开放要动力,最大限度释放全社会创新创业创造动能,不断增强我国在世界大变局中的影响力、竞争力"。

青年人才朝气蓬勃、思想解放、富有改革创新精神,是推动经济社会发展、科技创新的主力军和突击队。我国正处于转型发展的关键时期,需要各级政府积极营造优质的人才环境,完善体制机制,加速青年人才培养,鼓励支持青年人才创新创业。上海市积极贯彻落实党中央、国务院的重大决策部署,主动优化营商环境、出台各项政策,成立大学生科技创业基金会,鼓励和支持青年创新创业。特别是 2014 年 5 月习近平总书记在上海考察时要求上海始终立足国内、放眼全球、着力实施创新驱动发展战略、加快向具有全球影响力的科技创新中心进军后，上海先后出台了《关于加快建设具有全球影响力的科技创新中心的意见》(简称"科创22条")、《关于深化人才工作体制机制改革促进人才创新创业的实施意见》(简称"人才20条")、《关于进一步做好新形势下本市就业创业工作的意见》、《关于进一步深化人才发展体制机制改革加快推进具有全球影响力的科技创新中心建设的实施意见》(简称"人才30条")、《关于新时代上海实施人才引领发展战略的若干意见》(简称"人才新政20条")等一系列文件，大力鼓励青年创新创业。

"上海是个适合创业的地方，否则几个穷学生怎么可能把企业发展到今天的地步？"从申请到上海市大学生科技创业基金20万元的无偿资助开始，谢应波勇敢地迈出了创业的第一步，回望过去，他感慨万千。

▲ 泰坦科技创始人谢应波

从单一产品线，到创建6个自主品牌、申请专利及软件著作权120多项、拥有3 500多种独有高端试剂；从只有1名正式员工的"蚂蚁式"企业，到有860余名员工的中小企业；从1个客户，到服务超过100万科研人员、5万家客户；从年销售额仅3 000元，到13.84亿元；从受制于国外品牌商，到成为引领行业的变革者；从华东理工大学宿舍的"萌芽"，到新三板挂牌、科创板上市……

植根于上海营造优良营商环境的土壤之中，谢应波和他的团队创立的泰坦科技，与国家关于创新创业的战略部署同频共振，紧跟上海科创发展的脚步，成长、发展乃至聚变。自创立至今，泰坦科技已然取得诸多可喜可贺的骄人成绩。

二、主要做法

2007年，谢应波和他的团队在华东理工大学的宿舍创办成立泰坦科技，并申请到上海市大学生科技创业基金会20万元无偿资助。公司自成立后，每年都在加速成长。

2011年，泰坦科技建立"一站式"科学服务平台——"探索平台"，并获得"国家高新技术企业"荣誉称号；2015年，公司成为国内首家在新三板挂牌上市的科学服务企业，同年被评为"上海市科技小巨人企业"；2020年，公司在科创板成功上市，年销售额13.84亿元。泰坦科技的发展路径清晰可见，以下7个方面的做法值得借鉴。

（一）初创，瞄准科学服务中的痛点难点，立志产业报国

泰坦科技诞生于一间普通的大学宿舍。那一年，谢应波正在华东理工大学攻读理工科博士学位，他发现，同学们做实验使用的高端仪器、试剂、耗材几乎全部依赖进口，不仅价格昂贵，服务对接也有诸多不便。

正处于转型期的中国，迫切需要通过科技创新来提升竞争力。"当时中国科研供应保障以及基础设施条件相当薄弱，在国内能买到的试剂不超过7 000种，很多产品即使买得到，也可能存在结构、纯度和品质等方面的瑕疵。"谢应波敏锐地察觉到，这一领域有很大的市场需求。

谢应波参加过学校勤工助学，经历过创业计划大赛的磨炼，他想到了一起参赛的其他同学。大家一拍即合，萌生了创建一个科技创新企业的想法。谢应波和他的团队想要改变国内科学服务行业，为科学家提供更专心、专注

的工作环境。

如何把灵光一闪的创业意愿变成具体的创业实践？谢应波与其团队开展了大量调研分析工作。"如果在国内生产供应试剂，在时间和价格上有巨大的优势。在时间上，进口需要1个月左右，而国内供应只需要花1天时间；在价格上，进口试剂至少要高出50%，更有甚者高出数倍，还有部分特殊产品限制进口到国内，并且服务能力跟不上。"调研得出的这份结果，让谢应波下定了决心——科研人员和质控人员所需的产品与服务，正是他们创业的方向。

创业成功不仅仅靠意愿、激情，关键还要找准切口，瞄准市场中存在的难点和痛点，并提供解决方案。当时，科技服务行业在国内才刚刚起步，虽然此前国内也有一些小公司踊跃尝试，但毕竟规模太小、实力较弱，根本不能与国外企业相抗衡。

试剂和设备，就意味着标准。国外知名企业出售的高端科研试剂价格太高，国内的相关科研机构未必都有这样的经济实力去购买。"我们为什么不做国产的试剂与设备？"就这样，谢应波他们确立了首个创业落地项目。"我们希望，创业方向能够与国家产业发展和社会发展方向相契合，同时也与我们自身研究技术方向相结合。"

于是，泰坦科技就这样诞生了。泰坦科技6位创始人中有4位是中共党员，他们以高度的担当精神与强烈的使命感，把人生理想、创业目标与国家发展融合在一起，团队立志"产业报国"，坚持自主开发新品和自创民族品牌，实现"卡脖子"产品进口替代，致力于成为中国科学服务首席提供商。

"泰坦"（Titan）源于希腊语，是希腊神话中曾统治世界的古老的神族。这个名字是谢应波取的，初创团队志向之高远，不言自明。

"经过商量后，大家都认识到自己的经济实力离创办公司相差甚远，倒是上海市大学生科技创业基金会科创分基金比较看好我们的项目，为我们提供了20万元资金，我们的创业旅程就这样开始了。"

刚刚起步的创业之路注定坎坷。"团队中的成员大多来自农村，家境并不宽裕，大学毕业之后，为了节省开支，我们6个人还是挤在了学校宿舍。"

谢应波回忆，创业前3年，几位创始人都没回老家过年，除夕夜还在租来的实验室做实验。尽管艰辛，但大家都觉得值得："当时有对家乡的思念，但更多的是新品研发成功带来的喜悦。"

（二）共振，积极利用普惠政策，与上海科创发展同步

泰坦科技的发展，其实也是上海科创事业发展的一个鲜活缩影。上海的普惠政策及良好的营商环境让泰坦科技获得诸多助益，也为公司的发展持续"加码"。"有求必应，无事不扰"——这8个字正是泰坦科技对上海营商环境的深切体会。

泰坦科技启航的"第一桶金"，就是上海市大学生科技创业基金会的无偿资助。当时，谢应波还在华东理工大学读博，虽有很好的创业项目，可是6名在校大学生如何寻找创业资金呢？谢应波他们没有犯愁太久。上海市大学生科技创业基金会慧眼识金，愿意无偿资助20万元，不仅如此，创业基金会还把泰坦科技引入了上海市科技创业中心孵化器。泰坦科技入驻后半年时间内，孵化器租金全免，半年后也能享受租金优惠，孵化器在财务管理、人力资源等方面提供服务和指导。满满的"福利"，使缺乏企业管理经验的谢应波和其创业团队能放开手脚，专注于产品研发。

▲ 创业初期

"如果在校时没有参加大学生创业大赛，如果没有获得上海市大学生科技创业基金会的20万元启动资金，如果没有团市委对青年创业人才的精心培养，如果没有'科技小巨人'、新产品开发等政策性资助，泰坦科技实现梦想之路将无比困难。"正如谢应波所言，团市委、市科委、市发改委、市经信委、徐汇区政府等部门对泰坦科技给予的关心和呵护可谓是雪中送炭。就这样，租不起办公场所的谢应波等人，利用大学生创业中心的公共办公区域，度过了泰坦科技最为艰难的起步阶段。

泰坦科技的发展一直与上海科创同频共振。为更好地服务不同阶段的企业创新需求，上海市科学技术委员会构建了全链条式的科技企业服务体系：创业团队→科技型中小企业→高新技术企业→科技小巨人（含培育）企业→卓越创新企业。一条长长的创新扶持链，对接科技型中小企业不同成长阶段的创新需要。泰坦科技就是在这样的链条下成长起来的，先后获得"国家高新技术企业""上海市创新型企业""上海市科技小巨人培育企业""上海市科技小巨人企业"荣誉及相关政策资助。尤其是"科技小巨人"工程立项后，泰坦科技得到了500万元无担保授信额度，无需任何抵押就能向银行申请贷款500万元，这给泰坦科技的发展注入了"催化剂"。

2014年，习近平总书记在上海考察时提出上海要加快向具有全球影响力的科技创新中心进军。此后，泰坦科技的发展驶入"快车道"。尤其是2015年上海发布"科创22条"后，泰坦科技在之前50%增速的基础上，又额外获得了5%的加速度。谢应波谈道，从"科创22条"发布那一年开始，泰坦科技的发展每年都会增速。他认为，这其实契合了上海科创生态之变——政府正在改变过去对科研"大包大揽"的做法，更多地鼓励通过市场化手段完善科创服务体系，越来越多的高校和科研单位不仅通过第三方采购耗材，甚至愿意把实验室的建设和改造都外包出去，以便集中精力专注科研。谢应波说，越来越多的研发中心、总部经济集聚在上海，青睐的正是上海精细化、专业化、国际化的服务能力。

（三）聚变，构建一站式科学服务体系，引领行业变革

上线"探索平台"，构建一站式科学服务平台。随着泰坦科技产品及服务的扩展，业务逐渐细分为高端试剂、通用试剂、分析试剂、实验耗材、仪器仪表、安全防护、实验室建设和科研信息化软件八大业务板块。为了更好地为创新研发、生产质控实验室提供科学服务一站式技术集成解决方案，2011年，泰坦科技上线了一站式科学服务平台——"探索平台"，为生物医药、新材料、新能源、化工化学、精细化工、食品日化、分析检测等领域提供全方位的产品与服务，并于同年获得"国家高新技术企业"称号。

实现"产业报国"初心，引领行业变革。"科研人员就好比是等着烹饪美食的大厨，而我们公司的作用就是为他们打造一个舒适的厨房……每个环节都要量身定制，提供物资保障、条件改善，做好信息管理、优化和保障，让大厨可以专心致志地创新菜式。"谢应波曾这样生动地比喻。目前，"探索平台"经营科研试剂、仪器耗材、实验工具、安全防护用品、实验室家具、办公用品等，包含20万种化学品、全球数百个知名品牌的仪器和耗材的一站式购买服务，为客户提供几十大类几十万种科研产品服务，通过"探索平台"一站式购物，为每一位客户提供满足实验室所需的一切科研产品。

泰坦科技一方面让国内企业和研究机构逐步摆脱对国外科学服务企业的依赖，另一方面也有效缩短了下游客户的研发中心和质控中心的建设周期，为客户研发过程和生产质控提供长期可靠、稳定运行的保障，大量节约成本投入。泰坦科技致力于成为中国科学服务首席提供商，推进行业信息化，建立科学服务行业的新标准，引领国内科学服务行业的变革。

（四）质控，树立品牌形象，专业服务，为客户创造价值

品牌，让泰坦科技成为行业标杆。经过10余年的发展，泰坦科技已申请专利及软件著作权120多项（其中发明专利65项），成功开发3 500多种独有高端试剂，创建了Adamas-beta、Tichem、General-Reagent、Titan Scientific、Titan Scientific Lab、Titan SRM 6个自主品牌，其中2个品牌在细分市场中名列第一，让泰坦科技成为科学服务行业的标杆。泰坦科技已成功服务5万家客户，其中世界500强企业超过150家，国内985和211工科高校全覆盖，为超过100万科学家和质控人员提供优质产品和专业服务。

质控，让泰坦科技赢得客户的信赖。产品质控不仅有利于提高产品质

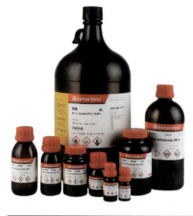

▲ 部分自主品牌产品

量,更保护了消费者的利益,同时也是企业管理能力的体现。

泰坦科技自主科研试剂品牌每年增加15%的新产品,截至目前,共有3 500多种独有科研试剂产品。由于试剂产品大部分是全球性采购,需要经过严格的质检环节才能挂牌销售,因此,质量控制就成为试剂行业最为关键的环节。

泰坦科技从成立之初,就十分注重产品质控。以高端试剂Adamas-beta

为例,其诞生于 2008 年,经过多年的创新发展,已经成为高端试剂领域的一流品牌,坚持"高精品质、高新品种、高效服务、高度整合"的"四高"标准,为全球数以百万计的科研工作者提供科研产品与服务。起初,由于检测手段不够,试剂出现过质量问题。2012 年,泰坦科技先后引进了 LCMS、GCMS、LC、水分滴定等分析手段,随后还引进了核磁检测设备。通过质量控制体系的全面升级优化,建立全系列的质检平台,Adamas-beta 产品的质量问题率由 1.2‰ 降至 1.0‰,质量水平成为行业的引领者。又经过 3 年质量控制的沉淀,目前,Adamas-beta 产品的质量问题率已经低于 0.5‰,达到国际领先水平。

专业服务,为客户创造价值。泰坦科技打造的"探索平台",整合全球创新、全球供应、全球制造的完整的研发制造体系和全球一流的科学服务厂商,为科研提供更多支持,"一站式"满足科技创新相关机构的科研需求,以专业服务为客户创造超额价值。泰坦科技借助"探索平台"和仓储物流体系,把服务延伸到了几乎每一个园区、每一所高校,让客户需求伴随网络变成一个产品,变成一个服务,直达每个终端,形成服务的闭环。目前,泰坦科技已经初步建成"三维一体"的仓储物流体系:位于上海的全国中心仓覆盖全国,华中、华南、华北和西南等区域中心仓覆盖对应区域,部分城市、

▲ 泰坦科技自有运输车队

高校和园区的城市中心仓覆盖重点城市和高校客户。"三维一体"的仓储物流体系最大限度地缩短了物流时间，提高了科研人员的科研效率。在过去，搭建1个小型实验室，大约需要3个月，现在有了泰坦科技的专业服务，1—2周就能完成。截至目前，泰坦科技已先后成功完成复旦大学6栋教学科研楼升级改造、上海化工研究院2万平方米研发中心等标志性项目建设。

（五）价值，党建引领文化建设，骑士精神激发活力

以党建引领企业文化建设。泰坦科技公司内部有两个体系：一个是薪酬体系；一个是荣誉体系，即"骑士"精神。身为中共党员，谢应波等4位创始人深知企业文化必须体现在企业的机制、组织和制度之中，并能够得到后者的强力支撑。因此，党建文化从泰坦科技创立之初就成为企业文化的原始基因，起着核心价值的引领和聚合作用。谢应波及其团队从创业开始，就以中国共产党人的爱国、忠诚、干净、担当、敬业等价值观念引领企业文化建设。同时，着眼于未来企业发展走向世界的长远战略目标和企业员工年轻人居多的团队建设文化心理需要，谢应波决定引入西方的骑士文化精神，并将两者聚合、凝练出"担当、激情、感恩、敬畏、忠诚和荣誉"这6个核心价值观念，形成了具有特定文化内涵的泰坦"骑士精神"。

以"骑士精神"激发员工活力。泰坦科技以"骑士精神"凝聚团队，以此持续不断地为企业发展激发活力。谢应波认为，"担当、激情、感恩、敬畏、忠诚和荣誉"是每一个创业英雄所必须拥有的道德底线。"骑士精神"的6个关键词，体现了泰坦科技共同的愿景："担当"提醒泰坦人创业过程中没有标准化的程序，没有固化的模式，没有现成的"作业"可抄，要求泰坦战队要有足够的灵活性，以客户为导向、以问题为导向、以结果为导向，去承担"本不该"属于自己的任务，尽全力去完成目标，即使造成了负面结果也不追究个人的责任。"激情"激发泰坦人将勇于挑战的精神和强大的执行力贯穿做事的全过程，去迎接新的挑战、创造新的奇迹。"感恩"警醒泰坦人不要骄傲自满，要认识到泰坦科技的成长、成就并不仅仅是泰坦人的功劳，告诉公司员工应该更加努力地工作，回报国家、回馈社会，要与合作伙伴合作共赢，希望行业、社会能健康地持续发展。"敬畏"提醒泰坦人即使

▲ 骑士团合影

有一天达成了愿景目标，取得了巨大的成就，仍然要心存敬畏。"忠诚"要求泰坦人不忘初心，忠于自己的梦想，在朝着目标前进的道路上精耕细作、日积月累，不断打造和积累泰坦科技的核心竞争力。"荣誉"鼓舞泰坦人持续作战，凝聚泰坦战队去不断地奋斗，是泰坦人的精神食粮。

结合"骑士精神"塑造荣誉体系。泰坦科技"骑士"荣誉体系的最顶层是"龙骑士"，愿景是"为梦想而生"，使命是"要做受人尊重的企业家"；其次是"圣骑士"，愿景是"为变革而活"，使命是"要做所在行业的领先者"；再次是"准骑士"，愿景是"为荣誉而战"，使命是"要做共同事业的奋斗者"。不同的"骑士"也有着不同的考核标准与福利水平。此外，泰坦的骑士团后备还有"勇士旅""新兵营"。在"骑士"精神基础上，他们凝聚了"泰坦信条"，即：敢于担当，勇于挑战；只有第一，没有借口；团队为荣，敬业为魂；立即行动，日清月结；全力以赴，永不放弃。泰坦科技从最初只有1名全职员工发展到现在有860多名员工，创始6人团队保持最初的合作阵形，不离不弃，正是共同的理想信念、"担当、激情、感恩、敬畏、忠诚和荣誉"让核心团队始终凝聚在一起，并转化为劈波斩浪的巨大动力。

（六）凝聚，每年制定特殊年号，形成全员发展共识

泰坦科技自成立之日起，每年年初都会制定一个特殊"年号"。

2007年是"萌动"：泰坦科技创办成立，并得到上海市大学生科技创业基金会20万元无偿资助。

2008年是"探索"：创立并运营了Adamas-beta（阿达玛斯）试剂品牌。

2009年是"成长"：获得150万元天使投资。

2010年是"发展"：创立GENERAL-REAGENT（通用试剂）品牌，并获得1 500万元风险投资。

2011年是"加速"：国内科研一站式服务信息化平台"探索平台"成功上线，并获得"国家高新技术企业"称号。

2012年是"变革"：再次引进产业资本，完成公司股份制改制，并被评为"上海市创新型企业""2012年度最具成长价值企业"。

2013年是"合作"：完成新基地建设，已创立5个自主品牌。

2014年是"精耕"：获亚洲孵化器协会最高奖——火炬企业家，泰坦模式并获央视《新闻联播》报道。

2015年是"亮剑"：获评"上海市科技小巨人企业"，成为首家新三板挂牌上市的科学服务企业。

2016年是"逐鹿"：销售额达4.09亿元，同比增长52%，谢应波荣获上海市人民政府颁发的科技创新最高个人奖"上海市青年科技杰出贡献奖"。

2017年是"征伐"：当年销售收入完成63%的增长，荣获"安永复旦"最具潜力企业奖。

2018年是"怒放"：科研信息化团队获评"上海市工人先锋号"，公司获评"上海市文明单位"，谢应波获评"2018年度中国长三角杰出青商"，国家开发银行投资泰坦科技成为战略股东。

2019年是"引领"：成为行业变革的引领者，年销售额超过10亿元，公司荣获"上海市巾帼文明岗"称号。

2020年是"聚变"：泰坦科技在科创板上市，松江新基地启动建设。

2021年是"新亮剑"：销售收入突破21亿元，同比增速超过52%，实现

立志产业报国,实现"卡脖子"产品进口替代

▲ 2016年,谢应波获得"上海市青年科技杰出贡献奖"

▲ 2018年,谢应波获评"上海市优秀青年企业家"

▲ 2020年上市敲钟留影

23个城市自送上门,并完成安徽天地收购。

泰坦科技以"年号"凝聚员工发展共识,让每年的发展目标清晰可见,并要求至少达成一项显著成就。"年号"具有凝心聚气的作用,能够让全体员工齐心协力,推动公司不断向前发展。

泰坦科技的发展经受住了时间和市场的考验,企业内部非常具有凝聚力和战斗力。泰坦科技在发展实践的基础上,把公司的文化凝聚成三个原则,即"泰坦三共"。血液——共同的沟通语言:简单、直接、明确;躯体——共同的行为习惯:快、准、狠;思想——共同的价值文化:共担、共创、共享。

"泰坦三共"让泰坦员工从上至下凝聚起来,无论是沟通还是执行,无论是科研还是市场开拓,都表现出快捷、高效、精准的特征,推动着泰坦科技不断地发展壮大。谢应波坦言:"有上市公司花高薪挖创始团队里的人,没有成功;多家企业要收购泰坦科技,估值高达数十亿元,也被我们拒绝了。不但如此,我们还吸引了众多外企、国企、知名民企的中高层加入。"

▲ 2020年慕尼黑展会现场

（七）责任，牢记初心使命，服务国家发展战略大局

牢记"产业报国"初心，引领行业变革。泰坦科技积极加强自主产品研发，力图打破行业巨头赛默飞、安捷伦、默克等在国内的产品垄断或市场定价权，进而变革行业发展。旗下的自主品牌 Adamas-beta，供应超过 3 万种化学试剂，其中 3 500 多种试剂属行业首创，打破了国外名企对化学试剂的垄断，直接或间接降低相关费用达 10 余亿元。谢应波认为，全球最大的科学服务公司年销售额一般在 200 亿美元左右，而在中国，这个行业起步不久，体量有限，但发展空间很大。2016 年，谢应波就曾表示，5—10 年内，国内应该会有百亿元级的科学服务公司诞生。2020 年，泰坦科技在上海证券交易所科创板上市，圆了他的梦想。

响应"一带一路"倡议。泰坦科技主动服务国家战略大局，2017 年与委内瑞拉教育部达成合作，向委内瑞拉教育部提供 58 万余件科研用品，供委内瑞拉 20 所高校使用。

为疫情防控贡献企业责任。面对突如其来的新冠疫情，泰坦科技主动提供并保障防疫抗疫所需物资供应。2020 年 1 月 17 日，董事长谢应波和联合创始人、供应副总裁许峰源带领党员，紧急组建应急协作组，加大物资供应能力，优先把抗疫物资供应给医院医务人员及公共场所一线工作人员。短短两周内，泰坦科技累计提供口罩 176.1 万只，手套 1 281.6 万只，条形帽 10.3 万只，鞋套 4.5 万双，防护镜 2.2 万副，防护服及防护面罩等合计 2 万件。其中，捐赠及免费发放口罩超过 16 万只，提供乙醇、次氯酸钠溶液、双氧水、冰醋酸等消毒杀菌试剂超过 45.1 万瓶。

为新冠新药研发提供材料及服务支持。泰坦科技利用自身产品研发技术平台，持续为瑞德西韦、利巴韦林、阿比朵尔、达芦那韦（地瑞那韦）、洛匹那韦、利托那韦、α-干扰素等抗病毒药物开发助力。针对目前短缺的关键中间体，公司组织技术团队加快研发和合成制备，并设立抗病毒类产品研发专项，进行一系列关键医药中间体及衍生物的研究开发。通过系列措施，为抗疫新药的研发提供品质可靠、品种丰富的科研试剂，更好地保障国内制药企业加快新药研发。

三、经验启示

（一）创新是"时代机遇"，青年人要善于抓住机遇、乘势而起

当今世界经济正处于第三次和第四次技术革命交汇期，这个阶段创新竞争异常激烈，各个国家都将创新作为国际竞争优势的决定性力量。习近平总书记明确指出："即将出现的新一轮科技革命和产业变革与我国加快转变经济发展方式形成历史性交汇，为我们实施创新驱动发展战略提供了难得的重大机遇。"他强调："要敢于做先锋，而不做过客、当看客，让创新成为青春远航的动力，让创业成为青春搏击的能量，让青春年华在为国家、为人民的奉献中焕发出绚丽光彩。"青年人是社会上最富活力、最具创造性的群体，理所当然应该走在创新创造的前列，做锐意进取、开拓创新的时代先锋，紧紧拥抱时代赋予的机遇，乘势而起，自觉把个人的创新创业行动与推进国家的科技发展、经济繁荣、社会进步结合起来，坚定地走既灿烂又充实的人生之路。

泰坦科技创始人谢应波和他的团队坚定"产业报国"的理想信念，在科技创新、产业发展、技能突破等方面不断取得新的进步；以党建文化引领公司企业文化，以"担当、激情、感恩、敬畏、忠诚和荣誉"恪守科学精神，脚踏实地、埋头苦干、坚韧不拔、不畏挫折、淡泊名利、不浮不躁，始终保持探索真知的坚定意志和创新创业的高昂激情。谢应波和他的团队勇做创新先锋，善于攻坚克难，成长为一流的创新创业人才，最终取得了一流的科研成果，创办出一流的科技企业。

（二）创业是"时代需要"，青年人要不负时代期望、担当有为

创新是推动生产力的最活跃、最原始的动力，生产力的发展必然引发生产关系和上层建筑的变革，最终将推动社会进步。创业是由创新牵引的，主要作用于经济基础，解决的是经济发展的主体和活力问题，将科技与资本、设备、人才等生产要素结合起来，它实质上是对科技创新的综合应用和产业化。推进以科技创新为基础的创业，打通科技创新和经济社会发展之间的通道，让一切劳动、知识、技术、管理、资本的活力竞相迸发，释放巨大发展

潜能。全社会的创业活动将聚合新的市场主体，激活新的消费潜力，形成新的商业模式，由此广大中小民营企业将逐步成为市场活力的新的重要源泉，带动中国新一轮高质量发展。

习近平总书记在致 2013 年全球创业周中国站活动组委会的贺信中表示："青年是国家和民族的希望，创新是社会进步的灵魂，创业是推动经济社会发展、改善民生的重要途径。青年学生富有想象力和创造力，是创新创业的有生力量。希望广大青年学生把自己的人生追求同国家发展进步、人民伟大实践紧密结合起来，刻苦学习，脚踏实地，锐意进取，在创新创业中展示才华、服务社会。"青年人，尤其是青年大学生，要善于结合自己所学专业知识进行创业。泰坦科技的 6 位创始人，主要是理工科背景，经常与实验室打交道，促使他们萌发创业念头的是当时的科学实验环境：一是化学试剂存在缺、贵、假情形；二是科研工作环境较差，科研工作数据记录很粗糙、不规范，安全防护措施不到位；三是外国试剂处于垄断地位，价格昂贵，制约我国科研发展。基于这种局面，他们找到了创业的产品定位、细分市场和创业动力。

（三）政府要"顺势而为"，优化营商环境、支持青年创新创业

创新创业是一个系统工程，不是一蹴而就的事情。人才是创新创业的根基，是创新创业的核心要素。创新创业驱动实质上是人才驱动。加快形成一支创新创业型人才队伍，重点要在吸引、培养、用好上下功夫。当前世界正进入以创新要素全球流动为特征的开放创新时代，自主创新也不能闭门造车，只有更深层次的开放才能谋划更高起点的自主创新。政府要牢固树立人才资源是第一资源的理念，主动优化营商环境，要大规模培养青年科技创新创业人才，建设有利于人才成长的教育培养体系，形成完整的人才培养成长链，建立人才培养的协调机制，造就大批一线的青年科技人才；要加大力度吸引青年科技创新创业人才，进一步创新政策、完善体制，坚持用宏伟事业感召人才，用良好环境凝聚人才，用优质服务吸引人才，用合理待遇激励人才，充分调动青年科技人才创新创业的积极性。

如前文所述，上海建设具有全球影响力的科技创新中心，这既是国家战略，也是上海实施创新驱动发展战略、突破自身发展瓶颈、重构发展动力的必然选择。上海积极推动大众创业、万众创新，制定了一系列普惠政策，如《关于本市发展众创空间推进大众创新创业的指导意见》，积极引导市场和社会力量发展众创空间，为创新创业者和中小企业提供低成本、便利化、开放式的综合服务，激发全社会创业创新活力。泰坦科技的发展就是受益于这样的营商环境。正如谢应波所说："泰坦科技成长的每一步，离不开上海尊重创新、重视创业的良好氛围。自创立以来，泰坦科技见证了上海深入实施创新驱动发展战略的决心，见证了市委、市政府为营造良好营商环境的努力和付出。"

地方政府应为青年科技人才大胆创新创业提供更多机会，使他们人尽其才、才尽其用。一要转变观念，真正把优秀青年人才放到合适的工作岗位上去，引导鼓励社会各界对青年人才创新创业给予机会、给予信任、给予支持，建立健全青年人才普惠性支持措施，为青年人才创新创业营造良好的社会环境。二要加强培训，依托培训基地，通过"请进来"和"走出去"相结合，对有创业意愿的青年人才进行培训，助推青年人才创业成功。成立青年人才创新创业导师团，对初创企业、新入职人才开展创新创业诊断，帮助人才健康成长，促进企业发展壮大，提高青年人才创新创业的成功率。三要多元支持，从政策扶持、资金筹措、平台搭建、环境打造等多个方面，为青年创新创业提供有力保障、创造良好条件，加快建设创新型青年人才友好城市，努力解决好青年人才的"后顾之忧"。

专家点评

> 我国进入"创新驱动、转型升级"战略的关键时期，离不开基础研究、应用研究和质量管控。"工欲善其事，必先利其器。"落后的科研服务配套体系必将制约我国科技创新发展，特别是在当前形势下，本土科学服务企业的快速成长显得更为迫切。泰坦科技就是难得的佼佼者之一。泰坦科技的团队核心成员在读研究生期间，就亲身经历了科研工作经常

受制于条件的窘境,并深深体会到了行业的痛点,同时也看到了进口替代的市场机会,从而下决心确定了从事产品开发技术服务、创立自主品牌、完善科学服务基础设施的企业发展路径。

自 2007 年创立以来,泰坦科技坚持持续投入产品研发,目前已申请 120 多项专利和软件著作权,创立 6 个自主品牌。泰坦已经形成自主品牌产品矩阵,包括高端科研试剂、通用试剂、特种化学品、实验仪器耗材、实验室智能设备和科研信息化等。泰坦科技的管理团队把企业文化与党建引领相结合,形成独特的创业文化体系。期望泰坦科技团队不忘产业报国初心,持续拼搏前行,更好地保障国家科研物资和科研信息安全,提升行业标准制定的"话语权"。

点评专家

丁奎岭,中国科学院院士,上海交通大学党委常委、常务副校长,第十三届全国政协委员。曾任中国科学院上海有机化学所所长,兼任上海市化学化工学会副理事长、中国化学会副理事长、上海市科协副主席、徐汇区科协主席、上海市科技启明星联谊会理事长等。

思考题

1. 结合本案例,请联系实际谈谈创业者应该如何寻找创新创业的切入点。
2. 泰坦科技的党建实践具有哪些鲜明的特色?引发了你怎样的思考?
3. 你认为上海促进青年创新创业的政策体系有哪些特点?如何进一步优化提升?

创业者小传

谢应波，上海泰坦科技股份有限公司创始人、董事长兼首席执行官。

男，汉族，1982年3月出生，中共党员。2000年9月进入华东理工大学连续完成本硕博阶段学习，于2009年3月获得材料化学工程专业工学博士学位。

曾获"中国青年创业奖"、"上海市青年科技杰出贡献奖"、"上海市青年科技英才"、"上海市青年五四奖章"、上海市十大"创业先锋"、"上海市优秀青年企业家"、"长三角杰出青商"、亚洲孵化器协会最高奖"火炬企业家奖"、"上海市优秀技术带头人"、"上海市领军人才"、"上海市劳动模范"等荣誉。

担任上海市人大代表、全国青联委员、上海市青联常委、上海市总商会副会长、上海市徐汇区工商联副主席、上海市青年企业家协会副会长、上海市青年创业协会副会长、上海市青年科技人才协会副会长等社会职务。曾被选调参加中央统战部、全国工商联"新时代民营企业家发展计划"培训班。

锚定"流量经济",打造全球"游戏+"新型头部企业

——波克科技股份有限公司创新拓展网络文化产业多元发展空间

扫一扫，看视频

以数字化、电子化为代表的网络游戏作为新兴文化娱乐产业的一个"风口"，能否成为互联网时代新消费领域的产业担当和"增长极"？在文化与科技的融合中，网络游戏如何发挥"一肩挑两头"的媒介作用，牵引文化与科技的协同提升和发展？在"一带一路"倡议指引下，"中国游戏"能否成为中国文化"走出去"的重要载体？在游戏产业发展中，能否超越单一娱乐功能，通过"游戏+"体现企业社会责任和发挥产业综合功能并在多元拓展中打造互联网新型头部企业？

波克科技股份有限公司（下文简称"波克科技"）以其在游戏产业10余年的奋斗和发展历程，给出了不同凡响的答案。

自2010年成立以来，波克科技以"草根创业"的精神，凭借顽强的意志力与广泛的用户基础，从无到有、从小到大，不畏艰辛、奋力创新，立足"游戏+"战略，致力于精品休闲游戏的全球化研发与发行，打造世界领先的数字文化娱乐平台，构建跻身游戏产业第一阵营的"头部效应"。目前，波克科技拥有员工1 000多名，平均年龄28岁，旗下游戏覆盖休闲竞技、收集养成、模拟经营、策略对战等多个领域；截至2022年6月，全球累计注册用户已超过5亿人，月活跃用户超过6 000万人；海外市场占比超70%；波克科技及其子公司累计综合纳税合计超50亿元；连续五年被评为中国互联网百强企业，2021年排名上海市互联网企业第9位，先后被认定为国家高新技术企业、上海市企业技术中心、上海软件和信息技术服务业百强、上海市民营企业总部；牵头参与制定上海市游戏行业职业技能评定标准，率先获批为动画制作员职业技能等级认定社会培训评价组织。

草根创业　科技创新　游戏+　文化出海　社会责任

一、背景情况

在国家经济社会发展中,文化产业具有重要而特殊的战略地位,体现了新产业、新业态、新企业的发展方向。党的十八大以来,以习近平同志为核心的党中央高度重视文化产业发展工作,把加快发展文化产业作为一项重要的战略任务,作出了一系列重大决策部署,出台了一系列政策措施。

当前,我国文化产业总量规模稳步增长,产业结构逐步优化升级,市场主体持续发展壮大,文化产品和服务更加优质丰富,人民群众文化消费日趋活跃,重点文化产业门类均呈现良好发展势头。文化产业对国民经济增长的贡献率不断上升,已经成为经济增长的新动能和新引擎,在服务党和国家工作大局、促进国民经济转型升级和提质增效、满足人民精神文化生活新期待、巩固和坚定文化自信、增强中华文化影响力等方面发挥了重要作用。

2020年9月17日,习近平总书记在湖南考察时再一次为我国文化产业发展点题支招,指出:文化和科技融合,既催生了新的文化业态、延伸了文化产业链,又集聚了大量创新人才,是朝阳产业,大有前途。

随着全球经济不景气和制造业低迷状况日益严峻,文化产业作为社会转型发展的突破口,不仅可以带动经济增长、创造就业岗位、促进城市更新,还有助于区域竞争力的培育和区域经济的可持续发展,已成为拉动世界经济发展的新引擎。作为文化产业的新动能,基于互联网尤其是移动互联网技术的游戏产业迅速发展,成为文化创意产业的一颗明星。近年来,中国游戏市场用户规模经历了迅猛增长到平稳增长的阶段,根据中国音像与数字出版协会游戏出版工作委员会和中国游戏产业研究院发布的《2021年中国游戏产业报告》,2021年中国游戏用户规模达6.66亿,几乎相当于每两个国人中就有一个是游戏玩家。庞大的用户基石,彰显着游戏产业的广阔前景。2017年,中国游戏产业整体收入就突破了2 000亿元大关,2021年达到2 965.13亿元,呈现稳步增长的发展态势。

作为国内最包容、最具创造力的城市之一,上海向来热爱并拥抱新产业、新经济，一直以包容的态度支持游戏产业的全面发展。1999年，全国游戏行业领头羊盛大游戏在浦东张江诞生；2004年，中国国际数码互动娱乐展览会（ChinaJoy）驻扎上海。上海优秀的网络基础建设和国际化的城市发展格局，让盛大、巨人和波克科技等沪上游戏公司从一个个小小的代理运营商逐步发展成为全国知名的领军游戏公司，也发展了许多从事游戏外包业务的国内外知名公司，吸引了 EA、UBI、2kgame、Epic 等游戏巨头在上海设立研发分部。除了提供优质的网络基础设施和人才资源储备，坚持国际化发展的上海让游戏产业拥有了国内国际双重市场的资源互动，加上良好的融资环境和较大的人群基数，沪上游戏产业从最初的野蛮生长逐步走向成熟和规范。

近年来，上海出台了一系列政策与相关举措努力打造"全球电竞之都""游戏创新之城"，上海游戏、电竞产业步入快速发展轨道。上海在2018年发布《关于加快本市文化创意产业创新发展的若干意见》(简称"上海文创50条")，提出建成具有国际影响力的文化创意产业中心，其中游戏产业是创新发展的焦点领域；2018年，为推动上海动漫游戏产业快速健康发展，朝全球动漫游戏产业龙头城市的目标迈进，上海市制定了《关于促进上海动漫游戏产业发展的实施办法》；在2020国际游戏商务大会上，上海宣布服务全国的数字文化创意内容出海专项扶持计划——"千帆计划"。该计划旨在面向全国有出海需求的优秀数字文化企业，培育数字内容生产、服务数字内容海外推广、优化原创数字内容生产和发展的黄金业态，从而提升国产数字文化内容的全球竞争力，切实推动中国游戏企业不断壮大。《2020—2021上海游戏出版产业调查报告》显示，2020年，上海网络游戏国内销售收入达到999.2亿元，增长率超24%，占全国比重为35.9%；上海网络游戏海外销售收入约206.8亿元，增幅超50%。

在这样的产业发展大背景下，2010年在上海成立的波克科技股份有限公司紧抓机遇，从零开始不断发展。紧盯国家发展文化产业的战略部署，植根于上海营造优良科创环境的土壤，徐仁彬和他的团队创立的波克科技，脚踏实地、艰苦奋斗、勇于创新，在短短10年左右时间内，努力向国际国内两

锚定"流量经济",打造全球"游戏+"新型头部企业

▲ 波克科技创始人徐仁彬

个市场拓展，成长为立足"游戏+"战略、打造数字文化娱乐平台头部企业的游戏界"小巨人"。

二、主要做法

波克科技从自身主营业务出发，积极探索文化产业的数字化道路，走出了独具特色的"游戏+"道路，充分发挥游戏在公益、医疗、教育乃至文化输出等领域的积极作用，在展现游戏行业积极和正面形象的同时，为传统行业的转型升级做出了独特的贡献。

（一）瞄准网络游戏草根创业，资深玩家变身自主研发高手

1985年出生的徐仁彬，是中国第一代接触网络游戏的用户。

1998年，正值互联网浪潮在国内兴起，尽管网络游戏几乎只有《石器时代》和《传奇》，年仅13岁的徐仁彬却仍被深深吸引。2000年，徐仁彬考上重点高中，父亲奖励他一台电脑。从此，他开始潜心"钻研"，一发不可收。

出于种种考虑，高二那年，徐仁彬决定辍学。还没来得及认真思考人生，他便一脚踏入社会，开始了自己的创业之路。在江西老家，他经营过电脑DIY店、网吧，平时利用空闲时间琢磨电脑编程，也承接一些简单的软件外包工作。

2002年年底，徐仁彬怀着对大城市的憧憬，在游戏网友的邀请下来到上海。在聚会聊天中，这群堪称资深游戏玩家的年轻人发出了共同的感慨：为什么我们中国人不能研发自己的网游，让全世界玩家感受中国游戏的魅力？

为了达成这个心愿，徐仁彬毅然决定留在上海，追寻自己的游戏梦想。最初，他在网友引荐下，在一家软件外包企业从事研发工作，从不起眼的研发工程师慢慢做到产品经理。但当时的市场环境，并没有给他提供太多的在本土游戏公司从业的机会。他说："市场上几乎所有人只玩那一两款游戏，我们作为本土研发人员，所能做的大部分工作，只是在传统的公司里做网页开发。"

这一切与他自己心驰神往的游戏梦想相距甚远。直到2005年，徐仁彬所在公司的经营出现问题,他面临新的抉择。"一定要为自己谋条出路!干脆放手一搏,尝试做一款属于自己的网络游戏!"面对未来新的选择,年轻人更容易倾听自己内心的声音,徐仁彬决定遵从本心,做自己喜欢的事情。

"当时没有背景、没有资金、没有经验……只有年轻人的一腔热血,也不知道当时大家的自信都是从哪里来的,但就是觉得自己能行。"徐仁彬回忆起当时的情形,感慨万千。

经过反复思量后,徐仁彬和早年结识的4位小伙伴,下定决心开始了艰辛的草根创业之路。"想象是美好的,现实是骨感的",从零开始的创业之路是何等坎坷,研发自己的网游又谈何容易?

由于创始团队都不是科班出身,考虑到目标定得太高,入行门槛不易跨越,一开始他们决定尝试研发象棋、围棋之类在国内用户基础广泛的休闲小游戏,运营则交给第三方打理。那段日子里,徐仁彬最怕的就是周末和节假日,不是因为别的,只因为休息日游戏在线人数多于平时,由于缺乏技术支撑,当时他们推出的游戏产品,在线人数一超过3 000就会宕机。

经历3年漫长的历练,徐仁彬发现,现状依然无法实现大家心中的"游戏梦",只有真正实现游戏的自主研发和发行,才能离心中所追求的梦想更近一步。他坚定地相信,要实现"游戏梦",必须有自己的自主品牌,如果只是依托别人的平台,"游戏梦"就不可能实现。于是,2010年,波克科技在位于普陀区的上海天地软件园成立了。

然而,打造自主游戏品牌并非易事。特别是游戏发行,对于波克科技的几位创始人而言,是个全新的概念。产品调研、市场营销、广告投放……波克科技创立的初期,这些新名词不断涌来,每一个环节都至关重要,但对他们来说,又都非常陌生。所幸的是,波克科技的创业者没有在困难面前退缩,而是不断逼着自己打破原有的知识局限,持续跨界学习,力求在短时间内掌握游戏研发与发行各个环节的必备知识和技能。

在波克科技创业者的知识和能力快速迭代的情况下,其产品品质也得到了大幅提升。短短几个月后,在线用户就达到3万人。尽管这个数字看起来不大,但对于当时的波克科技而言,这既是一份合格的答卷,也是一个良好的开端。随着一年不间断的版本迭代和市场运营，波克科技旗下一款名为"波克城市游戏大厅"的产品，月收入突破1 000万元，企业终于实现收支平衡。这才让波克科技站稳脚跟，进入平稳发展期。

当年的中文互联网上，"草根"这个词正在流行。百度百科将这个新概念所代表的人群特征归纳为"顽强，广泛"。波克科技刚刚步入正轨后，徐仁彬认为公司取得成绩背后的原因，同样与这两个词有关：顽强的意志力与广泛的用户基础。他自认为出身"草根"，在没有任何背景支撑的情况下，与一群志同道合的伙伴，凭借着不怕输、不怕累的顽强与韧性，用最具有广泛用户基础的棋牌类休闲小游戏打开市场，最终度过艰难的初创期。自此，"草根精神"在波克科技扎下了根。

（二）争当旗舰企业，融入区域发展，广结"朋友圈"

优质的营商环境，良好的产业生态，是创业创新型企业成长壮大的必备土壤条件。波克科技之所以能在创业之初就顺利地扬帆启航，得益于成功的选址，让企业得到了所在地区政府的"保姆式服务"。同时，企业志向高远，借势借力，奋勇争先，也是取得成功的重要因素。

多番选址，得益于"保姆式服务"。创业贵在有定力、能安心。为了让创业团队能够安心研发，波克科技找到了初创企业启航的港湾。2010年，当初创业的办公室已经适应不了公司的快速发展，徐仁彬决定重新为公司选址注册。选址过程中，他首要考虑的不是各种税收减免政策是否优惠，而是服务是否周到。公司几个创始人都是研发出身，又都是从外地来上海发展的，总担心自己不善于和政府部门打交道。经过几轮筛选之后，波克科技正式在普陀区的上海天地软件园落户。

这一切，起因于当时的园区负责人对徐仁彬说过的一句话："你们民营企业来到园区就是找到了组织，园区提供的是保姆式的服务，也是和政府沟通的桥梁。"

从申请注册到拿到营业执照，徐仁彬只去过一次行政服务大厅。"我印象中有次区人大常委会主任走访调研波克，主要是关心企业对于简政放权有没有什么实际感受。我不假思索地说：'没有感受到任何变化'。看着领导惊讶的表情，我才意识到需要特别解释：'因为以前和现在都是园区跑上跑下地为企业服务，作为企业经营者本身没有经历过窗口办事的各方面变化。我们对于简政放权确实没有直接的感受。'"徐仁彬回忆道。

潜心研发，在创新政策春风中扬帆启航。波克科技刚落地不久，普陀区科委就主动上门进行一系列的辅导，包括软件企业认定之后，企业所得税可以享受"两免三减半"的优惠；申请高新技术企业认定，所得税继续享受15%的优惠政策；从辅助申报区科技小巨人企业，再到市科技小巨人（培育）企业，一路陪着企业"打怪升级"。当时的奖励资金对于创业企业来说，都是非常重要的"回血"。有些政策，波克科技一直享受至今。

深耕不辍，争做区域互联网旗舰企业。"最近几年各地想挖波克科技的地方政府很多，税收减免政策也非常好，朋友们都笑我傻交税，不理解我为什么不去。但我心里清楚，这些地方承诺的税收优惠是可以用金钱来衡量的，但是我们在上海10多年相知相识结成的革命情感是无法替代的！现在我不仅扎根上海，还是普陀区大招商办公室的正式成员！"徐仁彬骄傲地说道。波克科技目前平均每一两个月就为本区域招商引进一家企业，见证了上海的互联网产业链的加速成型。

为了凝聚区域互联网产业，在"两新"组织党建工作要求不断提高的背景下，长征镇党委和上海天地软件园党委亲自指导波克科技于2011年成立党支部，并在2019年共同牵头成立了长征镇互联网行业党委。2020年，长征镇互联网行业党委升格为普陀区互联网产业党建联盟。目前，联盟共有42家互联网企业，并仍在不断发展壮大，力求在新技术、新模式、新业态上进一步织密党建网络。波克科技党支部书记刘忠生同志作为党建联盟发起人，2021年被评为上海市优秀党务工作者。

普陀区互联网产业党建联盟帮助多家小微企业从零开始建立党支部、组织新颖的党建活动、推介区内优秀供应商，协助筹办了普陀区人民检察院"区互联网企业合规共识框架签约仪式"，在党建引领下聚集高知年轻群体、开展资源共享和经验分享、共同推进合规经营。

在上海的这些年，波克科技得益于政府无微不至的关心。作为在普陀区成长起来的企业家,徐仁彬说:"波克科技不仅是上海土生土长的互联网公司,而且还是草根创业的代表,正是因为上海优渥的营商环境,我们这些来上海打拼的年轻人才能取得这么亮眼的成绩!"

(三)应对行业巨变,大举转向移动端,获得"战略红利"

2013 年可称为"智能手机元年"。一场颠覆性的变革悄然发生。不仅是单纯的手机硬件升级,还伴随着操作系统、4G 网络的多重叠加效应,整个游戏行业发生了翻天覆地的变化。随着移动互联网的迅猛发展,很多用户直接跨越了 PC(个人计算机)互联网时代,进入移动互联网时代,网民数量从原来的 1.4 亿爆炸式地冲向 10 亿量级。对此,徐仁彬既兴奋又忧虑:兴奋的是移动互联网带来了可观的增长红利;忧虑的是原来的 PC 端用户逐渐开始放弃电脑,用户流失速度加快。

为了抢占移动互联网时代的红利,徐仁彬毫不犹豫地将 70% 的研发人力投入移植工作。起初,整个团队都认为这只是一次从 PC 端迁徙到手机端的载体变化,只要把 PC 端的成功经验复制到手机上即可实现快速转型。但事实表明,简单的版本移植之后,业务并没有多少起色。

正确的战略方向、成熟的团队、高效的执行,为什么没有取得相应回报?波克科技上下从盲目乐观转而陷入一种百思不得其解的茫然境地。

徐仁彬开始仔细观察整个行业。他发现,在移动新市场崭露头角的都是一些刚创业的新公司,而原本在 PC 业务领域如鱼得水的公司和波克科技一样,都还在无奈地摸索着。徐仁彬虽然看到了病因,却并没有开出药方。"大船调头难",想在短期内迅速转变公司方向谈何容易?那段时间,几位创始人常常把自己关在"小黑屋"里不断商量、不断推翻、不断重来。那段时间,楼下的便利店一到深夜总能成为"第二会议室"。在痛定思痛的冷静分析后,大家一致认为是出现了典型的经验主义"路径依赖"现象,成功经验与惯性思维已经成为公司转型实实在在的包袱。在这种情况下,波克科技必须重新调整心态,自废"武功",不破不立。

于是,徐仁彬带领团队回归到"菜鸟心态",在新的移动市场环境下重新思考产品。为了甩开包袱、解放思想、轻装上阵,当时内定了两条原则:

一是不使用已有品牌；二是不从已有产品导入任何老用户。"从零开始"架构新的产品，研发和发行统统"另起炉灶"，重新出发。

3个月后，3款月收入破千万元的产品的诞生，充分证实了这种调整的正确性。

此次转型是波克科技应对外界环境变化而被迫进行的一次及时且成功的转变。波克科技的管理团队开始懂得"归零心态"，明白了有时候阻碍企业发展的反而是已经取得的成就和经验。移动互联网的这一仗可以说是阶段性的大胜利。经此一役，波克科技的营业额增长了10倍，年营业额达到30亿元。

（四）破解懈怠危机，"草根精神"融入企业血脉

随着移动游戏业务的顺利破局，波克科技的规模快速增长到数百人。这对于团队的管理工作而言，是一个不小的挑战。

此前，波克科技一直维持着互联网企业里少见的极低流失率，在职5年以上的员工比例大幅超过行业通常水平，员工普遍对公司充满认同感。然而，当员工数量迅速增加后，一些不同的声音逐渐在公司里出现，人员的流动也变得越发频繁。

正当徐仁彬为之困扰时，一位刚入职不久就主动选择离职的员工找到徐仁彬，对他谈了心中的感受。原来，当时的波克科技内部，一种懈怠的情绪正在蔓延。一些老员工觉得公司走到今天，已经可以安心地躺在"功劳簿"上坐享其成，很多充满干劲的年轻员工则因为理念不合而选择离开。

发现问题症结的徐仁彬意识到，对于当前已具有一定规模的波克科技而言，企业文化建设越来越成为一个重要议题，甚至已经变成影响企业发展的关键因素。他与创始团队成员和新老员工反复深入沟通，试图找到解决问题的办法，并定位出属于波克科技自己的企业文化精髓所在。颇具戏剧性的是，一次公司内部"学党史"的党建活动让他有了新的收获。

据徐仁彬回忆，那场党建活动的主题是"重温延安精神"。尽管对于"延安精神"已经比较熟悉，但因为带着企业管理方面的实际困惑，徐仁彬在这场活动中从全新的视角重新解读"延安精神"，意识到这一宝贵的精神财富可能是解决波克科技当下问题的一个突破口。

他组织公司内部的党员团队深入学习相关论述,将"延安精神"的内涵"自力更生、艰苦奋斗""理论联系实际、不断开拓创新""默默无闻、勇挑重担"等,与波克科技的发展实践、企业历程相结合,最后在公司内部重提"草根精神"这一关键词,并对这一精神的内核做出了独特解读:"草根精神"意味着始终保持危机感和创业心态,具备踏实实干的做事态度,同时也要求企业能够对员工给予足够的信任和发展空间。在徐仁彬看来,波克科技从初创团队一路走来,依靠的正是这样一种"草根精神"。

▲ 波克科技党支部召开入党积极分子座谈会

找到企业文化建设的抓手后,波克科技的管理层一方面从制度层面对"草根精神"加以贯彻落实,另一方面将"草根精神"的内核融入企业氛围的塑造过程中,润物细无声地影响着每一个人。

制度层面,构建再创业激励机制。针对一些组建已久、稳定运行的成熟团队,波克科技设立了"1 500万元"的分成标准,只有工作室的年营收超过1 500万元的部分,公司才会参与分成,年营收未超过1 500万元时的全部收入只留作部门分红,帮助产品还未开始盈利的部门平稳过渡,以此激励内部再创业,鼓励这些老员工们凭借自己的丰富经验大胆开拓新的业务线。2020年,实施内部创业机制的"部落计划",年终共发放2.2亿元项目激励金。制度的落实比任何口号都有力量。这一举措激起了内部的热烈反响，也让公司的业务版图得到了巨大拓展，在南北美、日韩、欧洲等市场逐渐确立起竞争优势，产品盈利模式也从单一的内购转变为内购与广告变现相结合，更适应休闲游戏赛道的特点。更有团队突破性地尝试了 Steam 等发行渠道，为公司未来的全渠道布局积累了宝贵的研发和发行经验。

针对年轻员工，畅通的内部晋升渠道对于传承"草根精神"尤为重要。为此，波克科技为游戏策划、开发、美术三大核心岗位规划出一套完整的评定标准，将一个岗位划分为四个不同等级，给予新人一个清晰可行的晋升方向。在内部实行并得到成功印证后，波克科技携手上海市游戏行业协会，共同制定游戏行业职业技能评定标准，将这套体系推广至全市范围，帮助政府部门打造出游戏行业人才基地样板，推动行业人才体系建设。波克科技希望借助于这套标准的推行，帮助游戏从业者做出合理的职业规划，提高竞争意识，也帮助游戏人才市场规范自身运行，促进供需平衡。2021 年 11 月，波克科技获批成为上海市动画制作员职业技能等级认定的社会培训评价组织，也是上海目前唯一一家获得职业技能等级认定资格的民营企业。

▲ 波克科技职业技能等级认定首批证书颁发仪式

针对业务拓展过程中遇到的人员知识储备不足的问题，波克科技制定了详尽的内部培训机制。从入职的第一天帮助员工适应工作环境、掌握基础办公工具开始,到深度学习职业技能、对话行业大牛,再到了解当下行业发展热点、培养战略眼光,定制化的内部培训一直陪伴着波克科技的员工。如今的波克科技,内部培训课程除了业务相关内容,还囊括了暴恐的安全应对、急救等跟现实生活相关的培训课程,帮助员工掌握必备的应急技能,从工作到生活给予其全面的自我提升机会。

氛围层面,打造无障碍沟通渠道。波克科技要求管理层对年轻人尤其是应届毕业生给予充分的信任,鼓励一些没有相关工作经历的员工走到台前,扮演开拓者、奠基者的角色。事实证明,波克科技内部始终不缺有想法、有干劲的人。在这样的企业文化氛围下,公司内涌现出一批青年骨干,在各个岗位都做出了亮眼的成绩,甚至有80%以上成员都是95后的年轻团队,成功将一款游戏打入全球53个国家的榜单前十,实现了公司内前无古人的创举。这些年轻人的工作方式往往都是埋头苦干、做的比说的多。青年骨干用自己工作的每一滴汗水,在无字句处影响和带动着每一个人。

因此,波克科技格外关注员工感受、倾听个体声音,用内部论坛、团建卧谈会等丰富的形式,打造管理层与员工间、各部门间畅行无阻的沟通渠道。由于公司的鼓励和管理层的表率作用,"敢于直言、积极表达"已成为波克科技独特的企业氛围。在这种氛围下,波克科技管理层得以充分汲取员工意见,不断完善管理机制,形成了"保护老实人"、"周五不加班"、兴趣社团等特色文化,极大提高了公司内部的向心力、认同感。

(五)主动求变,"游戏出海"布局世界市场版图

波克科技在实现内部思想统一后,将下一步的发展瞄准了海外市场。

"游戏出海"设想的提出,源于2016年一次党课学习,专家在课上对我国"一带一路"倡议的讲解,让波克科技看到了海外市场的巨大潜力,做出了"游戏出海"的大胆设想。在团队充分研究之后,波克科技选择了位于"一带一路"沿线的印度尼西亚作为游戏出海的桥头堡之一。经过两年的摸索和打磨,波克科技在印尼成功运营起了一个在线休闲游戏平台,不仅可以实现用户间的对战,还兼具社交属性,平台日活跃用户已经达到数百万级别。一款名为 *Higgs Domino* 的手游也风靡印尼市场,成功跻身当地手游下

载和收入双榜 TOP5，日活跃用户超过百万，受到当地不同用户群体的广泛欢迎。

紧接着在 2019 年，波克科技又将目光瞄准了"一带一路"之外的国家，以一款休闲属性的接龙游戏叩开了美国市场的大门。"人口基数较大，付费能力强，社会接受程度高"——波克科技的决策层起初对美国市场持有乐观预期，但在实际落地操作的过程中，由于社会结构、文化属性等各方面的差异，波克科技首次踏足欧美市场的过程并不顺利，不得不重新审视出海策略。在与海外发行团队多次沟通之后，波克科技及时改变了推广方式，在当地组建团队专门负责进行市场调研和相关本地化工作。

波克科技在美国的业务慢慢走上正轨，并开始尝试以更加开放的姿态面对挑战。"我对公司新立项的游戏项目有了一个最基本的要求，就是产品必须具备投放全球市场的能力，在大范围的投放之后，我们会根据效果反馈，来观察哪个国家或者哪个区域对产品的接受度更高，然后再针对性地开展相应的本地化工作。"徐仁彬这样总结波克科技针对全球市场的产品策略。

"主动求变"带来了立竿见影的效果，就目前海外市场的布局来看，欧美市场已成为波克科技重要的海外市场。一款名为 *Tile Master* 的休闲游戏在 2020 年成为欧美市场的一匹黑马，每日活跃用户超过 300 万，连续闯入全球

▲ 休闲游戏 *Tile Master*

53个国家的榜单前十。"中国智造，全球输出"，波克科技对海外市场的用心拓展，成为这句话的一个优秀注脚。

2020年，公司所有产品的海外用户综合增长率达到了150%，而这些都将成为波克科技进一步拓展海外市场，对外输出中国文化、传播中国思想的良好基石。在游戏出海的战略实施上，波克科技"走出去"的脚步不会停留。目前，其公司内部专注海外市场的员工比例已达60%。预计未来几年，其海外项目的人数将持续增加，特别是研发团队力量配比将进一步增强，为海外市场带去更多优秀的中国游戏，让更多的国家和地区的人们通过中国游戏来了解中国、认识中国、认同中国。

"以前都是外国游戏影响中国用户，如今我们对外主动输出我们的文化和思想，并且有机会在海外市场站稳脚跟，取得一定的成绩。"徐仁彬以"做一款中国人自己研发的游戏"为初心，开启了对外文化输出和交流的大门，体现了中国游戏人最朴素的民族情感和爱国情怀。

（六）履行社会责任，"游戏+"驱动业务新增长

波克科技清楚地知道：企业的每一步发展，既是企业全体员工努力的结果，更离不开广大用户的支持和国家政策的扶持。所以波克科技在前行的道路上，一直怀有一颗感恩的心，一直在思考，如何在力所能及的范围之内，更好地利用自身资源去反哺社会、促进社会发展。

就在此时，"互联网+"的国家战略给波克科技带来了新的启发。波克科技在不断深化对游戏内容开发研究的同时，不断探索游戏的更多可能性，效仿"互联网+"的概念，波克科技逐渐形成了"游戏+"的创新概念模式，即以游戏为载体，将游戏与科普、教育、医疗、体育、公益等领域相融合，用游戏跨界"赋能"这些传统领域，为解决社会问题、推动社会发展提供一种新的实践范例。

徐仁彬说，在初次试水"游戏+"模式落地应用前，自己的内心其实非常忐忑，担心研发部门更看重项目的商业化价值，而不愿意尝试更能体现企业影响力和社会责任的游戏项目研发。但在实际沟通后，很多研发团队都表现出很高的积极性。更让他惊喜的是，越是年轻的团队，参与"游戏+"项

目的意愿越强。这也反映了如今年轻一代游戏人,在承担社会责任方面更有主动意识,也具备用自身专业传递正面价值的独特优势。

"游戏+科普"。游戏与科普的结合是波克科技探索"游戏+"道路的第一次试水。2019年,恰逢上海作为垃圾分类重点城市,垃圾分类成为上海市民口中的热点话题。此时,波克科技出于企业的社会责任感,开发了一款名为《垃圾分类大作战》的小游戏,希望能够帮助市民更好地进行垃圾分类,出乎意料的是这款游戏上线10天后,游戏人次便达到了500万以上,活跃用户300多万,取得了较好的社会评价。这次试水让波克科技意识到:原来游戏可以不止于游戏。

此后,波克科技又推出了《人民战"疫"总动员》《四史逐梦》《悦学党史》《拼图寻鸟之旅》等科普小游戏。2021年,波克科技与新华网达成战略合作,共同推出《我是航天员》系列科普计划,推出了三款H5小游戏,以及《漫话航天员回家之路》科普漫画等内容。双方携手研发《我是航天员》科普手游,将科普与游戏玩法深度结合,计划将其打造成航天科普的线上据点,旨在以寓教于乐的游戏形式普及航天知识、传播航天精神。

▲ 波克城市科普游戏《我是航天员》

"游戏+抗疫"。2020年春节，突如其来的新冠疫情打破了这一传统节日的团聚与温暖氛围。波克科技迅速反应，在向湖北省慈善总会捐献1 000万元及紧缺物资外，还决定用自己最擅长的游戏的形式，为这场疫情笼罩下的人们送去祝福和力量。由于时值春节假期，员工们只能利用线上的方式组织起一支远程办公的研发团队，和人民网合作，通宵达旦地研发出一款公益科普游戏《人民战"疫"总动员》。有别于以往项目组独立开发的项目，这次为抗击疫情开发的科普小游戏，真正意义上汇聚了全公司的中坚力量，从程序、商务到行政、品牌，大家分工协作，共同为抗疫献出了自己的一份心意和力量。这款游戏以防疫知识问答为核心，辅以清新可爱的美术风格，让各年龄层的用户都能轻松了解防疫知识，力求澄清谣言、实现全民防疫科普。一经推出，就获得社会各界的好评，累计曝光量达3亿次以上，纠正防疫错误知识超900万次。

有趣的是，《人民战"疫"总动员》的一名开发者在儿子的家校沟通群收到了老师转发的游戏链接，老师推荐"各位家长可以带着孩子一起体验一下这款游戏，共同学习防疫知识"。不少家长热烈响应，纷纷晒出闯关成功的截图。来自身边的认可让整个团队成员倍感骄傲，对"游戏+"这一模式的积极社会效应也有了更为直接而深刻的认知。

2022年上海发生疫情后，波克科技再次快速响应，在做好企业内部疫情防控以及线上办公筹备工作的同时，向华东师范大学、普陀区防疫工作人员以及上海市控江中学、普陀区工商联对口隔离酒店、天地软件园等多家单位捐赠了善款及防疫物资，与兄弟单位共抗疫情。截至2022年6月，波克科技在这一轮疫情中累计捐款捐物超过267万元。

作为一家互联网企业，波克科技积极探索信息技术赋能疫情防控工作的更多可能——为普陀区研发隔离点出入登记系统，为核酸检测异常人员转运工作提供技术支持；在市、区两级工商联的指导下，波克科技研发团队连夜赶工，自主开发了"靠普互助"小程序，这一小程序是一个包括抗疫物资、生活物资、医疗保障、环境消杀、运输保障等在内的资源互助平台，各企业及居委会可以在平台上发布需求或认领需求，实现防疫资源的合理流通，解决居民的燃眉之急。

很快,市委办公厅选择录用了"靠普互助"小程序,并将其改名"惠企达",用于统筹全市各区工商联企业资源,为全市范围内的疫情防控保障工作继续发挥作用。

"游戏+公益"。游戏与公益的结合,也是波克科技在企业文化的牵引下对探索新领域做出的重要尝试。波克科技旗下的《猫咪公寓》作为一款IP产品,因其温馨、治愈的产品特性与公益事业高度贴合,成为游戏与公益结合的不二选择。2020年6月,波克科技与上海市志愿者服务基金会合作,举行《猫咪公寓》周边义卖,支持流浪动物领养工作,宣传文明养宠观念,引起了社会的广泛关注。这次活动的成功,也引起了相关政府部门的关注,波克科技随后又携手上海市交警总队,用《猫咪公寓》IP形象宣传安全驾驶观念。2020年11月,《猫咪公寓》与上海市首届文明养宠公益嘉年华活动联动,由游戏IP形象为宠物嘉年华代言,进一步扩大文明养宠的宣传影响力,案例入选《中国游戏企业社会责任报告(2020)》。2021年,《猫咪公寓》携手壹基金打造了系列科普漫画宣传防灾减灾知识,希望提高公众主动避灾避险的意识和能力。2022年5月,波克科技又与上海市普陀区司法局共同研发

▲ 波克科技产品《猫咪公寓2》

《喵星人遇上民法典》普法小程序，将《猫咪公寓》的 IP 形象、游戏元素与公益普法宣传相结合。

《猫咪公寓》IP 与公益事业的多次碰撞，不仅实现了公益理念更广泛的传播，对于《猫咪公寓》自身而言，也丰富了 IP 的表现形式，并进一步塑造了其 IP 温暖治愈的内核，实现公益与游戏 IP 的双赢局面。

与此同时，波克科技聚焦科技助老，深度参与由中共上海市委老干部局等多部门联合主办的上海市"乐龄申城·G 生活"志愿服务活动，研发融趣味性、学习性、功能性于一体的教学游戏《乐龄升 G 消消乐》，帮助老人在模拟实际场景中反复练习智能手机的操作方法，跨越"数字鸿沟"。

除了游戏助力之外，波克科技的小伙伴们也毫不犹豫地投入公益事业中，党员带头成立了志愿者团队、波克急救队，积极参与各类志愿服务活动，并在疫情防控、扶贫助学等工作中发挥了重要作用。

"游戏 + 乡村振兴"。游戏与乡村振兴工作的结合是波克科技践行公益中产生的连锁反应。2019 年年末，波克科技志愿者分队在实地走访云南怒江流域山区的过程中，从当地教师的口中了解到，很多当地孩子每天清早需要走 1—2 个小时的山路才能到达学校，因为时间紧，很多孩子都吃不上早饭，只能饿着肚子完成上午的课程。在得知这种情况后，出于对山区孩子的关心，也为了响应国家对口帮扶工作的号召，波克科技决定向当地孩子们捐赠一年份的早餐。

但是同时，波克科技清醒地知道，捐赠早餐仅仅只能解决一时的问题，自己的力量终究是有限的。于是，波克科技决定利用这次机会，在自己的游戏用户中传播公益意识与理念。最终，波克科技旗下放置类美食手游《爆炒江湖》上线"爱，要早一点"公益版本，活动期间，每有一名用户完成游戏内"1 份早餐"任务，《爆炒江湖》就会向云南怒江流域的两所山区小学捐赠一份早餐，并为用户颁发一份游戏内的爱心证书。这一活动得到了《爆炒江湖》用户群体的认可和积极参与，近 5 万名玩家参与了公益任务，实现了游戏产品和帮扶地区的双赢，成为波克科技用游戏支持扶贫的一个经典案例。从 2019 年开始，波克科技《爆炒江湖》项目团队每年都会组织工作人员前往当地，为当地小朋友送去生活用品。

同时，波克科技的志愿者们还多次走访山区，试图帮助山区孩子彻底告别没有早餐的日子。在走访中，志愿者了解到这个现象背后的根本原因：因为山区缺乏支柱性产业，青壮年只能外出打工，很多孩子成为留守儿童，得不到妥善的照顾。志愿者们迅速召开内部会议，决定以自己的力量帮助当地产业发展，实现脱贫致富，让更多年轻父母能够留在家乡就业，陪伴孩子们健康成长。在与当地农民的交流中，波克科技了解到当地出产优质咖啡，但由于宣传缺位，咖啡产业一直没有得到很好的发展，在口碑和认知度上落后于国外知名产地的竞品。在后续的相关扶贫工作中，波克科技从产业扶贫角度出发，结合当地产业特点，精心为云南咖啡定制包装并予以背书宣传，以期能为当地贫困农户带来可持续的财产性收入，实现持久脱贫的目标，真正落实"以购代捐、以买代帮"的产业振兴。

"游戏+医疗"。游戏与医疗的结合是波克科技为重新定义游戏做出的一次尝试。2021年，波克科技提出"游戏化数字疗法"战略，旨在通过数字化、游戏化的机制，提高医疗服务效率与可及性，创新医患交互的方式与体验。

▲ 波克公益志愿者团队参加上海花桥防疫点执勤

在前期调研中，波克科技的"游戏+医疗"团队发现，儿童斜弱视康复训练中普遍存在患儿依从性低、治疗效果不及预期的问题。弱视治疗效果与年龄有很强的相关性，越早接受治疗效果越好。然而单一、枯燥的传统训练方式，很难让孩子坚持下去。而游戏化机制在改善依从性方面有天然的优势，波克科技团队意识到这一领域或许能够成为"游戏化数字疗法"战略的突破口。

2022年4月，波克科技携手专业眼视光团队共同研发的儿童斜弱视康复训练系统《快乐视界星球》，成为国内首款获得国家药品监督管理局资格认证的游戏化AI医疗软件。《快乐视界星球》将传统弱视训练中的主要治疗方法与游戏化机制结合，提升训练依从性，以达到更好的增视效果。在临床试验中，90%的患者每日坚持自主完成训练并取得显著治疗效果，对于与时间赛跑的儿童斜弱视治疗来说，这一数据有着重要意义。

"游戏+文化传承"。游戏与传统文化的结合，是波克科技在"文化自信"的号召下，重新审视中华文化的力量而做出的重要战略规划：选择中华传统文化作为自己下一步发展的基石。首先试水的，便是波克科技的口碑作品——《爆炒江湖》。公司组织游戏研发团队前往敦煌研究院，深入学习敦煌文化、学习壁画技法，经过消化整理，将美丽的敦煌文化融入《爆炒江湖》游戏中，上线了《爆炒江湖》"天外飞仙"版本，推广敦煌文化，让玩家感受到敦煌文化之美。有了成功合作经验后，敦煌研究院美术人才交流基地在波克科技揭牌成立。波克科技与敦煌研究院美术所未来将每年交换年轻美术人才进行学习交流，并联合开发公益衍生品，为敦煌艺术的传播创造更多载体。

"游戏+艺术"。2022年1月10日，波克城市互联网研发应用中心作为普陀区2022年重点项目集中开工，建筑面积4万多平方米，建筑方案设计由国际著名建筑师、普利兹克奖得主安藤忠雄设计打造。项目包含波克总部办公楼及波克艺术中心两个部分，预计于2025年落成。在未来，波克艺术中心一方面将承载游戏科普功能，面向儿童与青少年提供游戏相关的基础知识科普，通过实践课等形式，帮助孩子们树立对待游戏的正确观念，了解游戏的诞生与相关前沿技术；另一方面，为年轻艺术家提供相互交流和对话大众的平台，推动当代艺术、流行艺术的发展。在波克艺术中心正式动工前，波克科技在工地举办了一场与众不同的"开工仪式"——一场名为"0号展览"的艺术展，这也让波克艺术中心成为中国第一个"还未开工，展览先开"的艺术中心。波克艺术中心将以"Art is Game."为口号，将动漫、游戏、艺术、公益、科普、展览相融合，打造年轻人的聚集地，开启全新的"游戏+艺术"模式。

此外，波克科技还在"游戏+体育""游戏+教育"等多个领域展开尝试，不断拓展和丰富"游戏+"的外延式发展，切实承担起企业社会责任。而出乎意料的是，波克科技在积极履行社会责任的过程中，企业影响力也在进一步扩大，为公司带来了更多的业务增长点，社会责任和企业发展形成了互相推进的良性互动，推动企业走上了可持续发展的轨道。未来，波克科技还将尝试把"游戏+"概念应用于文化地产等更多领域，让游戏真正成为传统领域在互联网时代实现突破创新发展的有效抓手。

三、经验启示

（一）不忘初心，不设边界，不断开拓

波克科技是通过草根创业走出来的企业，徐仁彬和他的合伙人们都是做研发出身的草根青年，一步一步披荆斩棘走到今天，凭借的就是"做一款中国人自己研发的游戏"的简单信念。在波克科技发展过程中，面临的困难和挫折数不胜数，无论是在面对产品从PC端向移动端的转型，还是在拓展海外市场的过程中，都曾付出惨痛代价，而最后的解决方法都是打破经验主义，破除自身边界，不断开拓进取，这些就是敢拼、敢闯的年轻企业家精神。而波克科技也深知自己的特点，愿意给年轻人信任，愿意给年轻人机会，主动为公司内部有创业意向的项目组提供资金和资源的支持，希望这些年轻人在实现自己梦想的道路上能够少走弯路，共同推动游戏行业发展。

(二)用户至上，精益求精，提升品质

作为一家游戏公司，波克科技对自己的产品始终保持精益求精的态度，每一款新游戏的诞生和每一次游戏的更新，波克科技都将用户体验作为自己的改进方向，不断提升游戏品质。正是因为广大玩家的诉求和支持，波克科技才决定将中华传统文化作为自己下一步的发展基石，探索文化与游戏结合的多种方式。也正是由于对玩家的高度重视、对产品的高度重视，才让波克科技的产品在游戏更新换代如此频繁的时代中，总能焕发出新的活力，用户活跃度一直保持在一个较高的水平。

(三)党建引领，把握时势，紧贴业务

回顾波克科技在互联网文化产业领域的探索实践之路，不难发现：在一个企业从无到有、从小到大的发展过程中，都会历经诸多坎坷和挑战，特别是身处飞速发展的互联网领域，市场环境更是瞬息万变。创业型企业若想要获得生存和发展，就必须时刻保持对市场变化的敏锐洞察和对各种政策的准确把握，及时找到新的发展点。坚持党建引领，就把握住了企业发展的正确航向，把握住了企业发展的时代趋势，让企业发展能够与国家发展的脉搏同频共振，确保政治方向、战略方向、发展方向不出任何偏差，实现企业的快速健康发展。

党建不仅仅在政治上引领波克科技，更是通过与业务深度结合的方式为波克科技赋能，"1份早餐""限时御膳房"等活动均是波克科技在与兄弟企业党建共建的过程中碰撞出的灵感火花。2020年、2021年，为响应"四史"学习教育工作任务，波克科技先后研发出《四史逐梦》《悦学党史》两款"四史"学习小游戏，将游戏与党建相结合，用游戏企业的特长反哺党建工作，帮助广大党员干部通过情景化学习"四史"。党建与业务的深度结合，让青年人在服务社会的过程中获得真切的成就感，培养了青年人才群体的政治认同、情感认同和思想觉悟。

(四)政企互助，良性沟通，和谐共赢

波克科技当初选择在普陀区扎根，看中的是普陀区对企业保姆式的服务。在波克科技成长发展的过程中，普陀区政府不但给予其许多政策上的

支持，还主动上门进行一系列的辅导，让波克科技切身体会到了"服务是普陀的第一资源"这句话的含义。吃水不忘挖井人，波克科技也一直竭尽所能为公共服务提供技术、资源和经验支持，积极反哺社会、反哺公众，比如疫情期间上线"口罩预约系统"、交通安全知识宣传、文明养宠宣传等，都是与政府部门合作开展，在社会上取得了较好反响。在良性的互动中，企业和政府互帮互助，建立了亲清新型政商关系，真正实现了和谐共赢。

（五）以人为本，尊重人才，开发人才

波克科技作为互联网企业，其发展必须有高精尖人才的支持，所以波克科技也始终坚信人才是自己最宝贵的资源，坚持以人为本，尽可能在多方面给予公司员工支持和帮助。从最普通的一日三餐到人才公寓，从培训课程到交流学习，从定期体检到公费旅游，从解决落户问题到急难救助基金，波克科技致力于为公司员工打造一个最好的施展才能的平台。同时，波克科技不断扩充人才储备：与华东师范大学教育发展基金会合作设立"波克树人"专项资助计划，鼓励、嘉奖、帮助家庭条件困难的华东师范大学软件学院学子成长成才，为科技人才培养提供支持；配合上海网络游戏行业协会制定游戏行业职业技能标准，率先获批为游戏人才职业技能等级认定机构，探索游戏企业内职业标准评价路径；推动游戏行业高级人才职称评定，倡议在相关职称系列评委专家库中推荐加入游戏行业专家。通过这些举措，波克科技不仅为企业自身吸引、积累了人才，也在为上海打造游戏行业的人才基地样板，努力推动上海游戏人才高地建设。

专家点评

文化产业作为国家战略性新兴产业，以其链接和构建多样化产业生态的特性，正在催生一个又一个产业风口，成为互联网时代具有"杠杆效应"的前沿产业。波克科技以其"草根创业"的基因，植入互联网游戏领域，不畏艰难，顽强奋斗，创新拓展网络文化产业多元发展空间，成为堪称全球游戏界"流量担当"的新型头部企业。

波克科技在创业过程中并非一帆风顺，同样充满了艰辛和坎坷，之所以能够成功突围，站上行业领跑者的高位，固然得益于多方面因素，但总其大者，主要体现在产业自觉、文化自觉和政治自觉这"三个自觉"上。可以说，"三个自觉"是波克科技的制胜法宝。

产业自觉来自波克科技创业团队对产业发展态势所具有的极为敏锐的洞察力，能够在关键时刻做出艰难抉择，做到"战略正确"。无论是企业选址，还是业务迁移；无论是"游戏+"拓展，还是寻求海外市场，波克科技都适时把握了产业发展的趋势和节点，确保企业始终处于奋勇争先的竞争性运行轨道。创业精神激发着波克科技的创新动力，创新动力牵引着波克科技的创业精神，在这种良性互动中，波克科技得以面对严峻挑战，保持新锐企业的活力，不断创造新的业绩。

文化自觉来自波克科技创业团队对企业文化建设所具有的极为清醒的把控力，能够在关键时刻做出明智抉择，做到"文化正确"。无论是企业规模快速增长带来员工流动频繁，还是内部滋生坐享其成的懈怠情绪；无论是激励创新，还是加强人才队伍建设，波克科技都十分重视企业文化建设，从"延安精神"中受到启发，倡导"自力更生、艰苦奋斗"，并重申了创业之初的"草根精神"，把它植入企业发展创新的各个方面、各个环节，成为营造企业干事创业、团结奋进氛围的"文化酵母"。

政治自觉来自波克科技创业团队对政治发展方向所具有的极为深刻的领悟力，能够在关键时刻做出高明抉择，做到"政治正确"。无论是"游戏出海"设想的提出，还是"游戏+"的具体演进；无论是拓展"两新"党建，还是履行企业社会责任，波克科技都能自觉遵循正确的政治导向和政策引领，将党的建设与企业发展融合在一起，找准结合点、共鸣点、协同点，一体部署、一体推进，在党建引领下，树立游戏企业正面形象，规避各类社会风险。同时，借力区域化党建联盟，广泛构建企业发展"朋友圈"，在产业链的创新延伸中驱动企业形成新的业务增长点。

点评专家

周智强，解放日报社党委副书记，高级编辑，中宣部文化名家暨"四个一批"人才。兼任上海社会科学普及研究会会长，上海领导科学学会学术委员会副主任。

思考题

1. 作为草根创业的典范，波克科技诞生在上海，成长在上海。它的发展经历可以带来哪些启示？
2. 波克科技的"游戏+"战略在履行社会责任的同时，驱动了业务增长。对于企业来说，发展自身和承担社会责任之间有着怎样的张力？
3. 结合波克科技的创新实践，谈一谈如何充分发挥党建引领民企实现高质量发展的作用。

创业者小传

徐仁彬，波克科技股份有限公司创始人兼首席执行官。

男，汉族，1985年4月出生，无党派人士。大学本科学历，高级经济师。

曾获中组部"国家'万人计划'科技创业领军人才"、科技部"创新人才推进计划科技创新创业人才"、"上海市优秀中国特色社会主义事业建设者"、"上海市优秀软件企业家"、"中国游戏产业十大新锐人物"、"上海市优秀青年企业家"、"'千帆计划'上海市青年企业家培养计划人选"、"上海市青年五四奖章个人"、"上海市青年创业英才"、"上海科技青年企业家创新奖"、"长三角十大杰出青商"、"上海市普陀区区长质量奖个人奖"等荣誉。

担任上海市人大代表、全国青联委员、上海市工商联副主席、上海市普陀区政协副主席（不驻会）、上海市普陀区工商联（总商会）主席（会长）、上海市光彩事业促进会副会长、中国软件行业协会理事、上海市软件行业协会理事、上海市普陀区青联常委等社会职务。

深耕云计算，
助力更多数字经济梦想者

——优刻得科技股份有限公司为数字经济创造价值的逐梦之旅

摘要

2012年诞生并成长于上海市杨浦区的优刻得科技股份有限公司（UCloud，下文简称"优刻得"），是我国云计算领域的代表性企业，科创板"云计算第一股"，A股市场第一家"同股不同权"公司。作为国内领先的云计算服务平台，优刻得自主研发IaaS、PaaS、AI服务平台、大数据流通平台等一系列云计算产品，系目前国内最大、最具影响力的中立第三方云计算服务商，在全球已有3万余家云服务消费用户，既面向全国两会、进博会、世界人工智能大会等重大活动提供云服务资源，同时也通过网易、抖音、美团、爱奇艺、哔哩哔哩等一大批互联网领域的企业客户，间接服务终端用户达数亿人。

扫一扫，看视频

立志"成为一家受人尊敬的云计算公司"，历经数载，披荆斩棘，如今优刻得已经成长为行业内具有重要影响力的高科技创新公司。承担完成国家863计划项目、科技部国家重点研发计划项目、国家发改委"互联网+"重大工程项目等众多高端科研攻关课题，摘得上海市科技进步奖一等奖、中国通信学会科学技术奖（科技进步类）一等奖等多个重要奖项。企业分别被评为"国家高新技术企业""科技部独角兽企业""上海市科技小巨人企业""上海市民营企业总部""上海市'专精特新'中小企业""上海市专利工作试点示范企业""上海市企业技术中心""上海市大数据联合创新实验室""上海市人工智能创新中心"，也是人力资源和社会保障部批准设立博士后科研工作站的单位。同时，企业还曾获得"全国五一劳动奖状""上海市五一劳动奖状"等。

优刻得的发展离不开国家发展数字经济的战略推动，离不开上海扶持民营科技企业创新发展的沃土，也离不开团队自身的不懈努力。正如优刻得团队对企业名称的解读，他们坚信——"优秀是刻苦努力得来的"。随着数字经济时代的全面到来，优刻得将继续抓住机遇，奋力创新，坚持秉承"用云计算帮助梦想者推动人类进步"的企业使命，为数字经济创造价值，让每个人的数字生活都触手可及。

云计算　大数据　人工智能　数字经济　科创板

一、背景情况

随着互联网的快速普及，信息技术和生产生活交汇融合，对经济发展、社会治理、国家管理、人民生活都产生重大影响。当前，全球数据呈现爆发式增长、海量集聚的特点，世界各国都把推进经济数字化作为实现创新发展的重要动能，在前沿技术研发、数据开放共享、隐私安全保护、人才培养等方面做了前瞻性布局。在这一背景下，习近平总书记多次强调要加快建设数字中国，更好服务我国经济社会发展和人民生活改善。

2021年的第一个工作日，上海市公布《关于全面推进上海城市数字化转型的意见》，提出推动经济、生活、治理全面数字化转型，构建数据驱动的数字城市基本框架，引导全社会共建共治共享数字城市等目标和要求。上海将聚焦推进城市数字化转型，加快打造具有世界影响力的国际数字之都。

在全球数字经济格局之中，大数据、云计算、人工智能正成为紧密依存、互为促进的技术和产业体系。云计算（cloud computing）所说的云，就是一种基于互联网技术，在线提供数据处理、信息存储等IT服务资源的网络。从某种程度上来说，云计算是继计算机、互联网之后信息时代的又一次飞跃。由于云计算的用户可以像从公用事业网随时获取水电煤那样，随时按需从"云"上获取信息技术资源，并且按用量付费。因此，云计算可以极大地提高网络资源供给的弹性，个人、企业、公共机构接入"云"之后，能以较低的成本快速获取海量数据的处理能力，从而降低创新门槛，提高竞争力。

我国在云计算领域已经掌握一定的话语权。从早期以阿里云、优刻得等为代表的企业勇敢启程探路，到之后行业风起云涌、群雄逐鹿，再经过洗牌、市场趋于理性，目前，云计算正在不断拓宽应用场景，越来越多政府机构和传统企业对云计算产生了巨量需求。特别是新冠疫情的倒逼又极大地加速了各行各业发展在线业务、向数字化转型的速度，云计算面临前所未有的发展机遇，有望攀上指数级增长阶梯。

优刻得正是立足云计算，借助大数据和人工智能相关技术为整个数字经济赋能。优刻得公司创立于2012年，得益于上海良好的创新创业氛围与营商环境，特别是政府部门对于云计算的前瞻理解，使得3位技术背景出身的创始人能在杨浦区觅得伯乐与知音，并就此扎根，最终成为国内唯一一家从创业团队发展而来的云计算第一梯队企业。这些年来，优刻得基于自身技术实力与市场洞察力，聚焦为客户提供个性化定制服务，从而与巨头形成差异化竞争优势，在一些细分市场上确立了领先地位。2013—2015年，优刻得密集完成3轮融资，站稳了脚跟后，又于2016年下定决心终止海外上市计划，通过股权改革拆除红筹（VIE）架构，成为一家纯内资云计算企业，为更好地拓展国内政商市场、争取国内IPO打下了坚实基础。2020年1月，优刻得终于如愿以偿，在上交所科创板挂牌。

自创立至今，优刻得凭借常年占营收总额15%左右的研发投入强度，在云计算行业留下了一系列的"首创"：它是国内第一个在海外部署机房的云计算企业，是全球可用区域最广的本土云计算服务商，在业内第一个推出混合云、第一个推出全球节点CDN加速服务、第一个通过"安全屋"技术将大数据的所有权与使用权分离，从而解决了困扰行业多年的跨领域隐私数据融合碰撞的难题……这些紧扣市场脉搏、引领风气之先的创新举措，使优刻得以远不及行业巨头的体量和投入，在早年遭遇诸多风险投资人看低的情况下，成为我国第一家在科创板上市的公有云企业，打破了人们认为创业公司无法在云计算市场与巨头竞争的成见。

根据中国信息通信研究院的预测，未来数年，我国云计算市场将保持快速增长，特别是随着新基建的推进落地，5G、人工智能、物联网等产业不断地对云服务提出新需求，云计算企业未来的发展空间十分广阔。毋庸置疑，优刻得必将持续享受数字中国建设滚滚向前的红利，不断为自己，也帮助更多创业者圆梦。

二、主要做法

初心和信念是人们深藏于心底的种子，代表了奋斗、使命和希望的源头。如果能给予良好的土壤和足够的阳光，种子就会顽强地破土生长，哪怕遭遇逆风寒流，哪怕前进路上有各种波折挑战，种子也要拼命向前，去践行心中那个参天大树的梦想。

（一）种下初心：点亮技术型人才的"梦想火花"

习近平总书记曾满怀深情地指出："青年一代有理想、有本领、有担当，国家就有前途，民族就有希望。"党的十八大以来，国家以各种方式激发全社会创新创业的激情与活力，让千千万万人的"小理想"编织成国家和民族的光明前景，让每一个年轻人的圆梦努力汇聚成昂首阔步践行中国梦的征程。

初心和信念的力量是如此顽强，甚至可以超越时空，成为支撑许多卓越成就的原动力。2011年，坚信云计算时代终将到来的季昕华，找到曾经的老

▲ 优刻得3位创始人（左起）：华琨、季昕华、莫显峰

同事莫显峰、华琨，组成了优刻得最初的创业团队。他们3人，再加上几个精兵强将，摩拳擦掌，准备在云计算行业里闯出一番名堂。

对于这次创业，这个团队一开始充满信心——根据当时他们提供给投资人的一份商业计划书，在启动阶段，优刻得会配置180人的团队，并在18个月内融资1 500万美元。从2011年年底到2012年年初，有不下1 000位投资人看过这份计划书，3位创业伙伴与投资人的咖啡喝了一场又一场，但是融资计划始终未有突破——投资人经过评估，并不太认可云计算的价值，也不看好优刻得的创业前景。

如今，云计算已成为数字中国建设的重要基础，并为人工智能、大数据、智慧城市等领域提供算力支持。但在10多年前，云计算在国内还处于萌芽期——2010年中国IT领袖峰会上，BAT三巨头的掌门人在公开"对话"环节，谈到对云计算的看法，只有阿里巴巴马云表示"如果我们不做云计算，将来会死掉"，而百度李彦宏和腾讯马化腾都对云计算评价不高，要么认为"云计算没有什么新东西"，要么觉得云计算"必须等上几百、上千年才有可能实现"。

能在10多年前穿越时间迷雾，以极大的决心去追逐云计算的未来，除了过人的技术和商业感觉，最重要的可能就是一份信念与情怀。对优刻得团队来说，这份信念还可以追溯到学生时代。

熟悉优刻得创始人兼CEO季昕华的人，都知道他在创业前曾经是国内信息安全领域的技术大牛。不过，出生于浙江龙泉农村的季昕华，在考进同济大学电气自动化控制专业之前，甚至从未接触过计算机。由于家境贫寒、父亲早逝，季昕华初中时就开始打工。在大学里，他感恩同济大学不仅免了他的学杂费，还给了他在学校计算机房勤工俭学的机会。记得第一次进入学校机房，他按遍了键盘，但就是开不了机，直到老师帮他按下开机按钮，在屏幕亮起的那个瞬间，季昕华感觉自己内心的梦想火花也被一同点亮了。

对季昕华来说，这个机房就如同天堂："那里因为有空调，所以忽略寒暑；更重要的是，给了我接触网络的机会，也省了我每小时4元的上机费。"他对计算机产生了浓厚的兴趣，不断自学，从菜鸟成为高手。而且从大三开始，季昕华不断尝试在互联网领域创业，虽然因为时机不成熟并未取得成功，但创业梦想却在心底越来越牢地扎下了根。

作为国内信息安全技术的代表性人物，季昕华曾先后加入华为和腾讯，主导企业信息安全体系建设。一个偶然的机会，他受邀参与侦讯一起计算机木马案，面对身陷囹圄的木马作者，他有些好奇、有些惋惜地问："你有这么好的技术，为什么要做这种事？"对方告诉他，自己只有中专学历，找不到工作，于是走了歪路……听到这里，季昕华的心被触动了：虽然我现在可以保护一家公司的安全，但是如果能够创造一个平台，帮助有技术的人更好地实现人生理想，那就可以让整个网络生态环境变得更好。

这个梦想一直埋藏在季昕华心里，直到被云计算再次激活。事实上，在云计算普及之前，互联网创业者要想上线一项服务，必须从零开始自己打造信息基础设施，就像电网普及前，人们为了用电必须自己购买发电机一样；而云计算出现后，创业者就可以方便地通过互联网租用计算资源，把精力集中在技术和业务本身，从而极大地降低了创业门槛。如今，优刻得不仅是云计算平台，更像是企业孵化器，帮助互联网创业团队能够"拎包入住"，凭借软件代码实现创富神话。当然，这是后话。

2009年，季昕华加入盛大网络，负责打造盛大云。他之所以被盛大打动，主要是因为时任盛大CEO的陈天桥向他提了一个问题："能不能创造一个平台，让写程序、做游戏的人可以像在网上发表原创小说的作者那样赚到钱？"由此，两人一拍即合。

（二）伯乐一顾：我"背水一战"，你"雪中送炭"

过去10余年，是云计算在中国昂扬奋进、陡然上升的阶段，更是中国历史上创新创业活力最充沛、热情最饱满的时期之一。离开这个背景，就无法理解优刻得的成功。最值得一提的是，在创业最初阶段给予优刻得理解以及最重要支持的，不是风险投资人，而是政府。这是季昕华的幸运，也是中国创业环境的重要底色。

实际上，10多年前，没有太多人像季昕华那样，如此坚信云计算之于梦想的关联。当时，在许多业内会议上，时任阿里巴巴云计算业务负责人的王坚不断给大家"布道"，说服人们相信未来云计算会成为水电煤一般的基础设施。在台下，有不少人把王坚这番理想主义的表述看作"骗局"，但有一个人却深表认同，那就是季昕华。

2011年，盛大云由于集团业务重心的调整而发展受阻。坚信云计算发展前景的季昕华产生了自己创业做云计算的想法，他要把关于云计算的蓝图继续勾画下去，让云计算能够真正成为创业者圆梦的平台。

"一个好汉三个帮"，季昕华找到了他在腾讯时的两位老同事莫显峰和华琨，准备在云计算行业里一展宏图。但是，正如前文所述，这几位国内云计算的先锋人物，为争取天使融资，见了不下1 000个投资人，但还是"缘悭一面"。

那时，很多投资人并没有认识到云计算的价值，在他们眼里，优刻得的团队背景虽然不错，但一旦巨头介入，创业者要如何取得成功？比如，他们曾经受了十几个投资人的轮番拷问，最终还是面对了"终极问题"："如果BAT做了，你们怎么办？"无论怎么回答，他们都无法说服投资人。还有一次，他们在北京见到了圈内知名投资人，对方看了优刻得的商业计划后，轻描淡写地说："这些东西难度不高，我们几个技术人员就搞定了。"

"我前后去过许多城市，走过不少路，见过不少人，但时常感到知音难求。"季昕华回忆说，当时很多地方对云计算还是云里雾里，无奈之下，优刻得创始团队干脆不再想找投资人。

幸运的是，在季昕华梦开始的地方——母校同济大学所在的上海市杨浦区，他们遇到了知音。

2010年，上海发布了促进云计算产业发展的"云海计划"，提出通过"基金+基地"的模式来发展云计算产业。其中，全市首个"云计算创新基地"花落杨浦区，并率先创办云海产业基金，同时辟出五角场大学城附近的云海大厦，作为专业的云计算孵化器。只要经过评估认定，云计算企业就能入驻云海大厦，并享受包括3年房租补贴在内的各种扶持措施。亟需支持的优刻得，在与杨浦区科技主管部门交流时惊讶地发现，与对方聊起云计算不仅毫无障碍，而且政府部门对云计算技术的了解、对产业的期待，与季昕华的理想非常契合。

谈起多年前的这次会面，季昕华感触良多："对高科技企业来说，更看重的不是获得多少资金扶持，而是当地政府是否真正了解这个行业的格局和趋势，能否真正具备战略眼光来吸引企业落户。"也正是在那天之后，优刻得创业团队决定，要把企业设在杨浦区。

此前，为了筹措资金，季昕华当机立断、背水一战，卖掉在深圳的房子，其他两人也一起出资，就这样凑了400万元作为天使资金。同时，技术合伙人莫显峰在出差的火车上，写完了优刻得云计算主机的第一个功能模块。就这样，一家初生的云计算公司正式启动了。

▲ 公司初创时期的临时办公室

事实上，杨浦区和云基地给予优刻得的，不仅是"雪中送炭"的知遇之恩，还在日后持续给予创业者最需要的生态供给。季昕华至今仍记得，优刻得最初入驻的云海大厦基地，楼里上上下下集聚着几十家云计算企业，无论是要找下游客户，还是上游供应商，只需要跑跑楼梯就能实现。整栋云海大厦也成为云计算创新资源的荟萃之地，成为云技术产业链延伸的基点。这种集聚的态势，帮助这群"云计算"的"新生儿"告别单打独斗，实现抱团发展。营建这一创新生态的杨浦经验，也逐步被提炼为一句特别传神、特别形象的描述："上下楼就是上下游"，进而在各地逐渐推广。

不仅如此，无论是上海的产业主管部门还是杨浦区，都本着"有求必应、无事不扰"的原则，聚集各类服务资源，保障创新创业企业茁壮成长。在企业遇到困难时，政府会上前半步，更主动地发挥作用，悉心服务，耐心陪伴；当企业发展起来后，政府就退后半步，更多地化身为倾听者，任由企业振翅高飞。

世有伯乐，然后有千里马。千里马常有，而伯乐不常有。这种默契，奠定了上海市各级政府部门与优刻得的相处之道。此后多年，随着优刻得的不断发展壮大，公司几次迁址，却始终没有离开过杨浦区。

（三）轻车快马：趁巨头"打盹"打下"根据地"

季昕华和伙伴们把创办优刻得的初心归结为用云计算帮助梦想者推动人类进步，让写代码的程序员可以实现人生理想。这绝不是在唱高调。从创立之初开始，优刻得就一直把许多精力放在如何帮助创业者走向成功上。事实上，开放与赋能是云计算非常重要的底色。过去 10 余年，在国内，云计算与创新创业同频共振，带动了互相激发、彼此赋能的正向循环。无论是对优刻得一家公司，还是对整个国家来说，这都是一种幸运，也是一种必然。

有人说，优刻得最初能够迅速站稳脚跟，是因为"巨头打盹"。话虽说得不错，但归根结底，优刻得全心全意帮助互联网创业者圆梦的意识，是它抓住机会、错位发展的本质原因。

2013—2015 年，优刻得迎来客户增长的第一条大曲线。曲线的源头似乎有点意外——2013 年 4 月，当时最热门的手游之一《大掌门》的开发商玩蟹科技 CEO 叶凯在微博上公开抱怨某云计算巨头的使用体验极为糟糕，并宣布准备陆续迁出所有服务器。很快，这条微博掀起连锁反应，引爆了许多圈内客户集体对该云计算巨头的吐槽。那时，优刻得针对游戏行业特性，推出了高性能的云主机。在不少 CEO、CTO 的推荐下，《大掌门》转投优刻得，确立了优刻得在众多游戏公司中的口碑。

类似地，开发《刀塔传奇》的莉莉丝公司原本也是另一家云计算巨头的客户，但该巨头家大业大，一时之间疏忽了当时尚未成大器的《刀塔传奇》，而"小巧"灵活的优刻得则针对莉莉丝的需求，专门成立项目组，提供保姆型、贴身式、定制化服务。最终，《刀塔传奇》一战成名，优刻得在云计算业内"技术流＋服务派"的名声深入人心。

▲ 公司的第一组服务器

那几年，适逢国内的移动游戏进入爆发期。热门手游一个接一个，一夜之间就可能风靡全国，用户增长经常呈指数级，从而对 IT 支持系统提出了苛刻的响应与扩容需求——千万级用户蜂拥而至，游戏画面还要保证清晰流畅，这正是云计算最擅长的。随着大大小小的移动游戏厂商主动找上门，优刻得终于在游戏领域打造出了自己的"根据地"，从而在业界站稳了脚跟。

除了游戏，优刻得也继续利用自身在杨浦云计算基地的优势，在其他领域拓展"朋友圈"，形成生态优势。比如，帮助在线教育公司从容应对中考、高考时暴增的访问流量，让智能钢琴公司专注于艺术表现而不是技术难题……总之，在游戏领域之外，优刻得也不断拓展移动互联网的风口，与越来越多的创业公司携手走向成功。

值得一提的是，随着优刻得与客户的共同成长，云计算与移动互联网的共生共荣，这种"上下楼就是上下游"的创新生态，也逐渐有了更大的辐射范围、更大的产业覆盖、更高的竞争能级。某种意义上，优刻得正在成为"创新杨浦"不断吸引互联网独角兽和优质创业企业落户的理由，季昕华本人也被杨浦区正式授予"民间招商大使"称号。

不过,所有值得书写的成功,都不会是一帆风顺的。在巨头"打盹",将移动游戏等新兴风口让给优刻得的 3 年后,他们终于开始以排山倒海之势全力进军云计算市场。同时,优刻得本身的 IPO 之路,也走得一波三折,外部的竞争压力日益放大。

(四)脱胎换骨:从"回国上市"到"二次创业"

曾有人总结,云计算公司的三大竞争壁垒,分别是技术能力、客户规模、云资源状况;而这三方面的能力,说到底都离不开资本。事实上,在优刻得快速发展的过程中,研发投入和服务器资源的扩张始终处于高位,对资金的需求也就水涨船高。其间,优刻得经历了几番大调整,从海外上市的轨道切入 A 股市场,终于随着科创板的推出,从根本上解决了公司治理和融资的问题。

2013—2015 年,优刻得曾先后获得 DCM、贝塔斯曼、君联资本等投资机构的 3 轮投资,帮助公司在市场上站稳脚跟。原计划此后像很多中国互联网企业那样,在美国资本市场上市,不过,随着中国概念股在美受到冷遇,公司海外上市的计划发生了改变。

2010 年前后,作为 CDN(内容分发网络)行业的代表企业,蓝汛和网宿分别在美股和 A 股上市。起初两者差距并不大,甚至蓝汛的发展情况还优于网宿。但到 2014 年左右,虽然两家企业的市场规模相差不大,但在资本市场上的表现却是天差地别。在美股市场,蓝汛市值折合人民币约 24 亿元,而网宿在 A 股的市值高达 190 亿元人民币,是蓝汛的近 8 倍。这表明,美国资本市场对于来自中国的 To B(面向企业客户)业务公司不怎么看好,而这种冷落可能会影响企业后续融资,从而对长期竞争力造成损害。

中国科技公司选择到美国上市,原本是因为美股采用的是注册制,而不是 A 股市场的审批制。想要在美国上市,只要收入、规模达到一定水平,哪怕暂时没有盈利也可以完成 IPO 挂牌,这种市场环境对于科技股来说非常关键。

2015 年 6 月,国务院首提发展"战略新兴板",希望能在制度上,对标香港联交所和纳斯达克市场。优刻得意识到，未来，国内上市的通道将全面打开，这对包括云计算在内的企业来说，是非常重要的机会。

不过，要想把上市舵盘从海外转到国内，优刻得还必须在股权架构上经历一次"脱胎换骨"。此前的几轮融资之后，在优刻得的股权架构中，境外投资者持股比例过半，而要实现A股上市，就必须终止红筹（VIE）架构，将公司转为一家内资企业。

当公司管理层第一次与董事会沟通时，董事会并不太愿意。经过多轮谈判，直到2016年5月，管理层终于和董事会及股东会达成了共识。此后，随着多个国内投资机构完成增资，帮助优刻得回购全部境外投资人股权，优刻得的"股改"终于完成，不仅为A股上市打下基础，更有利于进一步争取政府部门和国企的云计算项目。

就在万事俱备之际，风云突变。由于种种原因，战略新兴板并没有能够继续，已经转轨A股的优刻得，不得不把上市的方向瞄准创业板。然而，原先创业板上市对于企业连续盈利有明文规定，为早日完成上市计划，优刻得不得不调整经营策略，将重心从大刀阔斧地扩张以赢取未来，转为开源节流从而实现当期的盈利。此时，恰逢云计算行业竞争进入白热化，特别是巨头们仰仗着雄厚的实力，引发一轮轮"军备竞赛"，优刻得由此陷入了两难的境地。

在云计算市场上，醒来的巨头们渴望追回失去的时光。它们凭借资金与生态优势，一方面大打价格战，将中小竞争者逼入危局；另一方面又不断扩大对外投资，要求被投企业与自己的"云"捆绑，从而完成"圈人圈地"。这种局面，正应了创业前投资人给优刻得提出的"终极问题"——如果BAT也做了云计算，你们怎么办？

上市遇阻和压缩开支，使优刻得的士气出现了变化，而此前顺风顺水时被掩盖的管理问题，也一下子凸显出来。当时，巨头们盯上了优刻得的人才，时常派猎头高价挖人，优刻得一度出现人员严重流失的问题。有资深员工回忆，当时大家在会议室内开会，技术人员的手机经常轮番响铃，"如果有人压低声音出去接电话，那很有可能是猎头在挖角"。

2016年是苦涩的一年。优刻得必须从外部竞争策略、内部组织制度到企业文化等各方面入手,推进一场大刀阔斧的改革,重塑核心竞争力,才能重新出发。那年,公司上下进行了很多轮的讨论与反思,终于达成决议:优刻得将进入那些足够大而又足够分散的传统行业市场,比如教育、医疗、工业互联网等领域。足够大,意味着这个市场有很大的拓展空间;足够分散,意味着即使巨头进来了,也没法全部吃掉。同时,还启动组织架构与企业文化重塑,经过4个月初步调整到位。

现在回头来看,自那以后,优刻得开始了"二次创业"。虽然很多东西改变了,但云计算的梦想依然如故。在苏州的一次闭门会上,当被问及优刻得的目标是什么,3位创始人异口同声:做行业第一。

(五)开疆拓土:抓住"差异化",打造"多面体"

二次创业的优刻得,在调整内部结构的同时,也将更多的精力放在差异化上。作为云计算的创业公司,优刻得虽然体量不如巨头,但是反过来也成就了一个独特的优势——中立。由于巨头公司的业务边界极广,很多云计算的潜在客户会因为业务与巨头有重叠而心存忌惮。而优刻得打造的,则是一朵可以让所有客户放心的云。

随着数字中国、网络强国建设全面推进,全社会逐渐形成数字化转型的共识与热潮,优刻得的发展开始更加紧密地与国家发展战略同道而行,通过深耕传统行业,为经济社会数字化赋能,那份"成为创新创业梦想家最好伙伴"的初心,开始越来越闪光。

2017年,优刻得确立了云计算、大数据(big data)、人工智能(AI)三位一体发展战略,并取3个英语单词的首字母,总结为"CBA战略"。之所以如此选择,优刻得是这样考虑的:云计算是整个数字经济的基础,它把用户的数据存储在云上,这是第一步;有了云计算,就可以对数据进行分析,并让数据流通起来,发挥更大价值;手握算力和数据,再搭配场景和算法,人工智能就能成为一股颠覆性的变革力量,为社会带来巨大的价值。

找到了方向,优刻得开始为其匹配核心的产品与技术支撑。特别是推出了数据安全开放平台"安全屋",结合数据沙箱、多云融合、区块链三大技术,在业内第一次实现了数据资源所有权和使用权的分离,解决了数据需求方拿不到数据、数据拥有方不敢开放数据的死结,从而使得数据作为新时代重要生产资料的特性被彻底激活。到2018年,优刻得彻底摆脱了早先"游戏云"的属性,成为一个在传统行业、企业服务、移动互联网、互动娱乐等四大领域多元布局的"多面体"。而且,借助新一轮来自中国移动的融资,优刻得不仅拿到财务支持,更获得大量战略合作资源。借助中国移动在各地的政企客户资源,优刻得伸向产业互联网的触手也更长、更有力了。

将自身发展更好地融入国家战略的优刻得,同时还在另一条赛道上找到了与政策的共振点,那就是为中国企业"走出去"、在更广阔空间践行全球化理念保驾护航。事实上,早在2013年,优刻得就开始为游戏公司的海外拓展提供云服务,并成为国内第一个在海外部署数据中心的云计算服务商。到2017年,中国企业的出海大军已经浩浩荡荡,在帮助这些企业扬帆出海的过程中,优刻得的出海版图也随之迅速扩大,迄今已经完成对亚太、北美、欧洲等地的覆盖,在全球拥有31个可用区;同时,还研发了一系列出

▲ 2018年 Think in Cloud(TIC)大会

海"黑科技"产品，相当于搭建好了全部的云配套基础设施，出海企业可以"拎包入住"。

此外，大环境层面的好消息接踵而来。2017年年底，国务院发布深化"互联网＋先进制造业"的指导意见，明确提出"百万家企业上云"的规划，点亮了未来中国云计算服务传统行业的道路。更重要的是2018年11月，在首届中国国际进口博览会开幕式上，习近平总书记亲自宣布将在上海证券交易所设立科创板并试点注册制。到2019年年初，科创板规则发布，为同股不同权、红筹企业、未盈利企业的上市打开大门。由此，科技创新与资本市场改革挂钩，形成了推动中国经济高质量发展的双轮。

（六）乘风破浪："硬核创业"实现"终极突围"

"时势造英雄。"对于这句话，优刻得有着深刻的体会——它的创立，与中国云计算的启蒙几乎同步，它的发展受益于国内经济社会数字化进程加速，而要再次跃上新台阶，科创板成为非常重要的一个契机。作为重要的科技创新基础设施，云计算被科创板纳入推荐上市重点鼓励行业之一。大家都摩拳擦掌，希望能够抢先接到政策红利。

但在递交上市招股书之前，优刻得还需要解决一个难题。

在科创板的一系列制度创新中，首次允许设置"特别表决权"，也就是"同股不同权"，优刻得则想要成为第一个"吃螃蟹"者。特别表决权赋予公司实际控制人一个特殊的权利，可以利用较少的股权，通过AB股结构设置，获得较高的表决权，从而有效控制公司，为企业长期健康发展增添保障。

不过，对于这一特殊的股权设置，优刻得的一些董事和股东并不太支持。特别是一些国资背景的股东，担心此举可能引发国有资产流失问题。为此，优刻得管理层专程飞往北京与股东们沟通：同股不同权是科创板制度包容、激励科技企业勇敢创新的措施，不会改变股东们除表决权外的其他权利，不存在国有资产流失的问题；事实上，这一制度在美国资本市场已被广泛采用，阿里、京东、谷歌、脸书等都是同股不同权架构。在解除了股东们的疑虑之后，2019年4月1日，优刻得正式向上交所提交了首次公开发行股票并在科创板上市的申请。由于此前A股市场从来没有云计算公司上市，监管层审慎地对优刻得进行了4轮问询、下发2次意见落实函，直到2019年12月24日，优刻得终于收到了证监会的科创板IPO注册通知。得知消息的那一瞬间，整个公司沸腾了。云计算行业一位资深评论人士动情地写道：这是属于优刻得的节日，优刻得就像开路先锋，在一个高难度的市场杀出重围，证明硬核的To B创业也有成功路径。

2020年1月20日，优刻得在上交所鸣锣上市。那天，所有优刻得人都收到了CEO季昕华致全体员工的一封信，信中写道："大家都知道云计算创业难，这是一个需要重资金、重资产、不断投入的行业，这也是一个巨头环伺的行业；我们选择了一条艰难但充满光荣和梦想的奋斗之路，无畏前行。从8年前8个人的创始团队，到今天1000多个人的上市公司，我们用自己的不懈奋斗证明，在中国坚持做底层的基础技术开发，也是有机会成功的；在中国即使有巨头环伺，创业企业一样可以取得成功。"

选择创业，就是因为梦想而走上一条没有终点的奋斗之路。挂牌上市仅仅两天之后，受新冠疫情影响，武汉宣布封城，接下来全国乃至全球都笼罩在巨大的不确定性中。新环境、新形势对云计算企业提出了新命题，优刻得不能止步于上市的喜悦，必须继续努力向前。

由于出色的应对，中国迅速控制住了疫情蔓延，进而将工作重心转向争取防控与发展双胜利。事实上，疫情大大加速了各行各业向数字化转型的速度，精准防控、有效治理需要数字化支撑，在线新经济、数字新基建也都对云计算提出新需求。2020年相当长的一段时间里，很多人习惯于早上醒来就打开丁香园，查看疫情地图；用美团APP，确保每天食材供应；上班时间，很多企业通过远程办公系统保持运营，孩子们则通过"晓黑板"等加入空中课堂；入夜，忙了一天的人们打开抖音、B站等APP，放松休息……这些数字化场景背后，都有优刻得云计算强大的资源和技术支撑。

作为自己梦开始的地方，季昕华常说，上海这座伟大城市的发展曾经历过若干阶段，在每一阶段都涌现出备受推崇的群体——20世纪80年代前，上海在传统工业领域形成了深厚的积累；90年代后，随着金融中心建设，金融成为很多人羡慕的职业；而今，上海在线新经济蓬勃发展，有望在互联网

▲ 2020年1月20日，优刻得在上交所科创板上市

▲ 上市鸣锣仪式

▲ 公司展厅一角

的下半场占据主导地位。

2021年的首个工作日，一份事关上海未来城市发展的重磅文件——《关于全面推进上海城市数字化转型的意见》正式对外发布。根据《意见》提出的目标，到2025年，上海全面推进城市数字化转型取得显著成效，国际数字之都建设形成基本框架；到2035年，成为具有世界影响力的国际数字之都。

展望未来5年，云计算会继续成为推动城市乃至国家完成数字化转型的重要力量，优刻得则会继续走在这条创新大道的前沿，坚持科技与服务，不断实现公司的使命，继续用云计算帮助梦想者推动人类进步。

三、经验启示

优刻得的创业案例耐人寻味，特别是在巨头竞争的压力下，优刻得最终完成突围，不仅成为国内"云计算第一股"，更是国内目前少数几家在云计算领域取得巨大成功的创业企业。理解这种"稀缺性"背后的必然性，对于在新时代推动科技创新、激发产业新动能意义重大。

优刻得的成功之道，离不开企业自身努力以及战略选择。这可以归结为 4 个方面的因素。

（一）善用创新技术产品快速形成企业先发优势

优刻得 3 位联合创始人季昕华、华琨、莫显峰，均是大型互联网公司技术背景出身；他们对上亿级用户的业务，对 IT 基础设施高并发、高可靠、安全性的要求，具有一线的操作实践经验和深刻理解，在解决了所在公司的业务难题后，他们渴望把这种技术能力输出。优刻得从呱呱坠地起，就具备了建设大规模云计算的技术基因，然后很幸运的是，优刻得在成立之后马上就找到了能够让它快速发展的移动互联网领域，并迅速站稳脚跟。可以说优刻得是中国最早跑通公有云商业模式的企业之一，这种先发优势很明显。

（二）动态构建"技术流＋服务派"的叠加优势

优刻得"客户为先"的价值观，使公司非常注重了解和呼应客户的需求，收到前端销售的反馈后，后端的研发技术人员迅速根据客户需求进行技术产品迭代。优刻得在抓住移动互联网行业风口、进入传统行业细分领域的每一个重要发展时期，都有核心的产品锚点，比如当年在互联网领域，针对高性能计算、强网络交互的场景推出高 IO 的云主机，在政务开放领域推出数据流通平台"安全屋"和信创私有云等，使产品、行业、服务紧密结合形成闭环，不断驱动稳定增长。

（三）持续构筑企业差异化的竞争优势

优刻得以"中立"立足，吸引了一批与巨头有竞争关系的互联网企业；同时，优刻得选择不与巨头正面竞争的传统行业细分领域，不但没有掉队，反而提前布局，找到新的增长点。不管是推动数据安全开放的"安全屋"，还是技术创新型信贷产品"云量贷"，将来更好的服务必定来自更好的技术，以云计算、大数据和人工智能为代表的技术均可以找到用武之地。随着大数据、人工智能、物联网与云端赋能的深度绑定，优刻得的蓝海十分广阔。

（四）得益于政府部门全链条创新创业生态系统的有效供给

事实上，在优刻得创立、发展以及上市的过程中，上海各级政府部门给予了其极其宝贵的切实支持，甚至在某种意义上，政府的意识和扶持领先于风险投资机构。比如,虽然优刻得是国内云计算的探路人,但是在此之前,上海已经明确了"基金+基地"的云计算产业发展路径,杨浦区率先落地"上海市云计算创新基地",成为优刻得成长的摇篮。而且,政府部门审时度势、与时俱进,在云产业基地中打造出"上下楼就是上下游"的模式,使得优刻得和一批云计算企业率先快速起步,抱团发展。

政府的这种支持,不同于优惠政策、项目资金等传统支持手段,而是结合高科技企业的特点,从理解行业入手,从生态营造入手,从完善高能级配套资源入手,将满足创新创业企业需求的营商环境作为最重要的公共服务提供给整个社会,帮助企业聚精会神搞创新,从而在上海打造出强大的云计算产业基础,并最终涌现了"云计算第一股"。

此外值得一提的是,在优刻得整个发展历程中,融资始终是重要的线索。在上市前,不包括管理层自己投入的天使资本,优刻得2013—2018年一共完成了A、B、C、D、E 5轮外部融资,平均每年融资1次。最终帮助优刻得走上新台阶的,则是科创板的推出。未来,如何在科技创新与金融支持之间建立更加高效、强力的纽带,也值得所有人进一步探索。

专家点评

这是一个前所未有的大变局时代,这是一个新的科技革命和工业革命扑面而来的时代,这是一个时势造英雄的时代。优刻得的创业和上市故事恰好见证了这个时代的到来和演进。

如果没有互联网技术和产业发展,没有各行业、企业对云计算、大数据和人工智能的需要,就没有季昕华开创独立云计算企业的机会。同时,宏观政策环境的支持也是前提条件,包括政府对高科技产业的扶持,提供融资服务和创业场所,以及集聚上下游企业,让科创企业提高了研发效率和创业成功的概率。再者,科创环境的不断完善,不仅让海内外资本的获得变得更加充足、方便,科创板及时开板更为科创企业加速发展提供了通道。

但在同样的时势下，不是所有的企业家都能够创业成功。季昕华和他的创始团队能够脱颖而出，也得益于他们本身扎实且有领先性的技术能力。同时，他们对技术趋势、产业迭代有过人的前瞻性判断和风险性担当。再者，绝大多数科创企业成功也有赖于创始人百折不挠、坚守初心、持之以恒的努力，不管这种挑战压力来自内部还是外部，都能屡败屡战，发挥超强的抗压能力。

优刻得的发展不仅依赖于技术上的优势，也证明了科创企业同一般企业的发展一样，要遵循合理的商业逻辑和正确的战略选择。优刻得要同既有的"巨人"竞赛，就要去发展自己的比较优势、差异化优势。他们不仅建立了技术壁垒，迅速扩展客户规模，迅速积累广泛的云资源，还在云计算业内强调"技术流"和"服务派"并举的战略，逐步赢得了市场的认同和偏好。同时，他们不断引进专业人才，提升管理能级，优化管理制度和企业文化，把管理当作科学和专业来尊重和遵循。他们还积极汲取国际经验，引进"特别表决权"机制，成为科创板第一个"吃螃蟹"的企业。

虽然优刻得是科创板第一个云计算企业，但上市并不是终点，而是一个新的起点。这也是季昕华和他的团队时刻保持警醒和不懈努力的动因。互联网让数据积累和传输速度越来越快，优刻得的发展也依赖于技术创新和管理创新的速度和质量。从我同季昕华的沟通中可以发现，他非常清楚地认识到了这一点。为此他也努力寻求管理赋能。好在年轻、开放、好学、求变、进取是他和他的团队持续创业的资本。

科创就是一项永无止境、迅速迭代的创业过程。

点评专家

陆雄文，复旦大学管理学院院长，教授、博士生导师，复旦大学中国市场营销研究中心主任，国内管理学界知名学者。担任第四、第五及第六届全国工商管理专业学位研究生教育指导委员会副主任委员。

 思考题

1. 优刻得的"中立"云计算定位蕴含了什么样的商业逻辑和战略考量？又引发了你的哪些思考？
2. 优刻得已经在上海首创了"云量贷"和"云量控"服务。对于这一金融服务创新，你是怎么看待的？
3. 结合本案例中的"杨浦经验"，请你谈谈全链条创新创业生态系统应该具备哪些特征？

 创业者小传

季昕华，优刻得科技股份有限公司创始人、董事长兼首席执行官。

男，汉族，1979年3月出生，致公党党员。2000年7月于同济大学电气自动化控制专业本科毕业，2011年7月获得复旦大学软件工程专业硕士学位。

曾获"上海市劳动模范""上海市领军人才""上海市优秀中国特色社会主义事业建设者""上海市优秀青年企业家""中国青年创业奖""中国双创先锋人物""2020上海在线新经济年度人物"等荣誉。

担任上海市人大代表、上海市工商联副主席、上海市杨浦区工商联（总商会）主席（会长）、上海市公共数据开放专家委员会委员、上海市人工智能产业安全专家咨询委员会委员、上海市民营经济发展战略咨询委员会首届委员、上海市信息安全行业协会会长、上海市人工智能行业协会常务副会长、上海人工智能发展联盟副理事长、上海信息化青年人才协会副会长、上海市经济和信息化系统中青年知识分子联谊会人工智能专委会主任，以及工信部、上海市经信委、上海市科学技术委员会技术专家等社会职务。

曾就职于华为、腾讯、盛大，历任经理、副总经理、首席安全官、CEO等职位，负责腾讯安全体系建设、盛大云计算平台的研发及管理。

构建新时代"互联网+环保"循环再利用体系

——上海万物新生环保科技集团有限公司积极探索二手 3C 产品再利用新赛道

摘 要

扫一扫，看视频

伴随循环经济发展与社会消费理念的变化，消费者对于闲置物品回收和购买的接受程度越来越高，闲置物品的买卖交易需求也随之扩大。

在这样的背景下，闲置物品交易平台蕴藏着巨大商机。除了二手车、二手房之外，二手3C（计算机、通信和消费电子产品三者的统称）产品流通平台也承载着一个很大的市场。来自工信部的数据显示，2020年，中国或已产生5.24亿部废旧手机，而从2014年至今，中国的闲置手机存量累计超过20亿部，但中国市场闲置手机渗透率与欧美日韩相比还是较低，为10%—15%，未来增长空间巨大。

创立于2011年的上海万物新生环保科技集团有限公司（下文简称"万物新生集团"），就是在这样的时代背景和市场机遇下成长起来的。目前，其已经成为中国最大的电子产品回收及环保处置平台，下辖爱回收、拍机堂、拍拍、海外业务AHS DEVICE、城市绿色产业链业务爱分类·爱回收等业务线。作为国内首家"互联网＋环保"类型的新零售企业，万物新生集团坚持"让闲置不用，都物尽其用"的使命追求，深耕闲置物品回收再利用领域，创造性地践行循环经济之路，坚定不移地致力于成为"互联网＋环保"赛道竞争中的领先者和创新者。2020年，集团二手产品成交量达2 360多万台，交易金额超196亿元。2021年6月18日，万物新生集团正式登陆纽交所，股票代码为"RERE"，成为"中概股ESG（环境、社会和治理）第一股"。

万物新生集团在行业内率先打通全产业链端到端的闭环，其中包括：手机以旧换新行业基础设施——爱回收；全球二手电子商品交易平台——拍机堂；全品类的品质二手零售平台——拍拍。通过旧机回收、优品销售、以旧换新等业务联动，构建了强大的供应链能力，从根本上解决了二手3C行业非标准化、货源散乱、市场结构复杂的行业难题。

随着公司技术实力的发展，万物新生集团将循环经济产业链延伸到可回收物回收再利用领域，通过"互联网＋回收分类＋循环经济"的创新理念，将互联网思维和高科技手段融入传统的垃圾分类回收项目中，依托成熟的线上服务平台和 IT 技术，打造互联网线上服务平台与线下回收服务网点相结合的规范化可回收物回收体系，并通过优化架构整合上下游资源，带动回收队伍承接回收服务，打造创新的线上线下相结合的可回收物 O2O 回收模式。

在遵循 3R（reducing，reusing，recycling）原则基础上，万物新生集团针对可回收物进行循环再利用的尝试和探索，通过整合循环再生产业链，以及与科研机构、知名设计机构合作等方式，将可回收物进行再加工、再设计，开发出如服装、日化包装、家具、办公设施等多种环保再生产品，极大地提升了可回收物的资源化利用水平。

循环经济　互联网＋　二手 3C 行业　供应链　新零售

一、背景情况

循环经济也称 3R 经济，是 reducing（减量）、reusing（再利用）和 recycling（再循环）的合称，实质上是一种生态经济。传统经济是"资源—产品—污染排放"单向流动的线性经济，在这种传统经济的理念下谈可持续发展，只能是进行"保护"和"末端治理"。与此不同，循环经济是一种与环境和谐相处的经济发展模式，它要求把经济活动组织成一个"资源—产品—再生资源—再生产品"的反馈式流程，使物质和能源在不断进行的经济循环中得到合理且持久的利用，从而把经济活动对自然环境的影响降到最低，在物质循环的基础上发展经济，实现整个社会的可持续发展。

中国从 1998 年起开始引进循环经济理论，并进行试点工作，为之后全面发展循环经济奠定了良好的基础。近年来，国家更加关注循环经济发展。国务院办公厅2019年8月印发的《关于加快发展流通促进商业消费的意见》中，提出了20条稳定消费预期、提振消费信心的政策措施。其中，第一条就是关于促进循环经济发展的内容，即鼓励发展"互联网＋旧货""互联网＋资源循环"，促进循环消费，同时实施包容审慎监管，推动流通新业态新模式健康有序发展。

居民消费习惯发生新变化，加上资本、技术助推，循环经济已经成为中国重要的新经济、新消费的模式之一，并且随着整体经济增长，行业规模不断扩大、迅速发展。据统计，2018年我国二手闲置市场规模达到了7 400亿元，2020年更是突破了1万亿元。未来，伴随着循环经济的发展，二手商品将以更高的品质、更低的价格渗透进人们的消费行为，循环经济也将迎来更大的规模效应。

可以看见的趋势是，闲置物品交易持续受追捧，品类方面则从早期的车、房等大宗消费品向3C数码、服装、家居等领域延展。其中，除二手房、二手车之外，闲置手机是市场规模最大的品类。从市场规模看，闲置手机再利用仅在中国就是一个千亿级规模的市场，全球则达到了万亿规模以上。

近年来，中国的手机市场逐渐进入存量时代，换机需求是当下手机销售的主要驱动力，这为手机回收和手机以旧换新带来了新的市场机遇。

手机回收市场规模巨大，发展潜力十足。它虽是一个"巨无霸"，但也是一个"慢热"的市场。10多年前，手机回收市场分散、痛点众多。"电子产品回收"一度被视为低端行业，人们对该行业的第一印象是"手机换盆"，或是打着"高价回收"的招牌，实则漫天砍价的街边"黄牛"。万物新生集团正是在这样的背景下创立和发展起来，创新性地将电子产品的回收和二手交易标准化、透明化，通过线上线下协同，全国统一标准、统一定价及规范质检的方式，使手机回收变得更加方便和安全。通过10多年辛勤耕耘，万物新生集团已发展成为中国最大的电子产品回收及环保处置平台，旗下各业务线合力效能凸显，持续领跑二手3C行业。

万物新生集团诞生于上海。上海产业门类齐全、应用场景丰富、营商环境优良,具备新业态率先萌发和成长的先天条件,直接助力万物新生集团在循环经济领域中开创出一片广阔的天地,成为专注于二手手机领域产业架构和商业转化的头部企业,并将产业链进一步延伸到可回收物循环再生和再利用等领域。

二、主要做法

万物新生集团的创立初心是"让闲置不用,都物尽其用"。如今的万物新生集团已经有能力通过自身的产业链实力,对传统二手行业进行改造和提升,打造合规化、数据化、规模化、标准化、可持续化的商业模式,赋予二手产品全新的价值,在循环经济大潮中贡献自己的独特力量。

(一)新模式:打造阳光回收模式,挑战"灰色产业链"

"创业就是有风有雨,能做的就是一步步往上爬,坚持就能看到不一样的风景。"作为一位登山爱好者,企业创始人陈雪峰喜欢用登山的感觉来形容创立万物新生集团的初衷。

万物新生集团的前身"爱回收"上线于2011年4月,定位为专业的二手数码回收平台。为什么首先选择二手手机回收行业?当时的背景是,2011

▲ 万物新生集团创始人陈雪峰

年正是 3G 网络切换到 4G 网络的关键期，陈雪峰发现身边很多朋友换了新手机，旧手机就闲置了，有些放在家里，有些卖给"黄牛"。当时的手机回收市场还是由"黄牛"主宰，市场混乱，价格不透明，消费者体验极差。这给了陈雪峰灵感："移动互联网起来了，智能手机会不会加速迭代？手机回收是不是下一个增长需求？有需求的地方就有商业价值。"

彼时，手机回收在国外已有先例。美国一家二手交易网站已经拿到 4 000 万美元的融资，但其模式是纯邮寄。经过判断，陈雪峰认为，美国模式在中国市场很难直接复制，所以在 2011 年正式上线的爱回收，一开始就主打上门服务和智能定价。

缺乏回收渠道，是万物新生集团旗下爱回收需要解决的第一个行业痛点。为此，爱回收首创了 O2O 线上线下回收业务，针对回收价格和标准不透明开发出二手手机估价系统，通过对手机品牌、型号、成色以及外观的简单勾选，系统根据标准化流程自动给出估价，力求客观、透明地反映出所处理的旧机器的价值。

到了 2012 年，团队发现流量成本越来越高，并且转化率越来越低，爱回收遇到了创业以来的第一道坎：如何获取流量？依靠打广告或是付费购买流量，都过于昂贵，不是长久之计。就在这个时间点，陈雪峰有了第一个行业基本认知——手机回收行业不是靠流量驱动，而是靠场景驱动。只有当用户购买新手机的时候，旧手机被回收的转化率才是最高的，也就有了之后的以旧换新业务。

与此同时，陈雪峰注意到了最佳的线上场景——京东商城，以及最佳的线下场景——购物中心。从线上到线下，意味着要开店，这对于爱回收来说是一次异常艰难的决定。

2013 年，转型门店模式在爱回收内部和投资人之间引发了不小的争议。当时的陈雪峰背负双重压力：一边是门店模式亟待验证，另一边是 B 轮融资正在进行。"B 轮融资做得非常辛苦，差点拿不到钱。因为爱回收作为一家互联网公司要做线下门店，互联网圈的投资对线下是天生排斥的。"陈雪峰回忆道，转型门店模式是一个艰难而且不被理解的决定，"投资人担心线下资产太重,未来的管理成本会很高。这个问题也确实可能存在。"B 轮融资做了一年也没有结果,其间投资意向书甚至被撕毁了两次。后来,爱回收获得了世界银行的投资。有别于普通企业,爱回收更能将商业性和环保结合起来,这也是世界银行投资爱回收的主要原因。

虽然一度陷入绝望,但是陈雪峰及其创业团队都未曾动摇过。经过测试发现,门店模式的成本比想象中要低。门店的获客通过线上导流过来,运营成本也相对较低。

对于爱回收来说,开设门店是必然的选择。早期的爱回收只做单一的 C2B 线上回收,只身面对遍布在华强北和中关村等电脑城的二手回收散户们。这些散户就是人们俗称的"黄牛",其业务已经形成一条完整的"灰色产业链",想要撼动这棵"大树",就必须做出差异化。

2013 年年底,爱回收的第一家门店在上海的亚新生活广场迎来首秀。这家门店正是之后在 170 个以上城市开出超过 731 家门店的起点。线下门店的建设,为万物新生集团建立了核心竞争力。迄今为止,万物新生集团 98% 的成熟自营门店(指运营 3 个月以上的门店)实现了盈利,并且新店扩张计划在持续进行中。

▲ "爱回收"门店

相比"黄牛"和纯线上的二手交易，线下门店提供了统一的定价体系和标准化服务，在给用户带来更强信任感的同时，也更方便用户找到手机回收的场所。到了 2014 年下半年，B 轮融资悉数到账。尤其是 2014 年 7 月，爱回收获得世界银行旗下投资机构 IFC 与晨兴资本的 1 000 万美元 B 轮联合投资。

也是在这一年，爱回收开启了与京东的深度合作。2015 年 7 月，爱回收获得京东的首轮投资，陈雪峰形容这是"在相对贫瘠的一个赛道上获得了巨头的支持，有了头部效应，这一点至关重要"。有了京东的投资，爱回收有了冲击 10 亿美元公司的勇气与底气。

2016 年，公司员工规模扩大到 700 多人，业务形态也不再满足于手机回收。爱回收开始了二次创业——"爱机汇"，旨在为数万家线下合作商户提供以旧换新服务。陈雪峰介绍："中国手机销售只有 30% 通过线上完成，60%—70% 通过线下销售。'爱机汇'可以为线下店提供一个服务系统，以 APP 形式出现，如果用户需要以旧换新的服务，扫一下二维码，APP 就会识别这个手机的型号以及各种软硬件功能，给出回收的报价。"与当初爱回收从线上回收到布局线下店一样，"爱机汇"也曾在内部遭到董事会中部分股东的反对。"最大的担心是不够专注。"所幸，后来内测的数据说服了他们。

▲ 城市绿色产业链业务"爱分类·爱回收"后端处理中心

2016年,爱回收年交易额近18亿元,最高月营收逾2亿元,年手机处理量达500余万部。当时爱回收在国内18个一二线城市开设线下环保回收服务站近200家。另外,爱回收还在上海、成都、天津等5座城市建立了处理中心,日均处置能力超过1万台。

对于陈雪峰和他的团队来说,从来没有因为一个阶段性的胜利而停止脚步。爱回收在2017年开始投入自动化运营,2018年则开启规模化试运营,目前已经成为全球行业内唯一能够实现全流程自动化运营的公司,这样的技术水平在全球范围内也处于遥遥领先的地位。

2018年,万物新生集团又迎来了一场"豪赌"。"二手手机是供应链驱动的行业,这是我对行业的第二个基本认知。"陈雪峰认为,数年积累的供应链能力、标准化能力、质量能力、定价能力可以开放赋能给行业。于是,他在2018年投入1亿多美元,开启了以B2B业务"拍机堂"为代表的第二条业务曲线。"拍机堂"上线之前,陈雪峰给股东们写了一封信,信中写道:"B2B业务一定会成功,我们已经看到了百亿人民币的机会。公司正在朝着这个方向前进。"

对于B端商户来说,之前二手3C产品的流通主要通过线下进行"统货"(指不分质量、规格、品级,按统一价格购进或出售的商品)交易,对产品的评级界定没有形成体系化的标准和规范,无法将交易具体到单个SKU(库存进出计量单位)层面,更无法实现交易电商化,不仅存在高交易成本的问题,同时也会降低交易效率,导致库存大额亏损的现象时有发生。对此,"拍机堂"将爱回收多年积累的质检、定价、定级体系和渠道分销等核心运营能力开放给整个行业,大大改善了传统二手手机交易产业链中的无标准、效率低和供需错配的情况。手机厂商或电商平台的库存货源,通过"拍机堂"也可以迅速周转。

每晚8时到次日凌晨2时,全国数万商家在"拍机堂"平台上通过竞拍的方式购买二手手机。"拍机堂"在赋能更多的商家高效地交易二手物品的同时,还帮助商家获得更短的周转周期和更多的利润。

万物新生集团在过去10余年间取得了一些成绩,但是依然不敢停歇。

2019年，陈雪峰有了对行业的第三个基本认知。他看到了消费者对二手手机的巨大需求，如何把厚重的供应链能力向C端释放？第一财经商业数据中心发布的报告指出，近六成消费者对于二手市场中卖方的可信赖度表示担忧。为了满足用户对于优质二手3C产品的购买需求，2019年6月，爱回收与京东旗下优质的二手零售平台"拍拍"正式合并。对于二手手机，拍拍质检优品官方旗舰店出厂前的产品，均经过全流程50余项细节专业的检测，通过"一机一图一报告"的呈现形式，便于用户对机器进行全方位的了解。所上架的产品经过专业质检工程师的深度检测，严格把控商品品质，消费者还可享受7天无理由退换货以及一年质保等服务。

紧接着，万物新生集团对合并后的拍拍进行持续升级，深挖京东体系的流量优势，并且将供应链能力向行业内的流量平台进行开放，共赢共生。如今的万物新生集团已经是整个行业内唯一打通C2B+B2B+B2C，并形成端到端的全产业链闭环的领跑者。

（二）新标准：建立质检分级标准，为行业注入新动力

发展高质量的循环经济是现代经济体系的必由之路，标准化就是撬动循环经济发展的支点。工业革命以来，全球贸易、商业、金融等体系的发展，无一不遵循着先建立标准、后迎来规模化发展的轨迹，循环经济也不例外。

循环经济领域，二手房、二手车、二手3C产品等多个潜力巨大的市场百花齐放，每个行业的发展都证明：想要真正释放出市场需求，并追求高质量发展，标准化势在必行。

与二手房、二手车行业类似，二手3C产品也是缺乏统一标准的非标品。二手手机的SKU远高于新机，同样一款手机，不同的成色、不同的使用时间、价格存在巨大的差异。即便是同一型号的二手手机，在二手市场也会有无数个SKU。

这就是万物新生集团用了长达10年时间，不断探索试图攻克的行业痛点。目前，万物新生集团已经形成一整套完备的质检分级标准，每台产品包含38个检测标准，划分40个等级，能够将非标品通过SKU化变成标品。

标准的建立，是二手3C行业走向规范化、标准化的重要里程碑，也为整

个行业发展注入了新的动力。万物新生集团建立的质检分级标准体系，不仅在自有业务上投入使用，也开放给全行业，帮助行业建立规范，从而让行业和用户都能从中受益。

当然，要想将这套标准投入使用并发挥最大的价值，离不开后端强大的运营体系。为此，万物新生集团投入巨大的人力财力，在全国设立了7个区域级运营中心及23个城市级运营中心，总占地面积超过4万平方米，为二手3C产品提供了质检、定级、隐私清除等服务。目前，这些运营中心每天可以处置超过7万台二手3C产品，平均3天的周转效率（行业平均为10天），极大地改善了传统二手手机交易产业链中的无标准、效率低和供需错配的情况。

根据国家的相关规定，旧货经营者应当对收购、代销和寄售的旧货进行查验，并对提供旧货的单位及个人进行严格登记。但在以往不规范的回收市场，这些规定往往形同虚设，使得二手手机市场容易成为销赃场所。万物新生集团从始至终严格遵守手机回收的身份证登记制度，并规定了单个身份证售卖手机的数量上限。在后台，万物新生集团可将出售者的身份信息与公安系统进行对接，并进一步将手机IMEI号（国际移动设备识别码）与身份证号码关联，最大程度杜绝销赃的可能性。

（三）新技术：科技赋能供应链，打赢降本增效"硬仗"

走过供应链变革的阶段后，二手手机行业正在进入技术驱动效率提升的阶段。万物新生集团当然也在与时俱进，从供应链能力优化层面实现"降本增效"，这与其背后的技术投入密不可分。

技术能力是万物新生集团的核心竞争力，在新零售转型背景下，越来越多的科技元素融入其链条各个环节，以算法、数据、自动化为关键核心的科技手段与二手3C行业的深度融合，正在催生出一系列更具实用性与针对性的解决方案。

以用户普遍担心的手机回收后的隐私安全问题为例，万物新生集团从2011年起已经采用符合国际标准的数据清除技术，实现用户数据的深度清除。2017年，万物新生集团又与国际一流的数据安全公司Blancco（布兰科科技集团）达成深度合作。如今，由万物新生集团自主研发的符合国际标准的信息清除系统"爱清除"正式投入使用。通过对回收来的电子产品进行多次覆盖擦写处理，杜绝在产品流通过程中用户数据可能遭到的恶意恢复，达到有效避免用户隐私泄露的目的。

除此之外，随着业务量的极速增长，以及质检项目的增多，依靠人工规则的二手 3C 产品定价体系已经不能满足平台运营的需求。为此，万物新生集团基于千万量级二手 3C 产品的交易数据，以及大数据和深度学习的智能定价引擎，研发出一套二手 3C 产品智能定价引擎。

这套智能定价引擎解决了平台价格复杂性高的问题，提升了平台价格的准确率和时效性，并且能够根据平台的用户行为和市场供需灵活调整平台价格，使平台价格更能满足用户需求和市场供需关系，提升买家和卖家在平台的交易体验和交易效率。

2017 年之前，万物新生集团还是以人工质检为主，自动化相对薄弱。2017 年，为适应业务增长的需求，加上科技驱动业务的战略指引，万物新生集团开启对自动化运营体系的建设，在江苏省常州市打造了全球首套"非标二手电子产品自动化输送、质检、分拣和存储系统"，进一步实现了降本增效。

针对二手 3C 产品使用后呈现非标准化的特点，万物新生集团自主研发了基于计算机视觉、针对手机细微划痕自动检测的"拍照盒子"系统；针对硬件产品功能自动插线和检测的"007"系统；不拆机即可拍照识别手机部件是否有更换和拆修的"X-Ray"系统等。配合自动化流水线和机械立库，整套系统自动化率高达 90%，手机质检精准度达 99%。这套系统改变了过往依赖密集型人工质检操作导致的效率较低、成本较高的行业状态，做到对每一台设备的精准定级、定价和质量保障，将中国的二手 3C 行业从原先的人工处理时代带入自动化处理时代。

硬件设备方面，万物新生集团通过互联网技术、人工智能技术，推出了 MTA 手机自助回收机。MTA 手机自助回收机设计理念类似于地铁中常见的无人售货机，用户可以根据设备提示的流程将二手手机放入 MTA 手机自助回收机中进行回收，即时拿到回收款。后期，万物新生集团还将对回收的手

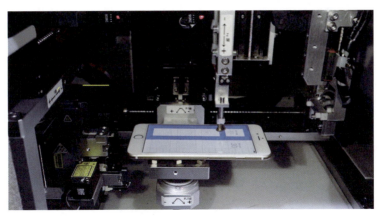
▲ "007"全自动检测台

▲ 运营中心机械臂

▲ 全自动机械仓储立库系统

机进行质检、分级和隐私数据清除,成色较新的机器将进入二手市场流通,延长产品使用寿命;不具备使用价值的废旧机,万物新生集团会交给具有处理资质的第三方公司进行环保处置,避免废旧手机造成的环境污染。MTA 手机自助回收机打造了更加多元化的回收场景,配合万物新生集团的全产业链能力,逐渐成为 5G 时代手机以旧换新的基础设施。

(四)新市场:响应"一带一路"倡议,加快进军境外市场

改革开放 40 多年以来,我国的经济实力、科技实力和综合国力都有显著提升。为了顺应新时代经济发展环境的变化和结构性改革的要求,在"一带一路"倡议的推动下,中国企业"走出去"的动力更加强劲。"一带一路"倡议不仅有利于中国经济发展,也契合了沿线国家和地区的消费需求。此举实现了国家和地区间的优势互补,也开启了国际合作的新机遇、新平台。

从国内大循环与国内国际双循环的关系看,国内循环是基础,两者是统一体。国际市场是国内市场的延伸,国内大循环为国内国际双循环提供坚实基础。

万物新生集团在国内确立了行业领先优势之后,开始了全球化境外业务的布局。2017 年,集团投资了印度和以巴西为主的南美地区的手机回收公

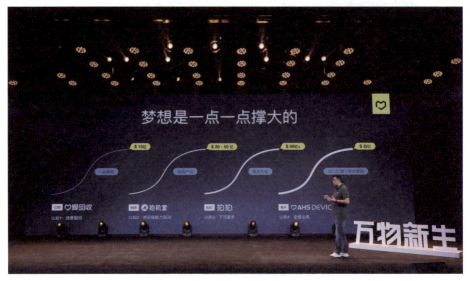

▲ 品牌升级发布会

司，之后陆续在中国香港地区和美国建立全资子公司业务，如今的境外业务正在茁壮成长，国际化战略也越来越清晰。

同时，万物新生集团积极响应"一带一路"倡议，输出二手3C质检分级"中国标准"，业务覆盖东南亚、欧洲的30多个国家和地区。2020年，该企业的境外交易金额同比增长接近100%。

境外的二手手机产业虽然规模很大，但产业链仍比较传统，产品流通主要通过线下交易中心进行。普遍存在的问题是交易成本高、进入门槛高，而且交易效率低下，库存时有大额亏损。万物新生集团将标准体系和供应链能力输出，不仅可以为境外的交易双方提供精确的产品定级标准，还能即时获知全球各大二手数码自由贸易市场的实时需求，实现货品跨区域的快速流通，最终也让全球二手手机回收市场交易效率的提升成为可能。

在过去，中国是二手手机典型的输入国，美国、欧洲二手手机通过中国香港地区进入内地。但如今随着中国手机厂商的发展壮大，中国消费者的消费水平也越来越高，中国正在从二手手机输入国变成二手手机输出国，越来越多的二手手机开始出口海外。面对一个万亿级别的市场，万物新生集团作为中国创立最早、规模最大的电子产品回收及环保处置平台，有能力对外输出运营能力和模式，通过全球化打造全球二手数码产业链，持续不断加大国际业务占比。

（五）新业务：搭建城市绿色产业链，促进垃圾分类减量

2018年11月，习近平总书记在上海考察时发出了"垃圾分类工作就是新时尚"的号召。随后，国家多部委联合发文将垃圾分类纳入法治框架，大力推动生活垃圾减量化、资源化及无害化处理。与此同时，各地积极开展"两网融合"行动，将城市环卫系统与再生资源系统两个网络有效衔接，把"垃圾分类"及"循环利用"一体化处理，也为垃圾分类及相关产业带来新的生机。

基于这个背景，万物新生集团孵化出城市绿色产业链业务——"爱分类·爱回收"。该项目的目标是打造"智能回收-清运处理-循环再生"体系，实现互联网和垃圾分类深度融合，激励居民进行垃圾分类和可回收物交投,从源头促进城市生活垃圾分类和减量。同时,项目利用移动互联网、云计算、大数据、物联网、人脸识别等科技手段,把垃圾分类的成本降到最低,实现了从前端回收、中端清运处理到后端循环再生的商业化全流程闭环。这也是该领域目前唯一规模化运营、唯一全流程可控、唯一闭环的商业化运行模式。

"爱分类·爱回收"项目的落地模式,是通过在全国范围内的住宅小区、商超、办公楼宇和产业园区等人流密集的区域设置智能可回收物回收机,实现各类可回收物的分类回收。智能可回收物回收机主要回收废纸、废金属、废旧纺织物、废纸箱板、废玻璃、废塑料、饮料包装盒和废弃电器电子产品共八大类可回收物品。

相比传统的废品回收方式,"爱分类·爱回收"智能可回收物回收机全天 24 小时都可以投递使用。居民投递的可回收物由微电脑感应,并实现智能称重。为了防范违规投递,"爱分类·爱回收"运用 AI(人工智能)技术,建立了数据监控和风控纠错机制:每台智能设备都内置高清摄像头,对投递行为和物品进行拍照和录像,后台通过 AI 识别结合人工审核,规范居民投递行为。截至 2020 年年底,"爱分类·爱回收"项目已经回收超过 8 万吨城市垃圾。

作为上海市杨浦区"两网融合"承载企业,"爱分类·爱回收"针对可回收物进行了循环再生和再利用的尝试和探索,通过与循环经济价值产业链伙伴的通力合作,将可回收物进行再加工、再设计,利用回收塑料制成服装、办公设施、日化包装、雨伞等产品,从而拉近绿色再生商品与消费者之间的距离,倡导可持续时尚生活的态度,极大提升可回收物的资源化利用水平,从源头实现垃圾分类与垃圾减量。

(六)新典范:发挥党支部引领作用,商业价值与社会责任共振

在迈向未来的进程中,企业社会责任将去向何处?万物新生集团的答案是:将社会对于企业的责任要求,内化到自身的战略、结构与全部流程之中,而不是把社会责任作为一种外部要求,仅仅通过慈善捐助和公益等活动简单地加以回应。

万物新生集团从相关报道中了解到，我国部分儿童的血铅含量超过健康值，其中电子产品回收流程中大量"黑作坊"的违规拆解，就是儿童血铅超标问题的幕后诱因。

对此，万物新生集团联手上海广播动感101频道，在2017年3月发起了一场以关爱血铅儿童为主题的公益活动，所得善款全部捐赠给需要帮助的血铅儿童。通过本次活动向社会呼吁，关注电子垃圾污染问题，增强"铅中毒"的防范意识，关爱血铅儿童。

此外，万物新生集团在2018年打造了公益品牌"回收爱"，并发起"回收爱·山村儿童数码助学计划"。该计划旨在利用科技的力量缩小山村儿童与城市儿童获取知识途径的差距，为经济条件困难的山村儿童打开一扇看世界的全新窗口。该计划向需要帮助的孩子们捐赠他们所需的电子产品，帮助学校接驳互联网、布置无线上网环境、提供STEAM（科学、技术、工程、艺术、数学多学科相融合）课程等，通过山村电子教室的搭建和电子设备的援助，消除横亘在孩子面前的知识鸿沟。

目前，"回收爱·山村儿童数码助学计划"已用实际行动支持了四川、云南、广西、甘肃等多个省区的12所乡村学校建设乡村智慧教室，给这12所学校的近2 000名学生带去了相应的电子设备支持。

在履行企业社会责任方面，万物新生集团党支部发挥了很好的引领带动作用。新冠疫情发生后，除了第一时间启动应急防疫预案外，公司党支部还牵头设立了公益救助专项计划，号召全体员工共同参与到该计划中来。企业和员工个人的所有捐款，都由公司统一采购合规医疗物资，包括10万只一次性外科口罩、3 000瓶84消毒水、1 000套隔离衣等，定向捐赠给疫情严重的区域。

此外，受当时疫情影响，2020年春季学期很多学生不得不延期返校，学校也大多采取了网上授课形式，但部分学生由于家庭经济问题缺少电子设备。万物新生集团党支部第一时间发出响应，持续帮助部分因经济困难无法负担数码设备的学生家庭。

万物新生集团深刻地认识到，企业社会责任要通过商业实力来践行才能持久。坚持做难而正确的事情，坚持做有社会价值的事情，商业价值自然会到来。

三、经验启示

从 2011 年以手机回收业务起家的"爱回收"，到如今下辖爱回收、拍机堂、拍拍、海外业务 AHS DEVICE、城市绿色产业链业务爱分类·爱回收等业务线的万物新生集团，在这个成长过程中企业取得了一系列丰硕成果，也为其他企业的创新发展提供了值得借鉴的宝贵经验。

（一）把握市场脉搏，抢占蓝海市场

在大市场环境下，政策、技术、需求会推动产业结构、产能等一系列的变化，企业的发展进化需要借助这些变化创造商业价值和社会财富。

"爱回收"创立之时，正是功能机向智能手机过渡的阶段，这也意味着有数亿部旧机被淘汰。但是，爱回收早期创业团队经过调查发现，中国二手手机回收率极低，99% 以上的旧手机都没有进入再交易市场，消费者并没有养成回收手机的习惯。

基于对这一趋势的精准研判，万物新生集团瞄准高存量与高增长并存的电子产品回收领域，通过为用户提供以手机为主的 3C 产品回收服务，率先切入这一具有巨大潜力的细分市场。

一家企业能否成功，关键在于能否有效地分析所在行业的市场环境。作为最早进入二手手机回收领域的企业，爱回收将目光聚焦在前景广阔的电子产品领域，在消除行业痛点的同时，也在行业占据了重要的一席之地。

2016 年，"新零售"概念兴起，线下消费场景重新受到重视，阿里、腾讯等互联网巨头纷纷布局，新零售重构"人、货、场"三者的关系。万物新生集团早在 2013 年就看到了线下门店的价值，创新性地布局线下门店，构建二手手机回收的精准场景。在线下，万物新生集团已在 171 座城市布局超过 731 家门店，全部位于城市的核心商圈，并联合国美、迪信通、乐语等合作伙伴，布局数万家合作门店。此外，快递邮寄回收的方式覆盖了全国。凭

借扎实的交付体系，万物新生集团旗下的"爱回收"成为手机品牌厂商重要的以旧换新渠道。如今，这一模式已经成为众多手机厂商盘活存量市场的重要工具，也越来越受到中国消费者的认可。

除此之外，在线上，万物新生集团除了不断完善自有回收渠道，还与京东、小米、华为等电商平台及品牌厂商合作以旧换新，抢占精准渠道。

进入 5G 时代，对于难得的代际切换产生的市场红利，万物新生集团面临着又一次跨越式发展的机遇。基于对机遇的把握，万物新生集团在移动互联网的发展大潮中，再次焕发新的活力。在以内循环为主体的新格局中，万物新生集团作为二手 3C 产品流通领域的代表，之前抓住了智能手机普及的大潮，之后抓住了新零售的风口，通过自身的发展壮大，为中国经济转型升级持续贡献力量。

（二）不忘创业初心，坚守长期主义

优秀的企业和企业家都具有坚韧不拔、百折不挠的宝贵品格，对选定的事业始终锲而不舍，坚守推动企业不断发展壮大的雄心。他们在事业追求上坚韧执着，始终专注于自身核心产业的创新发展，通过不断挖掘品牌内涵，形成新的优势，在技术、产品、产业、模式、业态以及管理与服务上不懈探索、不断突破，充分体现出滴水穿石的坚韧、久久为功的品格。

自 2011 年 5 月网站上线至今，即便互联网行业在此期间经历了无数次风云变幻，万物新生集团始终没有偏离过二手 3C 业务这条主线，坚持从消费互联网向产业互联网深入发展。

不同于新品交易，二手闲置物品本身存在大量的非标品类，同时针对不同的品类，平台的运营能力无法照搬。比如，鉴定一个二手奢侈品包和鉴定一个二手手机的标准、流程完全不同。在这样的清晰认知下，从 2011 年创业开始，万物新生集团便坚持要在二手交易行业的垂直品类持续深耕，并围绕供应链和技术驱动的逻辑去构建核心竞争力，打造产业互联网平台，从而真正为产业链创造价值。同时，万物新生集团一步步增强自己的供应链能力，不断深化科技赋能，形成了完备的质检分级标准、大数据估价体系以及商品分销渠道，大幅提升了行业的交易效率。

在行业基础设施的投入上，万物新生集团在全国建立了包括香港在内的 7 个后端运营中心，并在线下建立了 700 余家门店。依托万物新生集团的门店网络，同步打造了门到门一站式集成服务能力。

正是因为具备坚韧、坚持和创新探索的素质，并坚持长期主义，万物新生集团才持续引领了二手手机行业的创新和发展，并且一次次超出预期地打破天花板，逐步实现了商业模式从 C2B 到 B2B 到 B2C 再到国际化的四级跳跃。

（三）深化政企联动，践行企业担当

作为一种新业态、新模式，万物新生集团的发展离不开地方政府的精心培育和自身的努力发展。一方面是企业的"有为"，向创新要质量，向服务要效益，向市场要明天，提供解决市场痛点的服务；另一方面是政府服务有"作为"，通过充分发挥政府规划引导和政策激励作用，带动产业良性发展。

对此，万物新生集团主动跟踪和服务地方经济社会发展需求，强化政企联动，积极探索"资源共享、政府主导、政企联动"的合作模式，除了主动服务政府重点建设项目外，还着重从助力智慧公安建设、知识产权保护等多方面入手，为营造文明和谐的发展环境用心、用功。例如，万物新生集团通过与上海市公安局、上海市杨浦区知识产权局联动，多途径深化政企合作，带头践行企业担当。

万物新生集团与上海市公安局刑事侦查总队持续基于大数据、人工智能等技术开展合作，助力上海智慧公安建设。未来，万物新生集团将进一步加强警企互动和技术创新体系建设，与公安部门建立数据分析和共享应用机制，为不断规范二手行业市场秩序做出新贡献。

在新冠疫情期间，为了更好地支持企业复工复产，帮助企业解决实际困难，提升知识产权保护水平和布局，全面提升区域知识产权保护治理能力，万物新生集团联合上海市杨浦区知识产权局，就旗下业务线的合作商家和用户在二手交易中的常见问题进行解答。该活动得到了商家和用户的积极响应，他们针对二手产品的侵权界定以及二手物品回收时应注意的事项等方面提出了不少疑惑不解的问题。经过征集、归纳和整理之后，知识产权局执法

干部对问题进行了逐一解答，对当前在法律界还存在争议的问题，执法干部也提出了相应的合理性建议。

（四）重视人才培养，打造队伍建设"强磁场"

万物新生集团从创立到现在，始终坚持人才强企的发展理念，通过不断加强人才队伍建设，为企业持续攻坚创效奠定坚实基础。

公司为不同员工群体"量体裁衣"，制定多样化的培育举措。针对新员工，提供新人培训和伙伴关怀计划，帮助新人快速了解公司，适应新环境，融入新团队；针对管培生，提供为期2年的"精鹰计划"培训，助力管培生快速成长；针对普通员工，通过"轻学堂"展开线上学习、线下分享，提升其通用能力和专业能力；针对研发人员，定期举行iTech等内外部技术论坛，刷新认知，紧跟技术潮流；针对管理人员，通过阶段性的"领航项目""远航项目"帮助其完成转身，提升管理能力和领导力。

在人才引进方面，万物新生集团广开进贤之路，确保人才引进来、留得住、用得好。2019年6月，"爱回收"合并"拍拍"之后，做到了双方高管团队的零流失，这在互联网行业中实属难得。目前，万物新生集团的大部分高管都是伴随公司多年成长的老员工。这些高管在各自岗位发光发热，带领团队厚积薄发，稳步前行，努力走在闲置数码产品交易行业前沿。比如，荣获2020年"上海市劳动模范"称号的B2B业务负责人王登庭，凭借高度的工作热情和创新激情，历经试错、纠错和反复刷新自我认知的艰辛，不断探索创新，成功打造出了规模化业务交易平台。

万物新生集团用人理念的独特之处，还在于注重打造底层核心能力，让员工在工作中不断成长，并具备跨职能领域不同岗位的工作能力。以C2B业务负责人杜晓忱为例，在公司起步阶段，她承担了人力资源负责人的重要角色；在公司业务快速发展、业务人才紧缺的时刻，她充分发挥主观能动性，主动承担业务工作，并展现了对业务工作的掌控能力；后来，她经过内部转岗来到业务部门，通过不断提升自身能力，完成了从人力资源负责人到业务负责人的身份转变。这样的例子，在万物新生集团中并不罕见。

在万物新生集团这样快速发展的企业里，建立通畅的内部人才流动机制，不仅可以帮助员工在公司内自由地寻找发展机会，也能快速对公司重点产品和业务进行人才输送，更能为企业的长久发展提供人才储备，实现员工成长和企业发展的和谐共赢。

专家点评

许多优秀的公司都具备解决社会问题的基因，这一特征促使企业在发展过程中，不仅能够牢牢把握核心技术，同时还积极投入传递社会价值、承担社会责任的洪流中去。万物新生集团创立的初心，注定了它就是这样一家经济价值与社会价值共融共生的企业。

从2014年至今，中国的闲置手机存量累计超过20亿部，但中国市场闲置手机渗透率与欧美日韩等成熟市场相比，数值还是较低。如何推进闲置手机再利用和减少社会资源浪费，已经成为一个亟待解决的社会问题。

万物新生集团就是一家为了解决这一社会问题应运而生的创新型社会企业。面对需求旺盛的市场，万物新生集团率先洞察到这一兼具商业价值和社会价值的市场"盲点"，通过先进的技术能力，合理处置社会上闲置的电子产品，最大限度减少资源浪费和环境污染。

在发展壮大的过程中，万物新生集团将企业社会责任和可持续商业实践融入企业日常运营当中，不仅提升了行业的规范化和规模化水平，还通过技术手段和供应链能力，促进了二手行业的可持续发展。在二手行业，万物新生集团是最早启动自动化运营体系建设的企业，其打造的全球首座"非标二手电子产品自动化输送、质检、分拣和存储系统"，全面提升了二手3C行业的流转效率，助推二手3C行业进入自动化处理时代。

不久前，在全球领导人气候峰会上，中方表态："中国将力争2030年前实现碳达峰、2060年前实现碳中和。"这一目标的提出，再次向世界释放出中国坚定走绿色低碳发展道路、引领全球生态文明和美丽世界建设的决心。

毋庸置疑，上述主张将成为我国各行各业在未来发展过程中必须遵循的一个重要准则。而在电子消费领域，闲置电子产品流通会迎来更大的发展契机，这对于减少消费端碳排放、助力碳中和具有更为重要的价值。

具备社会价值的公司才有长远的商业价值。在万物新生集团的努力下，我国二手电子产品流通产业链效率及周转率大幅提升，交易环节得以缩短，交易体验更加稳定。如今，企业又运用技术优势积极赋能城市生活垃圾分类与垃圾减量等民生服务领域。万物新生集团自创立以来的选择和坚持，为循环经济的发展贡献了不一般的智慧和力量，同时也成为社会价值与商业价值结合共振的创业典范。

点评专家

郑惠强，上海现代服务业联合会会长，上海市软科学研究基地同济大学产业创新生态系统研究中心主任，教授、博士生导师。曾任上海市人大常委会副主任，全国政协常委，民盟中央副主席、上海市委主委，同济大学副校长等。

 思考题

1. 企业应该如何正确处理"社会价值"与"商业价值"之间的关系？万物新生集团的成功实践提供了哪些启示？
2. 如何看待万物新生集团的"长期主义"？一个组织或个人应该怎样正确定义"长期主义"？
3. 企业创始人针对行业的"三个基本认知"是驱动万物新生集团引领赛道的一条主线。本案例中这一现象引发了你的哪些思考？

创业者小传

陈雪峰，上海万物新生环保科技集团有限公司创始人兼首席执行官。

男，汉族，1980年2月出生。2002年7月于同济大学计算机科学与技术专业本科毕业，2006年7月于复旦大学计算机应用与技术专业研究生毕业，获工学硕士学位。

曾获"上海市领军人才"、"上海市优秀青年企业家"、"2020上海在线新经济年度人物"、"科创投"杯海聚英才创业大赛金聚奖、"财富中国40位40岁以下的商界精英"、"福布斯·杨浦创新创业人物"等荣誉。

担任上海市青年企业家协会理事、上海市杨浦区青年企业家协会副会长等社会职务。

Energy！活力、动力、创新，造就新经济企业互联网科技"小巨人"

——上海艾麒信息科技股份有限公司十年创业启示录

扫一扫，看视频

移动互联网产业是大众创业、万众创新的最前沿，吸引了大量IT界的青年才俊投身其中，每天都有新的移动应用产生。然而，创业者成千上万，成功者却是凤毛麟角。

2008年，浙江大学计算机科学与技术专业毕业的周朝恩在手机行业已经有5年的从业经验，在手机软件领域积累了相当扎实的经验和资源。在北京奥运会带动的赛事营销中，周朝恩看准了功能手机上网看视频的巨大潜力，毅然放弃高薪职位，和几位大学同窗、宿舍好友一起凭借技术实力和丰富的人脉资源开始了创业历程。

2009年，上海艾麒信息科技有限公司（下文简称"艾麒信息"）成立。周朝恩和他的团队抓住时代发展趋势，10余年坚持不懈、潜心钻研移动端影像处理技术，拓展推广APP、广告推送服务等业务，成为集智能影像工具开发和移动数字营销服务于一体的现代高新技术企业。艾麒信息旗下拥有乐秀、FILMIGO、乐秀录屏大师等多款广受用户欢迎的视频图像编辑工具类软件，服务了全球超过7亿的手机用户，公司也成为阿里巴巴、腾讯、京东、中国银联和招商银行等知名企业的合作伙伴。随着公司To C（面向个人客户）类产品越来越成熟，未来将在To B（面向企业客户）方向上谋求新发展，制作面向专业用户和企业的优质APP产品。

从创业之初，创始人兼总经理周朝恩带领七八个人的团队每天投入20余个小时开发软件，到2013年、2014年闯过功能手机向智能手机转变时期的迷茫，直至2019年公司成为上海市科学技术委员会认定的"上海市科技小巨人企业"，如今更是奋力冲刺科创板，艾麒信息积累了不可多得的创业经验。

艾麒信息的未来愿景是"致力于成为全球影像处理工具软件行业领导者"，企业的使命为"以先进技术点亮影像之美"。植根于上海这片倡导创新的沃土，背靠上海市、区两级政府精心打造的优越营商环境，艾麒信息顺应产业发展和消费者需求，最大限度地激发企业的创新活力和员工的创造力，使企业获得了前所未有的发展机遇，已成长为一家在行业内具有相当地位和影响力的创新型高科技企业。

移动终端　　影像处理　　应用出海　　移动数字营销　　人工智能

一、背景情况

2008年，北京奥运会无意间成为移动互联网业务发展的推手，互联网运营商抓住这场全球体育盛会的机遇，培养了用户对于移动互联网的使用习惯。这是一个开始之年，移动互联网由封闭走向开放，预示着未来移动互联网将逐步发展成为可以同时提供语音、数据和多媒体等服务的开放式网络。运营商将业务重点向数据业务层面转移，采取降低上网资费和规模促销等措施，带来了手机上网用户数量的激增，使现有存量用户对手机游戏、手机社区、手机即时通信等业务黏性增强……

2008年，也是一个转折之年。世界经济经历了金融危机、深度衰退和艰辛的复苏，而中国则开启了10年飞速发展期，经济转型升级，信息产业崛起，经济结构发生了巨大变化。这一年，嗅觉敏锐的周朝恩从人们对北京奥运会赛事实时收看的强烈诉求中，看到了国内手机行业未来巨大的市场机遇。尽管当时仅有2G网络，但周朝恩已开始酝酿开发一款能让广大手机用户利用窄带网络流畅观看体育比赛直播的软件。在评估自身技术能力、行业资源和市场前景后，周朝恩毅然决定放弃稳定、高薪的通信企业项目负责人的职位，投入他发现的第一片"蓝海"。

2009年3月，周朝恩注册成立了上海艾麒信息科技有限公司，由于开发成功国内首款移动端电视直播软件，公司刚刚成立不到一年便实现了盈利。

创新创业　活力四射 ——新时代上海创新型企业攻坚克难实践案例

▲ 艾麒信息创始人周朝恩（右）

在艾麒信息成长的10余年时间里，中国改革开放不断深化，党的十八大之后对我国经济发展进入新常态的重大判断，引领和推动了一场深刻变革，为我国发展培育了新动力，拓展了新空间。在党的十九大报告中，习近平总书记更是指出要乘势而上开启全面建设社会主义现代化国家新征程。

互联网技术的迅猛发展也推动着国家战略的演进和城市角色的摹画。2010年，上海首次提出"创建面向未来的智慧城市"战略。10余年来，数字化正以不可逆转之势影响和改变着这座城市的方方面面。2020年年底，上海市委、市政府印发《关于全面推进上海城市数字化转型的意见》，提出到2025年，上海全面推进城市数字化转型取得显著成效，国际数字之都建设形成基本框架，数字生活成为新风尚，构建充满活力的数字生活服务生态，形成人人享有更具品质、更加美好的数字生活新范式；到2035年，成为具有世界影响力的国际数字之都。

身处上海，艾麒信息得享国家战略布局之优势，凭借技术实力，在市、区两级政府以及莘庄工业区管委会等单位的大力扶持下稳步成长，2010年被评为"上海市软件企业""上海市高新技术企业"，2013年跻身"上海市科技小巨人培育企业"行列，2019年正式被上海市科学技术委员会认定为"上海

Energy！活力、动力、创新，造就新经济企业互联网科技"小巨人"

▲ 云智慧智能业务运维·数据中心智能管控

市科技小巨人企业"。

大胆创新的意识也助力艾麒信息在遭遇功能机向智能机的"飓风式"转换时，力挽狂澜。2009—2014年，功能机90%的市场占有率被智能机反转夺取之际，公司管理层大胆鼓励企业员工内部创业、创新，培育了当下艾麒信息的拳头产品乐秀和数字营销等业务，带领企业再度呈现飞扬之势。

如今，艾麒信息开发了乐秀、FILMIGO、乐秀录屏大师等多款广受用户欢迎的视频图像编辑工具类软件，旗下跃火移动数字营销平台是各大互联网头部企业指定的官方推广平台，为包括阿里巴巴、腾讯、京东等企业提供推广服务，每月为拼多多、网易、圆通速递等客户发送上亿条营销短信。除此之外，公司还拓展了中国银联、招商银行等金融保险类客户APP产品的推广业务。随着人工智能技术的兴起，艾麒信息又抓住消费者需求，及时开发了适合在移动终端上运行、具有自有知识产权的EMMA人工智能影像处理引擎，运用其核心技术能力，成功应用于"大神P图"图片处理APP和视频类处理APP的升级中，"大神P图"全球用户已超过1 000万人，在众多同类产品中脱颖而出。

艾麒信息依托党和国家创造的优越成长环境，在国家战略中寻找机遇。

创新创业　活力四射 ——新时代上海创新型企业攻坚克难实践案例

▲ 图像视频编辑 APP 研讨会

周朝恩表示，企业未来仍以技术创新为核心，更加强化企业研究中心和专家体系建设，联合国内高校成立技术实验室，不断提升创新能力，为用户带来更多更好的产品，使产品保持独特性和竞争力，也为上海城市发展承担更多的责任。

二、主要做法

上海漕河泾新兴技术开发区凤凰大楼 19 号楼 19 层，"艾麒信息"办公区域的氛围紧张有序，走廊处十几块金光闪闪的铜牌和橱窗里的各种奖杯，昭示着这家新锐互联网创业公司的光荣与梦想。

创业已经 10 多年，周朝恩和他的团队伙伴的精气神依然像他为公司取的名字"艾麒"一样——它与英文 Energy 的两个音节读音相近，寓意着活力、动力，代表着意气风发的 80 后创始人对公司寄予的厚望，而如今它的基因里又多了自信与谋略。

（一）成功开发国内首款 2G 网络手机电视直播软件，获得第一桶金

2008 年，举世瞩目的北京奥运会成功举办。北京奥运会上，不但我国体

Energy！活力、动力、创新，造就新经济企业互联网科技"小巨人"

▲ 凤凰大楼

▲ 荣誉墙

育健儿勇夺佳绩，全方位展示了中国改革开放的重要成果，对于众多行业而言也蕴含了相当大的市场潜力。

这一年，全球名列前6位的手机厂商分别是诺基亚、三星、摩托罗拉、LG、索尼爱立信和中兴，国产品牌只有中兴上榜，且排名第6，市场份额不足5%。当时的手机市场还是功能机占据统治地位，网络以GPRS为主，EDGE网络还没有全面普及，手机硬件性能相当孱弱，手机和网络条件对于手机直播、视频流畅播放还是一个不可能完成的任务。

随着北京奥运会的召开，能够使用手机随时随地、流畅地观看比赛直播，成为广大体育爱好者乃至普通国人的渴求。在此背景下，成功开发一款基于普通功能手机通过2G网络来流畅观看电视的直播软件，将是国产手机厂商突破国外手机巨头包围，实现差异化竞争的有力武器。

2008年，浙江大学计算机科学与技术专业毕业的周朝恩在手机行业已经有5年的从业经验。他在阿尔卡特等知名公司从软件工程师一路做到了软件开发项目团队的负责人，在手机软件领域积累了相当丰富的经验和资源。

周朝恩看到了这个机遇。在冷静地分析个人技术能力和市场需求后，他毅然放弃了稳定、高薪的项目负责人的职位，从锐迪科公司辞职，和大学同宿舍的室友林立、妻子张力等人带领几个创业伙伴开始创业。

然而，当真迈出这一步时，周朝恩才发现现实比想象困难得多。如今的艾麒信息拥有了一个楼层的办公区域、100余名员工，但在当时只有两室一厅和七八个人。辞职后，几个志同道合的伙伴跟着他干，没有工资，每天工作20余个小时，困极了就在行军床或户外防潮垫上睡一会儿，醒来再去写代码。周朝恩说："当你拥有了技术能力，找准了市场驱动点和市场帮手，剩下来的就是快和慢的问题了。"

艰难的初创期长达半年之久。为了节省开支，他们搞研发、跑业务、当管家，所有事情都是亲力亲为。即便如此，研发、房租、接待、出差等开支还是比预算超出了许多，东拼西凑的80万元启动资金，不到半年就已经捉襟见肘了。关键时刻，曾与周朝恩合作过的华勤、龙旗等几家手机公司由于认可周朝恩的能力，将一些软件代开发的小业务交给艾麒信息。正是凭借着这些小业务，公司才渐渐步入正轨。伴随着公司规模的扩大，波导、圣诺达、闻泰、希姆通等品牌的手机厂商也逐渐成为艾麒信息的固定签约客户。

有了资金支持，开发手机电视直播软件的进度更快了。周朝恩带领研发团队分析了诺基亚、摩托罗拉等诸多国外品牌手机当时的视频播放软件，将研发的主要精力聚焦在提升播放速度和连贯性上。他们通过压缩软件自身体量，改变了以往播放软件运行耗费手机内存的缺陷。因为 2G 网络的传输速度很慢，每秒最大也就支持 56K 的数据传输，市场上当时的网络传输技术方案根本不可能支持手机电视直播的流畅播放。周朝恩带领研发团队，开始钻研 GSM 手机 IPTV 网络电视数据的处理方法。他们创造性地发明了基于自有协议进行 GSM 网络下视频、音频数据传输的技术，在已有手机硬件条件下，不需要新的硬件支持，采用最新的压缩技术，针对不同的手机处理能力，最大限度地提升手机电视的体验效果；采用自定义的传输协议，保证数据传输过程中的连续性和一致性，同时有效降低了数据传输中非必需的字节。这些创造性的技术从根本上解决了 2G 网络下功能手机电视直播不流畅的问题，实现了基于 GSM 手机网络在普通手机上成功观看体育比赛的功能。

2007 年 1 月，中国移动在全国范围内推广每月 20 元无限上网套餐，从根本上解除了用户的后顾之忧。艾瑞咨询《2008 年手机网民手机上网行为调研报告》显示，那时移动互联网用户以青年男性为主体，用户年龄层次偏低，低收入群体占比较大，是移动互联网用户的典型特征。手机端硬件要求的降低，使他们无须购买新的手机，便可以在宿舍里流畅地看视频或电视。

电视直播软件开发的成功，不仅丰富了国产手机的功能应用，而且提高了其竞争力。基于以上种种因素，艾麒信息的产品推向市场后，立刻受到了大批手机生产厂商的青睐，EMMA 影视也随着金立、康佳、海信、朵维等诸多品牌手机走进了人们的生活。

借助自己在手机行业积累的资源，周朝恩亲自跑起了营销。他的优势是技术过硬，和对方很有共同语言，不仅可以很快切入，经常还能帮他们诊断一下手机软件中出现的问题。"人家跟你聊天很有收获，而且我们的产品他们也很需要，甚至能够成为卖点，所以顺理成章，很快就做起来了。"周朝恩说。公司成立第一年，销售收入就突破 1 000 万元，实现了盈利。

手机电视直播软件开发成功后，围绕着移动端视频技术的开发，艾麒信息又先后成功研发了 EMMA K 歌软件、EMMA 影视播放软件、EMMA 音乐播放软件和手机裸眼 3D 视频播放器等系列产品。

（二）大胆鼓励员工创新、内部创业，助企业二次腾飞

1. 果断推出项目孵化和内部创业制度

移动互联网产业热点更迭迅速，竞争异常激烈，企业有可能凭借一款产品抓住了时代的机遇，却容易昙花一现，看似成功在望，但 2—3 年就轰然倒下，艾麒信息就曾经目睹隔壁办公室的互联网创业公司几个月一换的场面。甚至像诺基亚等百年企业，一旦对产业发展的潮流判断失误，几年间就从世界第一大手机厂商的宝座衰落，终被微软收购，渐渐无声无息。前几年流行的"网络偷菜"游戏，让许多人不眠不休，晚上开闹钟起来"偷菜"，活跃用户最多时达到近 2 000 万人。但到了 2012 年，开发这款曾红极一时的社交游戏的公司经历大裁员、资金紧张、游戏失败和员工流失等危机，濒临倒闭的边缘。

艾麒信息当时也遇到了未能及时跟上更新换代的困境。公司高管团队虽然想到了从功能机到智能机的发展会很迅速，但仍然被现实所震撼。功能机从 2008 年近 90% 的市场占有率，至 2011 年仍有 70% 的市场占有率，而到了 2014 年，国内智能手机的占有率已经完全反转，突破 90%，市场对于先进技术的追捧和用户对于新技术的接纳远远超出想象。

用户的流失使得公司收入、利润受到巨大影响，原先的技术、商业模式在智能机时代已经行不通了。公司的未来何去何从，让以周朝恩为首的艾麒信息管理团队夜不能寐，不断地思索这一问题。

为实现公司业务的二次辉煌，应对移动互联网日益复杂的竞争形势，也为支持 IT 精英创业，艾麒信息于 2013 年果断推出了项目孵化和内部创业制度。公司员工只要有创业激情，愿意为自己喜欢的事业奋斗，哪怕只拿出几页纸的创业方案，经公司内部评估通过后，就可获得人员投入、资金扶持、办公场地和创业指导等的全方位支援，从为之设立新业务部门、到研发成熟并推广后成立事业部、再到创立公司，依据各阶段的评估标准给予支持。同时，开展公司外部的创业项目投资，对于评估通过的项目给予数十万到数百万资金的投资。

探索一条前人未走过的道路，本来就具有较高的风险，鼓励员工在工作中进行可控的冒险并容忍失败，也是创新的必要条件。艾麒信息投入了大量的资金、人员，很多项目由于种种原因还是失败了，但公司对于相关责任人员一直保持着高度的宽容度和包容心。项目如果失败了，团队人员可以先撤回到公司原有的业务部门，基本待遇保持不变，鼓励他们认真总结经验，酝酿新的尝试，不要背上包袱。这些举措令公司员工得以大胆放开手脚，勇于尝试。

2. 员工创业项目 VideoShow（中文名称"乐秀"）让企业迎风飞扬

机遇永远只青睐有准备的头脑。作为智慧与技术高度融合的产业，每一款移动应用的成功都需要最大限度地调动技术人才的主观能动性，才有可能在白热化的市场竞争中成为赢家。

那时，有员工认为，在移动互联网产业突飞猛进的时代，手机硬件的规格越来越高，对视频的处理能力越来越强，对 PC 机、卡片机、摄像机等数码设备的代替作用也越来越大。而且随着全球 4G 网络的普及和发展，手机上传的速度越来越快，资费越来越便宜，阻碍用户拍摄和分享照片、视频的不利因素也将变得越来越少。而安卓系统长久以来缺乏便捷好用的视频处理和分享工具，人们自主创作手机视频和分享的愿望一直得不到满足，因此这个视频市场规模巨大、潜力惊人。

艾麒信息管理层对该项目进行评估后，认为市场潜力确实大，商业价值高，也能够充分发挥公司在视频领域的技术优势，当即决定孵化投资，授权组建乐秀团队开始内部创业。

创业初期的乐秀工作量非常大，团队只有 3 个人，但创业热情极高。这款软件的研发目的就是为智能手机用户提供一款容易上手、功能强大的手机图像和视频的编辑处理软件。他们通过精准的市场定位，瞄准全球手机视频快捷编辑这一细分市场，实施互动研发。由于欧美国家率先完成了智能机对于功能机的替换，且付费能力和付费习惯相较于国内也有很大的优势，所以乐秀团队自研发立项之初就瞄准海外市场的用户，从他们的需求、产品使用习惯到对产品 UI 的设计偏好都成为产品立项的关注重点，产品的针对性非常强。

这款软件自 2013 年 9 月在 Google Play 市场上线后，首推美国、日本、韩国等国家和地区，之后又在巴西、沙特、以色列、东南亚等国家和地区发布。初期一直没有足够的资金用于推广，仅依靠用户评论及用户之间的口碑传播，凭借着优秀的产品设计、良好的产品使用体验，乐秀受到全球多个国家和地区手机用户的追捧，位居手机视频处理软件排行榜的前列。软件下载量从上线开始，就一直保持高速增长的态势，自 2013 年上线后，仅用了几个月时间就达到 100 万用户，随后用了更短的时间，全球下载量于 2014 年 7 月 12 日凌晨突破 1 000 万大关。

2014 年 8 月，乐秀项目获得社会资本的青睐，成功获得了风险资金，成立了上海影卓信息科技有限公司，通过资本助推，帮助公司实现更大的发展。时至今日，影卓围绕视频编辑，相继开发了几十款 APP，形成良好的产品矩阵，且评分都在 4.6—4.8，成为移动视频编辑行业的领跑者。

3. 整合产业上下游资源渠道，创建新的营销模式

在功能机时代，艾麒信息和新浪、搜狐、网易、腾讯等国内大型的互联网公司是很好的合作伙伴，也与国内基础电信运营商中国移动、中国联通等保持了密切的合作关系，在大企业客户的获取能力以及为他们提供高商业价值的产品服务方面保持了较强的优势。

很多大企业对吸纳新的 APP 用户和提升原有的 APP 用户活跃度有强烈的需求，这催生了 APP 营销推广业务。但大客户在推广时，区别用户质量的难度较大，推广效果比较难以评估，所以需要能提供长久稳定的、高质量用户的 APP 营销推广服务商，来帮助他们发掘新的用户推广渠道，找到更低成本的推广方式。

艾麒信息在移动互联网领域深耕多年，接触客户和供应商的时间很长，对如何通过渠道和技术创新来获取用户，有着丰富的经验和成熟的解

决方案。公司建立起"跃火广告分发软件系统",以移动互联网为基础,为客户提供新增APP用户或以提高现有APP用户的活跃度为目标的营销推广服务。

跃火广告分发软件系统为上下游企业提供建立合作账号、发布客户需求、渠道链接分配、渠道推广量展示、结算和对账等一站式的移动营销推广服务;还可以进一步使用RTA等方式,通过服务器兼容上下游企业种类繁多、格式不一的API,在30毫秒内完成推广需求匹配,有效提高对接速度,为公司降低下游渠道成本。

跃火云短信软件系统则为大型企业量身定制短信发送服务,以处理能力强、回执准确迅速、自动通道匹配、自动选择最优价格发送方案等方式,为客户节约成本,每天的发送能力达到2亿条以上,满足了大企业个性化、高稳定性、高并发、低延迟、高到达率等需求。

当初为了推广这项业务,周朝恩每月至少有两三个星期在外跑大客户,亲自去争取合作资源。大客户业务繁忙,有时候要在外等上五六个小时,才能获得谈话机会。一旦有业务需求,技术团队可能半夜就会出动,前去提供技术支持。

通过几年的努力,公司在移动互联网营销推广中取得了不少的成绩,服务了国内众多的互联网知名企业及金融、物流等客户,包括阿里巴巴、腾讯、京东、拼多多、网易等大型互联网公司,中国银联、招商银行等金融保险类客户,以及圆通速递等行业客户。

4. 对于移动端影像技术的持续钻研之心始终不变

随着人工智能技术的兴起,艾麒信息又开发了适合在移动终端上运行、具有自有知识产权的EMMA人工智能影像处理引擎。这款引擎首先用于"大神P图"图片处理APP。"大神P图"产品在国内刚推出时,图片处理领域已经有很多竞争对手,但艾麒通过EMMA人工智能影像处理引擎的核心技术能力,成功研发出了一系列差异化的功能,打开了图片处理市场。目前"大神P图"全球用户超过1 000万人,而公司也开始把EMMA人工智能影像处理引擎用于视频类处理APP的升级中。

公司比较成功的创新还有 2017 年开发的"角虫绘图"软件,这款软件为用户提供基于手机端的绘画工具,能够帮助用户在手机上绘画,同时针对初学者提供绘画技能培养的教程,寓教于乐。

10 余年来,无论在功能机时代还是在智能机时代,艾麒信息对于移动影像技术的钻研之心始终不变。并且周朝恩认为,未来一定是手机兼容 PC,目前 PC 端应用的开发者已经寥寥无几,即使有也完全落后于手机端应用的开发。

在智能机时代,艾麒信息充分借助功能机时代影像技术研发的积累和经验,将功能机的 EMMA 音视频编解码引擎、EMMA 影像渲染引擎移植到智能机上,形成了智能机上运行的影像编码和影像渲染引擎。

▲ 智能影像编码和影像渲染引擎开发研讨

由于技术的限制,当时所有视频编辑处理前期都存在一个将输入视频转码成特定格式的过程,为了减少转码时间,往往需要降低输入视频转码后的输出分辨率;在不降低处理清晰度的时候,则会造成转码时间较长,导致对处理视频的画质码率有较高的限制,或者用户需要花费很长的时间;同时还有触摸操作优化不足导致的用户操作步骤烦琐、上手难度高、软件不好用等问题。

艾麒信息开创性地发明了无须转码的处理技术，用户输入的视频可以直接进入编辑状态，简化了操作过程，节省了操作时间，同时解决了不支持高清晰度、高码率视频处理的限制问题。由于没有转码这一中间过程，输出视频的分辨率是可变的，可以支持输出高画质的视频；实现了所见即所得的编辑方式，所有媒体元素都可以在编辑界面内进行增、删、改的编辑操作和即时效果预览。最为关键的是，在操作触摸设备上，艾麒信息根据用户通过手指触摸的操作特点，对应用的交互方式进行了特殊优化，让用户通过点击、触摸、拖拽等多种简单直观的操作交互方式，完成复杂的视频美化操作，优化了用户体验。

技术先进性也为产品带来了更好的使用体验，因此 VideoShow 产品在 Google Play、App Store 等国际主流应用市场上架后，都凭借出色的产品体验，获得用户的好评，并获得了很好的排名。在开拓国内市场时，也得到华为、小米等公司的大力支持，帮助艾麒信息进行新产品的推广。

5. 适应互联网工作特点，采取灵活的人才激励机制

项目的成功也为艾麒信息培养了一批具有国际视野、在不同国家和地区从事 APP 的项目开发、运营、推广、流量变现，并能够开展具有相当热点和用户追捧的营销活动的人才团队，使得其产品在海外市场受到亿级用户的喜爱和追捧。

IT 行业员工大部分在 20—40 岁，来自五湖四海。新员工的租房、通勤问题，老员工的落户、子女教育问题，都会牵扯他们很多精力，使他们无法专注于工作。为此，艾麒信息推出了多种人性化管理制度，比如：每天 90 分钟的弹性上下班时间；对工作满 2 年、专业对口的员工，协助其申请落户，先后帮助公司 10 多名员工解决了落户问题，使其购房、子女教育问题得到初步解决；为员工购房提供资金支持；为员工提供补充商业保险，报销大部分的医疗费用并提供人身意外保障。此外，还提供年度旅游以及专门的心理讲座，有效保障了高工作强度下员工的心理健康。

艾麒信息设计了具有吸引力的薪酬体系，不断提高员工的工资、福利待

创新创业　活力四射 ——新时代上海创新型企业攻坚克难实践案例

▲ 公司办公环境

遇；设立项目奖金，根据成员对项目完成的贡献大小，在项目完成后给予一次性项目奖励；关注研发人员的精神层面需求，最大限度满足其成就感，给他们提供技术和管理双重晋升渠道。研发人员可根据自身条件选择适合自己的职业发展通道，帮助个人更快地成长；对工作踏实、认真负责、业绩突出的研发人员由公司出资为其提供合适的外部培训机会，促进他们在自己的工作领域内成为资深专家。通过加强研发项目的管理，使项目组人员的流动保持合理的水平，以有效地激发团队活力，使他们能够长期保持进取心。每年评选若干研发优秀项目，以鼓励创新研究，提高项目的研发质量和水平。

艾麒信息针对公司的骨干员工设计推出员工持股平台，让骨干员工和老员工持有公司股份，通过利润分红让员工共享企业发展的成果，增强员工的主人翁精神，借此激发员工的向心力、凝聚力，激发他们更高的积极性和创新力。

（三）勇担社会责任的初心不变

艾麒信息成立伊始，就从公司层面号召员工向上海市青少年发展基金会捐款。艾麒信息的实际控制人之一张力一直参与社会公益事业，她作为四川驻沪团工委的副书记，积极支持四川驻沪团工委组织的各项社会公益活动，

Energy！活力、动力、创新，造就新经济企业互联网科技"小巨人"

▲ 充满活力的团队

比如，组织慰问四川在沪务工人员的活动，帮助他们解决生活和工作难题，走访农民工子弟小学，关心来沪务工人员子女教育问题。同时，她还号召公司员工每年向四川及西部贫困地区的贫困儿童捐赠过冬的棉衣，为他们捐赠图书、文具，为关爱西部地区儿童的健康成长尽绵薄之力。

2012 年，周朝恩通过相关途径了解到，贵州省惠水县的自然环境较为恶劣，学校的基础设施较为薄弱，当地的小学生每天需要花费数小时走山路上下学。他当即派人到当地小学了解实际情况，确定属实后，决定捐资 30 万元，贵州省希望工程和惠水县政府同时提供配套资金，为惠水县摆榜小学捐建爱心学生宿舍。该宿舍建成后，有效地解决了路途遥远学生的上下学难题。2013 年暑假，艾麒信息还特地邀请摆榜小学师生一行 6 人来沪参访，参观了浦东陆家嘴、上海科技馆、上海动物园，同时组织公司员工子女和师生相互交流，为他们提供书籍、文具等。

新冠疫情突发，周朝恩和张力通过多方努力，联系上口罩厂，提前向工厂预支 10 万元作为定金，定做了 30 万只口罩。他们把 30 万只口罩第一时间捐给了各地医院，其中有 8 万只在大年初一发往了武汉，大年初二武汉的医生就用上了这批口罩，缓解了这些医院的燃眉之急。在上海疫情最紧张的关口，他们还向复旦大学附属闵行医院和上海市第五人民医院分别送去了1万只口罩。得知在高速公路检查体温的工作人员也缺少口罩后，他们又给市道路运输管理局送去了2 000只，尽最大努力为上海的新冠疫情防控工作贡献了一份力量。

（四）注重党建引领企业文化建设

2019年1月，中共上海艾麒信息科技有限公司支部委员会正式成立。

艾麒信息一直倡导将党建和公司文化建设相结合，在公司发展建设过程中不断发挥党建引领作用，党员骨干示范带头爬坡越坎，让党员先进性在岗位上闪光，公司几位核心研发人员都是党支部在册党员。公司党支部成立后，在不忘传统思想政治教育的同时，从实际出发，结合企业的行业特性和业务特点，把党建工作融入和贯穿技术研发、项目运营、市场推广、客户服务等业务全流程中，推动党建工作与企业文化建设全方位深度融合，充分把团队的智慧和力量凝聚起来，努力达到与公司业务发展"同频共赢"的状态。

在上海这片创新创业的热土上成长起来的艾麒信息，充分吸收"互信、互利、平等、协商、尊重多样文明、谋求共同发展"的上海精神，以党建引

▲ 党建引领公司文化建设

领企业文化建设，与地方政府共建共融、共生共存，使得企业资源与城市资源配置得到优化。艾麒信息在 10 余年的成长过程中不断反哺社会，为社区建设、城市发展贡献力量。

三、经验启示

（一）坚持对原创技术研发的追求，夯实企业的核心竞争力

艾麒信息通过研发成功国内首款手机电视直播软件，为行业客户提供高附加值的手机软件，获得企业发展的第一桶金；凭借对市场的敏锐判断，瞄准客户定位，凭借着对视频处理无须转码、支持高清以及对于用户触摸界面的领先技术，推出的手机视频编辑软件，在境外市场深受用户喜爱，帮助企业走出低谷、再创辉煌；近几年，公司又通过对人工智能影像处理技术的潜心研究和技术储备，进行技术的融合创新，通过多种引擎的交叉运用和融合，将人工智能算法和 EMMA 影像渲染引擎相结合，提高人工智能算法在移动终端的运行速度，为用户提供视频抠像、一键换天空、一键抠图、一键消除不需要的物体等多种实用功能——正是依靠对于移动端影像处理技术持续不断的投入和研究，艾麒信息才得以在竞争激烈的图像处理软件市场中脱颖而出。

艾麒信息在移动端影像的底层算法技术中积累了丰硕的成果，成功开发了影像处理技术的三大引擎：EMMA 人工智能影像处理引擎、EMMA 音视频编解码引擎、EMMA 影像渲染引擎。艾麒信息的 EMMA 系列引擎经过十几年的移动终端的优化，在运行速度、编码效率、渲染性能、内存管理和智能处理等多个方面具有明显的技术优势。在视频编解码中，通过使用 GPU 渲染管线（Vulkan）对音视频格式进行转换，加快渲染；通过并发处理技术充分利用 CPU 的多核性能；使用基于 ARM 的 NEON 指令集加速数据处理；充分利用硬件资源进行解码，实现硬件 /CPU 的高效协同工作。

对于技术的潜心研究，使得艾麒信息的产品通过底层算法的优化支持，为用户带来更多的专业功能和更好的产品体验，让产品在激烈的市场竞争

中，保持独特性和竞争力。

(二) 注重消费者需求，对客户的关注始终不变

从最初的功能机流畅看视频软件抓住国内市场，到 VideoShow 产品先抢滩国外市场再开拓国内市场，艾麒信息精准定位消费者兴趣点，始终保持产品的活力。

乐秀团队自研发立项之初就瞄准海外市场的用户，在 Google Play 市场上市后，很快受到追捧，并凭借口碑传播几个月就达到 100 万用户，之后全球下载量又很快突破 1 000 万大关。在国外市场的业绩为获得国内市场创造了优势，在开拓国内市场时，得到了华为、小米等公司的大力支持。

行业大客户同样是艾麒信息精心服务的对象。艾麒信息在不增加客户硬件成本的基础上，通过软件创新，为用户提供更多高附加值的软件产品。公司凭借着对这些行业用户需求的精准把握，以及过往和大客户合作所积累的人才团队和服务经验，为大型企业提供量身定制的服务产品。

艾麒信息客户团队对客户的意见反馈和使用诉求相当重视，安排专门的客服、技术开发人员在应用商店对用户的评分和评价进行及时回复。对于用户的差评和所反映的问题，相关人员第一时间采取一切可用的方法和用户沟通，通过评论回复、邮件、微信和 QQ，有时甚至还通过电话直接沟通，对于用户评价进行多轮回复，及时消除技术上存在的缺陷和问题，及时和完美地解决用户所遇到的问题。对客户意见的高度重视和良好的客服品质，使得产品的用户体验满意度一直保持在很高的水准，因此产品评价始终都维持在较高的水平，公司多个主要产品的用户综合满意度为 4.6 及以上。

(三) 创新新型职场关系，激发内生动力

艾麒信息鼓励员工内部创新、内部创业，不惜投入大量资金，鼓励员工尝试，创造出新型的职场关系。乐秀就是这样诞生的，它也为企业带来了二次腾飞。

在互联网行业的激烈竞争中，企业必须反应快速、决策果断。艾麒信息为适应这一特点，在公司组织架构上倡导扁平化的设计思路，确保管理的高效和沟通的顺畅，同时创造开放性的工作环境和气氛。鼓励员工和高层级的

管理人员直接沟通和交流，让他们感到被尊重和重视。

2019年以来，艾麒信息还开创了一个月1—2次的专家课堂。因为白天工作忙，专家课堂通常放在晚上7—9点，一堂课2小时左右，前1个半小时由公司不同领域的专家介绍公司的技术发展或市场状况，后半个小时则是讨论时间。这一工作方式主要是为了打通技术与市场领域的壁垒，让市场了解研发的方向，也让研发部门知道市场上哪些产品最受欢迎，避免闭门造车。实践证明，专家课堂的做法行之有效。

（四）拒绝诱惑，追求健康的发展模式

在资本裹挟下，移动互联网的很多从业者失去了对自己定位的清晰把握和对自己本心的坚持，通过烧钱换流量、换用户，虽然获得了短期内的辉煌，但没有正确的商业模式，在失去产业资本的支持后，很快就难以为继。例如：从团购开始的"百团大战"，到打车软件补贴大战，最后只剩下一家滴滴；共享出行领域摩拜单车和小黄车OFO的激烈对决，最后摩拜单车被美团收购，小黄车黯然退场；被炒得沸沸扬扬的蛋壳事件，长租公寓模式暴雷不断，也造成了很多的社会问题。移动互联网行业那些被高高捧起的商业新贵，失去了资本的青睐后，立刻一蹶不振，因此拥有健康的、可持续发展的商业发展模式至关重要。

艾麒信息经得起资本的诱惑，一直摒弃通过烧钱来获得流量、获得用户的商业行为，保持着健康的商业模式，重视产品的盈利能力和对现金流的管理。周朝恩和另外两位公司实际控制人曾只用一盏茶的工夫，便决定拒绝产业巨头6亿元的收购报价。艾麒信息坚持发展的本心，对自己的发展道路始终保持清醒。

（五）依托政府支持，共建新时代和谐政企关系

作为上海本土的科技型企业，艾麒信息一直得到莘庄工业区管委会、闵行区科委、经委、文创办以及上海市科委、经信委、通管局、网信办等相关政府部门的关心、支持和帮助。

2010年，艾麒信息就在上海市科学技术委员会和上海市经济和信息化委员会等部门的建议下，及时申报了上海市高新技术企业和上海市软件企业。

2013年，艾麒信息获得了上海市科技小巨人培育企业的资质，2019年获得了上海市科技小巨人企业的资质，在企业资信评估、融资具有了相当的优势。

2014年，在上海市软件行业协会的指导下，艾麒信息申请并获评上海市规划布局内重点软件企业。

自2017年开始，在闵行区上市办和金融办，以及上海市金融服务办公室、上海市促进中小企业发展协调办公室和上海证券交易所的悉心指导下，艾麒信息开始筹划上市事宜，签约包括招商证券、立信会计和大成律师等三方机构，先后引入了上海市数字出版集团和上海科创投资集团的产业资本，一路奔跑，马不停蹄地奋力冲刺科创板。

周朝恩表示，政府部门视野开阔，信息丰富多元，在岸上往往能看到游泳的人看不到的视界，他们曾经多次对公司的发展给了独特性的启发。如上海市经信委软件处曾经建议艾麒信息将人工智能技术积极应用在软件开发上，并支持了部分经费，由此艾麒信息才开始把视频编辑软件用人工智能去改造，"一改造就改造出新的竞争力"。

上海市科学技术委员会领导在调研时提出，艾麒信息可以把优秀的技术应用到企业里去。周朝恩说，以前只是低头做业务，经过提醒才想到还可以面向企业。艾麒信息正积极申报建设上海市移动影像处理工程技术中心。"工程中心申请成功后，艾麒信息在研发上投入的体量和承担的任务与使命从此会大不同。"周朝恩说，公司不仅发展了业务，也能够承担更多的上海市在移动应用软件处理上的课题，并将艾麒信息的优秀技术通过这个平台很好地推广出去。

自2011年开始，艾麒信息获得了上海市科学技术委员会科技型中小型企业技术创新基金的支持，此后又获得了上海市经信委软件和集成电路产业项目发展专项资金、上海市文创办文化创意产业发展专项资金、张江国家自主创新示范区专项发展资金等支持。政府专项扶持资金的支持有效地促进了艾麒信息相关技术研发项目的推进，解决了公司在项目推进过程中存在的资金投入大、见效慢等问题。

附：艾麒信息所获荣誉

2010年，艾麒信息申报并被认定为"上海市软件企业""上海市高新技术企业"；2013年被认定为"上海市科技小巨人培育企业"；2014年被认定为"上海市规划布局内重点软件企业"；2017年3月被评为"莘庄工业区百强企业"。

2018年10月，艾麒信息被上海市经济和信息化委员会评为"2018上海市高成长软件百强企业"；2018年，上海影卓的乐秀软件入选App Annie颁发的"2017一带一路最佳APP"；2018年6月，上海影卓的"乐秀视频编辑器"被评为"华为应用市场十佳精品应用"；2018年12月，上海影卓的VideoMaker APP获得谷歌公司评选的"Google Play最佳娱乐大奖"。

2019年8月，艾麒信息被评为"上海市科技小巨人企业"，上海影卓被评为"上海市科技小巨人培育企业"；2019年10月，艾麒信息的"基于人工智能技术的图像处理软件产业化项目"获得第八届中国创新创业大赛电子信息行业全国总决赛三等奖；2019年12月，艾麒信息获得"创业在上海"2019年度投资价值奖；2019年12月，艾麒信息被闵行区人民政府授予"2019年度闵行区最具创新活力企业奖"。

2020年1月，艾麒信息和上海影卓被上海市经济和信息化委员会评为"2019上海软件和信息技术服务业高成长百家"；2020年9月，艾麒信息被华为授予"华为耀星·领航计划乘风破浪奖"；2020年12月，艾麒信息被上海市经济和信息化委员会评为"2020上海软件和信息技术服务业高成长百家"；2021年1月，上海影卓被中国银联授予"2020年云闪付优秀合作伙伴奖"；2021年2月，上海影卓荣登App Annie发布的"2020年度中国厂商出海下载量30强"，名列第12位；2021年3月，艾麟信息获得莘庄工业区"2020年度百强企业奖"和"2020年度最佳成长奖"。

专家点评

上海艾麒信息科技股份有限公司是集智能影像工具开发和移动数字营销服务于一体的现代高新技术企业，它凭借过硬的核心技术竞争力，在国际手机影像应用市场上占据一席之地,在全球用户中树立起良好的口碑。它的10余年创业路不仅展示了一个移动互联网团队的拼搏与努力,更刻画出一个移动互联网企业发展典范。

移动互联网企业的诞生、发展与技术的进步互为推动力,拥有核心技术是移动互联网企业生存的命脉,始终保持创新的活力是它立足的根本。艾麒信息的创新思路非常开阔,它深谙创新以人为本的道理,在企业管理模式上不拘一格、大胆创新,鼓励员工创新、内部创业,构建共享共赢的新型企业文化,从而使母体在技术发展的大潮中闯过险关,勇立潮头。

艾麒信息从创业之初便遵循与国家战略相同步的发展道路,10年中又恰逢我国改革开放不断深化、经济结构深度转型的重要时期,信息技术和互联网产业发展迅猛。改革开放激发了强大的民营工程科技创新能力,艾麒信息可谓生逢其时。民营企业的科技创新,也正逐渐成为国家科技发展的重要组成部分,与国家的前途和发展密切相关。

艾麒信息置身其中的上海这座致力于引领时代潮流的国际化大都市,正在向成为具有世界影响力的国际数字之都迈进。上海市、区两级政府精心打造的优越营商环境,也使得植根于此的艾麒信息如鱼得水,如虎添翼。

艾麒信息的创立者周朝恩和林立是浙江大学计算机科学与技术学院的同窗好友,相同的志向使他们携手并肩,在互联网经济领域内共同探索发展之路,他们为大学生的成功创业树立了典范。作为他们母校昔日的校长,我期望艾麒信息在今后的发展中,从企业实际出发,从促进行业发展出发,加大基础理论和基础算法的研究投入,实现产学研的深度融合,让企业从中国走向世界,在全球移动端智慧影像处理领域贡献中国标准,发出中国声音,彰显中国企业的智慧。

点评专家

潘云鹤，中国工程院院士，中国工程院原常务副院长，浙江大学原校长，中共第十六、十七届中央候补委员，第十二届全国政协常委、外事委员会主任。长期从事计算机图形学、人工智能、CAD和工业设计的研究，是中国智能CAD和计算机美术领域的开拓者之一。兼任国务院学位委员会委员、国家新一代人工智能战略咨询委员会组长、战略性新兴产业发展专家咨询委员会副主任、中国发明协会理事长、中国创新设计产业战略联盟理事长、中国图象图形学学会名誉理事长等职。

思考题

1. 结合本案例，谈谈在技术更新迭代极其迅速的当下，技术导向型企业如何前瞻布局创新转型，在时代大潮中立于不败之地。
2. 创新型企业如何在制度和管理上大胆创新、不拘一格，构建一套适应企业发展需求的管理模式，从而最大限度地激发员工的能动性和创造性，让"源头活水"长流不息？
3. 艾麒信息在全球化的产业格局中实现海外市场的突破和国内市场的抢滩，它的发展经验给互联网企业带来了哪些启示？

创业者小传

周朝恩，上海艾麒信息科技股份有限公司创始人、董事长兼总经理。

男，汉族，1980年7月出生。2003年7月于浙江大学计算机科学与技术专业本科毕业，2014年8月获得中欧国际工商学院工商管理硕士学位。

获得过"上海市闵行区领军人才"、"闵行区创新活力精英奖"、"上海新锐青商"、"闵行区疫情防控一线先进个人"、上海市"海上最美家庭"等荣誉。担任浙江大学计算机科学与技术学院校友会理事。曾任职于阿尔卡特、锐迪科等业界知名公司，分别负责完成过MTK手机系统平台上的国外通信运营商定制系统开发、音乐手机主板软硬件设计开发、国内首款具有自主知识产权的蓝牙芯片研发设计等。

立足主业科技创新，铸就制造业发展之魂

——奥盛集团有限公司坚持科创驱动，打造先进制造业"一树四翼"

奥盛集团有限公司（下文简称"奥盛集团"）创立20多年来，坚持立足制造业主业不动摇，坚持科创驱动转型升级不动摇，已经从创立之初单一的桥梁缆索制造产业链，发展成为拥有"一树四翼"高科技产业板块的先进制造集团。

扫一扫，看视频

"一树"是指奥盛新材料产业技术研究院，下辖6个科技实验室，是奥盛集团创新发展的"大脑"平台。"四翼"是新技术转化后延伸出来的4个高科技产业板块，涵盖了全球桥梁缆索制造、介入心血管医疗器械研发制造、航空发动机关键零部件制造和装配、高温超导电缆研发制造等。

奥盛集团连续多年位列中国制造业企业500强和中国民营企业500强，是国家权威部门评选的中国科技创新领军企业，荣获"上海品牌"认证。在董事长汤亮的带领下，奥盛集团正一步一个脚印，跨过转型升级这道坎，以"一树四翼"自主创新的丰硕成果，为"中国创造"赢得荣光。

高端制造　　中国创造　　"一树四翼"　　科创驱动　　新材料新工艺

一、背景情况

制造业是一个国家经济社会发展的根基所在。制造业的转型升级，离不开科技创新这一强力"引擎"的驱动。习近平总书记多次强调制造业的重要作用、重要地位，明确指出发展实体经济，就一定要把制造业搞好。同时，习近平总书记要求把创新摆在国家发展全局的核心位置，高度重视科技创新，围绕实施创新驱动发展战略、加快推进以科技创新为核心的全面创新，提出了一系列新思想、新论断、新要求。

2018年11月6日，习近平总书记在上海考察时强调，科学技术从来没有像今天这样深刻影响着国家前途命运，从来没有像今天这样深刻影响着人民生活福祉。在实现中华民族伟大复兴的关键时刻，要增强科技创新的紧迫感和使命感，把科技创新摆到更加重要位置，踢好"临门一脚"，让科技创新在实施创新驱动发展战略、加快新旧动能转换中发挥重大作用。要认真落实党中央关于科技创新的战略部署和政策措施，加强基础研究和应用基础研究，提升原始创新能力，注重发挥企业主体作用，加强知识产权保护，尊重创新人才，释放创新活力，培育壮大新兴产业和创新型企业，加快科技成果转化，提升创新体系整体效能。

2018年4月，上海市委、市政府印发《关于全力打响上海"四大品牌"，率先推动高质量发展的若干意见》。其中提出：全力打响"上海制造"品牌，要适应全球新一轮科技革命和产业变革重塑制造业生态体系的新趋势，紧密结合科技创新中心建设，大力发展高端制造、品质制造、智能制造、绿色制造，超前布局未来前沿产业，加快培育战略性新兴产业，推动"上海制造"成为引领制造强国建设的新标杆，形成一批具有国际竞争力的产业集群和制造品牌。

奥盛集团紧跟国家战略，助力打响"上海制造"品牌，二十年磨一剑，牵住新材料、新工艺研发和创新的"牛鼻子"，"拼"出企业核心竞争力的新优势，形成了企业"一树四翼"高质量发展的主业布局。

奥盛集团的"四翼"，每一翼都取得了光彩耀目的成绩：

——奥盛集团旗下浦江国际集团有限公司已获重大科技成果13项，包括国家科技成果一等奖2个、二等奖1个，拥有123项发明专利，获詹天佑奖、鲁班奖共84项。参建完成国内外大型地标性工程150个，为全球上千座大桥提供了缆索结构。在英国皇家《桥梁》杂志的行业全球统计排名中，奥盛集团占全球特大型悬索桥、斜拉桥缆索市场份额近一半。

——奥盛集团旗下上海普实医疗器械股份有限公司拥有自主知识产权，成功研发了左心耳封堵器、先天性缺损封堵器等一批具有国际先进水平的医疗器械，另有多个系列具有国际先进水平的创新医疗器械正处于不同的临床阶段。

——奥盛集团旗下上海佳士航空动力科技有限公司突破了冷辊轧、钎焊及等离子喷涂等关键技术，从而大大提高了航空发动机及燃气轮机叶片的技术性能，成功跻身行业先进水平。

——奥盛集团旗下上海国际超导科技有限公司在世界上首次把公里级超导电缆引入超大型城市腹地，开创了大城市中心区域小通道大容量输电的先河。在城市电网改造、狭窄空间电力扩容、人口密集区电力设施建设等方面，高温超导输电将发挥电缆载流量大、体积小、无电磁辐射、系统可靠性高、节能环保等优势，为特大型城市电网发展提供新的技术支撑，打响"上海制造"新品牌。

立志做科技创新"追梦人"的汤亮董事长，如今正带领员工积极投身自主创新，昂首进军战略性新兴产业。在全球桥梁基础设施建设、前沿医疗介入器械、航空发动机零配件制造、高温超导电缆制造等领域，奥盛集团厚

▲ 奥盛集团创始人汤亮（右二）在生产第一线与科技人员共同研究新产品

积薄发，深耕高端制造业，并主动服务"一带一路"建设，为中国制造企业"走出去"增光添彩。

二、主要做法

20世纪末，汤亮在上海创办了奥盛集团。创业之初，他为企业制定的第一个发展规划，就是要求从"志存高远"的战略设想起步，不吃别人嚼过的馍，要蹚出一条自己的路。奥盛集团从填补国内材料空白做起，立志要在跨江越海的大型桥梁上架设起世界上最好的缆索。

奥盛集团从诞生的第一天起，就抱定科技创新的宗旨，决心打造一家拥有独立自主知识产权的科技型制造企业。

他们从中国第一条大跨径斜拉桥——上海南浦大桥的跨江缆索做起，逐步走上了全国各地的大桥，走上了世界各国地标性的大型桥梁，使"奥盛缆索"成为"中国创造""上海制造"的象征。

对于创新，汤亮始终抱着一种孜孜不倦的追求，他经常引用中国儒家经典《礼记·大学》中的一句话："苟日新，日日新，又日新"，以此来勉励奥盛集团的科创团队。

"从本质上讲，创新就是一种思维的'洗澡'。一个人或一家企业，一天'洗澡'，十分容易，天天'洗澡'，一般很难做到。"汤亮认为，"对于搞实体经济的人来说，'苟日新，日日新，又日新'特别有警示意义：你首先要敢于奇思妙想，然后是大胆地去尝试，关键是不要怕失败，要持之以恒地坚持下去。如果哪一天你不想'洗澡'了，那就是落后的开始。"

这样的创新思维，深刻影响了奥盛集团的发展。既然选择创业，那就必须永远走在创新的路上——历经20多年的砥砺奋斗，今天的奥盛集团，已经成长为一家拥有"一树四翼"高科技产业板块的先进制造集团，拥有员工1 300余人，业务遍布全国乃至全球。

（一）"一树四翼"互为犄角促发展

在奥盛集团"一树四翼"的产业板块中，"一树"是指新材料产业技术研究院，下辖6个科技实验室，具备较强的新材料研发和产业化能力，为集团旗下的"四翼"提供强有力的前沿技术支持。

"四翼"是指新技术转化后，延伸出来的4个高科技产业板块，涵盖全球桥梁缆索制造、介入心血管医疗器械研发制造、航空发动机关键零部件制造和装配、高温超导电缆研发制造。

不难看出，"一树"和"四翼"都属战略性新兴产业。其中，"一树"在基础市场，"四翼"在终端市场，它们互成犄角之势。正是基于科创驱动，奥盛集团的产业联动优势日益凸显，从整体上形成了高质量发展的主业布局。

1. 攻克科技难关，"大脑"平台驱动创新发展

20年前，奥盛集团的主业只有一个，那就是制造大跨径桥梁的缆索。然而，奥盛集团对企业发展的考量重点，并不是放在车间，而是放在实验室。奥盛集团的第一步，就是从研发当时尚属国内空白的预应力材料起步的。

如果用一句话来阐述奥盛团队的思考轨迹，那就是他们坚定地相信："新材料研发与新工艺创新的完美结合，一定能创造出升级换代的产品和新的市场需求，也一定能催生出新的生产力。"汤亮坚持这样一种理念："对于制造业而言，新材料是万山之宗、万水之源，是未来制造业科技的上游源头。"制造业如果持之以恒地抓住新材料研发不松手，那就像是植树造林一样，最终能达到"一树百获"的效果。

多年来，奥盛集团在新材料革命的科技创新上，倾注了极大的热情，投入了巨大的人力物力，一直把新材料、新工艺的研究开发作为企业实现高质量发展的核心竞争力。

奥盛集团的发展，之所以有股"源头活水来"的气象，就是因为找准了新材料研发这个源头，扭住了牵一发而动全身的"牛鼻子"。只要"一树"这个创新发展的"大脑"平台思维活跃，根基扎实，"四翼"的发展就有了强劲的前沿技术支撑，自然枝繁叶茂、硕果累累。

2. 屡创"世界之最"，为全球大桥牵引"中国弧线"

奥盛集团的第一"翼"，就是全球桥梁缆索制造。奥盛桥梁缆索制造的

立足主业科技创新，铸就制造业发展之魂

▲ "一带一路"上的重要交通枢纽、人类有史以来第一次一跨超过2 000米（2 023米）的悬索桥——土耳其恰纳卡莱大桥，缆索由奥盛集团旗下上海浦江缆索股份有限公司制造

▲ 土耳其恰纳卡莱大桥，缆索由奥盛集团旗下上海浦江缆索股份有限公司制造

▲ 奥盛集团参建的虎门二桥施工现场

研发总部在上海,制造企业分布在浙江、安徽和江西,上市公司在香港。

奥盛集团参与了许多全球重大项目。例如,"一带一路"上的重要交通枢纽、人类有史以来第一次一跨超过2 000米(2 023米)的悬索桥——土耳其恰纳卡莱大桥,世界上投资量最大、技术要求最高、设计使用寿命最长的最大跨度单塔自锚式悬索桥——美国旧金山奥克兰新海湾大桥,还有峡谷跨径世界第一的云南龙江大桥、海峡跨径世界第二的杭州湾跨海大桥……这些桥梁的缆索都是奥盛制造的。

就拿美国旧金山奥克兰新海湾大桥来说,当初竞标时,全球桥梁工程界人士曾这样评价:"谁拿下这个缆索工程,就等于摘下了全球大桥缆索的'桂冠',获得了全球市场的'通行证'。"

奥盛花费了近8年的时间,一直在跟踪、谈判、投标这个项目。因为这座大桥地处地震带,所以美方提出的缆索技术指标非常苛刻,要求能抗8级地震。全球有能力承接这一项目的13家顶尖企业都参与了投标,大家都拿出了自己的绝活。但是最终能满足美方全部技术要求的,全球只有两家企

▲ 奥盛缆索架设在美国旧金山奥克兰新海湾大桥上,成为美国的新地标景观

业。在最后的"巅峰对决"中，奥盛集团旗下上海浦江缆索股份有限公司依靠自身实力，一举夺标胜出。

在制造和施工过程中，奥盛拿出了独立自主研发的新技术，很多都是国际首创，获得了美国业主和舆论界的高度赞赏。美方聘请了40多个工程监理驻扎在工地，按照国际惯例，如果监理对任何一道程序或质量标准有不同看法，就有权开一张"停工单"，然后召集施工方坐下来开会，统一意见后再开工。但在施工全过程中，奥盛没有"吃"过一张停工单，美方监理也不得不佩服奥盛的施工质量确实是一流的。奥盛的工程技术人员指挥美国工人，一气呵成地完成了工程建设，交出了优异的答卷。

近年来，在科技创新力量的推动下，奥盛集团已将多项物联网的前沿技术应用到缆索工程中，实现对桥梁缆索的远程监控，包括应力及防腐等各项技术参数的变化，形成全生命周期特征的管理，为长远的养护、维修和技术进步，提供了大数据支持。

在国际大桥缆索行业中，奥盛已经成为代表"中国创造"和"上海制造"的标杆性企业。2019年，奥盛集团旗下的浦江国际在香港成功上市，业绩获得香港财经媒体高度评价，被誉为行业的"隐形冠军"。

3. 加快转型升级，科创"变局"催生发展新动能

虽然奥盛集团的桥梁缆索业务风生水起，达到了历史最高水平，但汤亮却没有丝毫"小富即安"的满足。相反，他清醒地认识到：虽然从眼前看，奥盛集团的大桥缆索订单是不愁的，但是市场总有饱和的一天，奥盛集团必须未雨绸缪。

为此，汤亮居安思危，果断决策，适时抓住时间窗口的机遇。在企业经营的最好状态下，奥盛集团制定了企业发展的"升级版"战略方案，以改革开放再出发的智慧和勇气，深入拓展科技创新的产品领域，在战略性的科创"变局"中，把奥盛集团推向了更高层级的高质量发展台阶。

奥盛集团的科创"变局"，缘何如此迫在眉睫？汤亮坦言，中国的实体经济特别是民营制造业，必须坚定不移地走科技创新的道路，尽快从高速度发展转型升级为高质量发展。

汤亮清醒地看到，没有"高质量"，"高速度"是无法持久的；而"高质量"本身，是要靠"高科技"来支撑的。如果不掌握"高科技"，没有胜人一筹的决胜法宝，就没有市场竞争力。

那么，怎样实现"高科技"？这就要依靠不断"变局"来实现。要在变革中，把"一时先进"变成"时时领先"才行。如果不抓住科技创新这一现代企业发展的"生命线"，以创新的产品和优质的服务争取高质量发展，那么，曾经的高速度，也许有一天就会"无可奈何花落去"。

这是奥盛集团的核心发展理念。也正是按照这个思路，近年来，奥盛集团以新材料为抓手，上天入地，多方面拓展新产品领域。

奥盛集团的第二"翼"，就是介入心血管医疗器械研发制造，如今发展迅速，成绩斐然。

奥盛集团旗下上海普实医疗器械股份有限公司，主要从事心脑血管介入医疗器械的研发和制造，拥有一系列赶超国际先进水平的医疗新器械，正在陆续投放到国内外的临床医疗市场。现已上市的产品包括：左心耳封堵器系统、房间隔缺损封堵器、室间隔缺损封堵器、动脉导管未闭封堵器、封堵器输送系统和抓捕器等产品。在研的产品有：经皮二尖瓣修复系统、房间隔穿

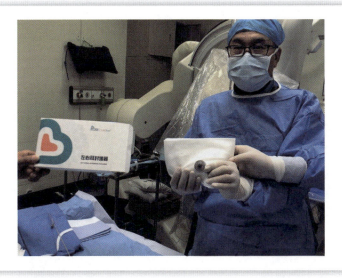

▲ 奥盛集团旗下上海普实医疗器械股份有限公司研发的 LACbes 左心耳封堵器，质量赶超世界先进水平

刺系统，以及脑动脉瘤支架和脑动脉瘤封堵器。

企业拥有近 30 项专利。其中，LACbes 左心耳封堵器系统获得国家药品监督管理局的"创新医疗器械特别审批"，2019 年 5 月正式获批上市。申请纳入医保时，一天就拿到了医保编码。这款创新的医疗器械，还在北美 TCT 大会上获得国外专家一致赞许。

二尖瓣修复系统、脑血管瘤封堵、穿刺针及抗折鞘管等一批研发项目，进展也十分顺利，基本可以保证今后每年有一个赶超国际先进水平的介入医疗器械，推向中国临床医疗市场。企业正准备在科创板上市。

奥盛集团的第三"翼"，就是航空发动机关键零部件制造和装配。目前，奥盛集团旗下上海佳士航空动力公司的各项研制、试制项目，也多有斩获。特别是突破了多项关键工艺技术，提高了航空发动机及燃气轮机叶片的技术性能，成功跻身行业先进水平。

把"叶片"装进中国制造的航空发动机里，送到高高的苍穹去巡天；把微小的医疗器械"神器"送到人的心脏里，让患者的心脏依然可以强劲地跳动……这两个科创方向，都代表了奥盛集团科技飞翔的"高度"。

▲ 奥盛集团旗下上海国际超导科技有限公司超导电缆工程数据中心

立足主业科技创新，铸就制造业发展之魂

▲ 奥盛集团旗下上海国际超导科技有限公司超导电缆雷电冲击试验设备

汤亮在创办奥盛集团时，曾经立下过"志存高远"的志向。20多年过去了，奥盛实现了一个"远"字，企业制造的缆索架设在全国乃至世界各国的大型桥梁上，走向了遥远的远方。进入新时代的奥盛，又开始谱写一个"高"字，立志创造新时代的传奇。

4. 着眼未来科技，超前布局"朝阳产业"

奥盛集团的第四"翼"，就是着眼于"未来科技"的高温超导电缆研发制造。

2020年，在面临世界百年未有之大变局和新冠疫情的叠加冲击的严峻关口，奥盛集团如何保持强劲的发展势头，于变局中勇开新局，在危机时谋求突破，从而在科创驱动转型升级的实践中，把步子迈得更稳更扎实？

汤亮凭借前瞻思维和创新理念，再次走在前面。他果断做出重大决策：着眼于未来科技，加码上海，超前进行企业的战略性布局。

汤亮看好的未来科技产业，就是高温超导项目。高温超导是世界电缆行业中公认的难度最大的顶级前沿技术，也是上海的重大战略性新兴产业项目。作为上海的"领军人才"，汤亮率领奥盛集团整合国内外的科技资源，致力于高温超导电缆的研发和创新，为大城市电网发展提供新的技术支撑，为城市能源互联网的发展增添新动能。

汤亮认为，身处危机的变局中，企业要有一种眼光，要努力透过眼下的危机表象，洞察前方的发展机会，在危机中育先机。只有把握未来发展的新趋势，才能形成企业发展的大战略，创造新机会，打开新局面。他说："科技创新会带来市场的格局重塑，带动产业体系的重构，促进经济转型和新一轮增长。如果不在趋势中蜕变，就可能在趋势中被淘汰；顺势而为，才是成功之道。"

（二）立足科技含金量深化产业布局

奥盛集团从创业至今，始终依靠自主创新，坚韧不拔地走实业发展之路。在前进道路上，无论外部市场有什么诱惑性变化，汤亮带领下的集团领导层的价值取向，始终立足实体经济不变，立足高端制造不变。

"这些年来，奥盛集团既没有追风'转行'，也没有去投资房地产开发，投资搞虚拟经济，只是埋头苦干，一心一意用科技含金量提升产品性能，实打实地搞产业链布局。我们坚信，只有这样形成的市场竞争力，才可以立足于市场而不败。"汤亮自豪地说。

战略不变，不等于墨守成规，而是更强调"有所为有所不为"。用"不为"的坚定，给"有为"聚集财力人力，依靠独立自主的知识产权，尽锐出战，寻求突破。

从"立足主业"逐步发展到"深耕主业"，汤亮感触颇深："'一树四翼'的产业板块规划，就是这样形成的。可以这样说，只要把企业发展战略具体落实到企业的产业规划，就为企业增强了抵御市场风浪的能力，为可持续的高质量发展奠定了坚实基础。"

科技创新，是奥盛集团不可或缺的灵魂。这些年来，奥盛集团在企业人才高地建设、冒尖科技人才培育，以及新科技和新技术的研发上，投入了大量的资金。汤亮坦率地说："这些钱投进去，短期是绝对看不到一点收益的，这对于一家制造企业来说，的确是一个巨大的压力。但是，看不到收益的时候更要投钱，因为科技创新的竞争力优势，别人是不会施舍给你的，必须要狠下心来，自己花钱'拼'出来。"

奥盛集团的科技创新，从本质上说，就是新材料和新工艺的研发，其思路就是"四个新"：新材料、新工艺、新产品、新市场。

从大桥缆索"跨界"到"心脏医疗器械"，再涉足航空发动机叶片的制造领域，布局高温超导电缆研发制造……奥盛集团的步子会不会迈得太大？

表面看来，这的确是四个完全不同的行业。但是从产品属性和工艺来讲，无论缆索、医疗器械、航空发动机叶片，还是高温超导电缆，都是依托于奥盛对新材料和新工艺的研发。

从产业发展理念来讲，这四个行业其实都贯彻了同一个"连接"理念：大桥缆索是"连接"陆上的两地距离，心脏医疗器械是"连接"人体内外的距离，叶片是"连接"地空之间的距离，高温超导电缆是"连接"能源互联网用户的距离。

汤亮坚信，成功的"连接"，就是新时代的创新，就能催生出新的生产力和新效率。

（三）坚持"市场先导"放大创造效能

任何产业链的布局，都离不开市场的导向性。汤亮很早就认识到，市场永远是制造业的衣食父母。他认为，企业运行必须以市场需求为先导，市场的需求就是企业的前进方向。

"当代人类社会的创造，归纳起来的话，无非是三种创造：理论创造、工程创造、市场需求创造。"汤亮的这套话语体系，始终围绕着"创造"二字。在他看来，创造是内核，创新是尊者，是企业立足的根本所在。

这三个"创造"，奥盛集团的产业基本都涉及了。

在理论创造方面，奥盛的新材料产业技术研究院，主要聚焦于新材料理论与生产实践相结合的热点。在工程创造方面，奥盛架设的桥梁缆索，不断突破新的跨径长度和制造难度，挑战世界桥梁工程界的极限。在市场需求创造方面，奥盛的介入心血管医疗器械研发制造、航空发动机关键零部件制造和装配、高温超导电缆研发制造，都是遵循市场先导的原则，创造市场急切盼望的产品。

例如，中国现有房颤患者1 300万人左右，脑卒中幸存患者750万人左右，每年新发病人约250万人，预估左心耳封堵器每年约有100亿元人民币规模的市场需求。

偌大的市场机会，也是同行你争我夺的风口，奥盛集团已抢占先机。奥盛LACbes左心耳封堵器系统的上市推广，将有力撼动进口产品的垄断地位，可以显著提升国产高端医疗器材的市场份额。

（四）依靠创新文化催生转型动力

奥盛集团从创业的那一天起，就面临着创新挑战。如果不创新的话，企业就连第一步都无法迈出去。因此，创新是奥盛人时刻不敢忘怀的立身之本。

坚持党建引领创新，奥盛集团党委积极寻找基层党建工作与创新发展新形势、新任务、新目标之间的最佳结合点，把党建工作与企业创新文化的创建结合起来，成效显著。

20多年的创新历程成果丰硕，得益于奥盛创新文化的浸润人心。这是因为，创新靠人才，更靠团队，但从根本上说，要靠一种创新文化。汤亮常说一句话："一年创新，靠智慧；十年创新，靠团队；要持久创新，就要靠企业的创新文化平台来支撑。"这个创新文化平台，就要靠企业员工共同用智慧来打造。

奥盛集团的创新文化如同"润物细无声"的春雨，虽无声无息，但它就浸透在党员群众的水乳交融之间、干部职工的密切联系之间、上下级部门的积极配合之间，甚至普通员工的人际关系之间。

奥盛集团创新文化的本质标识，就是"责任"二字。这既是奥盛每一个员工的理想追求，又是奥盛集团企业文化的核心定位。

以桥梁缆索制造为例，这一行业的最大特点，就是肩上责任大如天！其他制造业的大多数产品，都是允许回炉返工的，唯独大桥缆索不行。造大桥，就是为了百年大计，大桥缆索如果出了任何问题，都有可能造成无法想象的灾难性后果。但是，任何生产技术的创新，都充满了不可预知的风险。谁也无法拍胸脯保证，创新的技术、创新的产品，一定不会出问题。这是奥盛集团一年365天，天天要面对的尖锐矛盾。

正是这种严肃得近乎残酷的客观现实，才孕育出了以"责任"为本质标识的奥盛创新文化。譬如，奥盛的内控原则是：在企业的缆索实验室里，再大的风险也能接受；缆索一旦上了桥梁工地，再小的风险也要把它消灭掉！

要做到这一点，再严格的规章制度也可能会有漏洞，只有每个奥盛人的心中始终牢记"责任"二字，才能真正做到严防死守，万无一失。迄今为止的20多年中，奥盛集团的大桥缆索质量，始终保持着"零事故"纪录。

奥盛集团创新文化有3个鲜明特征。

第一个鲜明特征是：奥盛集团创新文化的世界视野。奥盛集团在培养年轻一代科技人才时，首先要求他们的成长起点要高，要有开阔的国际视野，要了解国际前沿科技的进展。因为今天的中国已经融入了全球经济格局，早已不是闭门造车、白手起家的时代了。企业科技人才只有善于学习、利用国际业界的先进理论和技术，才能迎头赶上，超越他们。为此，奥盛集团专门拨出经费，鼓励和支持30多岁的年轻人去参加全球业界的高层次会议，同那些世界顶尖的专家在一个平台上互相交流。把国际视野与本职工作结合起来，是奥盛集团创新文化的一大特色。

第二个鲜明特征是：奥盛创新文化的民族情怀。用悬索形式来承载桥梁重力的设想，是中国人首先提出的。最早的文字记载出现在公元前285年，李冰父子镇守西蜀时，就造了一座悬索吊桥，只不过那根悬索是一根粗大的竹子。

此后的1 000多年里，中国历代都曾造出大型的铁索吊桥。直到1667年，法国传教士翻译了徐霞客写的《铁索桥记》后，西方人才知道中国以"吊"承力的"悬索"概念。世界科技史学家李约瑟的研究也证明，古代中国人以"吊"承力的伟大智慧，影响了人类2 000多年的造桥史。

今天，中华民族正在经历伟大复兴。奥盛集团在承接全球特大型桥梁缆索的过程中，屡屡创造了世界纪录。这些里程碑式的工程，无不彰显了奥盛集团创新文化的一份民族情怀。每架设一座大桥的缆索时，企业员工心里都会感到无比自豪，因为奥盛是在继承祖先的智慧，发扬先人的荣光。

第三个鲜明特征是：奥盛创新文化的全员创新。当前，企业的人力资源成本越来越高，民营制造业要建立人才高地，就一定要坚信，有了高质量人才，才能解决高质量难题，企业才能高质量发展，这是一脉相承的企业创新链，环节上绝不能缺位，来不得半点花拳绣腿。

奥盛集团是一家年轻的企业，企业员工在创业团队的带领下，人人钻研技术，学习气氛很浓厚。特别在生产第一线上，员工们在实践中搞个小改革、小发明，是常有的事情。其中，有一个工人还获得了"上海十大工人发明家"的称号。

奥盛集团十分重视基层员工这种主人翁的首创精神，发现典型事例，马上予以表彰，并以此为抓手，层层推进，通过各种形式大力倡导企业全员创新的新风气。多年来，奥盛就是从这些点滴细节做起，渐渐孕育出了企业创新文化的全员创新氛围。

三、经验启示

（一）心无旁骛深耕主业，是制造企业扎实转型的立身之本

中国的经济腾飞是靠实体经济起家的，也要靠实体经济走向未来。无论经济发展到什么阶段，实体经济都是中国经济发展在国际经济竞争中赢得主动的根基。制造业的强盛与衰败，是一个国家的经济"寒暑表"，对于大国而言更是如此。

这么多年来，奥盛集团一直拒绝"跟风"，咬定制造业的"青山"不放松，深耕企业的主业，脚踏实地地布局"一树四翼"的产业板块，坚定不移地加速推动转型升级。

"民营企业尤其是民营制造业，要实现高质量的发展，必须要迈过转型升级这道坎儿，这是无法回避的。"汤亮说，"转型是手段，升级是目标，转型不是转行，而是对主业的深耕。如果把转型理解成转行，什么赚钱就去干什么的话，前车之鉴数不胜数。企业家要实实在在、心无旁骛地做实业，这是本分。"

（二）执着追求科技创新，是高质量发展的进步之魂

民营企业特别是民营制造业，成在创新进步，败在创新不力，这是不变的真理。在科技创新上，如果没有"一招鲜"的绝技，就难免会落后，甚至最终被淘汰。用汤亮的话说就是："制造业的输赢道理，其实很简单，把自己赖以立足的产品，做到别人都做不到的程度，你就赢了！"

当前，如何把"中国制造"发展成为"中国创造"，是中国制造业面临的巨大挑战。其中的关键，就是看企业有没有强大、持续的科技创新能力。如果有科技创新的能力，就能以新技术、新产品引领市场，企业就能持续盈利，企业面临的所有难题也会迎刃而解。如果没有科技创新能力，企业就无法淘汰落后产能，也难以转型升级，结果只能年年困守愁城，坐看企业衰败。

制造业的制胜法宝，唯有"创新"不败。制造业只有年年在"创新"上出新招、迈大步，企业才能走出一条光明大道，才能够追上时代的潮流，在新时代中有新的贡献。

奥盛集团执着追求科技创新的立足点，就是始终依靠自主创新，坚韧不拔地走实业发展之路，为可持续的高质量发展奠定了坚实基础，企业也因此扬起了逆势而上、有所作为的风帆。

这里的创新，不仅仅是工艺技术创新的"小修小补"，更包括了系统集成创新的"脱胎换骨"。

举例来说，奥盛集团旗下上海普实医疗器械股份有限公司研发的LACbes 左心耳封堵器，是拥有完全自主知识产权的创新产品，也是全球心血管介入领域的一个热点器械，主要用途是预防房颤患者的脑卒中。

国家公共卫生和重大疾病的随访研究显示：房颤是引起缺血性中风的主要原因之一。房颤患者 5 年内中风的发生率高达 20%。中风后 1 年内死亡率达 30%，5 年内 1/3 患者会复发。脑卒中的后果很严重，轻则致残，重则致死，给患者家庭带来沉重的精神和经济负担。近 10 年来，国内患者死因排名第一的就是卒中。封堵左心耳，隔绝血栓生成的源头，达到预防脑卒中目的，其临床价值十分重要。

LACbes 左心耳封堵器消除了进口产品在术中不能多次回收调整角度的弊端，显著提高了手术成功率，降低了残余分流发生率，在目前临床应用中，每年保持 100% 的增长，有很好的治疗效果，打破了国内市场由进口产品主导的局面。

这一突破的背后，折射出奥盛集团的科创团队甘坐"冷板凳"，执着追求科技创新的精神。企业有了独一无二的看家本领和"杀手锏"，就有了他人不具备的核心竞争力，企业高质量发展的步子也就迈得更稳了。

（三）精益求精追求卓越，是制造企业打响品牌的成功之钥

看似寻常最奇崛，成如容易却艰辛。民营制造企业要打响品牌，持续扩大影响力、提高美誉度，赢得市场好口碑，"拼"的就是严谨细致、精益求精、追求卓越的工匠精神。

如何追求卓越？一方面，企业要树立"归零"再出发的意识，具备追求更高质量发展的雄心与担当，对照最高标准、最高水平，把发展的标杆定得更高一些，拿出创业之初奋勇争先的精神状态。另一方面，要保持思想的敏锐和行动的敏捷，敢闯"无人区"，勇于顶一顶"天花板"、撞一撞"边界线"，打破束缚，大胆试、大胆闯，要有变不可能为可能的志气。

奥盛集团正是凭借驰而不息的自我加压，在寻求"无解之解"的道路上攻坚克难，从而杀出了一条血路，实现了企业高质量发展的特色更特、优势更优、强项更强。

以奥盛承担的奥克兰新海湾大桥缆索项目为例，美方对技术要求之高前所未有。大桥主缆由1万多根筷子粗的钢丝组成，每股横切面都是六边形，组合起来的主缆横切面呈蜂窝状。按照技术指标要求，环绕在大桥上的缆索，接口处的相对误差不能超过1/18 000。奥盛对接口误差的内控标准比国际顶尖标准更严格，要求不能超过1/25 000。索股在进入索鞍时要变换成四边形，出索鞍后再变成六边形，以达到百分之百的受力效果。

奥盛"自找麻烦"，追求极致，掌握的这些高端核心技术，保障了项目高质量完成，质量完美度受到美方的高度评价，由此奠定了企业在全球行业中的"领头羊"地位。

奥盛集团还架设了被世人美誉为"云中漫步"的云南龙江大桥。在建设这座峡谷跨径世界第一的特大型桥梁缆索时，奥盛勇于突破自我，采用了一项全球创新的新技术——"主缆索股入鞍预成型技术"，使得整座桥梁的架设周期缩短了57天，一举创造了世界桥梁工程工期的新纪录。

（四）居安思危前瞻布局，是制造企业持续升级的突围之道

2020年5月23日，习近平总书记在看望参加全国政协十三届三次会议的经济界委员，并参加联组会时强调，要坚持用全面、辩证、长远的眼光分析当前经济形势，努力在危机中育新机、于变局中开新局。

育新机，开新局，要有新思路。这里考量的是企业面对发展瓶颈、升级困局时，准确把握市场趋势和窗口机遇，前瞻布好局，创造出新的增长点的智慧和魄力。

中国是个有14亿多人口的大市场，经济内生的潜力巨大。近年来，中国内需市场不仅对中国经济的拉动作用在增大，而且正在成长为全球唯一有着巨量成长空间的消费市场。中国实体经济企业，特别是民营制造企业，在世界经济形势仍然复杂严峻的关键时刻，要成功突围，实现高质量发展，必须花更大的精力，认真研究自己家门口的市场供给的新变化、新需求，并以科技创新为驱动，用新产品和新服务助力畅通国内大循环，同时以更有竞争优势的实力去占领国际市场。

奥盛集团秉承的理念，一直是以新材料革命带动新产品革命，再以新产品开拓新市场。企业的新产品、新工艺与新技术，就是在适应市场特点、满足市场需求、引领市场方向中发展起来的，从而赢得竞争优势和市场份额。

2020年，奥盛正是凭着对市场的敏锐嗅觉，把握住了市场机遇，利用自身优势超前布局，在未来科技的引领下投资未来，进军高温超导电缆领域，形成了发展新动能。

未来，奥盛集团将在国产化公里级超导电缆中心城区示范工程建设的基础上，在世界上首次将超导电缆引入超大型城市腹地，开创大城市中心区域小通道大容量输电的先河，并且在应用长度、载流量等方面，探索再次创造全球之最。

（五）科学精准育才用才，是制造企业创新攻坚的动力之源

制造业的创新，要依靠科创人才。奥盛集团制定科学的人才战略，创新用人机制，为人才提供广阔的发展空间和成长机会，"筑巢引凤"吸引优秀人才，让优秀人才进得来、留得住，能够脱颖而出。同时，通过企业文化的滋养和浸润，增强人才的归属感、价值认同感和向心力。

奥盛集团的科技创新团队，是由不同年龄段的人组成的。其中，有60来岁的技术权威，他们功成名就，甘当人梯；也有一批30多岁的技术专才，他们富有激情，敢闯敢拼。这种组合形成了双翼齐飞的团队优势：既有传统老经验的传承，又有时代新思维的融合。如今，在老一辈专家的言传身教下，年轻一代都挑起了大梁，在生产研发一线专注投入，攻坚克难，持续突破并掌握关键核心技术，为企业的创新发展注入了源源不断的活水。

专家点评

下好理念创新"先手棋",牵住工艺创新"牛鼻子",抢占技术创新"制高点",奥盛集团以"千磨万击还坚劲,任尔东西南北风"的定力,执着匠心深耕先进制造业,在细分领域"拼"出了核心竞争优势。

在激烈的市场竞争中保持"身位"领先,奥盛集团的成功秘诀,在于咬定新材料、新工艺研发的"青山",驰而不息地开展颠覆性创新。

千帆竞发的新时代,制造业企业不进则退,慢进也是退。奥盛集团没有满足于同过去比的"一览众山小",而是始终有着强烈的危机意识——越是向上攀登,"高原反应"越大,百尺竿头更进一步的创新突破就越迫切。因此,奥盛集团耐得住寂寞、稳得住心神,以"要做就做行业领先"的雄心和担当,把科创驱动发展的标杆定得更高一些、脚步迈得更大一些,敏锐抓住产业新机遇,奋发开拓发展新空间,源源不断催生出不怕竞争、时时领先的"硬核"创新成果,持之以恒赋能企业高质量发展,成就了"行业冠军"。

点评专家

奚洁人,中国浦东干部学院原常务副院长,教授、博士生导师。曾任中共上海市委党校(上海行政学院)常务副校(院)长、上海市社会科学界联合会副主席、中共上海市第八届委员会候补委员、委员等。长期从事马克思主义理论、领导学和领导教育学、党史党建等学科领域的研究与教学,获得过中央宣传部"五个一工程"奖、国家新闻出版总署"三个一百"原创图书出版工程奖,以及省部级奖10多项。

思考题

1. 制造业等同于实体经济吗?在推进产业转型升级的过程中,企业应该如何准确把握"转型"与"升级"之间的关系？

2. 从 2016 年开始国内制造业在 GDP 中的比重有一个趋势性的下降，目前已经跌落至 30% 左右。你怎样看待这种现象？对于制造业如何稳定与壮大，你有什么建议？

3. 结合本案例，谈谈新时代上海民营企业家应该具有哪些鲜明特质。

创业者小传

汤亮，奥盛集团有限公司创始人、董事长兼首席科学家。

男，汉族，1968 年 3 月出生，无党派人士。经济学博士，中国社会科学院数量经济与技术经济研究所博士后，享受国务院政府特殊津贴专家。

曾获"改革开放 40 年百名杰出民营企业家""全国劳动模范""全国非公有制经济人士中国特色社会主义事业优秀建设者""各民主党派、工商联、无党派人士为全面建设小康社会作贡献先进个人""全国关爱员工优秀民营企业家"等荣誉。

担任全国人大代表、中国民间商会副会长、全国工商联绿色发展委员会主任、中国民营经济研究会副会长、全国工商联宣传教育委员会常务副主任、长三角企业家联盟联席主席、上海市总商会副会长、上海中青年知识分子联谊会副会长、上海市企业联合会副会长、上海市普陀区人大常委会副主任（不驻会）。同时还担任华东师范大学、复旦大学兼职教授、博导等职务。

客户为本,创新为魂

——思源电气股份有限公司在深耕输配电领域中做大做强

我国的电力装机容量和年发电量已经居全球首位，年电能消耗量居全球第二位，但在电力传输和分配过程中的损耗和浪费，一直是影响能源效能和安全的一块明显短板。

扫一扫，看视频

思源电气股份有限公司（下文简称"思源电气"）是专业从事电力技术研发、设备制造、工程服务的上市公司，是长期专注于输配电领域的行业佼佼者。

1993年成立于上海的思源电气，2004年8月5日在深圳证券交易所挂牌，成为闵行区首家民营上市公司。上市以来，公司业绩的年复合增长率保持在30%以上，销售额从创业当年的万元，发展到目前的98亿元；员工人数从创立之初的3个人，发展到目前的5 600余人；公司的经营场地从当初租借上海交通大学的1个实验室，拓展到如今在上海、北京、南京、常州、如皋等城市拥有7个生产基地、10余个技术研发中心，销售网络覆盖全国各省会城市和海外多个国家及地区，服务于全球数十个国家的主流电力运营商和工业客户。思源电气的产品和服务，在行业中已经得到客户的认可和信赖。

思源电气坚持以客户为本，让"根据用户需求设计"成为矢志不渝的初心、融入血脉的自觉，把"客户至上"的理念融入产品开发、品质管控、履约服务和为客户排忧解难、为客户创造价值等方方面面。

思源电气坚持创新为魂，公司从创立以来始终注重产品技术的突破和创新，持续构建自己的核心技术和创新能力，为自身长远发展提供了可靠保障。

思源电气坚持管理为基，一直在自我批判、自我反思中追求卓越，用独特机制牵引技术人才做精做专、精益求精，把党建引领作为内部管理和团队建设的重要抓手。

着眼于为国家现代化发展战略提供能源支撑，思源电气将继续深耕输配电领域，通过持续管理优化提升能力，用高端优势技术确保电能的传输与分配更安全、更可控、更高效，积极参与国家坚强电网、智慧电网建设，服务于国家能源战略和绿色能源转型。

智能制造　输配电设备　客户为本　创新为魂　管理为基

一、背景情况

能源战略是国家发展战略的重要支柱。能源关乎国计民生，关乎国家安全。国务院 2014 年 11 月印发的《能源发展战略行动计划（2014—2020 年）》指出，能源是现代化的基础和动力，能源供应和安全事关我国现代化建设全局。当前，世界政治、经济格局正在经历前所未有的深刻调整，能源供求关系深刻变化，我国能源资源约束日益加剧，生态环境问题突出，能源调整结构、提高能效和保障安全的压力进一步加大，能源发展面临一系列新问题、新挑战。

在能源结构中，电能是最重要的能源，电力行业是支撑国民经济和社会发展的基础性产业和公用事业，与国民经济发展息息相关。随着经济发展和人民生活水平的提高，各个方面对电能的数量和质量都提出了更高的要求，国家也进一步加快了电力系统的建设，并取得了显著成效。中国电力企业联合会的统计表明，我国的电网目前是全球第一大电网，拥有最大的装机容量和年发电量，截至 2020 年年底，全国全口径发电装机容量 22.0 亿千瓦。同时，我国还是全球第二大电力能源消耗国，消耗量仅次于美国，2020 年全社会用电量 7.51 万亿千瓦时。

我国作为发电大国、用电大国，在电能的生产、传输和分配过程中，还有许多损耗和浪费，对环境也造成了一定的影响。在国家强调高质量发展和绿色发展的大背景下，如何通过前沿性技术创新克服这一短板，切实提高电能传输效能和保障输配电安全，成为电力设备制造企业必须破解的技术"痛点"和"难点"。

需求是最大的机遇，时势是最好的舞台。思源电气股份有限公司得益于改革开放的政策牵引，伴随着浦东开发开放的进程而成立、成长。1993年12月，上海思源电气有限公司（思源电气股份有限公司的前身）成立。公司从诞生之日起，就聚焦于输配电行业，从事输配电设备的研发、生产、销售及服务。经过多年的苦心经营与奋力开拓，思源电气已成为输配电行业内的著名品牌之一，也是国内知名的专业从事电力技术研发、设备制造、工程技术服务的上市公司。

今天的思源电气，是一家始终坚持客户导向、高度重视自主创新和研发投入、持续推行精益生产、全面推进自动化生产线建设、具备现代科学管理理念的智能制造企业。公司积累了丰富成熟的产品开发和制造经验，对输配电行业的现状和发展有着深刻的理解和把握，参与了多项国家标准和行业标准的制定，拥有多项独有的核心技术，整体技术水平在同行业中处于领先地位。

二、主要做法

（一）客户为本：在坚守初心中与时俱进

1. "根据用户需求设计"成为矢志不渝的初心、融入血脉的自觉

1993年12月，分别从上海交通大学、华中理工大学（现华中科技大学）毕业，刚刚工作一年的董增平、陈邦栋、李霞3个年轻人走到了一起，凭借满腔热情和筹集来的6.2万元资金，在上海交通大学租了一间不到20平方米的简陋实验室，创办了思源电气。

创业维艰。最初，公司没有多少钱，也没有几个员工，什么都得自己干。于是，3个年轻创业者做了分工：董增平负责市场和销售，陈邦栋负责技术和生产，李霞负责人事财务等内部管理。小荷才露尖尖角，公司不可

有高大上的战略规划和管理体系，3个人心中只有一个念头：尽快生产出用户需要的产品并卖出去。

20世纪90年代初期，我国电力设备及相应的自动化系统市场主要被西门子、通用电气、ABB等老牌外资企业和几大国有企业占领。要知道，西门子成立于1847年，通用电气成立于1878年，都是绝对的百年老店、行业巨头，在技术、市场等各个方面处于绝对优势地位。一家名不见经传、由没有任何经商背景的年轻人创办的草根企业，如何在市场中找到自己的立足之地呢？3个年轻创始人当时只有一个朴素的想法：围绕用户的需求开发产品，看看用户当前还有什么需求没有被满足？用户还有哪些痛点？还有哪些期望？

带着朴素却又符合市场规律的想法，3个年轻创业者艰难前行。当公司开发的第一款产品——避雷器在线监测仪问世后，往往都是由董增平一个人背着产品，跑到各家电力公司去推销。有一次，他来到某省电力公司，客户问他："小伙子，这个设备已经有很多厂家给我们供货。你的设备有什么特点？我们凭什么要买你的设备呢？"董增平脱口而出："我们的设备是根据用户需求设计的……"

"根据用户需求设计。"正是这句话，引发了客户的好奇心，也为公司赢得了一个个市场订单。20世纪90年代初，整个输配电设备市场基本上是厂家有什么就买什么，核心技术掌握在外企和国有企业手中，甚至多少还留有计划经济的痕迹，客户没有太多的话语权。在此情况下，价格贵不说，设备一旦出现故障，相应的服务也跟不上。恰恰是公司秉持的"客户需求至上"理念，切中了市场的敏感神经，成为初创时期公司的"制胜法宝"。

这个"法宝"，也是公司一直十分珍视的"传家宝"。思源电气从成立之日起就深切认识到客户是企业的衣食父母，如果客户不买公司的产品，公司就没有收入，员工甚至连吃饭都会有问题。坚持以客户为中心的认知和理念，至今依然贯穿思源电气生产经营的全过程。同时，通过公司高层以身作则、言传身教地影响着每一个员工，再通过员工和产品传递给客户，构成了思源电气企业文化和经营理念的核心内涵。

有了这样的文化感召，倾听客户需求开发产品是一种必然。2004年，针对许多客户反馈的关于互感器产品的需求和期望，时任如高高压公司总经理的陈邦栋决定开发新型的油浸倒立式电流互感器。陈邦栋亲自带领技术团队，从规划到研发，从研发到生产，从生产到上市，仅仅花了1年时间。产品投放市场后，客户非常认可，认为新产品自动化程度高、工艺路线布局合理，并且直接将国外供应商的价格拉下来一半之多。国外一家客户来厂参观时，直呼："终于在中国看到了一个像模像样的互感器厂！"

▲ 思源电气董事长董增平接待海外客户

有了这样的初心感化，严控产品品质是一种自觉。现任子公司研发高级工程师的杨慧勤至今对一件事情仍然记忆犹新。有一次，公司一台产品的主分接误差为5.8%，尽管从使用角度来看，这个产品没有什么大问题，但是公司领导陈邦栋坚决不同意把产品发货给客户，毫不犹豫要求返工，拆掉重做，误差必须控制在5%以内——尽管返工的工作量非常之大。陈邦栋告诉员工："我们给客户的产品一定是合格的产品，品质是不可以让步的，要想赢得客户的长期信赖，就绝对不能把有任何瑕疵的产品提供给客户。"

2. 做优服务为客户排忧解难，是"根据用户需求设计"的"新设计"

"一切以客户为中心"的经营理念不仅使得思源电气能够根据客户需求开发产品，还促使思源电气往前一步，设身处地地体会和挖掘客户在运维中的痛点，通过主动优质的服务，积极帮助客户排忧解难。这也给思源电气带来了直流滤波电容器工程领域业绩"零"的突破。南方电网公司建设的云南至广东特高压直流输电工程，是世界上第一个 ±800 千伏特高压直流输电工程，也是迄今世界上直流输电领域电压等级最高的项目。工程投产后，故障时有发生，给这条线路的安全运行带来很大的隐患。该站使用的直流滤波电容器是由某世界 500 强企业设计并实施安装的，客户此前与对方多次沟通要求维修，但效果不佳。思源电气获悉情况后，积极与客户沟通并获得信任，与中国电力科学研究院武汉分院一同接受该站故障电容器研究的委托工作。接到委托后，时任思源电容器公司总经理的宋惠英随即召开专项总经理办公会，部署相关工作。在第一时间，通过研究找到了电容器发生故障的原因、存在的问题和解决方案，并形成故障分析报告呈送给客户。基于此，客户欣然同意该站更换思源电气的电容器挂网，最终的挂网测试和结果都获得了客户的高度认可，思源电气也凭借此业绩陆续获得了其他的一系列串补工程的订单，并一举成为在本工程领域业绩仅次于 ABB 的厂家。

许多变电站都地处偏远地区，设备一旦出现问题往往不能得到及时处理。对此，思源电气很早就对客户承诺：24 小时到达客户现场并解决问题。为了这个庄严的承诺，思源电气曾经空运大型电抗器到工程现场以帮助客户及时恢复供电，有员工顶着台风徒步 20 千米只为尽快修复被台风破坏的设备……正是因为坚持这份承诺，公司收获了客户的一面面锦旗、一封封感谢信、一份份续约合同。2020 年，在同行业和不少其他行业业绩受外部环境冲击较大的情形下，思源电气的业务仍然实现了逆势增长，全年合同订单和销售收入均实现两位数增加，利税增长超过 60%。

做优服务还助力思源走出国门，让 Made in China（中国制造）在全球发光发热。与国内市场不同，海外市场除了对输配电的单机设备有需求外，还

▲ 思源电气 500 千伏 AIS 在智利国家电网运行

▲ 思源电气 CT 在英国国家电网运行

有很多变电站的总包工程。近年来，思源电气的变电站总包业务全面开花，提供和执行变电站整体解决方案的能力不断提升。2013年，思源电气签订了首个海外变电站工程总承包项目——巴基斯坦伊斯兰堡机场项目的合同，标志着思源电气变电站工程总承包业务正式拉开序幕。到2020年，思源电气已经在全球20多个国家开展输变电工程总承包项目，足迹遍布欧洲、非洲、中亚、东南亚等地区，工程总承包项目的电压等级涵盖400千伏及以下所有电压等级的变电站、220千伏及以下电压等级的输变电线路项目。

3. 成就客户创造价值，是"根据用户需求设计"的"升级版"

成就客户是满足客户的"升级版"，是思源电气客户为本理念的生动体现，也是思源在为客户服务的过程中不断进步的重要体现，是实践上的创新，更是理念上的升华。

输配电行业产业链条长，涉及的企业和上下游合作伙伴特别多。思源电气长期坚持与上游供应商、下游客户合作共赢的发展策略，建立了稳健的供应链体系，为公司业务快速持续发展提供了有力保障。公司通过管理理念和流程技术的输出，使数百家合作供应商的企业管理能力得到持续提升，其产品品质、生产效率得到明显改善，产品成本进一步降低，从而促使供应商的市场竞争力进一步提升。在新产品研发领域，公司积极推进战略供应商早期参与研发活动，借助供应商在细分行业中的技术、工艺优势优化产品零部件设计方案，在产品设计过程中构筑质量和成本优势。在业务经营过程中，与供应商分享公司的长期发展规划，帮助战略供应商做好经营规划，与公司同步发展。

公司不仅在技术、管理上为供应商提供支持，还通过提前支付货款等多种方式，为优质的供应商提供经济支持，帮助供应商成长。许多供应商都表示："跟思源合作可以提高企业的竞争力""愿意长期跟着思源一起发展"。思源电气秉承"只有供应商成长了，我们才能获得更强支撑力"的管理理念。供应商成长了，公司的物料合格率和及时率更高了、生产更顺畅了，供需双方的合作更为紧密，形成了良性循环。

（二）创新为魂：用优势技术护航成长之路

国家重点高新技术企业、国家创新型试点企业、国家企业技术中心、上海市创新型企业、上海市企业技术中心、上海市制造业百强企业、省（市）科技小巨人、省（市）专利工作示范单位、国家人力资源和社会保障部批准的首批设立博士后科研工作站的单位……这一块块分量十足的牌子，是思源电气重视创新、坚持创新的一个个真实写照。

说说具体的：全球首台套 500 千伏机械式直流断路器，实现了机械式直流断路器重合闸、快速清除故障电流等创新，已应用于全球首个 500 千伏直流电网——张北 ±500 千伏柔性直流输电示范工程；国内第一套高速磁浮交通 20 千伏 APF 有源滤波装置，突破解决了链式 APF 的设计、制造、试验、工程实施等工程化关键技术，并通过了功率模块的第三方见证试验和 1.5 千米磁悬浮试验线功能性能等试验；国内首台、国际第四台能够用于 550 千伏高压成套设备、合闸操作功达 7 500 焦耳的大功率弹簧操动机构，填补了我国在这一技术上的空白，一举打破了国外技术垄断，标志着以思源电气为代

▲ 思源电气为北京冬奥会输电工程研制的 500 千伏直流断路器

表的上海民营企业、中国电力装备企业在国际竞争中拥有了宝贵一席；自主可控的软硬件平台，使用的所有元器件和软件，包括 CPU、FPGA、操作系统等，均实现国产化，确保不受制于人。这样的填补国内甚至国际技术空白的创新案例，还有不少。

思源电气始终坚信，科技是最大的生产力，创新是最核心的竞争力。公司创立之初，就非常注重产品技术的突破和创新，因为只有创新，才能人无我有，让客户认识你、肯定你，公司才有生存的希望和本钱。要在激烈的市场竞争中站稳脚跟，必须持续构建自己的核心技术和创新能力，才能人有我优，为自身长远发展提供可靠保障。思源电气在多年的发展历程中，一贯注重产品技术和人力资本的持续投入，取得了多项处于国内外领先水平或先进水平的核心技术，使公司产品与国内同类产品相比具有技术领先、成本低、品质高等特点。可以说，创新是思源电气强劲发展之魂，也是公司一步步茁壮成长最有力的武器。

1. 持续的高强度研发投入

思源电气一直将研发作为企业的生命线。作为一家制造企业，公司的研发人员占全体员工比例超过 10%。近年来，公司的研发投入持续稳步增长，由 2007 年的 0.61 亿元上升到 2020 年的 4.24 亿元，研发经费支出占当年产品销售收入的比重稳定在 6% 以上。同时，公司十分重视自主知识产权的建设，企业拥有授权专利 576 件，其中发明专利 197 件，实用新型专利 373 件，外观设计专利 6 件，拥有软件著作权 102 件。

2. 建立了战略性与战术性兼容的科学研发体制

思源电气基于自身生产基地分散、产品线长、产品多等特点，在原来主要基于产品的项目式研发基础上，成立了专门的研发部门，构建了综合性跨学科、多领域的专业技术研发平台。该平台有两个最大特点：一个是强调战略性，对输配电领域的技术进行全面把握，从理论概念和基本规律出发开展原创性基础研究。用董增平董事长的话说，就是要获得原创性、独创性、领先性技术，不能都钻在具体的技术问题里，必须知其然也知其所以然。在战术层面，要加强单项性具体技术的攻关突破，持续提升现有产品的竞争力。

同时，思源电气格外重视前瞻性技术研究布局，如柔性直流输电、光电技术、新能源、储能、汽车电子等。根据行业发展大幅度增加对新产品的研发投入，包括环保气体GIS、百兆乏级STATCOM、悬吊式特高压直流电容器、移动式变电站、大功率互感器、可控避雷器、光纤传感等。例如，公司的下属子公司——上海稊米汽车科技有限公司孵化于公司的超级电容事业部，就基于思源电气在电力行业多年的技术积累，探索在新能源汽车领域跨界应用。稊米汽车于2018年成立，2019年就开发出核心产品，并成功进入国际中高端汽车品牌核心部件的供货商之列，获评上海市高新技术企业。在参加中国第八届创新创业大赛全国总决赛时，稊米汽车成为新能源及节能领域初创组上海唯一的一家"优秀企业"。2020年，稊米汽车研究的项目入选科技部"科技助力经济2020"项目并获优秀奖。

另一个是强调整体性，就是把思源电气分散的研发资源整合起来，根据需要把"特种兵"整合成"集团军"，在新产品开发中发挥整体作战优势。

▲ 思源电气适应客户需求研制的车载式移动变电站在工作中

比如，2020年6月29日，国家电网公司宣布世界上首个具有网络特性的柔性直流电网工程——张北柔性直流电网试验示范工程正式投运。在该产品的研发过程中，相关技术的支持和研发充分体现了思源电气技术专业齐全、各业务单元整体作战的优势。近年来，思源电气的技术能力得到持续积累与提升，平台化规模化效益逐步体现，不断挑战更高电压等级、更尖端的新产品并实现突破。

3. 敏锐预判前瞻布局"卡脖子"技术

近年来，某些西方国家限制芯片半导体及相关核心软件技术出口中国。思源电气提前预判到该事件对智能变电站领域可能带来的影响，在2020年紧急启动自主可控继电保护软硬件平台的研发，解决现有装置的芯片、软件依赖进口的"卡脖子"问题。仅用3个月时间即推出系列化产品，成功研发100%采用国产零部件、自主软件设计的新一代智能变电站二次设备。中国电力科学研究院试验结果表明，思源电气的自主可控高压电网继电保护设备，在全面采用国产化软硬件的情况下，功能及性能指标完全满足我国高压电网的各项要求，如果推广使用，将有可能解决多年以来一直困扰我国电力设备制造行业的相关芯片和底层软件进口依赖问题。

4. 产学联动借用外部智库助力企业发展

思源电气与上海交通大学、华中科技大学、西安交通大学等高校常年保持合作，通过选派员工到高校深造、联合培养博士后、资助研究课题、成立联合研究机构等多种形式，全方位开展产学研合作，结出了许多硕果。

思源电气始终对作为公司发源地的上海交通大学怀有饮水思源的感恩之情。思源电气和上海交通大学合作成立"上海交大—思源数字电力研究中心"，深入参与智能变电站前沿技术研究，并在电力电子、电能质量、动态储能系统等关键技术研发、设备制造、综合解决方案提供等各方面积累了丰富经验。公司与上海交通大学多个学院有着良好的合作，除了经常请专业教授到公司授课、开展课题合作，也选派优秀员工到上海交通大学攻读机械、电气、软件、项目管理等专业的工程硕士学位。

思源电气与华中科技大学的产学研合作源远流长，近年来在直流断路器领域屡创佳绩。2016年，由华中科技大学的潘垣院士和何俊佳教授领衔的高压开关研究团队提出了高压直流断路器创新拓扑方案，与思源电气携手中标南方电网南澳三端柔直160千伏直流断路器研制项目，并于2017年完成产品研制、试验，正式挂网运行。经鉴定，整体技术达到国际领先水平。

思源电气还与清华大学、英国利物浦大学、浙江大学、西安交通大学、东南大学、福州大学、中国电力科学研究院、西安高压电器研究所等本领域领先的高校、科研院所合作，建立长期密切的技术合作关系，通过产学研联合实施科技成果转化，提升公司整体研发和技术水平。

（三）管理为基：打造追求卓越的高效团队

1. 坚持把"自我批判"作为公司的重要价值观

"自我批判"的价值观就是：不断地进行个人和组织的自我剖析，向他人和标杆学习，寻找差距、持续改进，实现自我超越和进步。尽管公司成立以来取得了不错的发展业绩，但管理层始终保持清醒的头脑，时刻警醒自己公司过往成绩不足为傲，思源电气距离行业的标杆企业还有较大的差距。公司董事长董增平在多个场合反复强调，各个层面要不断反思、善于反思："如果一个企业没有反思能力，则永远不会强大；即使现在强大，倘若不能进行自我反思，不思考怎样进一步提高客户满意度，也只会是一时的强大。思源电气没有特殊资源可以依赖，只能以奋斗求生存、谋发展。无论是个人，还是企业，大到一个子公司，小到一个部门、一个科室、一个项目、一个工作计划，都需要有这种精神。"

现任子公司主任工程师的曲焕亮，从上海交通大学毕业后就加入思源电气，一待就是20个年头，经历了多个子公司的多个研发岗位。2007年调到新成立的产品线从事产品设计工作，刚开始设计的产品在车间生产和工程现场调试时，时不时会暴露出最初设计及器件使用上的一些错误。曲焕亮回忆道："有许多个早晨，我刚刚到公司就接到时任总经理陈邦栋打来的电话，向我了解产品异常的具体情况及解决进展。记忆最深刻的一次，我对陈总解释说：'这种异常只会在特殊错误操作的情况下才有可能发生，正常操作不会发生问题。'陈总当即严肃地批评我：'设计人员不可以有侥幸心理，设计一定要严谨，这类有可能出错的设计坚决不做！'"

"自我批判"有时要借助专业的第三方的"眼睛"。思源电气邀请多家管理咨询公司持续为公司提供咨询和辅导，对照行业内外的标杆企业，不断优化企业的管理系统。按产品线组建了专业化产品子公司，各子公司按产品职责从事相关产品线的研发、营销、生产组织、交付、服务等完整价值链。公司通过国内和海外的营销中心负责开发国内和海外的客户，销售各子公司的产品。通过倡导"一个整体"的理念，简化客户和公司的接口界面人员，实现各业务单元之间优势互补，力出一孔，提升客户体验。

2. 坚持用独特机制牵引技术人才做精做专

人才是企业发展的不竭动力。思源电气视员工为人力资本，把员工发展和成长写入公司的战略目标，努力追求人力资本的增值大于财务资本的增值。为此，思源电气在2014年开展了职位与任职资格管理的探索创新，通过借鉴多家国际咨询公司管理经验，学习相关标杆公司最佳实践，构建了企业的任职资格体系和相应激励机制，尤其是公司技术人员管理和专业双向发展的职业通道和发展路径。

在任职资格体系建设之前，员工普遍存在这样的心结："我怎样才能成为思源的一名优秀员工？""如果我继续钻研技术并成为优秀，我将获得公司怎样的认可？能达到一个怎样的高度？""除了纵向发展之外，我有没有横向发展的通道和机会？"管理干部也有不少困惑："我们究竟需要什么样的员工？""我们希望员工如何做事？""员工对组织应有什么样的贡献？"干部遇到员工岗位晋升、薪酬调整、人才选育用留等实质性问题时，有时显得束手无策、无据可依。

任职资格体系建立之后，公司每年定期进行审视优化，基于任职资格标准对员工进行评定，根据评定结果聘用到相应岗位，使员工职业发展目标明确，成长方向看得见、摸得着，员工参与认证的热情高涨。

"任职资格体系的建立使公司选人、用人的标准可视化了，为员工未来的职业发展指明了方向。晋级的同事得到了肯定，同时树立、瞄准下一个奋斗目标并为之努力，未能晋级的同事也对照任职资格标准奋起直追。"现任子公司总工程师张春晓如此评价这项工作。

在技术人才的内部培养方面，公司构建了"童子功""金刚掌""罗汉阵"3个分层分级的技术人才培养体系。在外部培养方面，公司与上海交通大学、西安交通大学等高校密切合作，选派表现突出的技术骨干攻读硕士学位、接受专项技术培训等，持续提升员工的专业水平。此外，公司建立购房无息贷款资金池、节日慰问优秀员工和关键人才的家属等"暖心"举措，更是尽最大努力助推骨干人才心无旁骛地投入专业发展中去。

3. 坚持将党建引领作为团队建设的有力抓手

对有的民营企业来说，"党建"是个比较陌生的名词，甚至有的民营企业认为"搞党建是没事找事""多一事不如少一事"。但思源电气并不这么认为。思源电气在职党员人数265名，其中大学本科以上学历党员超过90%，这些党员是企业发展的中坚力量和主要依靠。发挥党建引领作用，让企业成长与社区发展同频共振，是思源电气党建工作的一大特点。思源电气通过各级管理干部和党员带头，积极营造正向的企业文化和工作氛围，"围绕发展抓党建、抓好党建促发展"，将党建工作和企业发展有机结合，双向赋能，相互促进。

思源电气于2009年6月12日成立党支部，2012年7月1日获批成立基层党委，下设8个党支部。思源电气党委和下属的支部多次获评闵行区先进基层党组织、两新"五好"党组织、莘庄工业区四星党支部等荣誉。

"学习的思源，开放的思源"，从理念上为思源电气的党建工作提供了平台支撑。为了使企业党建工作落到实处，思源电气设立了专职党委书记，各支部书记均由本单位高级别干部或拥有良好员工基础、业绩突出的业务骨干担任，确保工作推进有力，充分保障基层党组织战斗堡垒作用的有效发挥。公司党的组织以多种形式积极参与廉政工作建设和监督，由公司审计内控总监担任纪委书记，所有的管理干部上岗时都要签订干部廉洁自律书，发现干部违规违纪时，党组织参与调查处理。

除了严格按照组织要求开展党员教育、学习和发展外，思源电气党委坚持在每年"七一"前夕，大张旗鼓地开展优秀共产党员的评选和表彰活动，通过身边榜样的力量，激励和带动更多的党员用责任和担当在平凡的岗位上

客户为本，创新为魂

▲ 思源电气向非洲当地社区捐赠物资

▲ 思源电气连续多年为边远山区儿童捐资助学

做出不平凡的业绩。

持续聚焦特定的社会公益活动，构成了牵引思源电气与社区同成长的"红丝带"。思源电气党委带领工会一起，多年来组织开展捐资助学、无偿献血、帮困扶贫、援藏援疆、残疾人就业等社会公益活动，积极履行企业社会责任。从2015开始，公司党委牵头连续6年举办员工"爱·奔跑"公益捐赠活动，迄今已累计募集并捐赠公益金70余万元，每年由党委书记陈照平带领公司优秀员工代表赴四川、贵州、江西、云南等地的贫困山区开展捐赠活动，助力教育精准扶贫，慰问留守儿童等。"爱·奔跑"已经成为思源员工凝聚力工程和员工爱心工程的有效载体。

三、经验启示

自1993年成立至今，思源电气从一个寂寂无闻的初创企业成长为一家具有一定实力的上市公司，乃至能够在电力行业的全球舞台上与跨国巨头同台竞技，得益于其对主航道的坚守，得益于其坚持"以客户为中心"，也得益于其坚持管理优化，不断提升员工个人和组织的能力。

（一）坚守一个主航道，用战略定力深耕输配电设备领域

思源电气自创立以来，始终坚守输配电设备这个领域，围绕输配电设备的研发、生产和销售，围绕电能的传输与分配做文章。尽管在发展的过程中，思源电气也面临着各种各样赚"快钱"、赚"大钱"的诱惑，但是公司的创业者抵制住了诱惑，始终没有忘记创办公司的初衷，坚定自己的战略选择，坚持围绕主业做深、做精。

在思源电气每年举办的全体干部学习班期间，每次开课前，学员都要集体朗读《大学》名篇精选，其中有这样一句话："知止而后有定，定而后能静，静而后能安，安而后能虑，虑而后能得。"公司董事长董增平也在多个场合引用这句话强调公司和各级干部不忘初心、保持战略定力的重要意义。正是这种坚守，赢得了客户的信任；正是这种坚守锻造的组织能力，确保企业在面对外部环境不确定性时仍然能够稳定发展；正是这种坚守，使思源电

气为中国乃至全球的电力事业做出了自己的独特贡献。

（二）坚持"以客户为中心"，将客户满意作为检验一切工作的标准

企业真正的主人是客户，决定企业生死存亡的是客户。企业存在的价值是满足客户需求。思源电气在近30年的发展历程中，贯穿始终的就是"以客户为中心"的价值观。思源电气深刻地认识到，自己没有国际大公司所积累的几十年乃至上百年的技术水平、品牌影响力和客户信任度，没有什么特殊资源可以依赖，唯有以客户需求变化和客户的决策流程变化作为内部管理的切入点，真正提高解决客户问题的能力，才能快速响应市场需求，满足客户需要，让自己活下来、活得好、活得久。

（三）坚定管理优化，通过自我革新、持续迭代保持发展活力

有人说："这个世界唯一不变的就是变化。"思源电气始终正视外部环境和行业变化态势，并且选择"自我批判"，用大无畏的勇气进行自我革新，主动适应变化。从产品根据客户和市场的需求进行迭代开发，到公司的组织机构围绕客户的业务流程进行动态调整；从引进外部先进的管理工具和方法，到每年的战略滚动复盘刷新；从坚持每年校园招聘补充新鲜血液，到现有人员的能力持续提升，都是为了保持组织肌体的敏捷性和对外部环境的快速适应性。正是有了这种意识和执行力，才确保了思源电气从创立的第二年就开始盈利，并且始终站在行业一流的高位，上市以来实现了平均年复合增长率超过30%的经营成果。

专家点评

输配电设备制造领域是一个相对传统却非常重要的产业领域，关乎国运，牵动民生。在这样一个特殊领域，一家民营企业靠什么艰辛突围，经过多年发展，成为员工规模超过5 000人，服务于全球数十个国家的主流电力运营商和工业客户？

总结思源电气创新创业和发展壮大的不凡历程，可以说，三大基因成就了思源电气的跨越发展、持续发展、卓越发展。

一是"以客户为中心"。需求构成市场。"以客户为中心",是市场经济最基本的一条规律,也是企业的生存之道、发展之道。思源电气早年的成功创业得益于"根据用户需求设计",至今做大做强,成为行业内世界一流企业,同样得益于客户导向的产品设计、创新、制造、质量理念。这个基因,是思源电气的生命底色。

二是"创新为本"。创新是企业发展的引擎。思源电气身处技术密集、知识密集的输配电设备制造行业,之所以能够占得先机,成为行业翘楚,就在于把创新作为立身之本,构建产学研融合新机制,持续投入、持续积累,拥有基于自主创新的核心技术群和高端人才群,并以综合性优势技术抢市场、稳市场,在许多领域占据了前沿性技术高地。这个基因,是思源电气的发展命脉。

三是"自我批判"。企业要不断适应严峻的市场竞争,必须通过不断的自我革新和"自我批判",与时俱进、应势而变,提升竞争力和抗风险能力。思源电气将"自我批判"精神贯穿企业发展全过程,一方面始终保持战略定力,深耕行业主航道,另一方面正视外部环境变化,不骄傲、不自满,坚持创新引领,持续优化管理,强化人才激励,开拓海外市场,使企业始终处于强势发展的高位。这个基因,是思源电气的文化血脉。

潘垣

点评专家

潘垣,中国工程院院士,华中科技大学国防科学技术委员会主任,磁约束聚变技术和高功率脉冲电源技术专家,我国核聚变和大型脉冲电源技术的主要开拓者。1998年至今任华中科技大学教授、电气与电子工程学院名誉院长,并兼"国际热核试验反应堆(ITER)"中国专家委员会科学顾问和国家重大专项"惯性约束核聚变"专家委员会委员等职。

思考题

1. 企业应该如何正确处理"用户"和"客户"之间的关系?思源电气的成长经历提供了哪些启示?
2. 企业怎样才能更好地将优势技术转化形成市场竞争优势?应该如何构建综合性技术优势?
3. 思源电气的战略定力有什么特点?如何形成战略定力?

 创业者小传

董增平,思源电气股份有限公司联合创始人、董事长兼总经理。

男,汉族,1970年1月出生。1991年7月于上海交通大学高电压技术及设备专业本科毕业。

曾获"上海市优秀中国特色社会主义事业建设者"荣誉称号。曾担任上海市政协委员、闵行区政协常委、闵行区青联委员等社会职务。

"汇"珠成塔,"珏"胜未来

——上海汇珏网络通信设备股份有限公司创新推动转型的探索实践

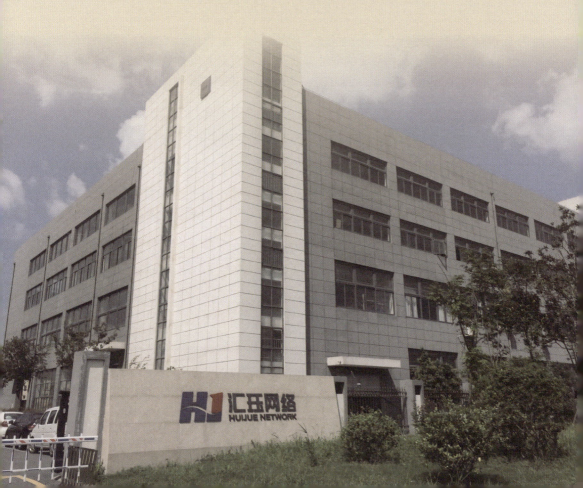

摘要

总部坐落于上海自贸区临港新片区的上海汇珏网络通信设备股份有限公司（下文简称"汇珏网络"），是一家专业从事智能通信软硬件产品的研发、生产、销售的服务型高新技术企业。企业先后被认定为"国家高新技术企业"、工业和信息化部"服务型制造示范项目"、"上海市'专精特新'中小企业"、"上海市专利工作试点企业"、"上海市品牌培育示范企业"，"汇钰网络"品牌获得"上海名牌""上海市著名商标"称号，入选第三批上海市重点商标保护名录。汇珏网络在全国通信行业配线和配电细分领域中综合实力排名前五，是全国建筑行业中快速崛起的智能楼宇新兴企业代表，多次应邀参与智慧网关、光缆分纤箱、光传输模块、智慧建筑设计标准、智慧灯杆等领域行业（团体）标准制定或修订工作，近3年累计销售额超过20亿元。

扫一扫，看视频

秉承"技术求发展，与客户携手共进"的发展宗旨，汇珏网络经过多年快速发展，在长三角设立了汇珏智能、海安汇珏、海安光易、无锡自动化、扬州智慧杆塔、上海汇解科技6家子公司，在上海奉贤、江苏海安、江苏扬州拥有3个生产基地，在全国各地共设立30多个办事处，形成了以上海为中心、覆盖全国的营销服务网络体系。

通信行业发展日新月异，只有不断创新才是立足行业之根本。自2002年成立以来，汇珏网络坚持"以制汇智"，紧抓技术创新，集中力量求发展。在发展路线上，公司结合行业特点，汇集多方需求，制定多元化的路线。在打造产品和服务方面，公司不断汇聚多方智慧，积极提倡创新创效，在客户口碑、产品质量、全程服务中打造了独特的品牌文化。同时，作为一家民营企业，公司在汇聚天下英才的同时，积极培育"小微组织"，孵化创业团队，提供平台激励员工创新，实现了公司与员工共同成长的双赢局面。

当前，5G与工业互联网的融合发展，推动了制造业从传统的局部信息化向数字化、网络化、智能化全面加速转变。立足"5G+工业互联网"时代背景,汇珏网络坚持"守正创新",促进产业链、创新链、市场需求的有机衔接,坚定以创新驱动产业转型升级,实现企业高质量发展。

"5G+工业互联网" "智造+服务" 智能通信 先进制造业 智慧城市

一、背景情况

近年来,新一轮科技革命和产业变革方兴未艾,我国经济也正处在转变发展方式、优化经济结构、转换增长动力的攻关期,特别是随着企业为主体、市场为导向、产学研相结合的技术创新体系日益健全,各种支持和促进政策逐步完善,越来越多的企业正在实现从"要我创新"到"我要创新"的转变。

2019年4月26日,习近平总书记在第二届"一带一路"国际合作高峰论坛开幕式上指出:"我们要顺应第四次工业革命发展趋势,共同把握数字化、网络化、智能化发展机遇,共同探索新技术、新业态、新模式,探寻新的增长动能和发展路径,建设数字丝绸之路、创新丝绸之路。"

工业和信息化部印发的《信息化和工业化融合发展规划(2016—2020)》,为"两化"融合的具体发展指明了方向:大力推进两化深度融合,将重塑制造业竞争新优势,加快制造强国建设,促进经济社会转型发展。

未来,移动通信技术将在更广阔的领域影响和改变人类社会的方方面面。5G是当下信息通信技术发展的重要方向,工业互联网是新一代工业革命的技术支撑,两者都是实现经济社会数字化转型的重要驱动力量。2019年,5G商用牌照正式发放,标志着中国正式进入5G时代。当前,我国政府大力推动5G与工业互联网融合发展,"5G+工业互联网"在行业领域的应用日趋广泛，两者融合产生的倍增效应和巨大应用潜力正在加速释放，科技与经济发展也迎来了难得的机遇，这个机遇不仅面向个人，更面向产业。

这些年来，上海在落实和服务国家战略、加快建设现代化经济体系的过程中，将推动高质量发展、创造高品质生活作为全球卓越城市建设的重要举措，并不断深化国际经济、金融、贸易、航运、科技创新"五个中心"建设，持续打造具有全球影响力的科创中心；全面打响"上海服务""上海制造""上海购物""上海文化"四大品牌；超前布局未来前沿产业，加快培育战略性新兴产业，改造提升传统优势产业，着力提升上海制造在质量、标准、研发、设计、管理等方面的核心竞争力，形成一批具有国际竞争力的产业集群和制造品牌。

作为"上海制造"的一环，汇珏网络紧跟国家创新战略，积极发挥开路先锋作用，大力推进信息化和工业化深度融合，加快新旧发展动能和生产体系转换，为坚定不移建设制造强国做出了应有的贡献。自成立以来，汇珏网络始终贯彻GB19580、ISO9001、ISO14001、OHSAS18001等管理体系，打造科学先进的管理模式，为用户提供绿色环保、质量可靠的产品。经过多年发展，汇珏网络在通信网络、光传输、有线宽带、无线通信、微波通信、新型动力电池、物联网等多个领域研究成果迭出，产品和服务获得了市场广泛认可。

目前，汇珏网络已形成"智能网络通信设备的设计与制造为核心""智能网络通信系统的集成应用为动力"的两大业务板块，产品及服务覆盖智慧ICT网络解决方案、数据中心解决方案、智慧能源解决方案、智慧移动通信解决方案、智慧建筑一体化解决方案、智慧城市一站式服务6个方向。新时代标定新方位，新使命开启新征程。汇珏网络正带领全体员工积极投入自主创新，深耕物联网领域，全力打造智慧城市，这对于推动我国制造业转型升级，重塑国际竞争新优势都具有重大战略意义。

二、主要做法

中国的通信技术历经30多年的发展，从1G时代的挨打落后、2G时代的蹒跚学步、3G 时代的寻找突破发展、4G 时代的与世界比肩同行，到如今成为 5G 时代的引领者，一方面离不开国家对行业发展的全力支持，另一方面更离不开一代又一代通信人的辛苦付出。2002 年，汇珏网络创始人吴小芳总经理站在通信行业迅速发展的风口上，看到在整个通信行业链条中，无论是前端的线缆设备，还是后端的局端设备，用的都是清一色的国外品牌，几乎没有自主品牌的立足之地。于是，吴小芳和她的团队怀着对通信行业的满腔热忱并基于主要产品国产化趋势的预判，成立了汇珏网络。

汇珏网络成立之初，正值通信产业迅猛崛起的初期，但彼时华为早已是气象万千，发展势头正劲。作为"后辈"的汇珏网络为了在行业内占据一席之位，决定另辟蹊径，深入市场分析需求，找出跟华为差异化的发展战略——一是组织跑街团队，在各大市场上了解华为新推的成熟产品，分析华为的市场策略和市场额度；二是成立知识产权小组，从专利、商标、软件著作权等方面了解华为的研发方向，试图解码华为高频迭代背后的推动力量；三是采取差异化竞胜策略，找出华为不擅长的第三领域，结合客户的需求，在定制化、快速反应、个性小场景上发力发声，抢占细分领域市场，实行差异化竞争。

"会（汇）当凌绝（珏）顶，一览众山小"，吴小芳带着坚定的初心走进了这个竞争激烈且充满变数的领域，从单一产品光纤连接器做起，把客户的每一次托付都当作必达的使命。没有经验，就从实践中一点一点积累；没有人脉，就尽心尽力服务好每一位客户；为了节省成本，凡事都亲力亲为，带领团队日夜奋战；遇到技术难题，吴小芳就登门拜访，请来负责长三角通信运营的专家，共同合作做好早期的技术开发……在汇珏网络成立后的最初几年间，"星期六工程师"成为团队里一道常见的风景线，吴小芳带着团队牺牲掉每一个休息日，为的就是能跟专家们多学一点技术，多收获一些知识。经过一次次试验、冲关和不断地自我赋能，拓荒的汇珏网络终于在上海之南恣意生长，一跃成为行业的佼佼者。

"惟改革者进，惟创新者强"。汇珏网络意识到企业要做大做强，就必须坚持创新发展。于是，在吴小芳的带领下，汇珏网络走上了一条从上海到长三角，从通信行业传统制造向"制造+服务"转型的发展之路。

（一）抢抓机遇谋发展，乘势而上创新篇

1. 五年蛰伏，一路跃升

2002年的奉贤区光明镇正处在招商引资的发轫期，而这里正是韩锋的故乡。公司创始人吴小芳、韩锋夫妇凭借着手里的光纤连接器技术和对未来通信的强烈憧憬，决定把创业的根深深扎在故乡这片热情的土地上。

"先求稳，再求成。"2003年，由于区域调整，光明镇、钱桥镇和附近的青村镇合并，汇珏网络光明生产基地归入青村镇管辖范围，获得6 667平方米土地作为厂房和研发基地；2005年，汇珏网络厂房正式落成；2006年，汇珏网络上海技术研发中心成立，自主品牌产品进入广电、运营商市场……年轻的汇珏网络一步一个脚印，最终以脚踏实地的做事风格逐渐在通信行业站稳了脚跟。

"千锤百炼始成钢，百折不挠终成才"，时间不会辜负坚持的人。2007年，汇珏网络迎来了企业发展史上的重要转折点。当年，国内只有华为、中兴、艾默生等大公司能够将集合了通信电源技术、制冷技术、铜缆技术、光纤通信技术、智能环境监控、机械制造等多种技术的通信系统一体化室外机柜进行集成设计。恰在这一年，国家实行电信运营商合并整合，推出了"光进铜退、宽带下乡"发展计划，蛰伏已久的汇珏网络瞄准了这一重要的历史折点，披荆斩棘，紧抓时机，一跃成名。

"初生牛犊不怕虎。"面对复合程度高、技术难度大的一体化室外机柜，接到需求后的吴小芳果断结束了俄罗斯国际通信展的行程，马不停蹄地飞到南京寻求技术援助，不顾两天两夜的时差又赶紧回到上海跟技术人员一起探讨研发方案。汇珏网络集中了全部力量，经过72小时的不眠不休，成功研发出通信系统用室外一体化机柜产品。紧接着，吴小芳又租来一辆面包车，直接把这款新设备装进车里，带上几名销售人员，以江西全省为市场根据地，白天向客户展示样品，一次又一次地测试产品，晚上就带着销售人员一起培训，经历了一个星期连轴转，吴小芳和她的团队终于中标了江西省数个地级市的采购项目。这款引领新潮的新产品于2008年顺利投入市场，汇珏

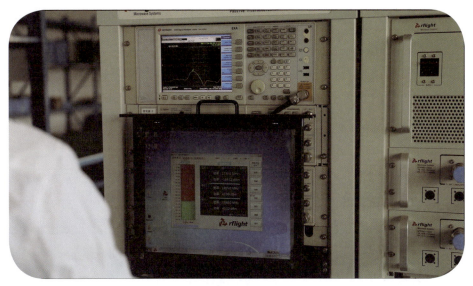

▲ 无源互调测试仪

网络最终拿下了中国电信"光进铜退"通信系统一体化室外机柜的第一次省级标案，成功跻身为电信运营商的一级供应商。这一年，汇珏网络销售额首次破亿元。

这次转折，不仅是一次时间的赛跑，更是一次技术的较量。经历了5年的蛰伏期，汇珏网络在通信行业一战成名，越战越勇，成功占领行业制高点。汇珏网络的成功，不仅仅是源于它与中国通信业同频共振，紧紧抓住了行业发展的关键期，更是来自汇珏人对中国通信行业的自信和热爱，以及对自主创新技术孜孜不倦的探索。在前景大好的通信行业，汇珏网络凭借自身的努力一次次攀登技术高峰，创造了一个又一个销售新高地。

2. 九年精耕，转型突破

蛰伏已久，跃升有期。2008年，汇珏网络凭借着通信系统用室外一体化机柜产品，成为电信运营商的一级供应商，而后汇珏网络便开始了长达9年的精耕细作时期，这期间有传统业务的稳健发展，也有产业布局上的创新突破。

2010年是上海世博年，"成功、精彩、难忘"也是汇珏网络在这一年的真实写照。正在成长中的汇珏网络在这一年再次抓住了光纤入户的机遇，以优异的业绩跑出了独一无二的青春加速度。这一年，汇珏网络在光纤入户的需求驱动下开始生产光缆交接箱、光缆分纤箱、FTTH入户、光纤配线架等产品，由此进入移动运营商圈，销售额再次翻番。随着光缆交接箱、光缆分纤箱、光纤配线架等系列产品的日益成熟，汇珏网络的业绩实现了又一次突破，销售额也再次翻番。从此，汇珏网络进入了电信、移动、联通三大运营商通信基础建设供应商的核心圈。

但就在一切向好的时候，汇珏网络遇到了成立以来的第一次方向性迷茫。2010年，随着南桥新城大区建设规划落地，汇珏网络厂区列入了拆迁范围，汇珏网络必须在5年后重新择地发展。反复权衡后，公司决定面对现实，突破惯常思维，进一步创新改革，走自建加速器、产业园之路。他们铺开华东六省一市的地图，沿长江入海口溯江而上，如皋、海安、靖江……长三角宽广的腹地，就是汇珏网络驰骋的舞台。

选择，有时是被迫无奈，有时是机缘巧合。2012年，汇珏网络在拓展企业空间布局的时候发现了机缘。当时奉贤区的联谊城市南通海安也正在沪上寻找对接资源。几番接触下来，公司认为：海安的金属制造业已成规模，可以实现补链强链；劳动力有保障且职业素养较好，员工有吃苦耐劳精神。除此之外，还有一个重要因素：在公司的长线思维里，长三角一体化、围绕上海的超大城市群迟早会成为现实。

于是，汇珏网络便决定了长三角发展基地的方向——在江苏南通打造一个10万平方米的光通信产业园。可以说，汇珏网络在"长三角一体化"战略还未明朗时，就已落地海安，开启了双城布局、沿江拓展的创新实践。从2012年起，海安汇珏网络通信设备有限公司、海安光易通信设备有限公司、上海汇珏智能通讯科技有限公司、扬州汇珏智慧杆塔有限公司先后成立，形成了"沪上落子、江海连通、三地开花"的集团产业空间布局。

2017年，汇珏网络更是迎来了一次办公场地的大扩容和企业形象的大更新。青村镇提供1.67万平方米土地协助汇珏网络建设研发大楼、试产车间。在政府招商、企服、规建、安全等部门的协同支持下，汇珏网络搬进了宽敞明亮的办公大楼，实现了产业布局的又一大创新里程碑。

▲ 汇珏网络办公、生产大楼全景

从 2002 年的第一笔光纤跳线订单起步，汇珏网络逐步走出了一条以 FTTH 系列光纤入户生态链为核心的集研发、生产、销售于一体的发展新路径。在传统业务渐入佳境之际，吴小芳又将目光投向了智能领域，于是汇珏网络开始了新一轮的转型之路。

3. 智能创造，开启新启程

2017 年既是国家大力推进 5G 技术的元年，也是智慧城市由概念走向现实之年。拥抱国家发展大势，搭建通达万家、物联天下的智能化、一体化发展平台，成了汇珏网络新的中心目标。这一年，汇珏网络决定走出原来单一通信为主的发展路径，开始大胆全面转型——布局物联网、挺进 5G 建设、介入智慧城市。

这次转型对一家传统的通信行业设备制造商来说，机遇与挑战并存。早在 2014—2015 年，智慧楼宇、智慧园区等物联网的未来还未完全清晰的时候，吴小芳就已经预判到行业未来的发展大势。于是，她带领着汇珏网络未雨绸缪，提前布局研发链，试图占据智能领域高地。在物联网研究遍地开花的时候，汇珏网络已经将传统产品物联网化，研究出了物联网平台化的应用

▲ 汇珏网络智能研发大楼

场景，开发了智能锁、智能井盖、智慧光缆交接箱等一系列产品并投入市场应用。面对5G建设和物联网的融合场景的挑战，汇珏网络也不甘落后，一鼓作气开发出了智慧多功能杆、智慧公交站牌、智慧城市监控一体化、智慧楼宇系列产品等，实现节能、物联网无人监控、物联网的自组网功能。

一直在路上，一直在突破。站在2020年的时间节点上，18岁的汇珏网络又在谋划另一个发展蓝图——在上海地铁5号线奉浦站点附近打造物联网科技园。它要做的，不仅仅是汇珏网络一家的事业，而是要建造一个平台，为更多通信领域、物联网领域的企业提供一个相互链接的载体，形成一个孵化器—加速器—产业园的新生态、一体化、全要素、长链条的发展模式。物联网科技园前期规划已经完成，基建正在紧锣密鼓地推进，预计2022年可以正式交付使用。

目前，汇珏网络下设6家子公司、3个生产基地、30多个办事处，构建了以上海为中心、覆盖全国的营销服务网络体系，真正实现了"汇珠成塔"

的产业布局。从 5 年蛰伏到 9 年精耕再到转型智慧城市，回看汇珏网络的蜕变路径，正是中国千万个民营企业的发展缩影。面临着巨大的行业挑战，民营企业不仅要保持专业的敏锐，时刻洞悉行业导向，抓准时机，排除万难绝不放弃，更要紧盯龙头方向，全面把握国家战略，关键时刻做好发展转型和技术储备，才能脱颖而出，实现长久发展。

（二）产业转型再提速，研发创新再发力

1. 共克时艰，构建"产学研"一体化

汇珏网络自成立以来，就一直把技术创新当作立身之本。从 2002 年光纤连接器技术、2006 年在上海成立技术研发中心，到现在的智慧城市、物联网技术，汇珏网络的研发脚步从未停止。2008 年，汇珏网络根据通信技术行业技术更新迭代快、技术容易被淘汰的特点，确定了"自主研发为主，引进消化吸收为辅"的研发路线和"短平快"（最短时间、最少的投入、最大的效益）开发新品的研发路径，并与各大高校积极展开合作，构建了"产学研"一体化合作机制。

说起"产学研"一体化合作机制建立的动机，与 2007 年国家开始推出的"光进铜退、宽带下乡"发展计划是分不开的。以此为契机，汇珏网络迈出了至关重要的一步。

根据宽带提速的推进节奏，汇珏网络当时需要抢先生产出通信系统室外一体化机柜。于是，吴小芳带领大家一起找差距、立目标、抓研发、定时限。一切都在"光进铜退、宽带下乡"的旗帜下有序前行，汇珏人创业的热情被梦想再次燃起。但是，当所有人都在新目标的激励下加快步伐时，一个意想不到的变故打乱了此次研发的节奏——由于担心无法在约定的时限前完成室外机柜的研发任务，同时觉得室外机柜代表不了发展的方向，长期专注于此可能会耽误自身前程，负责核心技术的研发人员在完成一半后坚定离职，只留下了一堆数据和堆放在实验室的半成品。

失去了核心研发人员，第二梯队的技术团队还没有培养起来，而距离交货的时间越来越近。这时候，吴小芳毅然决然重新组队，在实践中选育新核心。招标在即的汇珏网络紧急召集所有职能人员，明确分工，分别找样本、

画技术图纸、找原材料、找工人、找外协零件加工点……经过7天的紧张奋战，凭借着敢闯敢试的创新精神，汇珏网络终于如期组装成功第一台室外机柜样品，获得了客户的高度认可，从此敲开了进入通信室外机柜领域的大门。

从此次的技术人员临阵离职事件，汇珏网络深深地认识到技术的重要性，不仅要有掌握核心技术的人，更要有一个充满使命感、有坚韧性、有忠诚度的技术团队，最好的办法就是借势借力。于是，汇珏网络开始将目光投向高校和科研院所，先后与华中科技大学、上海交通大学、武汉大学、南京邮电大学等建立紧密合作关系，构建"产学研"一体化合作机制，双方在技术交流、人才培养、课题研究等方面互惠共促，为日后迈向多元发展奠定技术基础和合作平台。由此，汇珏网络在研发机制上开启了一个全新的模式。

"产学研"一体化合作机制建立后，公司的研发人员走进大学实验室，外部的专家教授到公司开课释疑，成了汇珏网络在创新实践上的一道风景线。在汇珏网络实践"短平快"的研发计划过程中，还有一个里程碑式的事件——随着2008年"光进铜退、宽带下乡"的通信行业发展，光纤入户逐渐成为所有运营商的重点工作，PLC光纤分路器成为光纤入户的核心器件。但是，PLC光纤分路器所用的芯片控制等核心技术还掌握在韩国人手里。为此，吴小芳多次往返韩国，一是为了给客户提供国内市场的多方面帮助，二是为韩国芯片供应商提供国内落地切割最优方案，从而获得高性价比供货。在芯片调试的过程中，吴小芳深知技术领导地位的重要性，于是她决定自力更生，与华中科技大学联手研发出国内唯一的检测设备，解决了同时32个通道一键式检测调试的难题，在同一个晶元上从432片芯片调整为768片芯片，缩小了芯片的面积，实现了生产成本的大幅降低。

这次自主创新的经历，让汇珏网络获得了"光纤剥离液及其制备方法和光纤剥离方法"的发明专利。这一开创性技术与原先手撕工艺相比，速度提高了30倍，使汇珏网络有实力在三大运营商的供货中一直保持在前三的地位。

随着"产学研"一体化合作机制的成熟运用，汇珏网络和各高校在通信网络、光传输、物联网等多个领域达成了合作,形成了"智能锁""智能一体化电源""5G 智能 GPS 北斗分配系统""光纤基站 MDAS 系统""智慧公交站牌"等一系列研究成果,在多个领域引领技术发展。

2. 三重平台,培养人才新模式

为了保持高频研发和稳定发展,汇珏网络自成立以来就注重人才的创新培养,积极实施引进高层次技术人才战略——引入智慧城市软件开发团队;招揽北大软硬件研发及管理高级人才;高薪邀请深耕智慧楼宇的管理技术人才……经过多年的发展,汇珏网络从最初的 3 人团队发展成如今超 900 人。此外,汇珏网络在运行模式、人才引入、绩效分配等方面进行大变革——发现、培养优秀的合伙人,让拔尖人才、技术"牛人"走上重要岗位,形成开放兼容、智达四海、专业互补的人才梯队。

▲ 营销中心办公环境

"让稳定安全的信息网络链接你我他。"这是汇珏网络在通信领域一直不变的企业使命。但是要实现这一使命,不仅需要借助高校、科研院所等专业机构的力量,在产学研上弯道超车,更需要有新的机制激励员工热爱创新、参与创新,在企业内形成创新活力竞相迸发的发展局面。于是,汇珏网络决定打造三重平台,建立起专业技术人才培养的新模式。

所谓三重平台，其一是创新交流平台：员工可通过与行业论坛、通信标准化协会、电信研究所等机构交流互动进行前瞻性探索和实践；其二是产品研发平台：每一款产品的研发均采取项目管理制，由项目经理组织前期调研、撰写调研报告，并自主寻找产学研合作院校、研究所和同行合作单位，联合进行产品的研发与创新，公司竭尽全力提供技术和资金支持；其三是建立个人知识共享平台：员工通过建立知识管理及共享平台进行知识累积，同时建立魔方专利数据电子档案室，便于专利的管理及使用。

为了打造好三重平台，公司决定加大研发费用投入，做好科研保障。从2006年成立技术中心起，汇珏网络就制订了《研发经费管控制度》，规定每年投入的研发费用占销售额的5%左右，2016—2019年的4年间，研发费用投入累计超过1亿元。同时，适时建立战略研发机制，形成科研系统。

所谓战略研发机制，其一是建设强大的支撑网络，加快5G的建设力度，打造人、机、物全面互通的工业互联网基础设施；其二是培育丰富的应用场景，参与通信、能源、交通、农业等新基建领域的融合发展；其三是跨界创新，借5G东风，利用通信核心技术资源，融合智慧城市核心技术和应用技术的协同攻关，加大物联网技术的支持力度；其四是不断优化产业的发展生态，研究制定相应的支持政策，激活市场活力，打造一支多层次、高素质的数字化人才队伍。

通过"引进来、走出去"的人才培养模式，汇珏网络在公司上下营造了良好的学习氛围，培育了一批又一批的"学习型员工"。以"汇珏学堂"为载体，汇珏人不仅在公司内部与同事携手建设共享平台，共同实现知识更新，更积极主动地学习行业内先进知识理论，参与技术创新实践，真正做到了与公司同进步共成长。

3. 汇珏网络小微组织，汇聚研发实力

一系列指向创新创效的行动，有效地激发了员工的创造活力，但更让大家受到莫大激励的，还是"汇珏网络小微组织"的设立。2013年起，汇珏网络将公司的新产品研发和销售部门逐步小微化，组建相应的小微平台，设立了ICT基础建设、数据中心、智慧能源、移动通信、智慧建筑、智慧城市

及物联网6个小微组织（事业部），由公司来托底，成为员工创业的"孵化器"。在具体运行上，小微组织出项目书和执行计划，汇珏网络提供前期创业资金、资源，支持小微组织将创新概念变成现实。在财务管理上，各"小微"实行独立核算、自负盈亏。

这一模式吸引了更多的管理干部和一线员工真正参与到公司的创新发展中，极大地激发了他们的创造热情。近年来，汇珏网络以小微事业部为抓手，以项目协作管理为重点，不断完善自主创业机制，帮助员工实现自身价值。比如，针对2018年智慧城市项目中发现的相关需求，汇珏网络在智能配电事业部中设立一个从事智慧楼宇方向研究的小微平台，并专项招募智慧楼宇方向的研发人员、技术售后人员，同时给予资金、技术等多方面的资源支持。经过两年发展，智慧楼宇这一小微平台成长为智慧建筑一体化事业部，专攻智慧楼宇机电一体化细分方向，由智汇管家管理平台及机电一体化细分产品，来引导智慧楼宇方向产品的销售。

看似偶然实属必然的智慧建筑一体化事业部，正是小微平台孵化出的最为典型的一个创业组织，它不单单是将通信系统优势与民用产品做了紧密结合，更大的贡献是将汇珏网络从专业市场跨界拓展到了智慧民用市场。

汇珏网络坚持以人的发展为本，利用多种渠道帮助更多员工在岗位上实现自身价值。汇珏网络用不间断的自我革命，营造出了一个人人参与、人人负责、人人成长的创新生态。截至2020年12月底，公司申请专利375项，授权发明专利20项、实用新型专利228项，申请30项软件著作权；公司多种新产品通过泰尔认证、3C认证、广电入网认定、欧盟RoHS认证等；企业先后通过ISO9001质量管理体系、ISO14001环境管理体系、OHSA18000职业健康安全管理体系、ISO27001信息安全管理体系、GB/T 29490知识产权管理体系等多项认证。此外，汇珏网络还参与了8项行业标准、5项团体标准的制定或修订工作。

（三）追求服务精细化，经营创新见真章

1. 多维服务，创新格局

以客户为导向，最大限度满足客户需求，优化产品配置，为客户提供一体化的解决方案,是汇珏网络的营商服务之道,也是汇珏网络坚守的品质理念。

2019年9月底,公司接到100套大型ETC边缘智能计算机房生产订单,要求15天内完成交付安装。这是一项几乎不可能完成的超级任务,环环相扣的设计、生产、安装等流程走下来,至少需要30天时间。但为了配合全国高速ETC建设进度,也为了不辜负客户的这份信任,汇珏网络火速成立了ETC临时生产管理调度突击小组,除采购、仓库部分员工外,所有车间、办公室员工均参与一线生产。抓进度、抢工期,为了踩准ETC的交付时间,汇珏网络的全体员工放弃国庆长假,不分昼夜,高强度推进,全程无缝隙配合,短短10天,便以令人难以置信的速度,向客户交出了堪称完美的答卷。

▲ 配电柜装配

汇珏网络的多维服务不仅体现在前期业务研发的过程中,更体现在售后服务领域。2018年夏天,汇珏网络售后接到江西电信反馈,称室外机柜存在空调不制冷的情况。按当时建设要求,室外机柜内温度超过30℃或低于5℃时,空调会自动制冷或制热。得知消息后,位于江西的售后人员当天就赶到站点实地检查,查出原来是由于江西近期多雷雨天气,雷击导致电路板损坏。发生这一个案后，汇珏网络主动做了三件工作：一是及时修订售后服务流程，因地制宜准备好电路板备品备件，随时为客户做好调换；二是在每年夏天和冬天来临时，对全国室外机柜站点进行回访，发现问题提前解决；三是促成电路板供应商做好改进，在电路板上增加防雷装置，从根本上解决问题。汇珏人用热心、细心、诚心的无条件全程保障，在平凡、真诚、真切中为客户提供了最优质的服务，获得了客户的极大肯定和认可，让更多的客户坚信"汇珏出品，必属精品"。

2. 智能管理，创新经营

在智能管理方面，汇珏网络从2016年起就对制造工厂的基础设施进行智能化改造，推进工厂内部通信网络建设，积极探索引入智能机械手臂等自动化设备，实现机器、移动终端之间的泛在互联，让企业逐步实现从劳动密集型向技术密集型转变，在智能生产数据采集与分析、智慧能源管理应用等方面取得突破，对通信设备产品的运行过程实现远程操控、健康状况检测、设备维护、产品溯源、质量控制，实现产品的全生命周期管理，促进了企业在经营管理方面的创新转型。

▲ 注塑车间

▲ 原材料成分分析

  在量化管理方面，汇珏网络于2013年以海安光易新厂为基地，试验性推行阿米巴管理，并根据企业特点，在员工激励、岗位协同等方面做了更多精细化探索，鼓励全员全岗参与企业经营工作。这一顺应形势的经营更新，其主要特点是将员工参与的各项工作不断加以"量化"，特别是难以计件的保障性、服务性工作，通过日益科学、完善的"量化"机制，让员工的劳动价值得到实实在在的体现。参与的工作越多，越能得到公司的激励，工作越努力，越能体现自身价值，智能化、透明化、公正化的管理机制，让更多的员工坚定地与公司同向而行。

  2019年4月28日，汇珏网络与海天酱油签下UPS不间断供电智能电源柜采购合同，由汇珏网络为海天酱油二期工程提供UPS电池柜。海天酱油二期占地10万平方米，工厂全部采用无人化管理模式。由于车间主要生产流程均由机器人完成，二次线路非常复杂，对二次线路供电的后备保障提出了很高的要求。汇珏网络的员工得知需求后纷纷主动请缨，短时间就成立了最强研发团队，对UPS电池柜进行特殊定制，还考虑到智能生产环节中的种种可能，为电池柜增加了测温和自动散热等功能。大家日夜研讨、设计、测

▲ 光纤拉丝流水线

▲ 焊接机器人

试，仅仅用了 30 天时间，就完成了一项从无到有的全新产品——UPS 不间断供电智能电源柜，并在海天酱油顺利安装使用，汇珏网络的专业精神也因此得到了客户的高度赞赏。

以上海为中心，深耕长三角，布局全中国。如今，汇珏网络链接终端的客服网络每年都在东西延伸、南北递进，随时响应客户需求。对于暂时还不便设立办事处的地区以及海外市场，汇珏网络也正在不断优化服务策略，优选资质好、服务上佳的代理商，组成服务联盟，在公司营销中心的管理下，统一培训销售与服务人员，构建安全高效、迅即可达的售后服务体系。借助规范化、标准化、精细化的生产、运营、服务模式，公司不仅深耕国内市场，产品还远销东南亚、南美、欧洲等市场，深受海外市场客户的欢迎。

这些年来，汇珏人用奋斗和担当收获了众多令人瞩目的耀眼光环。2013 年，公司被认定为国家高新技术企业；2017 年，公司获得"上海名牌""上海市著名商标"称号，被认定为"上海市'专精特新'中小企业"，董事长韩锋被中国中小企业协会评为"优秀企业家"；2018 年，公司先后获得工业和信息化部颁发的"服务型制造示范项目"、上海市品牌建设工作联席会议办公室颁发的"上海市品牌培育示范企业"等荣誉，"汇珏网络"品牌入选第三批上海市重点商标保护名录；2019 年，公司被认定为"上海市专利工作试点企业"。此外，公司多次被全国各地电信公司、北方广电网评为"优秀供应商"。

三、经验启示

汇珏网络能够在发展迅猛的通信行业取得一席之地，与其自身定位及转型、技术创新机制、品牌文化打造及人才培养模式分不开。发展至今，公司已逐步积累了一些可借鉴、可复制、可推广的经验。

（一）做精做强主业，是企业行稳致远的重要基础

习近平总书记强调："做企业、做事业不是仅仅赚几个钱的问题。实实

在在、心无旁骛做实业，这是本分。"18年来，汇珏网络始终坚持"让通信核心技术国产化，拥有自主知识产权的通信网络"的创业初心，从专业的通信技术做起，不断突破技术瓶颈，在生产制造上精益求精，潜心一志锻造自身的核心竞争力，依靠创新改革持续输出高质量的产品，满足全球用户的消费升级需求，赢得了广阔的市场。汇珏网络深知民营企业更要深耕专业领域，扎实练好基本功，将核心主业做强做精，让企业的"长板"更长，在实现主业"根深蒂固"的基础上再有序开展跟主业相关的辅助业务，实现"根深叶茂，本固枝荣"的长远目标。

（二）坚持创新驱动发展战略，掌握核心技术话语权

在技术不断更新迭代的通信行业站稳脚跟，不仅需要长远的眼光，更要凭借创新。"用开放创新，做精益文章。"正是这个信念指引汇珏网络在智能制造、"量化"管理、经营更新上日益精进，不断成长。对于汇珏网络来说，创新一方面是方向选择的正确：企业发展初期，紧跟行业领跑者华为，研究华为的方向、方法和管理，不和华为在同一条赛道上直接竞争，而是在华为主营产品之外和差异化交叉点，寻找突围方向，做好特殊场景定制，走出自己的差异化发展之路；另一方面是创新方法的正确：为了少走弯路，研发出有竞争力和话语权的新产品，汇珏网络选择了一种开放式创新策略，主动联合大学、设计院和研究所，广泛借力借势，形成产学研一体化创新生态，并坚持进行经营模式的改革创新，让更多的部门参与研究新需求新业态，利用自身通信核心技术资源，融合智慧城市核心技术和应用技术的协同攻关，加大物联网技术的支持力度，实现跨界创新和组合创新，筑实汇珏网络的宽度和厚度。

（三）未雨绸缪下好"先手棋"，为企业谋求长远发展

企业转型发展的道路不可能一帆风顺，关键时刻更要增强忧患意识，居安思危才能转危为安。汇珏网络顺应时代发展，早期就聚焦了未来可能产生变革性技术的基础科学领域，实现了技术创新弯道超越，在物联网、智能楼宇、智慧城市等领域走出了复合发展的新路径。在空间布局方面，汇珏网络也是未雨绸缪。依循汇珏网络的发展路径，从上海奉贤到南通海安，再到扬

州、无锡，汇珏网络的每一次布点都在地理空间上与国家的重大战略布局不谋而合。瞄准长三角一体化发展战略，汇珏网络2013年就在此范围内打尖拓点，围绕南通机场、北沿江铁路做好了空间布局。随着中国（上海）自由贸易试验区临港新片区的设立，汇珏网络总部所在的青村镇更是迎来了新一轮发展机遇。借助地缘、时机和对未来的研判，汇珏网络正在以平台建设为契机，在临港新片区打造一个集项目孵化、产品研发、智慧展示、场景应用于一体的创新实践基地。超前布局，内外互促，助推汇珏网络走出了一条立足上海、辐射长三角、服务全国的向上成长之路。

（四）锻造高素质人才队伍，不断增创高端人才新优势

企业转型发展，不仅需要领头人的正确掌舵，也要有科技研发、市场开拓、企业管理等人才群体的坚强支撑。人才强企业强，人才兴万事兴。汇珏网络坚持"所有行政部门市场化管理"的理念，坚定实施人才开放战略，大力集聚和培育行业智慧人才、高技能人才、技术劳模和创业者等各类优秀人才，不断完善企业优秀人才群体，让"千里马"竞相奔腾，大展宏图。从组织变革开始到引入阿米巴管理模式，汇珏网络结合自身特点，建立了项目立项管理制度、产品研发进度定期跟踪流程等一系列工作评价机制，从更多维度、更多层面对员工的工作进行"量化"评估，让员工感受到自己的每一项工作都能产生价值，都能进入管理者视野。从服务"量化"开始，善待每一位员工，实施多元化激励，让人才焕发出无穷的创新活力。珍惜岗位、自觉担责、高效协同，成为汇珏网络人人遵守的工作信条。

专家点评

汇珏网络自成立以来，始终紧跟国家发展战略和市场需求。从"订单式"生产到积极布局5G产业，一步一个脚印走出一条民营科技企业的健康可持续发展之路。特别是近年来，汇珏网络立足自身实际和技术特长，在智慧城市领域深耕细作，舍得投入研发资金、引进专业人才，至今已取得大量技术突破并推出了一大批技术先进、极富创造性的智慧

城市和物联网相关产品。

难能可贵的是，像汇珏网络这样的民营科技企业，始终保持企业生存发展的忧患意识，始终保持强烈的市场敏感度，始终保持旺盛的自主研发劲头，也始终保持只争朝夕的拼搏精神。这是汇珏网络的成功之道，也是民营科技企业的立身之本。

作为国民经济基础性、战略性、先导性产业，国家在"十四五"规划中对信息通信行业发展有着很高的期待，当下国家"新基建"战略正加速实施，北京、上海、杭州等地积极推进城市"数字化转型"，在这样的大背景下，像汇珏网络这样有活力、有技术、有责任、有梦想的创新型技术企业，一定能大展身手，造福人民，造福城市，奉献国家，也必将成就自己更辉煌的未来。

点评专家

廖湘科，中国工程院院士，国防科学技术大学计算机学院院长，国务院学位委员会软件工程学科评议组召集人，少将军衔。曾担任"天河一号"超级计算机项目总指挥、常务副总设计师，"天河二号"超级计算机项目总指挥、总设计师。

思考题

1. 结合本案例，谈谈民营企业领导者在企业转型发展的关键时刻，应该具备怎样的素质和领导力。
2. 结合汇珏网络产业转型实践，谈谈创新型人才对企业发展的重要性。
3. 结合本案例，谈谈企业在发展过程中，如何把握时代机遇，对接市场需求，实现稳步发展。

创业者小传

吴小芳，上海汇珏网络通信设备股份有限公司创始人兼总经理。

女，汉族，1975年10月出生。1997年7月于南京邮电学院（现南京邮电大学）通信工程专业本科毕业，2016年6月于上海交通大学工商管理硕士研究生毕业，获工商管理硕士学位。

曾获上海市奉贤区"拔尖人才"、奉贤区"三八红旗手"等荣誉。担任上海市通信制造业行业协会理事、上海生产性服务业促进会理事、上海交通大学校友产业投资俱乐部新一代信息技术与互联网分会副会长等社会职务。

让世界见证中国的"生物芯"

——上海生物电子标识股份有限公司创新发展历程

近年来，中国制造正在迅速扩展世界市场，崛起速度之快令世人惊讶。虽然从总体上讲，中国的科技水平与发达国家相比仍有一定差距，但在某些领域也已接近或达到国际先进水平。上海生物电子标识股份有限公司（下文简称"生物标识"）就是一个很好的例子。

扫一扫，看视频

"生物标识"常年深耕高端制造领域，研发生产出一系列特殊的生物"芯片"产品，这种"芯片"可以"微缩"到隐身在生物的表皮下，相当于一张生物电子身份证。无论是政府管理部门、宠物饲养者或商户，还是畜牧业主与肉食品消费者，大健康的先行者都可以借此实现方便快捷的基于唯一身份的管理及应用。围绕着这项关键技术，公司已经在RFID（射频识别）、体征传感两大领域，拥有独立、完整的软硬件研发和生产体系，以及智能生物电子标签、智能读写设备、体征传感器等六大类上百种具有自主知识产权的产品。作为一家国家高新技术企业，公司迄今已累计获得100多项专利，12项软件著作权，早在2003年即拥有了国际权威组织ICAR授权的中国唯一独立生产商编码资格。2012年，公司产研结合的"猪肉产品质量安全供给关键技术与设备创新"项目研究成果，获得上海市技术发明奖一等奖。

"生物标识"不断寻求企业经营模式创新突破，持续探索由产品及服务提供商逐步向全产业链追溯平台、宠物服务平台及基于标识及传感的医疗领域转型升级。公司自主开发、拥有独立知识产权的"犬只信息化管理系统"，通过与相关行业管理部门密切合作，已成功推广至全国60多个大、中城市，拥有95%以上的市场占有率。拥有独立知识产权的"肉食品溯源信息化管理系统""能繁母猪等牲畜的保险业务信息化管理系统""牲畜无害化处理信息化管理系统""生猪、奶牛饲养及疫病防疫信息化管理系统""生猪屠宰、加工信息化管理系统""特许经营场所信息化管理系统"等行业解决方案，在实践中卓有成效地提供基于身份管理的认证及各类畜牧动物、宠物从出生至死亡的一揽子直接或第三方服务。通过持续运行的核心数据，运用基于物联网、大数据分析及人工智能的手段，使平台提供给政府、商家、消费者的信息及服务具有高效、可靠、完整、一体化的特点，解决跨行政管理部门、跨流程等难点。

高端制造业　　生物传感技术　　生物电子标识　　物联网　　追溯管理

一、背景情况

我国的非公有制经济和民营科技企业，是改革开放以来在党和国家方针政策指引下逐步发展壮大起来的。有关资料显示，我国现有的 3 000 多万家企业中，高新技术企业已超过 18 万家。其中，民营企业占比超八成。显然，民营科技企业已成为创新主力军，撑起科技创新的半壁江山。随着创新驱动发展战略的不断深入实施，高新技术、智能制造企业在科技创新和经济发展中的带动作用日益凸显，在我国经济高质量发展中的地位和作用也越来越重要。

回顾我国民营科技企业 30 多年来的发展历程，经历了四次历史性飞跃：突破体制创业兴起、面对调整徘徊前进、转型驱动二次创业、全面发展面向未来。自 20 世纪 90 年代初以来，我国民营科技企业数量持续增长，规模不断扩大，创新能力也显著提高。党和政府出台了一系列促进非公有制经济发展和民营科技企业壮大的政策举措，不断放宽和完善发展的政策环境，努力建立多元投融资体系，帮助企业缓解资金压力，优化发展环境，完善创新创业服务体系，帮助民营企业吸引更多高素质人才。2014 年 5 月，习近平总书记在考察上海时，要求上海始终立足国内、放眼全球、着力实施创新驱动发展战略、加快建设具有全球影响力的科技创新中心。之后，上海出台了《关于加快建设具有全球影响力的科技创新中心的意见》《关于深化人才工作体制机制改革促进人才创新创业的实施意见》《关于进一步做好新形势下本市就业创业工作的意见》等一系列政策文件,大力鼓励创新创业。

正是在此背景下,上海生物电子标识股份有限公司破土萌芽并茁壮成长。公司充分利用了国家和上海鼓励创新创业、支持互联网经济发展的政策,紧紧抓住人工智能、集成电路产业发展机遇,引进国外高新技术,进一步消化吸收再创新,不断适应物联网发展、电子标识广泛应用、传统行业转型升级和城市生活需求拓展的需要,从一个行业领域的"门外汉",发展到如今能与世界先进水平相媲美的生物电子标识制造企业,与时代同呼吸、同成长、共命运。

▶ 公司内景

▶ 全自动高精度生产设备

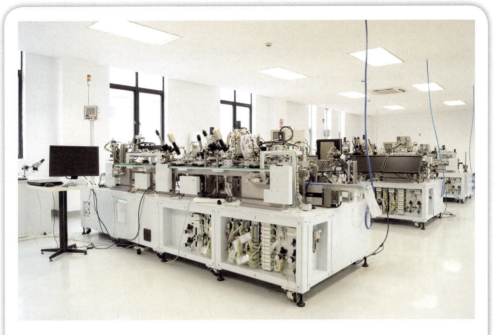

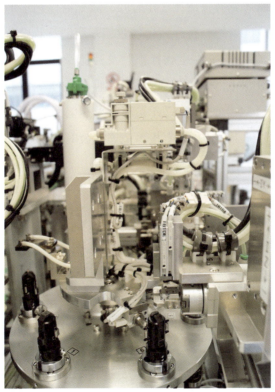

▲ 企业自主设计、研发的国际前沿生产设备

面对已经取得的成绩，创始人兼董事长薛渊和他的团队并不满足。他们用心学习和体会习近平总书记考察上海时提出的"人民城市人民建，人民城市为人民"重要理念，并且清醒地认识到，一个科技创新型的企业，不能单纯想着通过产品取得更多利润，而是要切实承担社会责任，以满足国家的需要、市场的需求和民生的愿景。唯有这样，企业的发展才有更广阔的空间，企业的未来才有源源不断的活水来滋养。

二、主要做法

（一）应时而动，初心激荡：从"金饭碗"到"闯一闯"

科技是第一生产力，创业创新则是根本动力。有人统计，第二次世界大战后，科学技术每10年都有一次大发展，从发明到应用的速度也越来越快。比如，集成电路从无到有仅用了2年时间，激光器仅用了1年时间。新时代需要激发每一个人的梦想，打开大众创业、万众创新新局面，不断注入经济增长和社会发展的新动力。"生物标识"及其前身上海市长宁区联丰变频电源设备厂，就是20世纪90年代"下海"创业拼搏的一个缩影。

把日历翻回到34年前的1987年，那时大学生都是"天之骄子"，非常吃香，毕业后国家分配工作，可以轻松捧上"铁饭碗"。薛渊也不例外，他一毕业就被分配到国企，拥有令人羡慕的干部编制，而且这家企业效益颇佳，凭借着为上海大众等大型企业提供配套产品，一线员工大多能拿到相当于当时一般企业员工好几倍的工资，可谓不但是"铁饭碗"而且是"金饭碗"。

然而仅仅过了1年，薛渊就辞职了。当时，身边的父母和亲友都不理解，单位领导也再三挽留。可薛渊有自己的想法。他性格中原本就有一股闯劲和韧劲，一直有"自己出去走走"的创业梦想。而且，当时党的十三大刚刚召开，大会强调以经济建设为中心，坚持四项基本原则，坚持改革开放，自力更生，艰苦创业，并制定了社会主义现代化建设"三步走"的战略部署。"改革开放、自力更生、艰苦创业"，这些宏大的字眼，让这位23岁胸怀梦想的年轻小伙热血沸腾，他更加坚定了"下海"去闯一闯、试一试的信心。

（二）艰苦创业，洞察良机：从"里弄加工厂"到全国前三

薛渊辞职后，决定靠技术吃饭。1988年10月，他向父亲借了2万元，凑集了2辆自行车、2只万能表、3把电烙铁，向居委会租了个闲置的14平方米仓库，和一名待业青年、一名亲戚、一名退休老职工一起注册成立了一家私营企业——上海市长宁区联丰变频电源设备厂，开始了漫长的实业创业之路。

在这个"里弄加工厂"里，薛渊兼任技术员、采购员、销售员以及售后服务员。他每天白天骑着一辆加重型自行车，出去跑业务、送产品，最远时要从长宁区骑到位于宝山区的宝钢，甚至浦东；晚上则试验调试产品，累了，就在14平方米仓库兼厂房里的帆布行军床上随意睡下。就这样，薛渊连续半年多没回家。临近除夕夜，父亲实在看不下去，跑到厂里拉着薛渊到澡堂洗了个澡，就算是过年放假了。"当时很辛苦，但工匠精神在某种程度上是与生俱来的，于我而言，就是一种永不服输的信念。"薛渊坦言，正是这股信念，支撑着他不断开创事业的新天地。

在企业发展理念上，联丰变频电源设备厂虽然一开始"蜗居"里弄、只有14平方米，却有着自己清晰的战略定位："紧盯市场需求，提供'个性化'产品。"

联丰厂如何抓住良机？这要从它的主要产品变频电源说起。变频电源更准确的名称是交流电力频率转换器，即 AC power frequency converter（一般缩写为 AFC），它基本上是随着电子器件的发展而发展的。20世纪80年代，改革开放后的中国，国内的设备进出口规模逐渐扩大，尤其以微波炉、冰箱、空调为代表的电器出口份额增加，因此需要大功率变频电源进行测试。对于这部分市场应用的需求，原有的产品功率已不能满足，所以，电源厂家寻求新的技术来扩大电源的功率。

联丰厂正是抓住了市场份额急速扩大的良机，不断加大自主研发力度，为不同类型和规模的企业设计、生产工业用变频电源设备。薛渊常戏称自己是"一个爱搞科研的理工男"，他和几位工程师往往一头扎到客户企业的车间一线，与工人师傅、技术员画图纸、改方案，在产品的性能质量提高上孜孜以求。

当时，国有大中型企业的产品，一经定型之后很难调整；而联丰厂则会根据不同客户企业的需要，度身定制新产品。就这样，联丰厂抓住机遇，努力进取，并积极引进吸收日本、美国以及我国台湾地区的新工艺、新技术。没花几年时间，联丰厂就一举做到这一行业全国前三，产值也达到了 2 000 多万元。初次创业即取得成功，对于民营企业而言殊为不易。

（三）转型升级，技术再造：从"比萨饼"到"一元硬币"

当在变频电源制造领域顺风顺水的时候，薛渊和联丰厂却开始有了一种危机感。一方面，随着变频技术的普及，以及国外产品进入国内市场，变频电源市场竞争日益激烈，利润率逐年下降。另一方面，由于西方国家开始逐渐对中国机电产品出口采取贸易保护措施，导致出口市场渠道受限，上下游配套企业也连带着受到影响。面对即将到来的危机，如何寻找企业发展新的增长点？薛渊团队瞄准了技术升级和创新转型。

今天我们乘坐公交车、地铁，只要拿出手机或交通卡在机器上一刷，就可以实现自动扣费和信息交换。这种信息的交换和传递，实际上并不需要接触和连接导线，只要通过特定的无线电波即可实现，这就是射频识别技术。它的原理是利用射频信号通过空间耦合（交变磁场或电磁场）实现无接触信息传递，并通过所传递的信息达到识别的目的。通常，这一系统由电子标签和阅读器组成。在具体应用中，一般将电子标签附着在待识别物品上，阅读器与电子标签可按约定的通信协议互传信息，由阅读器向电子标签发送命令，电子标签根据接收到的指令，将内存的标识性数据回传给阅读器。射频识别的发展得益于多项技术的综合推动，所涉及的关键技术有芯片技术、天线技术、无线收发技术、数据变换与编码技术、电磁传播特性等。随着技术的不断进步，射频识别产品的种类越来越丰富，应用也越来越广泛。

而今，射频识别技术的运用随处可见。但是20多年前，它确实是一项不折不扣的实验室产品，不但国内知之甚少，国外的实际使用也是凤毛麟角。

是机缘，也是巧合，1997年，薛渊在德国与这项新技术相遇了。那一年，全国工商联组织企业家出访欧洲，考察德、法等国的技术创新项目。在德国斯图加特的一家企业的实验室里，薛渊看到了一位工程师正在演示射频识别技术，不像现在的电子标签（射频标签）可以做得很小，当时的标签电路有比萨饼那么大一块，但是通过射频照射，接收器马上接收到了"比萨饼"里的信息，而"比萨饼"并不需要电源，仅通过自带线圈和工作电路，通过射频提供短时间的电量即可工作。这让薛渊大为震撼，他立马想到当时市场上有很多假冒名牌产品，如茅台酒、中华烟等，如果能够给茅台酒等需要防伪溯源的高价值产品加上这么一个防伪标识，假货不就无所遁形了吗？由于电子标签无需使用电池供电，所以能够与产品拥有相同的寿命。但问题是"比萨饼"实在太大了，能够进一步小型化、产业化吗？这一系列迅速从脑海中跳出的念头，使他难以抑制兴奋。由于受到团组行程的限制，薛渊只得留下了一个传真电话的号码。

就是通过这个传真号码，薛渊回国后与这家德国企业陆陆续续联系了一年，终于，对方答应开展进一步实质性商谈。薛渊当即准备再次赴德国，谁知，却发生了一段小插曲：当时办签证不像现在这么方便快捷，居然花了足足半年时间。等到手续全办妥时，德国公司老板开玩笑地表示，差点忘了薛渊要来这事，以为中国人提前打了退堂鼓。

薛渊是绝对不会打退堂鼓的，他认准的事不会退缩。薛渊向德方提出，他们试制小型化产品的计划，可以放到中国进行，并且费用全部由中方承担。而一旦产品试制成功，德方将授权中方拥有中国大陆的独家销售权和欧洲代工权。德方不假思索地同意了，因为这意味着这家规模同样不大的德国家族小型科技企业，将省去好几百万马克的改型费用以及半年以上的宝贵研发时间，同时仍然拥有除中国市场之外的全球经营权，何乐而不为呢？

其实，薛渊也很清楚，产品改型的风险很大，这可以说也是一次技术的再造，还有很多问题需要解决。从"比萨饼"到"一元硬币"甚至更小，未必能够做成，而且费用和时间也是未知数。但是薛渊决定"赌一把"："如果自己不真正掌握生产工艺和核心技术，不亲自走一遍，就会永远受制于人。"

这一次，薛渊和他的技术团队成功了，不但成功了，而且由于掌握了核心技术和工艺，随后又不断研发出新的系列产品，大大超越了原来的设计。经过反复努力争取，德国企业从怀疑到完全认可中国的生产技术，开始将更多的自主研发和生产工艺制定权交给薛渊团队，完成了从OEM代工模式到ODM全流程服务的角色转换，为薛渊"大展拳脚"打开了大门。

后来，德国企业因为效率和经费问题，终止了设计实验室工作，解散了设计队伍，完全依靠中国合作团队的研发力量，从一家研发企业演变成了销售公司。而薛渊团队这个半路出家的"门外汉"，则从一个代工厂，逐渐成长为拥有自主知识产权的创新型企业。

（四）聚焦民生，再次出发：让科技服务美好生活

科技，应该不止于AI、VR、4D、8K这些"高冷"名词，更应该散发烟火气，为人民对美好生活的追求与向往服务。

2001年，随着企业自身核心技术不断成熟，看准了国内市场的发展潜力和空间之后，薛渊二次创业，决定成立上海生物电子标识股份有限公司。公司的拳头产品是具有自主知识产权的米粒大小的电子标识——一种微型芯片，用于植入动物体内。以宠物犬只为例，植入宠物表皮下的微型芯片上包含犬只信息、免疫信息以及主人信息等，配合专用读写设备，就可以对宠物犬只的身份进行实时查询，跟踪管理。该芯片对应生物的基础数据采集后，经过云端大数据分析及多维度人工智能技术而应用于动物源食品全产业链追溯，以及宠物基于身份管理的认证和各类宠物从出生至死亡的一揽子直接或

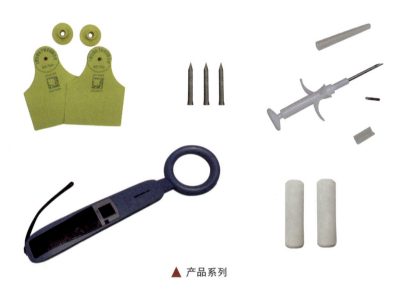

▲ 产品系列

▲ "麦道"电子犬牌及宠物服务平台

第三方服务,包括丢失寻回、免疫医疗记录等。

这种神秘的"生物电子标识",由特殊的 RFID 芯片和感应天线组成。RFID 芯片面积只有 600 μm 见方,极为微小。而感应天线中的微型线圈是由直径仅为 18 μm(人体头发丝的 1/3 粗)的漆包线在直径 0.6 mm 的磁芯上精密排绕 1 000 多圈而成。之后这枚"电子身份证"将镶嵌在由特种生物玻璃制成的胶囊中,再通过医用注射器将电子标识植入在动物的左耳颈后皮下。据悉,这张身份证是全球唯一码,在产品制造时已写入,终身不能改写。该身份证使用寿命长达 50 年,可伴动物终身。

近年来,公司还成功研发出了带有传感器的耳挂式电子标签和留胃式电子标签。除了身份证,赋予标签更多的功能及应用场景。以奶牛为例,留胃式电子标签在奶牛出生十几天后,便会被喂食。随后,电子标签留在牛胃里,能测量奶牛的胃酸值、体温和运动量,担当牛的"贴身健康顾问"。耳挂式电子标签戴在奶牛耳朵上,记录了奶牛的数字编码、产地、育种、胚胎、检疫、交易等信息,需要专用阅读器读取这些信息。饲养场、运输方和商店都无法对已经植入的"电子身份证"做手脚,一旦出现问题,很快便能追根溯源,知晓在哪个环节、哪个单位,甚至哪个人手里出了问题。

这些年来，在薛渊的带领下，公司上下已形成了一种永不知足的创新奋进文化氛围，问题在哪里出现，技术创新的步伐就跟进到哪里，齐心协力，你追我赶。

就拿植入式宠物"电子身份证"来说，需要将它镶嵌在由特种生物玻璃制成的胶囊中，再通过医用针管将电子标识注射在动物的左耳颈后皮下。但是在实际操作过程中，却遭遇了受体动物皮肤感染率高的困扰，通常即便是在规范严格消毒的情况下，感染率仍然在30%左右，这个数字也一直困扰着国内外同行。为了解决这个问题，公司技术团队反复试验，终于找到了原因：原来，并不是"芯片"本身导致的感染，而是针管针头从皮下拔出后，形成皮肤开放性伤口，造成感染率居高不下。那么，如何做到既把"芯片"送进去，又使皮肤快速愈合呢？薛渊团队的技术人员通过调整注射器针头的刀刃形状，使注射后动物表皮伤口从一个有组织缺损圆孔变成了一条无组织缺损线形，这样伤口愈合时间大大缩短，在全世界同行中第一个成功地解决了这一问题。此后，业内都知道，购买来自中国上海的生物电子标识公司的这款产品，感染率极低，受体动物的安全及健康程度几乎不受影响，从而大大扩展了产品应用场景，加强了竞争力及客户购买意愿。

▲ 新一代植入式芯片成品及阅读设备

当前，生物电子标签已经得到了非常广泛的应用，越来越多的事实说明，预防类似"三鹿事件"的再次发生，除了道德和法律约束外，还有更为有力的科技武器。今天，当人们对食品安全更为重视、对生活品质要求更高的时候，就是电子标签大显身手的时候。这也正是二次创业的薛渊和他的团队再次成功的密码：科技为美好生活服务。

（五）自主创新，国际领先：让世界见证中国"生物芯"

硬件有了，还得有配套的软件，才能实现高效的信息操作管理。这也是"生物标识"这些年来一直努力的方向："软""硬"兼施，从单一制造商向综合服务商转型。这既是挑战，也是机遇，在此之前，国内外同行中还没有企业真正做到从电子标识生产到互联网应用平台搭建，再到后续方案解决等一揽子的产品和服务提供。

为国外客商提供服务可以精分市场，大家分工明确，做硬件的就只做硬件，配套软件则由软件公司完成，但是针对国内市场则要适应国内需求趋势，做一条完整的产业链，给客户提供更便捷的售前、售后服务。"否则，一旦出现问题，用户都不知道该找硬件公司还是软件公司。"薛渊经常对客户和员工重复他的这个观点。

当然，技术转型，"软""硬"兼施，知易行难。就"犬只信息化管理系统"而言，当时无论是国内还是国际，并没有成熟的方案可以参考借鉴。公司研发团队为此做了大量的市场调研、建立模型、系统设计、运营测试等工作，经过400多个日日夜夜的潜心钻研、反复实践，终于成功研发了一套完整的管理系统。该系统借助互联网科技，可将所有植入过公司"芯片"的犬只及养犬人的详细信息，犬只皮下的电子标识中的全球唯一序列号，相关的年检、免疫、准养、品种、绝育等信息记录到数据库中，管理者（如公安、城管等部门）可根据相应权限通过互联网查询犬只的详细信息，从而使养犬管理达到高度信息化、智能化，助力城市犬类管理安全规范。由此，"生物标识"获得了国内第一个由国家版权局颁发的"犬类电子标识管理 V1.0"软件著作权。上海也于2003年开始使用该犬类管理方案，并成功应用至今，现已推广到全国60余个城市。

"生物标识"不仅专注于犬只管理、牲畜饲养等领域，还积极投入与人民群众日常生活息息相关的食品安全领域。公司推出了自主研发的专门用于食品安全质量溯源的数据存储监管查询平台——"食安星"。该平台将物联网技术贯穿商品猪养殖生产、免疫检疫、屠宰加工以及运输销售全过程，确保产品从源头到餐桌全程安全质量监控和追溯。最终，一头生猪从产下到上市前的整个过程、身份信息完整无缺地放在二维码上，消费者只需"扫一扫"，便一目了然。在发生食品安全事件时，还能帮助政府食品监管部门快速追溯到责任单位，并及时封存可能涉及安全隐患的食品。

　　诚然，站在高质量发展的新十字路口，民营科技企业亦如逆水行舟，不进则退，必须不断提升自主创新力度，"跑步"加快转型升级。经过薛渊和他的团队多年的艰苦努力，"生物标识"已由单纯的产品供应商逐步转型为系统解决商和服务提供者。公司拥有独立知识产权的"肉食品溯源信息化管理系统""能繁母猪等牲畜的保险业务信息化管理系统""牲畜无害化处理信息化管理系统""生猪、奶牛饲养及疫病防疫信息化管理系统""生猪屠宰、加工信息化管理系统""特许经营场所信息化管理系统"等业务解决方案，合

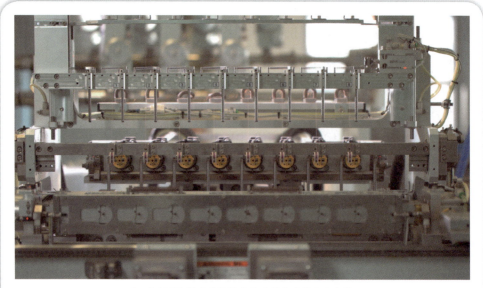

▲ 攻克国际技术难关的自主研发高速精密生产线

作伙伴达上百家，成为国内外动物身份信息管理和肉食品安全领域解决方案的领先者，让世界见证中国"生物芯"。

（六）服务民生，回馈社会：推动大数据时代的政企合作

作为改革开放以来第一批成长起来的上海本土企业家，"生物标识"创始人兼董事长薛渊利用自己在行业内的丰富经验和科技创新能力，在硬件和软件上不断提升科技含量，大大缩小了与发达国家同类产品之间的技术差距，甚至在某些方面成功实现了技术超越。早在2003年，公司获国际权威组织ICAR授权的中国唯一独立生产商编码资格，确立了行业领先地位。公司申请的各类专利达100余项，薛渊个人申请的专利目前已有近50项，完成国家高新技术研究发展计划、科技攻关等多个项目，承担并完成国家863项目，并入选上海市领军人才。2012年，薛渊主持的"猪肉产品质量安全供给关键技术与设备创新"项目研究成果获得了上海市人民政府授予的"上海市技术发明奖一等奖"。

薛渊在经营企业的同时，还牢记企业和企业家的社会责任。他连任五届上海市人大代表，是上海市工商联常委、徐汇区工商联主席。他还担任了上海市海外经济技术促进会会长、上海市工商联物联网产业商会创会会长、上海市私营企业协会副会长等职。20多年来，薛渊认真履职，积极参政议政，结合自身企业发展领域，聚焦"衣食住行"，为百姓代言。例如，前些年，薛渊在调研中发现，彼时本市对有些食品的监管比较关注进入交易市场之后的状态，而对这些食品的源头管理并没有给予足够重视，对它们进入市场之前的信息知之甚少。随即他积极向政府相关部门建言献策："鉴于上海相关养殖场、屠宰厂已经形成生猪饲养、屠宰、分割、销售的可追溯产业链，这种做法应在水产、畜禽等领域进一步复制推广，充分借助科技手段的运用，完善健全'来源可查、去向可追、责任可究'的食品安全追溯体系"，在更好地保障百姓消费安全、提升本市食品安全水平方面有效地发挥了人大代表的作用。

10多年来，薛渊先后捐助了10多位品学兼优的贫困大学生，承担他们整个大学期间的学费和生活费。他长期关注老龄事业发展，2015年以个人名义向上海市老年基金会捐款50万元。"5·12"汶川地震和新冠疫情发生之后,薛渊都在第一时间号召员工捐款捐物,自己也捐赠了大笔款项用于灾区重建和疫情防控。为了支持民营企业复工复产复市,薛渊又于2020年6月率领徐汇区工商联牵头举办"汇众·汇民·惠生活"消费扶贫专场活动,众多民营企业踊跃参与,社会各方反响热烈。

如今已年过半百的薛渊,依然如30多年前"裸辞"时那样意气风发、精力充沛,对技术研发和挑战新事物有着无穷的热情,依旧信心满满。他说,成绩只代表过去,如今是大数据时代、是人工智能时代,我们可做的事还有太多。目前公司已经在食品安全溯源和宠物信息等方面与公安、农业农村、卫生健康等政府部门联合进行数据开发和运用,实现数据共享,为政府相关公共服务提供智能化、高效率的技术支撑,大数据时代政企合作正在迈向更高的层次水平。接下来,薛渊和他的伙伴还会设计和推进一些新的标志性项目,比如:谋划打造一个中国最大的基于身份认证的宠物综合服务平台;继续打造全自动智能生产线,尽快实现从"制造"向"智造"的转变。

三、经验启示

(一)民营企业和民营企业家要始终坚定中国特色社会主义道路自信

2018年11月1日,习近平总书记在民营企业座谈会上强调,开这个会,目的是集思广益、坚定信心、齐心协力,保持和增强我国民营经济发展良好势头。他还指出,保持定力,增强信心,集中精力办好自己的事情,是我们应对各种风险挑战的关键。

确实,信心比黄金更重要。作为民营企业家中的代表人士和上海市徐汇区工商联的主席,薛渊不仅组织企业全体员工认真学习习近平总书记的重要讲话精神,还组织工商联的会员们共同学习领会。通过学习,大家的思路更清晰了,共识更明确了:民营企业和民营企业家要始终坚定中国特色社会主义道路自信,对党和国家始终充满信心,这是企业发展的不竭动力。只有毫不怀疑地撸起袖子加油干,始终把企业的命运与党和国家的命运、人民群众的生产生活紧密结合在一起,民营企业才能够实现更大发展,民营经济才能够迎来更加光明的发展前景。

薛渊曾经多次参加各级党委、人大、政府、政协组织的企业家座谈会、党外人士双月座谈会、专题民主协商会等，他也曾在市委书记主持召开的上海民营企业家座谈会上发言。回顾企业的发展之路，无论哪个阶段都得益于党和国家改革开放的好政策，得益于国家产业发展方向的引导和扶持，每当遇到困难和瓶颈时，党和政府总是提供非常及时和有效的帮助，比如，税收优惠奖励政策、产业引导资金、人才扶持计划，都是主管部门主动上门通知和宣传，这让薛渊和他的企业感到非常温暖和贴心。他特别感动于习近平总书记暖心的话语——"民营经济是我国经济制度的内在要素，民营企业和民营企业家是我们自己人"。薛渊表示，作为中国共产党领导下的民营企业和民营企业家，要准确把握企业和民营经济发展方向和未来命运，当然要始终坚定中国特色社会主义道路自信，坚定"中国特色社会主义道路是实现社会主义现代化的必由之路，是创造人民美好生活的必由之路"的信念，坚定跟党走中国特色社会主义道路、改革开放道路的信心和决心，如此一定会迎来更加光明的未来。

（二）自主创新是企业立足市场的根本

"生物标识"如今已经拥有智能电子标签、智能读写设备、体征传感器、物联网通信及生物识别管理软件等六大类上百种产品，其中累计获得100多项专利，12项软件著作权，拥有国际权威组织ICAR授权的中国唯一生产商编码资格。2012年，公司产研结合的"猪肉产品质量安全供给关键技术与设备创新"项目研究成果，获得上海市技术发明奖一等奖。这些都是公司长期坚持自主创新，潜心发展自主知识产权的结果。从当年引进技术到消化、吸收、创新，直至形成拥有自身完整的自主知识产权体系，并在世界同行中树立了良好的口碑，这是企业立足市场、赢得竞争的核心密码。

当今国际竞争归根到底是科学技术创新能力的竞争，自主创新是国家和企业生存和发展的必然选择。只有创造属于自己的知识产权，积累更多的核心技术，才能在国际竞争中占据有利地位。在建设创新型国家的过程中，自主知识产权是"自主创新"的核心支撑和重要前提条件，是产品和产业自主的基础和关键，也是创新自主和技术标准自主的基础和关键。我们必须以"咬定青山不放松"的韧劲，"不破楼兰终不还"的拼劲，迎难而上、知难而进，持续激发自主创新、奋发图强的动力和活力。这也是"生物标识"多年来坚持走自主创新道路、赢得发展机遇给我们的启示。

（三）企业创新关键还在于企业家的创新精神

创新是企业发展的不竭动力。企业作为社会财富的创造主体，第一，应加速新技术、新材料在产品生产中的应用，提高产品质量，使产品能更好地满足用户需求，使企业产品的竞争力得到提高，从而改善市场条件。第二，当企业技术创新成果是适销对路的新产品时，它会吸引更多的消费者，给企业带来新的用户，形成新的市场，从而使企业形成新的经济增长点。第三，通过工艺创新，企业能不断使用最佳工艺，实现降低消耗，节约生产成本，达到提高生产效率的目标。第四，不断创新并获得成功的企业通常具有较强的核心竞争力，具有创新者的先导优势，在市场上具有企业无形价值的品牌。第五，企业创新关键还在于企业的领头人——企业家的创新精神，这一点尤为重要。

就拿宠物生物电子标识来说，它是由特殊的 RFID 芯片和感应天线组成。RFID 芯片面积只有 600 μm 见方，感应天线中的微型线圈是由直径仅为 18 μm（人体头发丝的 1/3 粗）的漆包线在直径 0.6 mm 的磁芯上精密排绕 1 000 多圈而成。而要制造出如此精密的产品，设备和技术是关键，这些都是"技术宅男"薛渊的创新成果。类似的创新思路还有很多，比如基于新型狗牌信息集成所开发的宠物动态管理地图 APP，甚至宠物社区交友 APP，以及从生物传感技术在动物领域应用向人体健康领域拓展的新型医疗器械研发等，一整个基于生物标识系统的物联网生态蓝图，薛渊和他所领导的创新团队正在酝酿。凭着对研发的浓厚兴趣和精益求精的工作态度，薛渊在无数个工作日的清晨 6 点就准时来到公司，利用上班前的两三个小时把自己关在办公室里画设备图纸。有时夜深了，他仍然在画，有时在飞机上，他也要画。总之，只要有可以利用的时间，他都不会放弃画图纸，他前前后后一共画过几万张图纸。在他和研发团队的不懈努力下，终于自主开发出具有国际先进水平的生物电子标识制造设备，并拥有专利权，形成公司别具一格的核心竞争力。

总之，企业只有不断进行技术创新，才能不断发展，才能持续推动企业为社会创造财富。而作为企业的带头人，并不要求都能投入技术创新具体实践中去，但是具有创新精神，着力打造创新型的企业管理团队和技术团队，是一位成功企业家办好一家具有良好发展前景的企业不可或缺的因素。

专家点评

当前，我国服务业在GDP中占比超过50%，已经进入服务经济社会。但传统制造和服务与新兴产业之间发展仍然不平衡，高端产品和服务有效供给依旧不足，新技术的研发和应用水平还亟待提升。这是显而易见的差距，亦是千载难逢的机遇。需要我们的企业，通过敏锐的嗅觉、精准的战略、扎实的"功底"，一步一个脚印突破各种瓶颈和藩篱，紧紧抓住这个历史性机遇，努力发展和壮大自己，而上海生物电子标识股份有限公司正是成功的实践者。

"企业家"这一概念由法国经济学家让·巴蒂斯特·萨伊首次提出。他认为，企业家能使经济资源的效率由低转高，是一种重要而特殊的无形生产要素。一个成功的企业，必然有一位饱含激情、高度前瞻、秉性坚毅、守法诚信的企业家。薛渊和他的企业30多年创新创业历程给我们的启示是，要在全社会营造良好的氛围，更好地激励和支持广大企业家们，将为人之道、兴企之志、爱国之情、历史之责融于心、践于行。让更多的薛渊们脱颖而出，始终不负时代召唤，不负人民期待，为实现伟大的中国梦不懈奋斗。

点评专家

王战，上海市社会科学界联合会主席，教授，中国国际经济交流中心常务理事，上海市决策咨询委员会委员。曾任中共上海市委副秘书长、市委研究室主任、市财经领导小组办公室主任，上海市政府发展研究中心主任，上海市决策咨询委员会主任，上海社会科学院院长兼国家高端智库首席专家，上海市人大常委会委员，第九、第十届全国政协委员，第十一、第十二届全国人大代表等。

思考题

1. 从"联丰变频电源设备厂"到"生物电子标识股份有限公司"的变迁与演进路径，其背后的发展逻辑是什么？
2. 作为新时代的民营企业家，薛渊的身上展现出了哪些与众不同的特殊禀赋？
3. 创新型企业在发展的不同阶段中，应该如何处理好管理型团队和研发型团队之间的关系？

创业者小传

薛渊，上海生物电子标识股份有限公司创始人、董事长兼首席执行官。

男，汉族，1965年9月出生，无党派人士。1987年8月于上海第二冶金专科学校（现上海应用技术大学）机械设计专业大学毕业，2002年1月获得澳门科技大学工商管理硕士学位。

曾获"上海市优秀中国特色社会主义事业建设者""上海市领军人才""上海市优秀学科带头人""上海科技企业家创新奖""上海市侨界优秀企业家""上海市个私协会先进工作者""徐光启科技金奖奖章"等荣誉。

曾任上海市第十一届、第十二届、第十三届、第十四届、第十五届人大代表，上海市工商联（总商会）常委，上海市徐汇区工商联（总商会）主席（会长），上海市侨联常委，上海公共外交协会理事，上海市海外经济技术促进会会长，上海市私营企业协会副会长，上海市工商联物联网产业商会创会会长等社会职务。

智联智控智造,护航智慧轨交

——上海嘉成轨道交通安全保障系统股份公司以创新引领城市轨道交通高质量发展

创新创业　活力四射 ——新时代上海创新型企业攻坚克难实践案例

　　城市轨道交通是现代化大都市的交通发展方向。推动城市轨道交通高质量发展，必须确保其安全可靠，坚持生命至上、安全第一。然而，自轨道交通安全保障系统引入中国后，长期面临国外厂商"卡脖子"的风险和压力。

扫一扫，看视频

　　上海嘉成轨道交通安全保障系统股份公司（下文简称"嘉成股份"）自2002年创立以来，从小到大、由弱到强，成为国内首家专业从事轨道交通站台门系统研发的高新技术企业。公司坚持"创新为魂，务实为本；锐意进取，追求卓越"的企业精神，专注于城市轨道交通站台门系统的研发、设计、智能制造、项目管理、系统联调联试和全生命周期管理服务，打破国外技术垄断，实现了轨道交通站台门系统国产化。

　　嘉成股份深耕主业、逆势而上，加大创新研发力度，先后开发出安全门系统、屏蔽门系统、经济型安全门系统、BRT站台门系统、可调通风型站台门系统共5个站台门产品系列，以及国铁大开度垂直升降式站台门、PIS屏可调通风型站台门、AFC系统、免维护空气净化系统、智慧轨道系统、无人驾驶技术等创新产品和模块，成为首家通过国际SIL3认证的中国本土企业。目前，嘉成股份在上海市场占有率达到55%，在全国市场占有率为25%左右。

　　嘉成股份始终坚守"为社会创造更多安全价值"的初心使命，进一步开拓国际化视野，顺应时代发展潮流，积极"走出国门"，并整合各方资源不断完善产业链，紧紧围绕行业发展中的热点、难点开展技术研发，促使产业发展推动社会进步。

　　智能制造　专精特新　轨道交通装备　智慧城轨　站台门

一、背景情况

21世纪初,中国城市轨道交通迎来快速发展的大时代。2001年,上海轨道交通日均客流量已超100万人次,然而巨大的客流量背后暗藏安全隐患,如乘客因上下车拥挤跌落站台、乘客进入轨道捡拾物品而造成安全事故等。针对这种情况,加装站台安全防护系统,把乘客和列车、轨道进行隔离,杜绝伤亡事故,已成为当务之急。一直从事机电行业的史和平因为一则新闻,开始关注起地铁安全,并思考通过什么措施可以减少类似悲剧的发生。

这时,部分发达国家地铁采用的站台门这一安全防护措施吸引了史和平的注意,他敏锐地察觉到这是一个好东西,更是解决事故多发问题的有效措施。通过深入调研,他发现站台门在国内市场仍是空白。市场空白往往意味着机遇,于是史和平组建起一支精锐团队,走上了研发自主品牌的道路。由于技术的前瞻性,没有现成技术和产品可供参考,团队只能一路摸索着前进。

2002年,史和平创立嘉成股份,带领创业团队打破国外企业的垄断,研制出了第一套由国人自主研发的安全门系统,并展现出不亚于进口产品的技术实力和稳定性,得到多方认可。如今,嘉成股份紧跟国家战略,把握市场

▲ 嘉成股份创始人史和平

机遇，在"智慧城轨"领域布子谋篇，争当细分行业中的"隐形冠军"。

作为城市公共交通和城市基建的重要组成部分，城市轨道交通的发展备受瞩目。2019年9月25日，习近平总书记在考察北京市轨道交通建设发展情况时指出，发展轨道交通是解决大城市病的有效途径，也是建设绿色城市、智能城市的有效途径。城市轨道交通行业的发展离不开装备工业的有力支撑。

2015年，国务院出台的《关于推进国际产能和装备制造合作的指导意见》提出，加快铁路"走出去"步伐，拓展轨道交通装备国际市场。积极开发和实施城市轨道交通项目，扩大城市轨道交通车辆国际合作。在有条件的重点国家建立装配、维修基地和研发中心。加快轨道交通装备企业整合，提升骨干企业国际经营能力和综合实力。

2020年《国务院政府工作报告》提出，重点支持"两新一重"建设，其中"一新"是指新型基础设施。对轨道交通设备行业而言，大力发展"新基建"是一次前所未有的时代机遇，也为行业转型升级、创新发展和管理变革提出了明确的实施路径。

云计算、大数据、物联网、人工智能等新一代信息技术的快速发展，也将进一步推动轨道交通装备的发展。近年来，随着新兴技术的崛起，我国提出了"交通强国"战略和"智慧城市"部署。中国城市轨道交通协会发布的《中国城市轨道交通智慧城轨发展纲要》，提出将"智慧城轨"建设作为交通强国建设的重要支撑。

当下，上海正在规划建设三个"1 000公里"。从长远来看，上海地铁、城际轨道交通线、局域轨道交通线里程均将达到1 000公里，这将给上海乃至全国城轨行业带来巨大的发展动力。

二、主要做法

创新是企业发展的根本。在公司创始人史和平看来，企业停止创新就会走向衰败。如今，嘉成股份正依托轨道交通站台门系统核心技术，将触角逐步延伸至"安全、节能、环保"领域，并将传统制造升级为智能制造，为各领域用户提供高品质的产品和技术服务。

（一）践行初心：轨道交通安全的守护者

1. 守护乘客安全，填补国内空白

2001年的一天，当时正在上海交通大学学习的史和平在报纸上看到了一则令人悲痛的消息：一名年轻女性在候车时，被拥挤的人流从地铁站台挤落铁轨，被车身碾压不幸身亡。这件事让他不断思考，怎样做才能避免这类悲剧的发生？

这时，一些发达国家地铁站内安装的站台门吸引了史和平的目光，他敏锐地察觉到，这可能会成为破局的关键。扎根机电行业多年的他执着地认为："从技术上应该能够解决这个问题，一旦突破技术瓶颈，不仅能减少安全事故的发生，还会开辟出一个全新的市场。"

没有付诸行动的想法，都只是空想。向来喜欢琢磨技术问题的史和平立刻着手将自己的想法进行电脑三维建模，结果也让他更加坚信："轨交站台安全保障系统必定是未来的新方向。"他还专门请教了上海交通大学机器人研究所的有关专家，在了解到该研究所具有相关资质和研究实力后，便选择与研究所展开合作。

2002年，史和平与上海交通大学机器人研究所签订了联合开发地铁安全门的协议。同时，他将自己第一次创业赚得的资金悉数投入，创立了上海嘉成轨道交通安全保障系统有限公司，毅然转行开始了国内最早对地铁安全门的自主研发事业。史和平和同样怀揣创业梦想的10多个年轻人聚在一起，决心用自己的热忱与智慧，对一个完全陌生的领域发起挑战。

公司成立之后，首先要面对的是自主研发问题。站台门看似构造简单，实际上却是一项集建筑、机械、材料、电子、人机工程和信息等学科于一体的高科技产品。彼时，国外企业在地铁站台门研发制造领域已经积累了近20年经验，凭借核心技术，在中国市场上长期处于垄断地位。上海地铁1号线建设时，由于整套设备都需要进口，每公里造价高达10亿元左右；广州地铁2号线的第一趟列车是由制造商从德国包机空运到中国的……

20世纪末，我国政府特别重视轨道交通设备国产化发展，提出国产化率要超过70%。1999年，国务院办公厅转发了当时国家计委《关于城市轨道交通设备国产化的实施意见》，提出城市轨道交通项目，其全部轨道车辆和机电设备的平均国产化率要确保不低于70%。当时有一部分企业"投机取巧"，将国外设备买来进行重组，充当国产化设备。但是，嘉成股份有着自己的坚持——让中国地铁尽早用上真正"中国制造"的轨道交通设备。

一家民营科技企业想要用自主研发的产品突破外国企业技术垄断，辟出一条新路，难度可想而知。没有经验，也搜集不到足够的资料，研发过程实在煎熬。当时，轨道交通装备国产化程度相当低，也曾有不少企业想要踏入这片有待开拓的蓝海，但最后都不了了之。史和平回忆创业之初的种种，说有一件事让他印象很是深刻：当时有一位国家发改委的老专家来嘉成股份评审设备国产化水平。老专家感动于嘉成股份这么一家民营企业愿意自己投钱研发轨道交通设备，给予了团队高度肯定和鼓励。史和平说，老专家对轨道交通的深厚感情，也激励和鼓舞了自己和团队成员，所有人都憋着一股劲，想要突破"卡脖子"技术，打破国外企业随意定价的局面。

自主研制生产地铁安全门的过程可谓一波三折。研发团队一开始采用的是电子广告屏上下滚动的开发思路——用广告收入补贴建设和运维成本，这样一来不仅可以降低地铁业主的投资压力，还能加强自身产品的竞争优势。然而，团队好不容易研制出了升降型"初号机"，还没来得及高兴，就被有关专家指出，这不符合地铁营运模式。

虽然不知道什么时候才能迎来光明前景，资金、团队建设也面临困难，但因为看好轨道交通行业的发展前景，史和平决定咬牙坚持。基于对专家建议的充分吸收，公司研发团队及时调整思路，改用电子推拉门的技术路线重新开发，一边探索一边前进，不断测试验证，即时改进。一年之后，嘉成股份豪迈地交出了一份满意的答卷，国内第一代地铁安全门系统就此诞生。

2. 打破传统观念，酝酿"氢弹"计划

然而，有了自主研发的成果并不意味着就能被市场认可。在当时人们的观念中，普遍认为进口设备比国产设备更安全可靠。2002年，广州地铁

2号线引进西屋和奥的斯联合生产的屏蔽门，成为国内第一条安装地铁屏蔽门的地铁线路；2003年，上海地铁1号线上海马戏城站引进法维莱地铁屏蔽门……在这样的大环境下，刚刚起步的嘉成股份尽管产品和技术都不比国外企业差，却一直无法推开市场大门。除此之外，摆在嘉成股份面前的，还有一道无形的业绩壁垒。由于站台门主要应用于人流量较大的环境中，因此对其稳定性、可靠性的要求非常高，市场上的招标项目对产品的实际工程经验和业绩都有明确要求，初次涉足这一领域的嘉成股份面临着首套应用商务技术壁垒，难以打开市场。

公司有产品、团队、技术、资金能力承接站台安全门项目，却迟迟拿不到第一笔订单。2003年4月，嘉成股份的决策者们经过深思熟虑，决心放手一搏，酝酿了一个大胆的"氢弹"计划——向上海地铁赠送一套价值约500万元的车站安全门系统，以此支持上海轨道交通安全事业发展，同时也作为嘉成股份轨道交通站台安全门实际装配、运维能力的展示。"企业要想发展，就必须承担风险，也只有经过这条路，你的产品才能通过工程的验证，满足市场较高的要求。"史和平如是说。

当时，由于前期项目资金投入比较大，嘉成股份财务状况很是紧张，"氢弹"计划的成功与否关乎公司的生死存亡。好在该计划最终成功实施，并在业内获得了不错的反响。

第一套真正由国人自主研发的安全门系统在上海成功运营，并展现出了不亚于进口产品的技术实力和稳定性，成为中国轨道交通安全门系统国产化历史上的重要标志。"氢弹"计划的顺利实施不仅提高了嘉成股份产品的口碑和社会认可度，同时也把国内轨道交通安全设备厂商推向市场舞台，产品具有了业绩案例。

3. 牢守安全底线，技术国际领先

如今，上海地铁日客流量非常大，一旦站台门出故障，往往会有"牵一发而动全身"的问题出现。史和平始终认为："我们做的是公共安全产品，如果丢掉安全就不是合格的产品了。"从公司成立至今，"人民至上、生命至上"始终是嘉成股份员工必须恪守的根本价值准则，所有员工对产品质量的

▲ 春申路安全门系统

追求必须有持之以恒的耐心与钻劲，始终如一地把好安全关、质量关，研制经得起检验的一流产品。

2019年12月13日，嘉成股份荣获站台门系统SIL3证书，成为中国站台门系统企业中第一家获得站台门产品最高安全等级认证的公司。这意味着国产站台门完全可以替代进口，摆脱进口依赖，且技术已比肩国外同类产品。

这张证书的获得，得益于嘉成股份多年来对产品质量的执着追求。18年间，公司多措并举，牢守产品质量安全底线，始终坚持故障导向安全原则，即设备发生故障时，以特殊的方式做出反应并导向安全。公司还倡导通过闭环解决存在的质量问题，形成全程可追溯的信息化闭环管理，以达到最终产品质量的持续提升。

公司在把牢产品安全性、可靠性指标上，下了一番狠功夫。就拿站台门样机各项试验中最为重要的一项——站台门系统样机100万次寿命试验来说，嘉成股份主动自我加压，对标更高要求，将试验次数从100万次提升到300万次，最新研发的无源锁系统更是将要求提升至了1 000万次……

▲ 何祚庥院士参加公司第一代地铁安全门专家评审会

就这样,当时还处于创业初期的嘉成股份以对自我的高标准严要求,很快赢得了市场的肯定与信任。2004年6月,中国交通协会城市轨道交通专业委员会联合上海市科学技术委员会等部门,为嘉成股份自主开发的改进型地铁安全门组织了高规格的专家评审会。专家一致认为,嘉成股份自主研制生产的地铁安全门技术上达到国际一流、国内领先的水平,建议推广应用。

从零开始自主研发的嘉成股份安全门控制系统在正式推向市场前,终于取得行业专家和有关科技主管部门的论证认可,获得"准生证"。

2004年12月,嘉成股份自主创新的站台安全门在上海地铁5号线春申路站正式投入运营,其不亚于进口产品的技术实力和稳定性,以及嘉成股份所提供的优质维护、保养服务得到了轨道交通运营公司的肯定,也为外界了解嘉成股份在轨道交通安全系统领域的实力提供了生动的样例。

4. 走出重重"雾霾",创造数个"第一"

2004年,"氢弹"计划虽然成功实施,但史和平和他的创业团队却迎来了创立以来最艰难的一段时期。"产品性能过关,服务得到多方认可,证明这个行业我们已经踏进了一只脚。"史和平回忆起当时的状况说,"那时还不能说我们的双脚已经进了门,因为东西还没有卖出去。"

公司3年间已投入1 000余万元研发经费,"氢弹"计划花去的500多万元,更是让成立3年还没有营业收入的嘉成股份"雪上加霜"。为了维持团队运行,留住人才,公司给员工发放了不低于业内同行水平的工资,企业一度进入了"深度雾霾"状态。

为何最终选择咬牙坚持?有3个因素支撑着史和平这股不服输的劲头:首先,他坚信轨道交通安全需要站台门设备;其次,是对公司的技术和产品的自信;最后,则是公司最大的资产——已经形成的创新团队。2005年年初,史和平将自己的房产证抵押给银行,贷出几百万元交给公司财务,开始再次冲锋。

机会总是留给有准备的人。2006年9月,上海地铁1号线北延伸段及9号线一期高架车站安全门项目招标,这是一个包含2条线、7个车站、520个安全门单元的大项目。面对众多强大的国外竞争对手,嘉成股份厚积薄发,最终以"性能、价格、优质服务、备品备件、技术创新"的综合优势,以更具优势的技术创新为依托,一举中标。坚持自主研发的决策,企业终于有了回报。嘉成股份乘势而上,正式驶上了发展的"快车道"。

2006年后,嘉成股份乘着中国轨道交通行业发展的东风,驶上了"快车道",发展势头锐不可当。公司在地铁安全门、屏蔽门产品及其安装工程上创造了数个国内"第一":上海地铁5号线春申路站站台门系统,是国内首个投入运营的自主品牌产品;装有嘉成股份站台门系统的上海地铁11号线是国内首条跨省(市)域工程,同时也是全球最长地铁线路;2013年,嘉成股份为上海地铁1、2、3、4、5、6号线加装4 308套经济型安全门,创造了同期业内站台安全门加装项目世界之最……

嘉成股份在创新智造的过程中,已获多项殊荣:嘉成股份承建的上海地铁11号线北段(二期)屏蔽门及安全门工程,被评为"2014年上海市市政工程金奖";嘉成股份承建的上海地铁16号线工程屏蔽门,被评为"2015年上海市市政工程金奖";上海地铁17号线站台门设备供货及服务项目安装工程,荣获"2017年度上海市优质安装工程申安杯奖",站台屏蔽门系统被评为"上海市自主创新产品"。

如今，公司旗下控股包括上海三意电机驱动技术有限公司、上海嘉成轨道交通技术服务有限公司、上海嘉成智慧轨道交通发展有限公司、上海美晟环境技术股份公司、江苏嘉成轨道交通安全保障系统有限公司、苏州嘉成轨道交通技术有限公司、嘉成轨道交通安全系统（国际）有限公司等多家子公司。统筹整合各子公司技术和产业优势，以互联互通、智能制造、节能环保和产业链集成为战略发展方向，嘉成股份先后获得"国家高新技术企业""上海市科技小巨人企业""上海市'专精特新'中小企业""上海市版权示范企业""上海市高新技术成果转化项目""上海市重大工程优秀集体""上海市名牌产品""上海市院士专家工作站"等荣誉称号，并顺利通过国际SIL3认证评审。

（二）创新为魂：新兴行业领域的开拓者

嘉成股份迅速发展的背后，是对工匠精神的执着坚守，而创新则是工匠精神最深层次的原动力。这些年来，嘉成股份在技术创新、体制创新、管理创新上从未止步，一路砥砺前行。

1. 瞄准"高""新"发展方向，提升自主创新能力

嘉成股份高度重视技术创新，每年拿出1 000余万元用于项目研发，不断充实自己的科研实力，持续的投入为公司自主创新研发提供了坚实保障。

此外，公司大力引进国内外高端人才和先进技术，陆续与清华大学、北京交通大学、中铁二院、北京市市政工程设计研究总院、上海申通地铁集团技术中心等科研院所签订合作协议，进行创新项目合作。抓好关键核心技术的攻关，带动创新管理性研究开发，不断提升公司产品技术水平以及市场综合竞争力。

企业牢牢把握住知识产权这条创新发展的生命线，大力开发自主知识产权的生产技术和有较高附加价值的新产品，成为推动企业进入市场的有力武器。同时，公司不断"消化吸收"引进技术，并在此基础上进行二次开发，以提高自主开发和创新管理能力。目前，嘉成股份先后开发出安全门系统、屏蔽门系统、经济型安全门系统、BRT站台门系统、可调通风型站台门系统

▲ 地铁安全门

▲ BRT 快速公交站台门

▲ 可调通风型站台门

▲ PIS 屏可调通风型站台门

共 5 个站台门产品系列,以及国铁大开度垂直升降式站台门、PIS 屏可调通风型站台门、AFC 系统、免维护空气净化系统、智慧轨道系统、无人驾驶技术等战略创新产品和模块。

随着科技的不断发展,人们对设备的安全性、可靠性的要求也越来越高,嘉成股份在站台屏蔽门和安全门的系统升级方面主动顺应技术潮流,不断推陈出新。2020 年,对上海地铁 2 号线进行了系统信号工程升级,以及 CBTC 系统工程站台门设备改造更新换代。传统做法是将所有站台门拆除完毕后再安装,但市民已习惯了装有站台门的地铁模样,一旦站台门拆除,会不会有人因惯性思维而导致危险事故的发生?

如何破解施工环境限制、满足项目需求、提升施工运维安全、大力缩短工时等一系列问题,摆在了"嘉人"的面前。嘉成股份上海地铁 2 号线项目组与技术团队联袂进行技术攻关、验证,一举设计出全球首例站台门"即拆、即装、即用"技术。"即拆、即装、即用"实现了当天拆除既有设备、当天安装调试、当天恢复运营的设想，有效解决了项目施工中遇到的诸多问题，打破了每天凌晨3小时作业对工期的限制。这无疑是对嘉成股份设计、研发、技术、管理、施工、调试、运维、创新能力的全面检验。使用"即拆、即装、即用"新技术和全球首个站台门统型（互联、互通、互换）是该项目的一大亮点。针对上海地铁2号线的全面创新技术使用，是嘉成股份前端技术和装配能力的集中亮剑，再次展示了推进轨道交通科技创新的新作为，为轨道交通提供了更加安全、可靠的运行环境，为乘客提供了更加舒适、便捷的出行感受。

▲ 上海地铁2号线"即拆、即装、即用"现场施工

2. 完善专项组织架构，夯实高质量发展基础

无规矩不成方圆，制度建设对企业的发展具有重要作用。然而，在改进组织架构、加强制度建设的过程中，嘉成股份的决策者们遇到了不小的挑战。比如，一些老员工对为何要增设那么多条条框框表示不理解。从一开始决策者拍板的创业公司"转型"为科学管理的现代企业，史和平说："在这一过程中，我自己也在不断学习和调整，怎样才能形成完善的企业治理架构，让嘉成股份更规范发展？"

为加快完善现代企业治理架构，嘉成股份先后成立预算管理委员会、信息化委员会、创新委员会、战略委员会，以战略为指引，以信息化为抓手，以创新为核心，以预算管理为基础保障，全力推进企业前瞻战略谋划和创新高质量发展。

在这4个委员会中，战略委员会主要负责对公司长期发展战略进行研究并提出建议，在对公司的现状和未来趋势进行综合分析和科学预测的基础上，制定并实施长远发展目标和战略规划；信息化委员会主要负责指导公司全面信息化建设，对未来轨道交通发展的信息化建设和技术突破进行前瞻性布局；创新委员会以"鼎新"带动"革故"，以"创新"带动"赋能"，始终保持嘉成股份现有技术、产品、管理、理念领先行业一代，以及嘉成股份轨道交通安全保障系统全球产业链中高端；预算管理委员会则负责对公司确定的全面预算总目标进行分解，组织拟订预算管理办法等制度，为公司各项事业健康发展做好资金保障。

3. 促进运营模式创新，加速开拓海外市场

在创新驱动转型发展的大背景下，嘉成股份进一步优化产业结构和商业模式。为了赋予创新更多生命力，公司将产品创新与市场创新相结合，以市场需求变量寻求市场创新途径，关注行业发展热点难点问题，紧紧围绕国家行业发展布局，从专用设备供应商逐步成长为站台全生命周期系统服务集成供应商。

在稳扎稳打推进企业发展的同时，嘉成股份的决策者们将目光投向了新一代信息技术。通过深度融合云计算、大数据、物联网等，以站台门机电

设备运维为切入点，重点开展站台门远程监测、预测预警、运维诊断及产品质量追溯等大数据创新应用，显著提升产品服务水平，强力推进企业向信息化、智造服务转型。

嘉成股份不仅有了"引进来"的底气，还有了"走出去"的勇气。在国内经营业绩稳步增长的同时，嘉成股份不断开拓海外市场，打通海外"掘金"之路，并在我国香港地区成立"嘉成国际"，专注拓展国际市场，力争做到国内外市场比翼齐飞、国内国际"双循环"相互促进。不过，在史和平对嘉成股份的未来规划中，公司绝不会在海外市场盲目扩张，在与国外企业开展合作时，必须把牢品质管控，重视品牌建设，维护好中国企业的形象。

4. 实施"百科全书"计划，推进科学化精细化管理

嘉成股份在快速成长，但史和平并没有把目光仅仅局限于市场的拓展，而是及时将推进企业精细化管理提上日程。推进精细化管理是管理深化发展的要求，也是管理水平提升的必然选择。对每个细节都精益求精，并将这种重视细节的理念转变为具有可操作性的程序，通过管理的标准化、数据化和信息化运作，形成更为科学的管理体系，从而获得更高效率、更高效益和更强竞争力。

嘉成股份精细化管理包括产品设计采用的云端三维模型设计SOLIDWORKS、项目工程数据管理采用的全生命周期管理平台PLM、工作流管理采用的OA系统、生产供应链管理采用的ERP系统以及智慧轨道交通建设管理系统SRM、生产现场6S精益化管理。

同时，嘉成股份实施了"嘉成百科全书"计划，对每一个项目进行全流程记录，包括项目的招投标、产品设计、生产与施工建设过程、项目中遇到的难点、取得的成绩、上下游单位的合作等方方面面的细节，确实做到全周期记录。这份"百科全书"可以为后来者真实展现项目的每一个环节，为公司今后的项目建设运营提供有益的借鉴。"嘉成百科全书"的受众并不局限于公司内部人员，它最具价值之处还在于为轨道交通安全保障行业提供真实的案例参考，有助于推动行业高精尖进程。

(三)提前布局：构建"智慧城轨"的探索者

如今，嘉成股份研发制造的轨道交通站台门系统已稳定运营在国内外40余条线路上，从上海出发，陆续承接了苏州、南京、天津、武汉、长沙、合肥、石家庄、柳州、乌鲁木齐、郑州、长沙等一大批国内城市轨道交通经典项目。

随着越来越多的竞争者加入到这片蓝海，嘉成股份不能也不会停下前行的脚步。在嘉成的决策者看来，市场需求模式和人们的生活方式正在加速变换，企业不变革就会遭遇淘汰。在竞争日趋激烈的市场中，公司只有持续不断地创新，才能赢得先机，抢占市场。

2012年，首批国家智慧城市试点名单公布后，智慧城市的概念深入人心，嘉成股份看准时机，加大在"智慧城轨"相关领域的投入，致力于为客户提供创新解决方案，构建"智慧城轨"蓝图。在"智慧城轨"的大环境下，只有把住行业的"风"，才能掌稳企业的"舵"。

嘉成股份充分发挥在智慧轨道交通建设管理系统设计、研发、生产及运营方面的领先优势，研发了基于BIM和新一代信息技术与工业物联网系统全方位深度融合的一种创新技术——全生命周期的智慧轨道交通建设管理系统SRM，在规划、建设、运维、管理等阶段帮助企业避免出现"信息孤岛"问题，同时还能大幅降低轨道交通项目建设运维成本、缩短工期，显著提升产品质量、降低安全风险。

以站台门为例，在运维阶段，工作人员可以在SRM系统中采集之前设计、生产以及运行过程中的数据，通过分析这些数据生成预判，形成定期管理机制和应急管理专家库，提前知晓并处理站台门可能会出现的问题，尽可能减少站台门发生故障后再去维修的情况，从而延长它的生命周期。在上海地铁2号线、14号线，合肥地铁5号线的实际项目管理过程中，以及上海地铁9号线金吉路站的运维管理过程中，都已经能看到SRM系统发挥作用的身影。

SRM系统利用大数据推动信息化和城市轨道交通建设深度融合，促进产业转型升级，实现城市轨道交通由自动化向智慧化转型。

除了颠覆式创新，嘉成股份也从未停下优化设备的步伐。2010年，公司开始着手研发可调通风型站台门，如今，已在青岛、长春、呼和浩特等地投入使用。这种产品主要应用于轨道交通地下车站，可以在不同季节转换屏蔽门的开闭系统状态，使其匹配不同季节空调通风的节能运营模式，降低运营能耗。

在研发过程中，技术人员遇到了如何保持气密性、如何解决啸叫干扰、如何保证叶片强度等一系列难题。而最大的难关则是要在"螺蛳壳里做道场"——在狭小的空间里需要完成叶片组的远程启闭、本地电动启闭和机械手动启闭。嘉成股份技术人员埋头苦干两年多，才最终攻克了这一难关。

除了做好自己的拳头产品，嘉成股份还尝试在AFC闸机门领域与国外顶尖企业强强联手。2015年12月，嘉成股份成为马格闸机的中国独家代理。至今为止，嘉成股份协助马格完成了上海、南京、武汉、重庆、厦门、苏州、杭州等城市40多条线路的产品应用。此外，承接了成都、宁波、大连、南昌等多个城市既有线路的维护和技术支持工作。

在多年的项目经验和使用过程中，嘉成股份对AFC产品有了全面的认识，对AFC产品具体使用中的优缺点和改良有了客观的判断。通过一路研发攻关测试检验，嘉成股份正在逐步实现AFC技术转化。

（四）培养＋激励：优秀人才队伍的建设者

企业的发展离不开优秀人才。嘉成股份是一家高新技术企业，对人才的需求非常多样，心怀正能量、有创新思想、乐于主动学习一直是嘉成股份对所有员工的共同要求。

嘉成股份拥有10多位毕业于国内外知名院校的博士、硕士，一支近50人的精锐研发团队，专注研发各类为乘客安全保驾护航的高端科技。

按照公司"专精特新"的特色，嘉成股份不断加强与各大高校、研究所、上下游产业链合作力度，充分发挥产学研一体化建设优势。目前，企业已与清华大学、北京交通大学、天津大学、上海交通大学、同济大学、苏州大学、西南交通大学、中铁二院、中铁三院、中铁四院、上海隧道设计院、上海申通地铁集团技术中心等单位开展科研创新合作，建立创新联合体。比如，公司与北京城建院联合研发可调通风型站台门，与申通地铁集团建立联合实验室，与申通地铁集团技术中心联合研发新型站台门……这些举措切实提高了科研成果转化效率，以协同创新机制的优化加快推动产学研用一体化发展。

在与各大院校、科研院所交流合作的同时，公司注重借助这些平台进行企业内部人才孵化，针对性地做好对现有人员的职业培训和潜力发掘。嘉成股份采取"送出去，引回来"的方式，安排公司技术人员、管理人员分批次到这些合作单位进行学习交流，以满足复合型人才队伍建设的需求。

同时，嘉成股份高度重视党建工作，不断创新工作载体和方式，让党建与业务融合共促，让党建工作提质提效。着力把党员锻炼成骨干，把骨干培养成党员，将党员、骨干输送到关键岗位，加快高技能人才队伍建设。

加强企业文化和价值观宣导，增强员工归属感。对员工进行企业制度、企业战略、企业文化方面的培训固然重要，但嘉成股份认为员工综合素质的全面提升极为关键。在史和平看来，企业要为员工创造发展空间。职业生涯

▲ 入党宣誓

▲ 党群活动中心

规划并不只是员工的个人问题，企业需要帮助、指导员工共同来制定，因为员工的成长就是企业的成长。

为此，企业积极推动建立"传帮带"机制，助推新员工启航。老员工们在业务上给予新员工指导，授其以渔，帮助他们尽快适应工作，迅速提高处理问题能力；在生活上主动给予新员工关心，使他们能更快地融入嘉成股份这个大家庭。中高层干部更是以身作则，引导和帮助新员工加强道德修养，提升能力水平。

公司的发展离不开内部上下游产业链间、项目合作公司间、部门与部门间的紧密衔接，需要无障碍沟通，因此部门间和同事间的团结共事和合作意识非常重要。为打造一支高效、专业、富有经验和创造力的复合型人才队伍，公司设计了一整套完整的人才梯队建设方案。比如，对于中高层管理干部，公司采取到项目上、到分公司、到其他部门挂职锻炼的方式，让管理层身处其中，对挂职单位工作进度、工作情况、人员配置，特别是项目上的产品备件、现场管理，要有全方面的学习和了解。通过挂职考核抢抓落实，最终实现公司与个人的共赢，达到在挂职中成长、在项目中蜕变的目的。

要充分调动员工的工作积极性，激励必不可少。近年来，公司精心设计并实施了如股权激励、创新为导向的积分奖励机制、年度创新团队评选等一系列激励措施。以积分奖励机制为例，如果员工在某个工程项目上做出了有价值的技术改进，可以及时呈报给公司，公司第一时间帮助其申请专利。这样，员工既能成为这项专利的发明人，还能获得公司的多笔奖励与相应的积分。年末结算时，一旦积满12分，还能再获得1万元嘉奖。如此一来，员工会更积极主动地将自己的技术改进方案提供给公司，不再将自己的小发明"藏着掖着"。与此同时，嘉成股份不断完善绩效考核体系，强化管理，尽可能公平、透明地"量化"每个员工的工作成果，坚持鼓励创新、奖优罚劣。

（五）战略转型：开启二次创业征程的拼搏者

2020年是嘉成股份18岁的生日，也是公司跨越式发展的拐点，更是公司战略转型的机遇期。突如其来的新冠疫情给经济社会发展带来了压力，也让嘉成股份深刻地意识到危与机相伴相生。企业毫不懈怠地抓好疫情防控和复工复产，马不停蹄地组织力量投入产品研发创新之中，奋力吹响了二次创业新征程的号角。

2020年，史和平带领企业内炼凝聚力、外炼筋骨皮，成立创新委员会，与公司战略委员会、信息化委员会、预算管理委员会形成嘉成股份"四委会"，从战略上加以驱动指引、创新上不断突破提升、信息化上智能创联增效、预算上予以计划保障，全力驱动公司向着WiSDOM引领站台门行业发展的愿景不断前行。

经历了"成人礼"的嘉成股份将胸怀"不忘初心再出发"的壮志，在推动高质量发展中继续创新奋进，争当细分行业中的"隐形冠军"。通过党建引领作用，集聚行业高端人才，坚定走"专精特新"发展之路。"有人曾说过，一流企业做标准、二流企业做品牌、三流企业做产品。"史和平希

智联智控智造，护航智慧轨交

▲ 嘉成股份 18 岁生日

望,在不久的将来,嘉成股份可以成长为行业标准的制定者、行业发展的领头羊。

在新型轨道交通装备产业领域,二次创业的嘉成股份将以智慧化、高端化为发展方向,研发更加智能可靠的轨道交通装备,领军产业整合,布局全产业链,提升行业全球综合竞争实力。

史和平表示,公司着眼未来,定下三年战略发展目标——以乘客为中心,以智慧车站系统为依托,以"智慧城轨"为战略方向,为乘客提供更舒适便捷、安全可靠的出行体验。公司将建立系统完备的技术标准体系,坚持智能化和自主化策略,努力在中国"智慧城轨"的发展蓝图上留下属于嘉成股份的一笔。

未来,嘉成股份将立足中国、放眼世界,响应"一带一路"倡议、贯彻"交通强国"战略,持续扩大自身品牌价值和影响力,为国家轨道交通事业的战略布局建言献策、添砖加瓦。

三、经验启示

(一)从零起步,坚持自主研发

轨道交通行业是近年来我国产业政策重点支持发展的高新技术产业之一。2015年,先进轨道交通装备被列为十大重点领域之一。国家"十四五"规划纲要再次明确提出,要培育先进制造业集群,推动先进轨道交通装备等产业创新发展。

史和平坦言,这个行业普遍做法是"引进—消化—吸收—创新",但嘉成股份走的却是一条完完全全的自主创新道路,"这条路的确很难"。嘉成股份经历了从无到有、从有到优的跨越,无论是人才团队、核心技术、知识产权,还是市场布局,嘉成股份都在点滴积累中突破了各种瓶颈和壁垒。

安全门系统的机械锁、屏蔽门系统的电磁锁均由嘉成股份自主设计完成,具有完全的自主知识产权;电机的驱动系统由嘉成股份自主研发,具有完全的自主知识产权；门控制系统由嘉成股份自主研发和集成，系统架构设计灵活、系统集成度高、运营维护简便、技术支持便捷、国产化率高……公司先后申请专利212项，其中有效专利150项，申请发明专利73项，已授权40项；申请实用新型专利117项，已授权75项；申请外观专利22项，已授权17项；申请软件著作权33项，均已取得证书。

2002年11月，公司研制的国内第一代"轨道交通站台安全门系统"通过上海市科学技术委员会的鉴定；2005年7月，嘉成股份自主研发的"轨道交通站台安全门系统"代表上海市参加了"国家首届安全生产与技术装备展览会"，荣获"优秀奖"；2009年8月，"轨道交通站台安全门系统（屏蔽门系统）"被评为"上海市自主创新产品"，并被列入上海市政府采购目录；2015年9月，"轨道交通车站空气净化系统"获得上海张江国家自主创新示范区专项发展资金支持……这一项项荣誉与肯定，都是嘉成股份多年来坚持走自主创新、掌握核心关键技术之路，最终厚积薄发的结果。

经过多年的创新与发展，嘉成股份轨道交通设备产品已经遍布国内外40余条轨道交通线路上，全球每天有几千万人次使用嘉成股份的产品。

嘉成股份清楚意识到，要想长久持续地发展，必须加强自身内功的修炼，掌握核心科技，减少在一些高新领域对国外技术的依赖，不断提高自身的竞争力和综合实力。

（二）安全第一，倡导全生命周期管理

嘉成股份由数字化设计向数字化工程转变，由传统工业向智慧运营布局，由多项专业产品开发向行业全产业链转型，由内部各专业协同、研发、施工、运维转向智慧管理深化，由传统制造、施工、维护向工程全生命周期管理转变，让业主、社会、消费者对嘉成股份的技术实力、产品质量和售后保障彻底无忧。

在轨道交通运营中，一切可能出现的安全隐患都要最大限度地避免。因为公司设计生产的产品不同于普通的民用产品，安全一直以来都是重中之重。史和平一直提倡"要把每个项目都做好"，如果做十个项目，九个都合格，即使只有一个项目出现纰漏，也会对公司造成不可挽回的负面影响。为

了落实责任抓质量，公司专门成立了项目管理部，实现了从原先项目经理负责制的二级管理到三级管理的成功转型。

正如前文提到的，上海地铁 2 号线 CBTC 系统工程站台门设备改造更新换代项目是全球首次使用"即拆、即装、即用"技术，而这正是嘉成股份出于对乘客生命安全的考量，进而落实到对技术与产品质量的精益求精。"即拆、即装、即用"技术的顺利实施，也得益于嘉成股份长期对产品和服务品质近乎苛刻的要求。

智慧轨道交通全生命周期管理的核心就是稳定和安全，安全是诸事之首，这也是嘉成股份把"为社会创造安全价值"作为企业使命的原因。嘉成股份始终牢记"创新为魂、务实为本、锐意进取、追求完美"的企业精神，为市民的安全出行保驾护航。

（三）放眼未来，布局全产业链

轨道交通行业目前供需缺口逐步扩大，高端需求占用产能，资本开支递延，影响中期供给。从需求端来看，业主对智慧化、智能化需求不断增加，对新技术的安全使用更是需求旺盛，对服务商的系统整合能力愈发看重。

在新形势的市场竞争环境下，品质、技术、服务、价格只是基础层面的竞争，而全产业链 + 全生命周期管理带来的是一步到位的集成服务，是建设、运维、维护的一站式服务。整合产业链提升的是品质、技术、服务、价格、品牌的高度融合，能够有效解决技术弊端，提高集成优势，大力节省装配时间，缩短建设周期，降低管理、人员、环境、物流、沟通成本。

目前国内轨交装备商比较分散，没有形成产学研、建设、运维的一体化作业闭环，无法发挥产业集群拳头优势，对整体竞争力和整体装配的实力都是一种弱化。这对于具有成熟技术、拥有全套自主产权、具备完整产品生产装备能力、掌握独立创新开发能力、项目市场辐射全国、拥有多年运维经验的嘉成股份来说，正是抓住轨道交通新一轮发展、整合各方资源的战略机遇期。

专家点评

自2002年成立以来,嘉成股份紧紧围绕国家战略,牢抓时代机遇,始终将创新作为企业发展的核心战略,坚持自主研发,填补了国内行业空白,打破了国外技术垄断,并以研促产、以产带研,积极开展校企合作,与清华大学、北京交通大学、天津大学、上海交通大学、同济大学等知名高校开展科研攻关,不断推动"产学研用"深度融合。

轨道交通装备业关系到国家和社会安全,"安全为先"必须是企业发展的永恒主题。不重视产品质量的企业是无法在日益激烈的市场竞争中脱颖而出的。嘉成股份之所以能成为行业领跑者,与企业长期牢固树立"安全第一"的发展理念有着深刻的联系。

嘉成股份的成长史围绕着一个"门"字——用理想开启安全之门,用科技突破质量之门,用标准守好服务之门,用创新叩响世界之门,深耕于"门",做好"门"的文章。

此外,随着社会的不断发展,消费者除了对产品质量提出更高要求外,也对标准化工作提出了更高的要求。嘉成股份在将品牌做强做大的同时,通过对互联互通的研究,加强自身标准化建设,力争成为标准的制定者,实现对行业的引领,这是一条正确且值得借鉴的发展路线。

点评专家

宋键,上海申通地铁集团有限公司技术中心党委书记兼总经理,教授级高级工程师,享受国务院政府特殊津贴专家,上海市领军人才,住房和城乡建设部轨道交通专家。

思考题

1. 在自主创新过程中，企业怎样将创新与市场需求紧密相连，怎样将创新更好地转化成生产力？
2. 在波澜不惊的发展过程中，企业应该如何抓住契机重燃激情之火，寻求创新突破开启二次创业新局面？
3. 请结合你所在的城市或你所了解的各项信息，谈谈城市轨道交通未来发展方向，以及你对未来城市轨道交通有哪些憧憬。

创业者小传

史和平，上海嘉成轨道交通安全保障系统股份公司创始人兼董事长。

男，1972年4月出生，民建会员，北京交通大学中国城市轨道交通EMBA学位获得者。

曾获"上海市民建优秀企业家""上海市普陀区拔尖人才""上海市普陀区创新创业杰出人才""常州市龙城英才计划领军人才""政协上海市普陀区委员会先进个人""上海市普陀区工商业联合会（总商会）履职模范"等荣誉。

担任全国工商联（中国民间商会）执行委员，上海市政协委员，民建上海市委委员、普陀区副主委，上海市工商联（总商会）执行委员，上海市普陀区总商会副会长，上海市科技企业联合会副会长，中国城市轨道交通协会常务理事，上海市专精特新智能制造专业委员会副会长，上海市普陀区科技企业联合会理事长，北京交通大学校友会城市轨道交通行业分会副秘书长等社会职务，并受聘担任苏州大学轨道交通学院客座教授。

"中国芯"连通"一带一路",开辟智慧大物流蓝海

——上海西井信息科技有限公司的国内国际双循环创新创业实践探索

摘 要

上海西井信息科技有限公司（下文简称"西井科技"）取名自上海朱家角百年老街西井街，骨子里天然带有海派创新基因。以类脑人工智能芯片起家，公司从底层算力出发打造"中国芯"，坚持以人工智能的商业量产运用带动技术自主创新，在大物流和大城运领域推动服务业与智造业的深度融合，致力于打造"智能服务业"。

扫一扫，看视频

作为国内少数具备全栈式开发能力的人工智能公司，西井科技在科研和商业之路上践行国内国际双循环理念，成为与国家"一带一路"倡议结合最紧密的人工智能企业之一。依靠灵活创新的团队，公司在自动驾驶技术、港口人工智能全局化方案等领域领跑市场，业务已遍及"一带一路"节点的中国、东南亚、北欧、中东等，在海内外拥有90余个签约客户。公司不仅领衔打造多个全球第一的人工智能港口标准，更成为港口智慧转型的引领者和实践者，产品和服务在智慧港口的国内市场占有率达到50%以上，年营业收入跑出了400%的增长加速度。

公司以党建文化引领企业文化，发挥党员先锋模范示范作用，深入实施人才优先发展战略，打造科技公司战斗堡垒，凝聚团队、鼓舞士气，建立了一支虽然年轻，但学习力、执行力、产品化能力、合作力超强且具备国际化视野的人才创新团队。企业先后被评为"国家高新技术企业""国家专精特新'小巨人'企业""上海市'专精特新'中小企业""上海市青年五四奖章集体""上海市和谐劳动关系达标企业"等，企业团支部被共青团中央授予"全国五四红旗团支部"称号。

人工智能　智能服务业　一带一路　双循环　赋能传统行业

一、背景情况

人工智能是新一轮科技革命和产业变革的核心驱动力。党的十八大以来，习近平总书记始终强调把创新摆在国家发展全局的核心位置，高度重视人工智能的发展，多次谈及人工智能的重要性，为人工智能赋能新时代指明方向。

从2015年国务院印发《中国制造2025》首次提及人工智能，到2017年"人工智能"首次被写入政府工作报告，我国开始从国家层面加快对人工智能战略进行系统布局。党的十九大报告明确提出"推动互联网、大数据、人工智能和实体经济深度融合"，为人工智能助力传统行业实现升级、提升行业效率指明了方向。

2019年3月19日，中央全面深化改革委员会第七次会议审议通过了《关于促进人工智能和实体经济深度融合的指导意见》，进一步指出促进人工智能和实体经济深度融合，要把握新一代人工智能发展的特点，坚持以市场需求为导向，以产业应用为目标，深化改革创新，优化制度环境，激发企业创新活力和内生动力，结合不同行业、不同区域特点，探索创新成果应用转化的路径和方法，构建数据驱动、人机协同、跨界融合、共创分享的智能经济形态。

作为长三角一体化的龙头，上海市积极落实国家战略规划，率先制定人工智能的专项支持实施计划，《关于本市推动新一代人工智能发展的实施意见》《关于建设人工智能上海高地构建一流创新生态的行动方案（2019—2021年）》等一系列政策文件陆续出台。人工智能上升为上海的优先发展战略，人工智能产业也成为上海"三大重点产业"之一。

凭借天时、地利、人和，西井科技于2015年5月应运而生。作为国内较早创立的人工智能企业之一，西井科技紧跟国家战略步伐，2016年4月开始切入国家"一带一路"倡议中重要的合作领域——智慧港口，并于当年拿下第一笔智慧岸桥理货订单，成为人工智能领域最先实现商业化应用的科技公司之一。

从一家在港口业界名不见经传的科技公司，到创立短短几年时间内成长为全球全局化人工智能港口解决方案的先行者和践行者；从2016年单一的岸桥智慧理货产品，到如今覆盖港区各个作业环节的"智能+"系统；从实验室一台小小的无人驾驶原型车，到全时无人驾驶新能源重卡Q-Truck量产……西井科技凭借一支精干、优质的创新科技团队，在技术研发和市场推广上，采取从点到面、以码头辐射港口集团、以试点项目推动全面辐射型推广的模式。2020年，尽管受到新冠疫情的影响，西井科技的无人驾驶产品仍实现了"逆行"出海至瑞典和泰国码头。

西井科技包容与开发并举，多项目同步与客户联合开发，将试点产品做成行业标杆，在智慧港口行业打造出明星口碑效应。

同时，公司积极借助通过国外项目获得的经验，不断提升产品功能和服务性能，反哺应用于国内市场，目前在国内的人工智能智慧港口市场占有率已达到50%以上，业务几乎覆盖了沿海大型港口集团。如今，西井科技在智慧港口"蓝海"市场做深做透，又不断拓宽边界，将智慧港口的经验复制至口岸、物流园等大物流和智慧城运领域。

▲ 西井科技团队合影

这支朝气蓬勃的创业团队，每年都在加速成长，公司的年营业收入跑出了400%的增长加速度。2018年，西井科技被任命为联合国工业发展组织"一带一路城市大会"大使，2018年获得"国家高新技术企业"荣誉称号，2019年获评"上海市青年五四奖章集体"，2021年获得"国家专精特新'小巨人'企业称号"，2022年西井科技团支部被共青团中央授予"全国五四红旗团支部"称号。

二、主要做法

如今，西井科技的足迹远至"一带一路"沿线，人工智能产品和解决方案已辐射到中国及东南亚、欧洲、中东等海内外90余个签约客户；而在创立发展之初，它却是在上海一条全长仅730米的小马路——利西路上诞生的。

得益于国家和社会给予的创新创业沃土，以及国家对于集成电路、人工智能等战略性新兴产业的大力支持，西井科技传承"开放、创新、包容"的海派文化，坚持以自主创新、攻坚克难、追求卓越为工作目标，探索人工智能技术在传统行业的应用场景。在发展过程中，公司深耕"一带一路"倡议下的"智慧港口"等大物流场景，通过精准定位，找准用户痛点，解决行业需求，帮助用户实现真正价值，助力中国智造走向海外，成就多个行业"隐形冠军"。

自2015年创立至今，西井科技从一家仅3人的小企业成长为400人的团队，可谓是"小公司""快增长""大作为"。高质量发展的背后，又隐藏着什么样的企业成长故事呢？

（一）天时地利，海派气质"AI"初心

"西井"之名，取自创始人就读的中学门前那一条百年老街——上海市青浦区朱家角镇西井街。西井科技是一家土生土长的、由上海人自主创业的人工智能公司，名字中就寄托着浓浓的家乡情怀。天然传承海派基因文化，又怀揣着一颗拥抱"AI"（人工智能）的初心，西井科技在上海诞生了。

创业之初，举世瞩目的"阿尔法狗"人机大战尚未开始，普通民众不知人工智能为何物。公司从3人的小团队起步，迅速吸引了一批人工智能专业的海归学子。2016年1月，团队初建。不到半年的时间，公司便组建起一支80%的技术员工毕业于世界顶级理工名校的科研团队。这些技术人才学历出众，毕业学校包括英国牛津大学、英国帝国理工学院、美国普渡大学、瑞典查尔姆斯理工大学、英国利物浦大学、美国伊利诺伊大学等，涵盖芯片设计、人工智能算法研发等专业。

为何这些优秀的留学生愿意回国，愿意留在上海，愿意加入西井科技？因为这群年轻人怀抱着共同的理想与目标：报效祖国、帮助祖国更强大。他们想有一番作为，而上海对于留学生落户的政策也特别有吸引力。西井科技选址在上海市长宁区的利西路上，看中的也正是上海作为长三角枢纽以及国际大都市的优质营商环境。这里宜居宜业且交通便利，也有利于吸引和留住顶尖优秀人才。

从大环境看，科技人才之所以纷纷选择回国打拼事业，是因为随着中国经济实力的不断增强，我们在世界上有了更多的话语权，也有赖于政府对创新创业的大力支持。近年来，国家针对集成电路、人工智能相继出台一系列相关政策，鼓励扶持人工智能产业发展。上海也正在全面实施集成电路、人工智能、生物医药"上海方案"，集聚高水平研发机构，加快形成一批聚焦关键核心技术、具有国际先进水平的功能型研发转化平台。

西井科技自创立之初便与国家战略紧密融合，顺应发展大势。公司项目涉及"上海方案"的集成电路设计与人工智能两大方面，而选择开辟智慧港口赛道，也与"一带一路"倡议密切相关，它是实现"五通"的功能节点，联通物资、商品、文化的交流，连接中国与世界。

习近平总书记曾指出："经济强国必定是海洋强国、航运强国。"航运离不开港口，港口的发展，在习近平总书记心中始终有着沉甸甸的分量。2020年3月29日，习近平总书记在浙江宁波舟山港穿山港区考察时强调，要坚持一流标准，把港口建设好、管理好，努力打造世界一流强港，为国家发展作出更大贡献。

上海是我国重要的港口城市，一直致力于打造国际航运中心。其中《上海国际航运中心建设三年行动计划（2018—2020）》明确提出，对接"一带一路"倡议和"长江经济带"国家战略，建成以智慧高效的集装箱枢纽港、品质领先的航空枢纽港、国际一流的邮轮母港等为特征的具有全球影响力的国际航运运营中心。

因此，西井科技毅然选择了一条和同期创业的人工智能公司不一样的赛道：扎根智慧港口蓝海，做深做透港口智能升级需求，深耕"一带一路"倡议下的港口行业，闯出上海人工智能企业的一片天地。

▲ 西井科技自主研发的无人驾驶电动重卡 Q-Truck

西井科技在企业发展中亲身感受到一系列从国家到市、区层面的暖心政策，并直接受惠于国家创新创业政策。作为轻资产、创新型的科技企业，公司专注埋头搞研发、搞应用，前期研发经费投入巨大，但创立之初对各项政策并不是特别了解。市、区两级政府各部门多次主动上门走访递送产业和人才等政策，关心企业发展问题，积极出谋划策。

2017年，由于团队规模迅速扩展，公司面临办公空间紧缺的状况，办公场地面积严重不足。驻地长宁区江苏路街道办事处得知这一消息后，第一时间主动和业主协调，帮助公司拓展办公空间。

2020年年初，公司海外业务发展迅猛，急需多元化的资金渠道来拓展研发和市场推广所需的资金。恰在此时，从国家到上海的市、区政府陆续出台了多项扶持企业发展的政策措施。受益于政府搭台，牵线银企合作，西井科技被纳入"稳企业保就业金融重点支持企业名单"，获得了数千万元的"零抵押、无担保"的授信额度，拓宽了融资渠道，为公司积极拓展海外市场提供了充足的备用"弹药"。

从公司创立以来获得各项惠企政策，到四方合作机制的金融扶持，包括2020年9月国务院总理李克强在上海组织召开的金融支持实体经济座谈会上，西井科技收获总理给予的"智能服务业"新定位……可以说，良好的营商环境，用好国家普惠政策，正是公司迅速壮大的法宝之一。

（二）创新驱动，从"芯"启航产业报国

打铁必须自身硬。西井科技自创立之初，即怀揣自主研发设计"中国芯"的梦想，希望通过"人工智能芯片+人工智能算法"，帮助传统行业快速实现智慧升级与改造。

人工智能的实现依赖三个要素：算法是核心，硬件和数据是基础。其中的硬件，指的是运行人工智能算法的芯片与相对应的计算平台。现实一次次警示我们：无论行业规模多大，如果缺芯少魂，核心部件依赖外国，我们的产业链就会被"卡着脖子走"。中国的人工智能基础研究和基础设施仍然比较薄弱，包括硬件在内的大量核心技术掌控在欧美手中。中国唯有坚持自主创新，构建"芯片+算法"的生态体系，才可能在人工智能底层架构上实现"弯道超车"，通过顶层设计加速人工智能"普世化"。

西井科技心系国家，希望能以中国"芯"为智造加速出一份力。人工智能最重要的是要技术落地，传统行业缺乏人工智能算力、算法的技术支持；同时，人工智能技术"高大上"的基础硬件入门标准，让很多企业望洋兴叹，也直接导致人工智能的发展窘境：虽然看似火热，却远远没有达到"普世化"。

西井科技也在深思这一问题：在为行业研发有力的底层技术基础的同时，是否可以找到一条人工智能为传统行业赋能的快速技术路径？

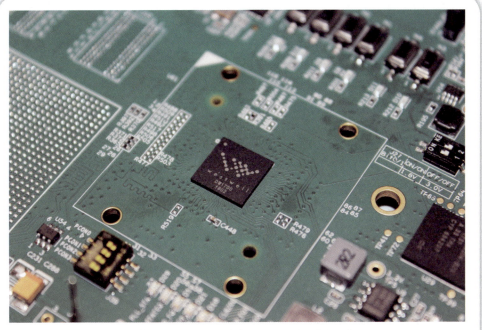

▲ 西井科技自主研发的 DeepWell（深井）芯片

在芯片开发的初期，公司便确定了核心技术与应用场景深度契合的研究方向。2017 年 9 月，西井科技在全球范围内首次实现"片上学习"（On-Chip Learning）。2018 年 2 月，团队自主设计的最新一代参照仿生类脑设计的人工智能芯片——DeepWell（深井）一次性成功流片，能直接在芯片上实现快速"片上训练"与"片上识别"。

DeepWell 芯片的最大特色是能做到深度学习，小样本训练达到较高识别率，并可随时新增样本进行增量训练，以满足用户更多个性化的需求。有了"片上学习"人工智能芯片的帮助，可实现"无网络"状态下的深度学习。公司将该技术首先运用于全局化人工智能港口的智慧升级，即帮助大量已运营的中小码头智慧升级，提供从闸口到岸桥再到堆场的全局化人工智能港口解决方案。

目前，西井科技的人工智能硬件已经融入公司的全系列产品之中。经过在智慧港口以及集装箱物流等实际商业应用的打磨，西井科技 2019 年正式研发推出 Orwell 云端一体化人工智能加速硬件平台。

在底层算力和算法的研发方面，西井科技希望通过逐步在自有应用场景的验证，运用自主知识产权的芯片，为中国更多的传统行业智造加速。

Orwell 平台通过自主研发人工智能核心硬件计算单元，打造不同的形态和产品，从实际运用场景出发，彻底实现"端、边、云"的计算数据融合，在"5G+人工智能"IoT 时代构建全域人工智能生态链，降低企业的人工智能硬件研发与固定成本，加速人工智能技术在更多大物流和智慧城运场景的高性能数据融合和大规模应用。

西井科技的 Orwell 云端一体化人工智能产品，构建的将是一整套从云端训练、云端测试、云端调优，到利用融合接入的边缘智能网关进行远程部署、边缘计算、反馈强化训练的人工智能计算生态闭环，让原本无法触及人工智能硬件产品的小型企业和行业客户可以快速切入，针对自己的场景使用人工智能硬件完成开发、测试、部署、上线的全域管理。

这无疑将降低人工智能开发的门槛，真正构建"云边端芯"的人工智能生态闭环，真正做到人工智能场景实际落地，将原本只存在于专业厂商的人工智能技术"普世化"，加速人工智能技术在智慧港口、智慧园区等更多垂直化场景爆发。这正是西井科技在底层算力和算法平台的顶层架构设计持续不断的原动力，希望未来让更多中国传统企业用上人工智能技术，用好人工智能技术，改善工作环境，降本增效，真正解放生产力。

（三）市场导向，独辟蹊径开拓"蓝海"

当今社会，人工智能已经成为社会各个层面竞相开展价值创新的核心阵地。但人工智能有其自身的特点，无法自成产业，而是一种"赋能式"的基础技术。这种"赋能式"经济的价值与意义在于，结合传统产业，通过降本增效，极大地驱动传统产业的价值产出率。

西井科技创始人谭黎敏发现，人工智能芯片企业的生存面临两个挑战：一是人工智能芯片公司的资金、人力投入比较大；二是生产成功后却不能马上满足所有应用场景的需求。然而，作为一家商业公司，首要任务是求生存。

"上海是一座海纳百川的城市,能快速接触前沿的商业趋势。很多土生土长的上海企业,既有研究专长,又天生带有市场驱动的商业基因。"谭黎敏认为,以底层的技术去驱动是个伪命题,人工智能新技术要想成为真正创造价值的应用,一定要精准定位,找准商业落地,即以市场为导向,坚持快速落地和自主研发核心技术双轮驱动。如果仍然固守着人工智能的硬件底层,而脱离与外部应用层的沟通,缺少业务需求的对接,那么就很可能做出与市场脱节的产品。做芯片和算法的开发需要沉下心花大量时间研究,时间成本很高。如果耗费了大量时间进行研究,最后却发现与市场脱节,就会丧失生存机会。

"我们的想法是先把一个行业打深打透,再去做横向的第二行业。在创业的过程中,我们也在不断寻找人工智能的边界。"谭黎敏这样思考市场布局。

作为自带光芒的"人工智能产业",是选择去高大上的金融、安防领域,还是选择传统工业?西井科技在前期做了大量调研,走访了江浙地区很多制造企业,发现不少企业虽在各自的 OEM 行业做到老大,但企业最怕的是熟练工过年后不返回工厂,生产订单不断积压,人力成为这些传统制造企业最大的发展瓶颈。

巧合的是,在长三角地区走访港口时,西井科技发现港口是一个相对传统的行业,人力成本高,安全生产管控需求高,且劳动力已出现断层情况。比如在码头、堆场等生产前沿,岸桥司机长期高空低头作业,劳动强度大,且起吊难度高,对司机技术的要求会更高,如今"85后""90后"群体已不太愿意从事这一工作。

以国内港口的水平运输为例,95% 的企业仍使用传统人工驾驶集卡拖车。不过,随着集装箱吞吐量的不断上升,众多码头运能不足,卡车司机疲于高强度满负荷工作的矛盾凸显,直接影响了码头的集疏运效率。更重要的是,码头司机的人力成本居高不下。例如,一个集装箱年吞吐量 200 万 TEU 的中等码头,其一年的司机人力成本就高达 7 000 万元左右。

在国外,自动化码头因为建设难度大、成本高、收益慢而被称为"贵族码头"。且受自动化技术改造的局限，现有的自动化码头的建设投入巨大，尤其是地下需要埋设几万枚磁钉，土建不能使用常规的钢筋，必须使用由玻璃纤维构成的"塑料钢筋"，导致基建成本较高。同时，码头目前装卸费收入普遍不高，用户投资的回报周期太长，投资者对此十分谨慎。此外，现已运营的码头难以"大动干戈"，不能停工很长时间在原有码头上实施改建。这些痛点，导致了使用磁钉导引的自动化技术难以在已运营的港口码头快速铺开建设。

限定区域、规则可控、刚需缺口——这是西井科技打开港口自动驾驶商业化缺口的切入点，也是打开全栈技术链条的开端。

技术创新是西井科技的核心，更重要的是，要帮助用户转变固有思维，用创新观念拥抱人工智能新技术。用人工智能技术为传统企业赋能，用创新思维帮助它们提升行业生产力——这正是西井科技打造的商业模式。

按照差异化定位打法，西井科技最终选择了更能体现价值的传统行业——港口，帮助港口用户解决实际痛点，降本增效以最终解放生产力。

▲ 西井科技的技术人员在一线工作

2016年，西井科技研发出了首套港口人工智能理货系统，收获第一个商业订单，开启公司人工智能产品量产商业化之路。

回想起当时接下军令状的情景，大家记忆犹新。其实，公司技术人员最初对港口行业可以说是一无所知。靠着快速的学习和上下一心的钻研劲，工程师戴着安全帽进入码头一线，了解用户的作业流程和作业体系，并从中找到西井科技进入港口生产的定位和优势。第一个吃"螃蟹"的宁波招商大榭码头也尝到了甜头，开展人工智能理货后，理货工人的劳动强度大大降低，一下子从蓝领升级到白领。原来码头作业环境恶劣，无论刮风下雨还是严寒酷暑，理货员都得坚守一线，而现在这一项工作已从前沿撤到后方环境良好的办公室。可以说，码头的生产效率、经济收益、安全程度都得到大幅提高。

拿下第一个智能理货的商业订单后，西井科技开始在港口行业渐渐有了口碑。但对于一家新兴的创业公司，行业内仍半信半疑，甚至有用户直言："要不你撑过3年，再来找我们？"

如何打消用户疑虑，快速将产品复制至港口市场？最好的成长方式是与团队、与用户、与行业共同成长。

西井科技想到的是，一家家联系码头上门推介，一旦用户有兴趣，主动提出先行试用，让用户看到效果，再打造口碑效应。港口用户尝试到先进技术带来的革新后，也经常主动向业内同行推介西井科技的智能产品。

眼见为实，与用户多项目协同创新，西井科技在得到用户信任的同时，也挖掘到了更多行业痛点。港口作为一个全流程流转的封闭场景，一个集装箱的运输路径往往需要经历被集装箱卡车从闸口、堆场、场桥各个节点的运输，如果只是对港口内的某一个节点进行智能化提升，并不能全面地帮助港口客户解决目前的难题。

西井科技一直在借鉴一些"人工"的作业经验，让"人工智能"智慧港口系统能够对不同问题有判断和应变能力。这不限于港口的单点技术，而是由点到面，与用户共同打造全局化智慧港口方案。

2016年年底，西井科技建立自动驾驶团队，主攻港区封闭区域的无人驾驶，这也正是受到了码头用户的启发。由此，西井科技在港区无人水平运输领域，成为全球自动驾驶团队最早商业落地的公司之一。

公司的自动驾驶产品，迄今已经历四代技术迭代更新。从2018年的第一代基于柴油改造的无人集卡，到如今第四代采用全电力驱动的完全无人类驾驶室的无人重卡Q-Truck，真正为用户实现了绿色零排放、零污染。

记得自动驾驶团队刚组建时，市场上关于无人驾驶的重卡线控转向并没有成熟的产品。为此，团队索性自己独立开发，包括机械、硬件电路、软件和控制系统等的目标设定都是全新的。所有的一切，都需要从零起步。接到任务后，从开发到搭建，从设计到实车匹配……仅有6个月左右的工期，所有研发人员都憋着一股劲，集中精力投身于这个项目，各司其职、发挥所长、集中攻关，终于按预定节点完成各项线控转向功能。

2018年1月，西井科技配合振华重工发布全球首辆无人驾驶智能跨运车；同月，在珠海港完成全球首辆港口无人集装箱卡车第一箱作业；2018年

▲ Q-Truck 雨天测试

9月，自主研发全球首款真正意义的全时无人驾驶电动重卡Q-Truck，并在次年实现量产；2020年3月，首批无人驾驶智能跨运车发运至瑞典斯德哥尔摩码头；2020年4月，Q-Truck无人驾驶量产车队抵达泰国林查班码头，经过1年的安全作业，目前岸边操作效率不断爬坡，已成功趋近人工驾驶效率水平并实现稳定，帮助该码头成为全球首个量产无人驾驶商业化落地项目。

2018年夏天，公司助力振华重工无人驾驶智能跨运车项目验收。在临近演示的前几周，团队和振华重工的工程师一道通宵达旦工作。为了赶节点调试设备，公司一名女工程师甚至大半夜徒手爬上17米高的跨运车。最终，靠着团队一心，项目顺利完成验收。

回顾这些过往，从几个人实验室捣鼓小车，到团队停车场测试大车；从刚刚真正进入码头一线，到如今许多大小码头都已熟门熟路；从最初在柴油重卡上改造，到尝试了各种各样的车型……自动驾驶团队最终做到无人驾驶商业落地的一次次历史突破，这与团队的努力、用户的信任、合作伙伴的协同作战密不可分，而在此过程中，公司与用户也产生了一种共生长的"伙伴"情谊。

如今，西井科技全局化人工智能智慧港口解决方案已涵盖集装箱从岸桥、场桥到闸口接近100%高识别率的物流链智能识别、无人驾驶集装箱跨运车、无人驾驶新能源集装箱卡车、堆场管理等，还包括对港口机械的智能化改造，包括轮胎吊、智能防撞、大车纠偏及其他安全防护产品。

2019年世界港口大会上，西井科技与《中国港口》杂志，协同支持单位毕马威（KPMG）共同发布全球首部研究探讨人工智能在智慧港口应用的蓝皮书——《AI赋能，全局化智慧港口》。在创新的道路上，西井科技的一个个实践经验，也开始逐步创建中国标准。

（四）做深做透，国内外科研经济双循环

作为一家从零开始的科创企业，西井科技更懂得勇于创新的重要性，自觉做创新发展的探索者、组织者、引领者，勇于推动生产组织创新、技术创新、市场创新，努力把企业打造成为强大的创新主体。公司充分运用新思维、新动能、新模式，引领行业智慧变革，为国内外科研经济双循环发力。

墙内开花墙外香。西井科技在国内多个码头试水成功的消息，很快就传到了海外市场。公司响应"一带一路"倡议，在中远海运集团的助力下，人工智能赋能的服务线延伸到了中远海运阿布扎比哈里发码头。

西井科技应用在中远海运阿布扎比哈里发码头的岸桥人工智能理货系统，具备了比传统理货更全面、先进的识别功能，利用了领先行业的"视频流＋人工智能"技术，涵盖了集装箱5面验残拍摄、铅封有无、危险品标识、集装箱位置识别等多种功能，创新性地同时识别岸桥剪式上架下2个40尺的集装箱。

每个码头的运营环境都有区别，且地区之间存在文化、经济需求的差异。在这种情况下，西井科技意识到可以通过一个相对标准化的通用产品方案去赋能，同时对各码头进行定制化的方案配置，打好"组合拳"，这将有助于集装箱物流链人工智能产品在码头的各生产环节快速落地。

阿布扎比属于热带沙漠性气候，出门基本上要随身携带大瓶电解质水，每过一会就要抿口水补充水分，否则就会浑身无力。为了配合用户及时开港的进度，西井科技工程师冒着50摄氏度高温，爬上码头岸桥操作室调试系统。

由于时差关系，这个智能理货系统刚上线调试时，常在北京时间凌晨三四点突发紧急任务，需要上海的技术人员对接。"但无论何时，只要工作群里有人提出问题，立刻就有同事出来认领。"项目负责人宋鸣回忆道，"我们很为团队的这样一份坚守感动，无论什么时候，总会有人挺身而出解决问题。"

目前，人工智能智能理货系统在阿布扎比哈里发码头已实现全时段、全天候、多功能的高识别准确率，箱号的识别率接近100%，大大降低了施工及后期维护成本；无须触发装置，可大幅减少因为无法启动触发装置造成的影响，提升了岸桥对船舶装卸集装箱的准确率，得到了用户的高度认可。

在阿布扎比的这段海外项目经历，也直接帮助公司港口方案向产品化更进一步。同时，海外项目成功的实际经验，也给国内码头实施智能理货带来更强的信心。

"中国芯"连通"一带一路",开辟智慧大物流蓝海

▲ 无人驾驶智能跨运车顺利抵达瑞典斯德哥尔摩码头

2020年,面对新冠疫情蔓延的危险,西井人没有退缩,积极着手"一带一路"项目,其间经历了航班多次取消、签证延期、海外国家限制入境等一系列情况,毅然选择逆行出海。

2020年3月,公司助力振华重工的首批无人驾驶智能跨运车顺利抵达瑞典斯德哥尔摩码头。8月初,为了赶预定的工程节点,在上海从事后台开发的技术人员通宵加班,克服时差影响,随时支持斯德哥尔摩码头现场测试,最终实现了交付。

2020年4月,6辆全时无人电动重卡Q-Truck量产车,顺利发运至"一带一路"重要节点的泰国林查班码头。公司技术团队按照工程要求,在码头一线为无人驾驶项目的全工况落地运营而驻守奔波。为了对抗强烈的紫外线,团队只能自制安全帽斗笠,戴着防晒袖,但仍然个个晒成"黑炭"……

正是依靠这样一群努力的西井人,公司研发出了覆盖港区各个作业环节的"人工智能+"系统,成为全球全局化人工智能港口解决方案的先行者和践行者。

▲ 驻守在泰国林查班码头的技术团队

也因此，西井科技在港口走出了与其他企业截然不同的创新之路。不仅限于港口的单点技术，而是做深做透，打造由点到面的全局化智慧港口，实现码头作业场景中多套用户设备与无人系统之间的联合打通，真正帮助用户逐步实现无人化，降低运营成本和生产安全风险系数，提高生产作业效率，推动全球贸易物流链的各环节成本下降。

特别在新冠疫情的影响下，全球码头运营商对于"少人化、无人化、智能化、远程化、精益化"管理的强烈需求被进一步放大，这也给西井科技出海带来更多的商机，2020年以来，公司新签约了新加坡、丹麦、泰国等国家的智慧港口项目。

此外，西井科技积极进行横向拓展，将智慧港口的经验复制到其他物流及城运场景。自2020年下半年起，西井科技将智慧终端和场景下沉到社区、园区等数字城市的"毛细血管"，通过高效实现线下场景的智能化管理，将科技的触角延伸至不同生活层面，助力人们迈入数字化带来的美好生活。

因为西井科技在智慧港口及"一带一路"科创领域做出的杰出贡献，公司曾被联合国工业发展组织任命为"一带一路城市大会"大使，讲述中国人工智能与中国港口产业结合，讲述上海制造、上海服务、上海创新……

如今，西井科技独一无二的商业化道路，帮助其将业务拓展至东南亚、欧洲、中东等地区，迅速成为传统行业智慧升级的首选服务商之一。通过积极响应"一带一路"倡议，开展国内国外双循环的创新创业实践，西井科技创造性地构建起中国人工智能企业赋能的标杆方案，为中国智造增添了一份新动力。

（五）党建引领，伸手摘"星"勠力同心

科技企业最重要的就是人才资源。西井科技团队中有 78% 为技术人才，这些人当中又有不少毕业于世界排名前列的知名理工科大学。

大家来自五湖四海，拥有不一样的成长和学术背景，生活经历不同，如何保证团队一心？如何让他们不忘创业初心，保持持续不断的创新活力，让技术赋能场景，让技术真正走出实验室，真正实现产业报国？这是摆在西井科技管理层面前的重要思考题。

也因此，公司主动向上级党组织申请成立党支部，把党的建设融入和贯穿企业文化建设和业务工作的全过程，从精神文化、行为文化两个层次打造团队的凝聚力和战斗力，让党建工作的"软实力"成为团队发展的"硬支撑"。

2018 年 5 月 25 日，在公司成立 3 周年之际，西井科技党支部正式成立。此后，党建文化成为公司企业文化建设中的一条核心主线，不断引领和塑造着企业的价值观，逐步凝练出"以终为始，与势俱进；追求极致，不同凡响；保持好奇心，保持学习力；敢想，敢为；用信任让一切变得简单；言行做真我，心中有他人；永远心怀创业精神"的独特团队文化，为公司不断创新登高提供了不竭动力。

公司党员骨干的示范带动作用在平时看得出、关键时候顶得上。按照项目实际需求，配备技术、项目经理等人员，往往需要以组团的方式深入码头一线，从熟悉码头生产作业流程开始，到对码头运营全链条的智慧升级，党员骨干们用实际行动做到了"只争朝夕，立大志，更要吃得苦"。

起初，面对从未踏足的港口领域，这些党员骨干们勇敢迎接挑战，戴上安全帽向港口师傅请教港口作业规范，反复确认作业需求。靠着超强的韧劲

▲ 西井科技党支部开展党史学习教育主题党日活动

和科研能力，仅仅用两个月时间就实现了对集装箱状态更快的识别速度和更高的识别精度，并且用的还是比传统 OCR（光学字符识别）技术更少的摄像头。

又如，自动驾驶团队选择上海郊区某车库和停车场作为原型车试验场地。冬天的郊外寒风萧瑟，技术人员要在零下三四度的环境下和难题死磕到底，在铺着煤渣的停车场一站就是三个小时。原本被业主堆满杂物的车库，被他们改成了临时工作室。没有取暖设备，大家就窝在寒冷的车库，硬是从早上 8 点工作到半夜两三点。在试验车辆自动避障急停功能时，张波作为老党员，不顾危险，每次都主动请缨担任试验人。"我对你们有信心，一定能成功。"他常常这样给团队成员打气。2020 年，当海外新冠疫情加重之际，张波为了无人驾驶量产车顺利在泰国落地，毅然带领党员小分队逆行前往泰国码头进行各项部署测试工作。

"中国芯"连通"一带一路",开辟智慧大物流蓝海

▲ 攀登者

（六）承担责任，厚植人才发展沃土

习近平总书记曾强调："只有富有爱心的财富才是真正有意义的财富，只有积极承担社会责任的企业才是最有竞争力和生命力的企业。"

西井科技九成员工为35岁以下青年，青年人的热情也体现在社会责任承担上。在不断迭代进化人工智能产品的过程中，企业团队始终牢记"取智于人，用智予人"的技术信条，积极履行社会责任，希望用技术为这个世界带来些许改变的同时，也能带来有温度的服务。

因地制宜，积极参与科普教育和扶贫济困也是公司团队回馈社会的重要方式。依托专业优势和技术资源，公司成立了上海市长宁区首个"人工智能科普教育基地"，面向社会公众开展人工智能科普教育，并携手上海市第三女子初级中学、上海市长宁区愚园路第一小学开展特色结对共建。同时，企业长期坚持参与乡村振兴消费帮扶行动和帮助企业驻地辖区内的困难群众。

2022年，面对上海发生的新冠疫情，公司快速成立一支30多人的青年志愿团队，火速上线"井井有序数字化社区防疫管理小程序"，用科技手段助力基层精准防控，快速统计核酸、抗原等检测情况，帮助社区工作者减负增效。同时，多名党团员和青年就地参与所在社区的志愿者活动，为上海打赢疫情防控大仗硬仗尽一份自己的绵薄之力。

人才是企业生存之本，科技企业的发展更加依赖创新人才的培养、集聚和使用。为此，西井科技建立了一套完整的企业人才培养体系，通过职位能力管理、关键岗位继任计划、骨干员工发展计划、领导力发展计划、员工技能提升计划、员工在线学习、内部流动制度等系统性设计，为员工构造网状职业发展路线，帮助员工更快成长发展，支撑企业对人才的旺盛需求。

"高效的团队都是磨合出来的。"西井科技针对的是B端业务的人工智能赋能场景，业务及决策链的复杂性决定了B端既需要纵向的业务场景化能力，又需要横向专业度，纵向深耕业务，横向跨部门协同作战。公司选择把项目攻关作为培养和提高技术人员专业技术能力、管理能力、流程认知和执行能力的最重要载体，让他们在实战中练兵，在团队中成长。智慧港口系统、港区无人驾驶集卡技术研发与产业化应用平台、港口安防系统……这些

"中国芯"连通"一带一路",开辟智慧大物流蓝海

▲ 新冠疫情期间,西井科技员工积极无偿献血

是技术攻关的战场,更是创新研发的练兵场。

一支虽然年轻,但学习力、执行力、产品化能力、合作力超强且具备国际化视野的人才创新团队在这里成就,默默地为上海建设人工智能人才高地贡献力量;100多项专利和30多项软件著作权从这里走出,基本形成具有企业自主知识产权核心技术的人工智能"护城墙"。

公司创始人兼首席执行官谭黎敏入选"上海市首批培育创业企业创始人""上海市青年创业英才"等人才计划;副总裁张波博士获国务院政府特殊津贴,先后被评为"上海市首席技师""上海市首批人工智能正高级工程师",以他为带头人的工作室入选为"上海市技能大师工作室";公司多名科技人才也分别获评"上海市人工智能高级工程师""长宁区领军人才""长宁区青年岗位能手""长宁区优秀青年"等。

三、经验启示

（一）不忘"产业报国"初心，抓住机遇攻坚克难

科技企业要走向更辉煌的未来，就要在爱国、创新、诚信、社会责任和国际视野等方面不断提升自己，善于在危机中育先机、于变局中开新局，立足产业需要，聚焦核心技术，敢于攻坚克难，解决"卡脖子"难题，把企业发展同国家繁荣、民族兴盛、人民幸福紧密结合在一起，争做创业实干的排头兵。

西井科技始终坚持"产业报国"的创业初心，怀揣自主研发设计"中国芯"的梦想，在人工智能科技创新和商业落地的探索中不断前行，找准港口垂直赛道，持续深挖用户需求，最终在人工智能赋能传统行业和产业方面硕果累累，创下多个全球第一。

（二）立足中国放眼世界，赋能行业用户共生长

"以市场带动研发，梦想从需求出发。"西井科技自创立之初，便把公司定位为一家技术和市场双向驱动的企业，将人工智能与垂直行业应用相结合，强调技术赋能的价值，打造"共生性"组织，连接实际用户，共同挖掘行业痛点，共同创造商业价值。

西井科技瞄准的港口行业是一个高度标准化的场景，全世界各个港口在操作流程上80%是一致的，且因人力、安全等行业痛点，港口无人化、智能化升级已经成大势所趋，市场需求空间广阔。在全球智慧港口加速落地的浪潮中，西井科技立足国内需要，沿着"一带一路"抢先布局海外市场，是"中国智能服务业"走出国门、促进国内国际双循环的生动实践。

（三）"头雁"引领雁阵齐飞，加强人才队伍建设

作为一家轻资产重科技的人工智能企业，最重要的核心竞争力之一便是人才。培养和造就一支"能打硬仗、善打胜仗"的科技创新人才队伍，是科技企业成长和发展的关键要素。

从西井科技的创业实践看，发挥企业党组织的政治优势、组织优势、群众优势，依靠党员"领头雁"形成的"雁阵效应"，同样也是民营企业加强

人才队伍建设,推动企业跨越式发展的有效途径。西井科技张波等党员带头人,切实发挥"领头雁"作用,让民营企业里面党员的样子看得见,党员的作用感知得到,党员骨干团队的战斗力触摸得到,也让企业党建成为名副其实助推人才成长的加速器,稳步推进企业阔步走向全球大市场。这也充分说明,民营企业党建工作大有可为,关键是要发挥好党建的引领作用,重点在于将党建工作、文化建设、队伍建设和业务工作深度融合、一体推进、相互赋能、同频共振。

专家点评

在全球经济增速放缓的大格局下,科技创新已经成为经济发展的新引擎,更代表了国家的核心竞争力。近年来,国家大力鼓励企业以科技创新驱动发展,提供了良好的市场环境。

西井科技过去6年的发展经验和做法,对"双循环"新发展格局下的企业发展很有借鉴作用。一是西井科技紧跟国家战略步伐,抓住了科技创新驱动实体经济发展以及"一带一路"倡议的机遇,坚持在产品标准化和商业落地上内外循环并轨,国内和海外市场多点开花,反哺科研,不断实现科技创新;二是实施"技术+市场"的双轨路径,坚持自主研发核心技术,尤其是沉下心来研究中国"芯",牢牢把握底层的算法和算力的核心,将技术和市场密切结合,紧密了解行业所需,抓住技术赋能的关键;三是重视科技人才培育,以党建带动企业文化建设,打造一支年轻肯钻研又有战斗力的队伍。

可以说,西井科技虽然"年轻",但是懂得内外兼顾把握时代机遇,具备了足够的创新活力和新思维,很好地激发了科技创新的原动力,用创新应万变。

创新创业 活力四射 ——新时代上海创新型企业攻坚克难实践案例

点评专家

龚维希，联合国工业发展组织投资和技术促进网络秘书处协调员、投资与技术促进处处长。

 思考题

1. 有人说，人工智能产业是一个伪命题，因为它无法自成产业。这种说法对吗？
2. 对于"智能服务业"这个新名词，你是怎样理解的？
3. 结合本案例，谈谈企业在创业之初怎样选准赛道，应该遵循哪些基本原则。

 创业者小传

谭黎敏，上海西井信息科技有限公司创始人兼首席执行官。

男，汉族，1981年8月出生。2003年7月于同济大学市场营销专业本科毕业。

曾获"上海市青年创业英才"荣誉称号。担任上海市工商联（总商会）常委、上海市长宁区政协委员、上海市长宁区工商联副主席、上海市中青年知识分子联谊会委员、上海市青年创业协会理事、上海市人工智能行业协会理事、中国青年企业家协会会员等社会职务。曾被选调参加中央统战部、全国工商联"新时代民营企业家发展计划"培训班。

曾任职于全球第一大传播及市场集团WPP集团，以及知名管理咨询公司麦肯锡等，负责相关企业战略及市场咨询业务等。

智观天下，慧创未来

——上海眼控科技股份有限公司以人工智能托起交通安全的底线

扫一扫，看视频

人工智能作为新一轮产业变革的核心驱动力，迎来了前所未有的发展机遇。上海作为我国经济最为发达、科学技术最为先进、产业门类最为齐全的地区之一，率先提出"建设人工智能上海高地"的发展目标，将人工智能产业纳入全市"三大重点产业"加以布局和推进。

作为较早进入人工智能行业的科技企业，上海眼控科技股份有限公司（下文简称"眼控科技"）借着时代发展的东风，坚持以党建为引领，以创新为驱动，以技术为支撑，以市场为导向，以政策为保障，聚焦涉及亿万群众的道路交通安全领域，针对道路交通在交通事故防范、交通违法治理、交通安全监管等方面的短板和不足，通过计算机视觉识别和深度学习技术赋能交通领域，不断提升道路交通安全治理智能化水平。通过率先推出行业领先的智能车驾管服务，持续创新道路交通安全监管方式，推动智慧交通产业升级，为构建交通强国贡献眼控力量。

经过10余年的创新发展，眼控科技在道路交通安全监管领域细分领域的市场占有率超过60%，已成为道路交通监管行业公认的"独角兽"企业，引领道路交通安全智能化发展，发力拓展航空气象全新应用场景。企业凭借创新性的产品和专业的服务赢得市场青睐，产品已覆盖全国160余家交警部门、200多个车管所、3 000家车辆检测机构及2亿车主。企业先后被评为"上海市'专精特新'中小企业""上海市科技小巨人企业""上海软件和信息技术服务高成长百家"等，获批建立"上海市院士专家工作站""徐汇区企业技术中心"，荣登"2020中国新科技100强"榜单，荣获智能交通杯"创新技术奖""优秀解决方案奖"和"人工智能行业领军品牌奖"，并于2020年获得新一轮数亿元融资。

人工智能　交通安全　智慧交通　智慧航空气象　城市治理

一、背景情况

进入 21 世纪以来，我国社会经济全面发展，人民生活水平不断提高，城镇化、机动化进程不断加快，对道路交通发展提出更高的要求，道路交通安全也面临更多的机遇及挑战。

国务院印发的《"十三五"现代综合交通运输体系发展规划》指出，交通运输是国民经济中基础性、先导性、战略性产业，是重要的服务性行业。要全面推广应用现代信息技术，以智能化带动交通运输现代化。深化体制机制改革，完善市场监管体系，提高综合治理能力。牢固树立安全第一理念，全面提高交通运输的安全性和可靠性。

2017 年 8 月，国务院安全生产委员会印发的《道路交通安全"十三五"规划》分析指出，虽然我国道路交通安全形势总体平稳，重特大道路交通事故明显减少，然而道路交通安全管理基础比较薄弱，仍然存在不少基础性的老大难问题，道路交通事故总量依然很大，群死群伤道路交通事故仍然多发频发；同时强调指出，要着力完善道路交通安全责任体系，提升交通参与者交通安全素质，提升车辆安全性，提升道路安全性，提升道路交通安全管理执法能力，提升道路交通应急管理与救援急救能力，提升道路交通安全科技支撑能力。

2018 年，交通运输部印发《平安交通三年攻坚行动方案（2018—2020）》，提出要充分运用移动互联网、人工智能等现代信息技术增强行业安全发展创新能力，健全政府、企业、科研院所、社会各界多方参与，协同开展安全生产技术研发的机制，充分发挥市场作用，鼓励和支持行业管理部门通过政府购买服务方式引入第三方开展安全生产监督检查和安全评估等技术服务。人工智能加速应用于各行各业，为产业发展带来全新的活力与动力。

2019 年，中共中央、国务院印发《交通强国建设纲要》，提出：到 2035 年，基本建成交通强国。现代化综合交通体系基本形成，人民满意度明显提高,支撑国家现代化建设能力显著增强;智能、平安、绿色、共享交通发展水平明显提高,城市交通拥堵基本缓解,无障碍出行服务体系基本完善;交通科技创新体系基本建成,交通关键装备先进安全,人才队伍精良,市场环境优良;基本实现交通治理体系和治理能力现代化;交通国际竞争力和影响力显著提升。

近年来,上海处在创新驱动发展、经济转型升级的关键时期。为建设具有全球影响力的科技创新中心,上海先后出台《关于加快建设具有全球影响力的科技创新中心的意见》《上海市推进科技创新中心建设条例》等相关法规及文件,支持和鼓励科技创新发展。同时,上海积极贯彻国家《新一代人工智能发展规划》,相继出台《关于本市推动新一代人工智能发展的意见》《上海市人工智能创新发展专项支持实施细则》《关于加快推进上海人工智能高质量发展的实施办法》等一系列支持人工智能创新发展的政策文件,大力推进人工智能产业发展,加速人工智能落地应用。

人民城市人民建,人民城市为人民。城市发展要把安全放在第一位。沐浴在国家和地方各级政府创新发展战略的春风里,眼控科技踏着时代的浪花,在涉及亿万群众生命财产安全的道路交通安全领域阔步前行,依靠不断

▲ 眼控科技利用数字孪生技术构建智慧城市数字空间

创新发展的人工智能技术推动道路交通安全监管智能化转型升级，推动道路交通治理现代化发展，为构建新时代交通强国贡献力量。

经过 10 余年的探索，眼控科技在社会各界的关心和支持下茁壮成长，目前拥有在职员工近 300 人，研发人员占比超过 70%，各项知识产权专利达 600 余项，在人脸识别、目标检测与识别、OCR 识别、人体关键点检测与姿态识别、场景语义理解、模型压缩与蒸馏、车辆与行人 ReID 和追踪等方面拥有核心技术，发表相关领域高水平论文 100 余篇，GPU 算力高达千万亿级别，成为行业公认的"独角兽"企业，并与上海交通大学共同成立 AI+ 道路交通联合创新实验室，致力于提供更安全更高效的交通安全解决方案。

眼控科技秉持"敬业、创新、协作、自信"的企业价值观，朝着"成为全球最具创新活力的 AI 企业"的愿景不断奋进。近年来，眼控科技整装再出发，又朝着具有千亿市场前景的航空气象领域进发，联合华东空管局、上海交通大学共同成立航空智慧气象创新中心，以航空气象为落脚点，以人工智能为推进器，发力拓展航空气象全新应用场景，为人工智能赋能百行百业提供可复制可推广的成功经验。

二、主要做法

眼控科技在发展中始终坚持以党建为引领，以创新为驱动，以技术为支撑，以市场为导向，以政策为保障，统筹兼顾，强化顶层设计，深化基础布局，推动"人工智能+"全场景应用快速发展，以专业和创新的企业理念为客户提供卓越的产品和服务。10 余年来，在以周康明为首的创业团队的带领下，眼控科技以出色的产品和服务体验赢得市场青睐。如今，眼控科技在智慧道路交通、智慧航空气象垂直领域的市场占有率已位居行业领先地位。

（一）坚守初心：道路交通安全的护航者

2012 年 7 月，国务院印发《关于加强道路交通安全工作的意见》，要求牢固树立以人为本、安全发展的理念，始终把维护人民生命财产安全放在首位，以防事故、保安全、保通畅为核心，以落实企业主体责任为重点，全面加强人、车、路、环境的安全管理和监督执法，推进交通安全社会创新管理。彼时，已在视觉追踪技术领域取得一定成绩的眼控科技敏锐地嗅到了其中蕴含的社会价值和无限商机。

交通中的因素是人、车、路、环境和管理。其中，人是主要因素。有数据统计，超过 80% 的交通安全事故责任在于驾驶人员，用眼疲劳又是交通安全的重要杀手。采取什么技术措施能预防此类情况的发生？眼控科技创始人周康明和创业团队想到，可以利用视觉追踪技术对驾驶员眼球进行追踪，对驾驶员进行监督和预警，降低疲劳驾驶的概率，从而降低交通事故的发生率。

2015 年，眼控科技自主研发的第一款产品——驾驶员行为预警仪顺利上市。该产品率先使用人工智能视觉技术捕捉驾驶员的危险动作，如打瞌睡、抽烟、打电话、精力不集中等，并对其危险动作提出预警，从而减少交通事故的发生。但市场表现很快就给初创团队泼了一盆冷水。

为驾驶员安全护航的初心没错，但彼时周康明和创业团队对客户群体的认识和判断还不够清晰，导致市场推广四处碰壁。政府部门对眼控科技的第一款自主产品赞赏有加，但也只能停留在赞赏的层面，他们要尊重市场规律；各大汽车公司也没有义务和理由为出厂的车辆加装这样一个设备；广大的汽车驾驶员要不就是表示对自己的驾驶技术有强烈的信心，要不就是表示没有必要花额外的钱去使用这样的产品。

惨淡的市场表现对周康明和创业团队来说是一次沉重的打击。周康明回忆起这一段日子时表示："这是我创业生涯里最失落的一段时光。当时恰逢公司业务转型调整，大批员工离职，新产品市场反馈平平，资金流陷入困境，公司一度面临破产的危险境地。"但对视觉技术的执着让他并未轻言放弃，他坚信计算机视觉技术在交通安全监管领域必定大有可为。

抱着破釜沉舟的决心和勇气，周康明变卖了自己的房产为公司"续命"。2016 年，人工智能的时代浪潮给了失落中的周康明一次东山再起的机会。随着 2017 年国务院印发《新一代人工智能发展规划》，人工智能正式上升为国家战略新兴性产业。此后，各地关于促进人工智能产业发展的扶持政策如雨后春笋般不断涌现，为人工智能企业注入一剂强心剂。

公司之前推出的产品，为何在推广时连连遇阻？周康明意识到，想要降低交通事故的发生率，必须得从源头做起，而源头在于驾驶员的思想认知水平与驾驶技术水准。国务院印发的《关于加强道路交通安全工作的意见》也明确地指出，要严格驾驶人培训考试和管理，加强和改进驾驶人培训考试工作，严格考试程序，推广应用科技评判和监控手段，强化驾驶人安全、法制、文明意识和实际道路驾驶技能考试。

有了第一次碰壁的经验教训，周康明带领着团队开始积极与各方沟通，了解市场需求与客户群。在有关政策和相关部门支持下，眼控科技的新产品有了明确的目标：用人工智能技术强化驾驶技能考试水平，提升驾驶员的思想认知和驾驶水平。这一次的市场表现完全证明了新产品研发与推广思路的正确性。有了驾驶技能考试系统的成功经验，周康明如鱼得水，信心十足，开始朝着更广阔、更长远的目标迈进。交通是人、车、路的协同，单单对驾驶员进行规范远远不够，交通安全必须广泛动员全社会共同参与建设。

在驾驶员培训考试方面尝到甜头的周康明，开始朝着机动车监管领域进发。我国每年新增机动车上千万辆，汽车保有量数以亿计，已经是名副其实的汽车大国。数量庞大的机动车如果没有得到有效的监管，将会成为交通安全的一大隐患。在我国，机动车监管事宜由交警部门车辆管理所负责，而车辆监管涉及方方面面，需要审批大量的材料，车主办理审批的流程复杂，审批过程也耗时耗力。眼控科技利用计算机视觉识别和深度学习技术，在车管所原有系统的基础之上研发了眼控科技机动车安全技术检验监管智能审核系统、机动车查验监管智能审核系统等一系列针对机动车监管领域的智能化系统，为机动车监管提供智能化服务，切实提高群众满意度。

10余年来，在波澜壮阔的时代浪潮里，眼控科技在以周康明为首的创业团队的带领下，愈挫愈勇，蹚出了一条自主创业的不凡之路，为道路交通安全监管领域从传统向智能转变注入新动能。近年来，公司在道路交通安全监管领域细分领域的市场占有率超过60%，成为业内公认的"独角兽"企业，产品覆盖北京、上海、天津、山东、广东等全国30多个省市。

（二）创新驱动：科技荒原的永恒探险

寂静的深夜，眼控科技人工智能研究院依然灯火通明。花花绿绿的图像在技术人员的电脑屏幕上跳动，那是天气预报里常见的雷达回波图。眼控科技人工智能研究院的气象研究员们正在研究有没有更好的方法能够实现对天气状况的精准预测。

精准的天气预报是长期困扰气象研究员的难题。中央气象台强天气预报中心副主任蓝渝曾指出，对于强对流天气的精细化预报仍是世界气象专家致力于攻克的领域，对致灾性强对流天气的准确预报仍是巨大难题。

数值模式预报是世界范围内通用的天气预报手段，主要是根据大气运动的实况，在一定的初值和边值条件下，通过大型计算机做数值计算，求解大气运动方程组，以得出的结果预测未来一定时段内的大气运动状态和天气现象。

制约高精度数值天气预报模式发展的一个重要因素是硬件设备的计算能力以及计算时间。眼控科技人工智能研究院的气象专家们也意识到了这个问题。技术团队一直尝试利用新的方法解决数值模式算力需求过大的问题，这

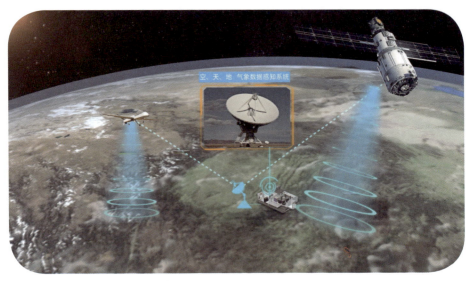

▲ 气眼控科技智慧气象数据天池

已经不知道是 2019 年第几个夜晚的鏖战了。

数值模式由于需要运算的数据量较大，且关系复杂，往往需要使用大型计算机进行运算。可惜的是，很多气象相关研究机构和研究人员往往不具备这样的硬件条件，各行业对精细化的气象预报也就只能望而却步，巨大的需求被压抑其中。

功夫不负有心人。锲而不舍的攻关让眼控科技在气象预报上取得了突破性的进展。研究员们独创性地发现数值模式降尺度在本质上与超分辨率的耦合之处。从根本上说，对气象预报进行降尺度拟合，实际上是依据低分辨率的数据预测同一地区在同一时间下的高分辨率的数据。其中的难点在于，降尺度的过程并不仅仅是分辨率的精细化，在这过程中会产生许多气象要素的相互作用带来的额外信息，这些额外的信息就是利用超分辨率思想来解决数值模式降尺度的巨大挑战。

基于对这个问题的长期研究，眼控科技气象研究员们提出 Deep Hybrid Super Resolution（DHSR）模型来模拟物理过程，以产生额外信息。

研究员们以超分辨率网络为主干网络，针对不同的数据类型调整网络中的长跳跃连接和短跳跃连接。用转化为图片后的某一维度的 25 km 全球模式的气象预报和 3 km 的对应地区和时间的降尺度数据来训练超分辨率网络，以捕捉这一区域该维度的 25 km 全球模式与 3 km 降尺度后的数据间的映射关系。其中，针对通道的特征先进行一个空间的全局平均池化得到一个 $1 \times 1 \times C$ 的通道描述；接着，再经过一个下采样层和一个上采样层得到每一个通道的权重系数，将权重系数和原来的特征相乘即可得到缩放后的新特征，整个过程实际上就是对不同通道的特征重新进行了加权分配，通过这种 channel attention 的机制进行特征融合，最终生成的气象图片很好地生成了特征的轮廓和细节部分。

经过实践证明，基于 DHSR 模型的超分辨率降尺度通过特殊的通道间的相互作用，拟合了气象要素的物理过程，生成了输入图中未曾出现过的局部预报结果，更重要的是生成时间相对传统数值模式来说缩短了几个数量级。如今，这套气象预报系统已经在华东空管局、温州空管站等地落地应用,为该地气象预报提供智能化服务,开创了航空安全管理全新的 AI 技术应用典范。

星光不问赶路人。这样孜孜不倦攻关技术的夜晚在眼控科技并不少见。良好的技术氛围,简单的人际沟通,让研究员们更能专注于对技术细节的雕琢。为了让研究员有更充足的算力资源,眼控科技投入大笔资金,自主建设了一个大型机房,配备了 200 块英伟达 V100 显卡,算力达到万万亿级别。

▲ 云量云状识别

周康明如今站在办公室巨大的落地窗前,仍时常会想起为技术细节一遍遍调试的那一个个夜晚。对技术的执着,对细节的追求,让眼控科技得以走到今天。如今,技术基因已经深深融入企业发展的血脉,成为眼控科技发展的终极内核。

在眼控科技,勇闯技术"无人区",在行业前沿进行前瞻性研究已成为全体技术人员的共识。在这样的共识指引下,眼控科技取得了丰硕的研究成果:在世界级人工智能识别算法竞赛中摘得过桂冠;在国际知名的人脸识别数据库 MegaFace 竞赛中,曾以 96.653% 的准确率夺得第三名;获得过公安部交通管理科学研究所主办的"道路车辆图像特征人工智能识别算法竞赛"

智观天下，慧创未来

▲ 国内领先的 GPU 算力与集群

第一名；阿里天池与国际人工智能联合会议（IJCAI-PRICAI 2020）单目目标三维重建（3D Object Reconstruction from a Single Image）比赛第二名；拥有核心自主知识产权 600 余项，在国际顶级计算机视觉会议上发表高水平论文 100 余篇，在计算机类 SCI/EI 核心期刊上发表多篇专业论文。

▲ 眼控科技荣获公安部交通管理科学研究所主办的"道路车辆图像特征人工智能识别算法竞赛"第一名

此外,"基于深度度量学习的通用视觉识别方法"课题获得上海市 2020 年度"科技创新行动计划"启明星计划项目支持;"基于多样性增强生成对抗网络的多模态图像生成与跨域车辆检测和违法行为识别"课题和"基于 RGB 图像和激光雷达点云数据融合的道路交通三维态势感知技术研究"课题分别获得 2020 年度上海市浦江人才计划项目支持。同时,眼控科技还与国家气象中心开展 2022 年北京冬奥会风场超分辨率技术合作。

科学技术是第一生产力,这句至理名言影响了一代又一代科研人员。显然,这句名言时至今日依然影响着眼控科技,将"成为全球最具创新活力的 AI 企业"作为企业愿景的眼控科技,一心朝技术"无人区"勇敢探索,矢志不渝。

(三)管理革新:铁腕管理的破旧立新

周康明在开始眼控科技的创业之旅前,有过一次难忘的创业历程。20 世纪 90 年代,市场经济的热火点燃了许多人心中的经商梦,周康明就是其中之一。1996 年,周康明看到数码家电行业丰厚的利润空间,不由得心动起来。几经纠结,他决定说服家人,联合亲戚朋友共同投资开设了一家数码家电代理公司。

商海茫茫,淹没者众。周康明的第一次创业之旅在 8 个月后惨淡收尾。在回忆起这段经历时他谈到,由于当时并不具备专业的管理知识,加之亲戚朋友介入过多,公司很快就成了"家庭作坊",发展到后来更是毫无管理可言,库存、成本、回款等一系列问题日益凸显,最终由于经营不善导致公司倒闭。

这段经历让周康明明白,一味地强调市场销售并不可行,企业管理是个系统工程,不仅需要专业的知识积累,更加需要严格的制度管理。在那之后,周康明便开始企业管理课程的进修。

在眼控科技的发展过程中,周康明充分吸取了第一次创业失败的经验,强调企业管理的顶层设计与整体布局,充分借鉴现代企业管理制度经验,使公司发展的资源、生产、管理、销售、服务达到合理配置,与市场经济的发展互相协调,从而使公司达到最佳的竞技状态,在市场竞争中披荆斩棘。

眼控科技走的是专业化、规模化的运营管理道路：先后成立专业的运营管理委员会，制定符合公司实际情况的运营管理策略——产品标准化、管理体系化、业务流程化、工作指令化，为眼控科技的发展提供了科学合理、行之有效的行动纲领和工作方针。职责明确、权责清晰、严格权威的管理制度让眼控科技在发展过程中大大增强了抗风险能力，也让企业在激烈的市场竞争中游刃有余。

（四）联动协作：产学研用的协契互补

推动产学研用一体化发展，是坚持创新驱动发展、强化创新体系和创新能力建设的一项重要内容。习近平总书记在党的十九大报告中明确提出："深化科技体制改革，建立以企业为主体、以市场为导向、产学研深度融合的技术创新体系。"企业作为创新活动的主体，承担着开发、转化、应用和推广的职能，需要进一步明确和强化企业在产学研深度融合中的主体地位。

眼控科技作为科技创新发展的主体，深知推动技术创新仅靠个人、团队、院校的单打独斗是难以取得突出效果的，正确的方式应该是在开放的市场中推进企业、高校、科研院所和不同区域、领域之间的协同创新，以产学研用各方面的全面合作，使人力资本、资金设备、知识技术、市场客户等各类科技要素在加速流动中加强结合，实现富有效率的创新协同。

作为"徐汇区企业技术中心"，眼控科技牵头与华东空管局、上海交通大学共同成立航空智慧气象创新中心，就航空气象智能化发展进行协同攻关，完善产业链条，提升行业水平，促进成果转化。"我们将着重解决技术研发与市场脱节、技术成果走不出实验室、技术力量分散制约成果转化的突出矛盾，实现产业上下游的互联互通和产学研用的深度融合，为提升航空气象预报技术成果转化、培育带动航空业、气象事业产业化发展提供支撑。"周康明在创新中心成立仪式上如是说。

眼控科技明白，众人拾柴火焰高，把领域内的优势资源进行整合，必将产生联动效应。有众多航空公司、空管机构参与的创新中心，能在航空气象领域内产生较大合力和影响力，不但能为成员企业带来新的客户、市场和信息，也有助于企业专注于自身核心业务的开拓，借助技术成果实现市场拓展。

如今，眼控科技在航空气象领域已形成多点开花的新格局。秉持产学研用一体化的原则，眼控科技与温州空管站成立联合实验室，双方在"共同发展、真诚合作、优势互补、利益共享、立足市场、风险共担"的原则上共同开展技术研发、成果转化、应用推广、人才培养及组织开展课题研究成果竞赛等方面的合作，共同打造合作共赢、可持续发展的战略合作伙伴关系。

在与各方的探索融合中，眼控科技形成了一系列行业发展的新思路与新方案。如在对流天气预测方面，眼控科技通过自主研发的 YGNet 神经网络算法模型，精准预测对流临近天气，弥补传统外推预测方法缺陷，同时在准确率等指标上全面超越其他人工智能计算模型，可以为用户提供更智能、更稳定、更精准的强对流 0—2 小时高时空分辨率临近预报的结果，有力地支持航空用户战术运行阶段的决策。

▲ 眼控科技基于 AI 技术自主研发 YGNet 神经网络算法模型

眼控科技还积极与各行各业建立创新实验室，以领先的人工智能技术赋能百行百业。在金融领域，与兴业银行共推智慧金融的发展；在传媒领域，与新华社共建智慧媒体实验室，推动人工智能与数字媒体的全新融合……携手构建技术创新联盟，眼控科技始终在努力，一直在路上。

（五）党建引领：永葆先进的赤诚之心

走进眼控科技上海总部办公楼，首先映入眼帘的就是集结号、五星红旗、入党誓词……党建阵地在这里扎根，党建引领在这里体现。

党建引领是眼控科技发展道路上行稳致远的定海神针。以党建为引领，打造一支纪律严明、作风优良、讲政治、有血性的"眼控铁军"，是眼控科技党建工作的鲜明特色。10余年来，眼控科技始终坚持"围绕中心抓党建，抓好党建促发展"的工作理念，促进党建和业务深度融合、同向而行，焕发出公司与众不同的精神风貌。

重走长征路，铸造铁军魂。眼控科技的党建文化已深刻融入企业发展的日常工作之中。为了更好地培养员工的爱国主义精神和艰苦奋斗的创业精神，以更好的姿态迎接更新的挑战，公司党支部坚持组织开展"重走红军长征路"系列党建活动，极大地激发了员工特别是党员同志的爱国主义热情，磨炼了他们顽强不屈的意志，有力促进了坚不可摧的"眼控铁军"队伍的锻造。

疫情就是命令，防控就是责任。新冠疫情发生后，眼控科技党支部把疫情防控作为一项重大政治任务，坚决贯彻落实党和国家关于疫情防控工作的

▲ 眼控科技捐赠抗疫物资

决策部署，第一时间成立由党支部书记牵头的疫情防控工作组，组织动员公司党员和干部职工全力投入疫情防控工作，并在公司范围内发起"党员亮身份，防疫当先锋"的集体募捐活动，为武汉一线防疫机构筹措紧缺医疗物资和防疫用品，让党旗在企业疫情防控的第一线高高飘扬。

三、经验启示

自人工智能上升为国家战略以来，人工智能产业的发展日益加快。随着"新基建"部署的全面推进，人工智能产业更是迈上发展的快车道。眼控科技在新时代的发展中取得一系列丰硕成果，为行业企业的创新发展提供了可供借鉴的宝贵经验。

（一）增强自主创新，强化核心动力

进入新时代，我国面临的各种风险和挑战依然严峻，国内外错综复杂的环境给经济社会发展带来的不稳定性和不确定性仍然较大。只有牢牢掌握核心科技，不断创新，切实强化发展动力，才能为经济社会发展带来更多源头活水，才能在激烈的国际竞技中掌握主动权。世界正在迎来新一轮科技革命和产业变革的重要时期，以人工智能为代表的技术发挥着"头雁"作用。

如今，眼控科技已成为中国领先的 AI 智慧交通、智慧航空、智慧城市领域解决方案提供商，这离不开企业扎实的自主研发水平和雄厚的科技创新实力。作为走在时代前沿的人工智能企业，眼控科技以实际行动践行创新驱动发展战略，在计算机视觉、机器学习、模型优化等方面拥有众多核心自主知识产权，这就为持续推动公司业务发展和行业进步提供了充足的原动力。

科技实力是科技企业发展的压舱石。未来，要在激烈的国际竞争中拔得头筹，科技企业更要勇于挑起时代重任，积极扮演创新驱动发展的先锋角色，勇挑最重担子、敢啃最难啃的骨头，不断提升科技创新水平，在建设世界科技强国的宏伟事业中，做出无愧于时代的创新贡献。

（二）坚持市场导向，紧跟政策趋势

"使市场在资源配置中起决定性作用"，这是党的十八届三中全会在理论上的重大突破和实践上的重大创新，具有鲜明的时代特征，是深化社会主义经济体制改革必须牢牢把握的主攻方向。科技企业作为科技创新的主体力量，应该充分发挥市场在技术创新领域、技术路线选择及创新资源配置中的决定性作用。

眼控科技始终立足实际，坚持以市场需求为导向来驱动企业发展。在道路交通领域，眼控科技主动与各地车管所广泛联系，反复沟通，深入了解它们在业务管理流程中遭遇的痛点和难点，针对性地进行技术研发和产品提供。在航空气象领域，眼控科技则聚焦航空气象预报难题，整合创新资源，着力通过科研探索、技术创新突破气象预报需求的瓶颈，取得令人瞩目的科研成果。当然，在眼控科技看来，企业的创新发展，既要坚持市场导向，还要紧跟政策趋势，充分利用政策引导市场需求的有利因素，助力企业在激烈的市场竞争中乘风破浪、砥砺前行。

（三）培育核心人才，打造多元文化

知识就是力量，人才就是未来。作为企业发展的中流砥柱，人才是科技企业最为重要的资产。选好、用好、育好所需的专业核心人才，会给企业带来不可估量的效益。因此，培育核心人才成为企业发展的核心战略任务，为企业发展添足动力。

不拒众流，方为江海。作为人工智能创业公司，眼控科技坚定实施人才强企战略，创新设立"十年育人—全球英才计划"，引进和培育了一批高水平的核心技术人员，在近300名员工中，研发人员占比超过70%。其中：具有硕士学位和博士学位的研发人才超过100名；来自斯坦福大学、香港科技大学等国内外顶尖AI人才50余名，行业专家20余名，各类算法工程师超过130名。

创新之道，唯在得人；得人之要，重在导向。眼控科技积极鼓励营造大胆创新、勇于创新、包容创新的良好氛围，让核心人才真正放开手脚，心无旁骛地搞科研创新。同时，眼控科技积极创新人才评价机制，建立健全以创新能力、质量、贡献为导向的科技人才评价体系，形成并实施有利于科技人才潜心研究和创新的评价制度，倾力打造"引得进、留得住、过得好"的人才奋斗港湾。此外，眼控科技创意策划各种休闲活动，如球赛、瑜伽、健身、生日会、联谊会、相亲会等，为员工打造智趣多元的文化生活。

专家点评

眼控科技作为上海本土成长起来的高科技企业，历经商海沉浮，筚路蓝缕，以坚定的信念、顽强的意志和科学的精神呈现了一幅波澜壮阔的企业发展精彩画卷。在人工智能发展如火如荼的今天，一步一个脚印走到如今，取得丰硕成果，这是值得令人敬佩与尊重的。

在交通智能化的大趋势下，快捷、高效、准确地实现交通违法案件日常业务的信息化处理，缩短业务操作时间，提高整体工作效率，最终都仰仗于日益完善的人工智能技术和机器视觉识别技术的融合。眼控科技的实践和经验为我们提供了一个优秀的案例示范。

聚焦于道路交通安全监管领域，眼控科技以一往无前的先锋姿态在人工智能的技术汪洋里上下求索。凭借对技术的执着、对家国的情怀和对政策的准确把握，眼控科技在道路交通安全监管领域成为业界公认的"独角兽"企业。奋斗十余载，眼控科技已成为上海人工智能企业中一颗闪亮的明珠，熠熠生辉，孜孜不倦地引领和推动行业变革。在当今复杂严峻的国内外形势下，科创企业要有坚定的信念，要有"路漫漫其修远兮，吾将上下而求索"的勇气和毅力，为推动国家科创水平的提升贡献力量。

点评专家

陈建勋，博士，上海市国际金融研究中心副秘书长。主要从事中国对外贸易体制改革、区域经济和产业规划等领域研究。

思考题

1. 结合本案例,谈谈企业在创新创业的征途中应该如何迎"风"起"舞"。
2. 眼控科技从智慧道路交通向智慧航空气象垂直领域的拓展延伸,其中贯穿了一条什么样的主线?蕴含了怎样的技术逻辑和商业逻辑?
3. 你是如何看待民营企业"去家族化"这个命题的?应该如何正确处理?

 创业者小传

周康明,上海眼控科技股份有限公司创始人、董事长兼首席执行官。

男,汉族,1971年3月出生。1993年7月于广东商学院(现广东财经大学)国际贸易专业本科毕业,2003年7月于上海交通大学工商管理硕士研究生毕业,获工商管理硕士学位,2020年7月获得北美宾夕法尼亚商学院工商管理博士学位。

曾任职于全球领先的市场研究公司AC尼尔森,担任过钱江集团有限公司华北地区总监、佳通轮胎股份有限公司总经理助理等职务。

攀登通信仪表高地，护航"中国智造"崛起

——上海创远仪器技术股份有限公司"半路出家"登上国家科技进步奖特等奖领奖台

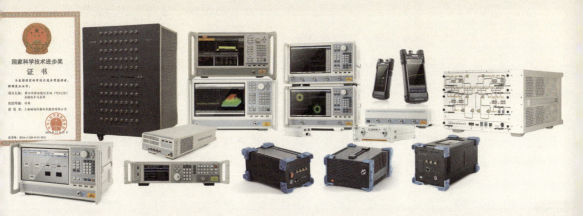

上海创远仪器技术股份有限公司（下文简称"创远仪器"）是我国高端无线通信测试仪器行业的代表性企业。2017年1月，凭借着为推动我国自主4G移动通信标准和产业发展所贡献的关键技术与产品，创远仪器与中国移动、华为、中兴、展讯等行业巨头一起，荣获2016年度国家科学技术进步奖特等奖。

扫一扫，看视频

创远仪器所属的无线通信测试仪器行业，是移动通信产业链上极为重要的一环。测试仪器的应用，贯穿移动通信全产业链和全生命周期。从2005年为中国自主标准的移动通信提供测试仪表开始，创远仪器一路走来，在各级政府部门的支持和引导下，紧紧跟随国家战略，服务重大产业需求，牢牢抓住自主创新这根主线，大胆投入，广揽人才，不断取得核心技术成果，不断缩小与国际领先水平的差距。公司研发的移动通信测试仪器，为我国成功实现3G、4G、5G技术的标准化与组网商用发挥了非常重要的作用。

自2005年创立以来，创远仪器始终坚持"成为全球无线通信测试仪器知名品牌"的公司愿景，逐步探索形成了极具特色的创新动力机制和创新模式。一方面，公司牢牢把握市场节奏，将客户需求作为研发的出发点和落脚点，聚焦行业内关键环节和核心需求攻坚突破；另一方面，他们不断探索新型产学研之路，通过与知名高校院所密切合作，打通了一条"化外脑为内脑"的创新和成果转化通道。

在我国社会主义现代化建设进入新阶段的关键时期，创远仪器将全力抢抓长三角区域高质量一体化发展重大机遇，在位于G60科创走廊龙头的上海松江布局"5G产业基地"，进一步围绕产业链布局创新链，力争与更多合作伙伴共同谱写从"中国制造"向"中国创造"升级的新篇章。

---

* 2022年6月14日，上海创远仪器技术股份有限公司公告更名为"创远信科（上海）技术股份有限公司"。本书案例中仍称"创远仪器"。

先进制造业　　高端仪器　　无线通信测试　　5G　　产业担当

一、背景情况

2020年10月在北京举行的党的十九届五中全会审议通过了《中共中央关于制定国民经济和社会发展第十四个五年规划和二〇三五年远景目标的建议》。《建议》提出"坚持创新在我国现代化建设全局中的核心地位，把科技自立自强作为国家发展的战略支撑"。在中国共产党编制五年规划建议的历史上，将创新置于如此重要的地位，将科技自立自强放在各项规划任务的首位作专章部署，还是第一次。这表明，创新正成为国家未来发展和长治久安最为关键的支撑之一。

当今，全球正经历着新一轮的科技和产业革命，移动通信是极其重要的驱动力。在经历了"1G空白、2G跟随、3G突破、4G同步"的发展历程之后，我国移动通信领域正面临新的时代机遇，全面进入"5G引领"的新发展阶段。进入21世纪以来，中国移动通信产业从"跟跑"向"并跑"和"领跑"跃进，其中的一个重要转折点就是4G。作为我国4G技术和产业发展史上的里程碑事件，在2017年1月9日举行的国家科学技术奖励大会上，由中国移动通信集团公司、华为技术有限公司和创远仪器等14家单位共同完成的"第四代移动通信系统（TD-LTE）关键技术与应用"项目，荣获2016年度国家科学技术进步奖特等奖，这标志着我国移动通信科技创新和产业发展登上了一个新的高峰，同时也将"创远仪器"这个低调的名字带到了聚光灯下。

无线通信测试仪器的应用贯穿无线通信全产业链与全生命周期。在我国深度参与全球通信行业竞争与合作的过程中，通信测试技术和装备将发挥先导、支撑、倍增的作用。但与我国通信产业整体发展水平相比，无线通信测试仪器产业所面临的挑战更大，要弥合的差距更多，受到的关注却较少。长期以来，我国高端通信测试仪器绝大多数来自国外供应商。如果说当前在通信行业，无论是系统还是终端领域，国内都已逐渐成长出一批世界级公司，那么，在通信测试仪器行业，能挑战全球格局的公司依然寥寥无几。能在这条赛道上一马当先、代表国家实现里程碑跨越的创远仪器，走过了一条值得世人品读与思考的成长之路。

创远仪器成立于2005年，是一家专注于自主研发高端射频通信测试仪器和提供整体测试解决方案的国家高新技术企业。从3G时代起，创远仪器就参与到我国自主移动通信产业链中，并于2007年推出中国首款支持自主3G标准TD-SCDMA的测试仪器。2011年，公司完成了从3G到4G的跨越，成功推出中国自主4G标准TD-LTE测试仪器。2019年，创远仪器的5G产品和技术又有新的突破——中标中国移动首次5G网络维护仪表招标项目。创远仪器于2015年成功登陆新三板；于2020年再进一步，成为新三板精选层首批挂牌企业；并于2021年成为首批登陆北交所的企业之一。

▲ 创远仪器坚持自主研发，面向客户提供专业的射频通信测试仪器和整体测试解决方案

一路向前，创远仪器的发展离不开自身的努力，也得到了各级政府部门的大力支持。在国家层面，公司从2009年开始参与国家科技重大专项"新一代宽带无线移动通信网"（03专项），3年后开始陆续牵头承担了03专项的8项任务。在上海市级层面，公司先后被授予"国家高新技术企业""科技

小巨人企业""国家知识产权优势企业""上海市知识产权示范企业""上海市'专精特新'中小企业"等称号，承担了建设上海无线通信测试仪器工程技术研究中心的任务。作为注册在松江区的企业，创远仪器在每个发展阶段都能够强烈地感受到区、镇政府的悉心呵护和优质服务。

如今的创远仪器拥有员工 250 多人，其中研发人员占比 65%、平均年龄 29 岁、硕博比例达到 26%，2021 年实现营业收入 4.21 亿元，同比增长 38.40%。经过 10 多年的努力拼搏，公司在射频微波、超高速基带、通信算法等领域形成了关键核心技术积累，在 5G 通信测试、北斗导航及频谱监测、智能制造测试等领域推出了一系列产品和解决方案。

二、主要做法

（一）格局与担当：在国家有需要时站出来

回望 2005 年，那还是一个以刘德华代言的 2.5G 手机为时尚的年代，3G 对普通老百姓来说仿佛是一个传说，是被媒体赞誉为"下一代移动通信"的新技术。那时，我国移动通信领域在创新方面并没有太多建树，在技术、市场以及标准竞逐的舞台上也没有太多话语权。正因为如此，国家决定在通信技术的代际升级之际，大力推动自主 3G 标准 TD-SCDMA 成为国际标准，并以此为牵引，拉动自主技术创新以及本土产业加速发展，希望能一举拿下产业未来的主导权，进而为更多产业的跨越式发展塑造一个样本。

然而，由于当时一切才刚刚起步，中国 3G 标准的前景并不被国际主流厂商看好，这些企业大都围绕在其他两项 3G 标准周围，开展技术研发，打造产业生态。稚嫩的 TD-SCDMA 要完成组网商用、拉动产业升级，首先必须不断弥合产业链短板，其中就包括填补通信测试技术和相关测试产品的空白。

无线通信测试仪器的市场规模并不大，但地位举足轻重。从底层的通信标准及算法，到核心通信芯片与系统设计，直至最后通信设备生产、组网、维护，各种测试仪器的应用贯穿全程，串联起整条产业链。如果把新一代移动通信网络比喻成"信息高速公路"，那么测试仪器就是"铺路"时不可或缺的"标尺"。缺少测试仪器，3G 组网将步履维艰。

2005 年，中国仪器仪表产业还不具备为 TD-SCDMA 标准开发专用测试仪器的技术实力。因此，牵头推进中国 3G 标准产业化的大唐电信找到了某老牌跨国仪器公司，请它为中国研发这一关键的仪器设备。

没人能够预测未来，所以当面对未来的不确定时，谨慎或许是一种智慧。在那家老牌跨国公司看来，留在自己的舒适区、跟随其他国际 3G 标准做业务，才是顺理成章的选择；而投身中国自主 3G 标准阵营，为前途未知的中国客户研发产品，除非能够签下一个大合同，否则将是一件不合逻辑的"傻事"。最终，经过仔细测算，那家老牌跨国公司报出了一个大唐电信无法承受的天价。

创新需要智慧，但太过聪明却反而有可能失之于格局。当初跨国巨头放弃的项目最终被创远仪器接手。由此，两家企业在中国通信市场划出了两条迥然不同的发展轨迹。

在中华民族伟大复兴的征程中，创新发挥的作用不言而喻，但是如何推动企业创新、打造国家创新体系，仍是一个值得继续探讨的话题。有人说，创新要看天赋、看实力、看经验……这些要素和特质的确能在很多时候发挥巨大作用，但对于创新而言最重要的或许是企业和企业家的格局。

所谓格局，并非指能够先人一步洞察行业趋势，而是指拥有将自身发展融入民族崛起与国家振兴大业的志向，具备在条件尚不完备之际为伟大事业承担风险的胆魄。对众多正在创新路上艰苦跋涉的企业来说，要在 10 年乃至更长时段里，持续以非凡的意志和执行力披荆斩棘，仅仅凭借利益驱动不一定足够。

然而，创新者真正需要的可能不是精明的算计，而是大智若愚的态度。创远仪器的创业者始终记得史蒂夫·乔布斯曾说过的话："Stay hungry. Stay foolish."别人都不愿做的"傻事"，或许反而是一片蓝海；不以一时短长来看待创新，这种格局完全可以为创新者构筑一道"护城河"。

"选择'做傻事'的创远仪器，并没有洞悉未来的超能力。我们团队只是和许多有情怀、有梦想、有魄力的中国企业一样，选择在国家最需要的时候站出来，选择相信创新是国家腾飞和自身发展的翅膀，决心靠自主技术把未来的命运牢牢掌握在自己手里。"创远仪器的创业者这样说道，"假如当时我们选择驶上其他 3G 标准的赛道，而非加盟中国自主标准，那么无论如何，我们都无法取得今日的成就。"

如今，在 5G 时代，中国不仅掌握了标准、技术和产业主导权，相关测试仪器与国际领先者的差距也从来没有这么小过。创远仪器把握住了一张在 3G 时代登上中国通信产业"高速列车"的车票，并且后续紧紧抓住了 4G、5G 时代的机会。

（二）创新与坚持：在"创新隧道"里眺望"前方曙光"

"创远仪器"的前身系 1999 年成立的"创远电子"，这是一家代理进口仪器仪表的销售公司，并不是一家以技术为核心竞争力的企业。要推动这样一家贸易型企业走向自主创新，背后的动力机制实际上很好地契合了学界的分析：商业激励、企业家精神、管理制度，以及构筑在"产业报国"基础上的企业文化。

某种程度上，通信行业可以被看作度量经济活跃度的一种特殊仪表。进入 21 世纪，中国经济在深度切入全球化链条后迅速起飞，国内市场对通信设备的需求异常旺盛。那个时候，创远电子所代理的进口仪表销售火爆，许多客户为了能在第一时间拿货，都放弃账期，直接以现金方式与创远电子进行业务交易。仅仅依靠代理贸易，创远电子当时就获得了很不错的收益。

2005 年，顺风顺水的创远电子正准备做一单新生意——为牵头推进自主 3G 标准的大唐电信牵线搭桥，让一家老牌跨国仪器公司为其开发 TD-SCDMA 技术研发测试仪表。正如前文所说，大唐电信碰了一鼻子灰。对全程亲历协商的创远团队来说，这次受挫不仅意味着一笔生意告吹，更重要的是，眼睁睁地看着中国自主标准被"卡脖子"，这让团队成员心里很不是滋味。

事实上，虽然代理生意做得风生水起，但是创远团队一直隐隐感受到因为缺乏核心技术而导致企业发展受制于人的滋味——尽管团队与国外公司的沟通一直比较顺畅，但只要谈到价格，对方丝毫不愿做任何让步。这一次，作为领军企业的大唐电信再次遭遇被动，使创远电子受到了深深的触动。

创远电子的创始人冯跃军曾在高水平研究机构工作多年，一直有很强的技术情结。一而再再而三地被人"卡脖子"，使得核心团队心中一个萦绕已久的想法被彻底激活：既然移动通信是新一轮科技革命和产业变革的重要驱动力，那为什么不自主研发能满足中国 3G 需求的测试仪器？这不仅能让自己得到一个值得为之奋斗的机会，更能为国家和行业解围争气。

在此前多年代理进口仪器的过程中，创远电子形成了一定的人才和技术积累，以及比较好的市场感觉和客户资源。这种底气，使得创远团队相信自己有能力应对一场更大的挑战——不久后，接续"创远电子"的"创远仪器"应运而生，不仅公司名字变了，更招揽了一批致力于通信测试研发的高端人才，从而将核心业务从代理一步步转向自主研发。

2007 年，创远仪器研发的第一批适用于中国 3G 标准的扫频仪问世，得到客户高度认可。在 TD-SCDMA 布网的关键阶段，创远仪器研发的扫频仪发挥了巨大作用，成为运营商、设备商不可或缺的工具。新生的公司站稳了脚跟。

但这还远远不够。创远仪器的初创团队深深明白，推动创新，最重要的就是形成足够的内驱力，但最难的也在于塑造动力机制。

从管理学的角度，创新动力机制就是创新的动力来源和作用方式，它是推动创新实现优质、高效运行并为达到预定目标提供激励的一种机制。在企业内部，这种机制一方面源于经济利益最大化的考虑，另一方面要求企业家具有创新精神，并为此建立能有效激发创新意识的各项制度；此外，企业还要做好推动创新的文化建设，形成独具特色的企业文化。

从创新动力的角度来看，在公司起步时选择创新固然需要勇气，但更困难的是始终坚持创新不犹豫。无论是对创远仪器还是对整个中国移动通信行业而言，自主 3G 标准的落地和产业化只能算是一次"摸底考"，它真正能带动的产业规模十分有限，生命周期也不太长。紧随其后的 4G 才是更重要的"决定性战役"。随着国家逐步公布 4G 移动通信发展"时刻表"，年轻的创远仪器面临抉择：跟还是不跟？

实际上，为研发 3G 通信测试仪器，创远仪器投入的资源并不算特别多，依靠继续保留的代理生意，这部分研发支出他们"还供得起"。但假如要跟上国家的 4G "时刻表"，创远仪器管理团队认认真真算过一笔账：内部研发团队的规模大致要扩张 5 倍，成本将相应地急剧增加；未来几年，公司可能要把所有的盈利都投入研发。

创新蕴藏着巨大的不确定性和风险。假如 4G 技术研发遇阻，创远仪器前期的巨额投入可能就会打水漂；然而，如果不跟进 4G，3G 时代的成果会迅速贬值。等这部分"老本"吃完，公司肯定会掉队，进而被淘汰出局。类似的故事，在国内仪器仪表行业并不少见，哪怕是曾经跻身"国家队"、参与过多个国家重大专项的企业，也曾因为在后续研发上有所犹豫、慢了一拍，导致公司业务很快就急转直下。

这种艰难抉择的时刻，很多创新企业都体验过。面对未知，创远团队最终选择相信创新、相信国家，将所有可以调动的资源都继续投入 4G 研发。事后他们才发现，从那一次开始，公司才真正驶入了一条"创新隧道"：当全部盈利转手就被研发"吃光"，当全力以赴奔向的只是一个模模糊糊的方向，这种心理层面的煎熬，真是排山倒海。

作为追赶者，创新可能是唯一一条通往未来之路。但无论如何，敢于将自己置于"别无选择"的境地，这本身就代表了一种"虽千万人吾往矣"的豪情。为满足研发资金需求，企业创始人冯跃军曾经不顾家人的反对，选择卖房筹资，帮助创远仪器渡过难关。当这种"背水一战"的意志传导到整个团队，原本的煎熬也就化为成长路上最好的磨砺。事实上，在这条只许进不许退的"创新隧道"里，创远仪器团队一直都能眺望到"前方的曙光"。

（三）突破与积累：适应自身发展的创新模式与效率

在很长一段时间内，国内高端通信测试仪器市场被国外企业所垄断，要想打破壁垒、实现突破，国内企业必须保持创新的持久力。创远仪器体量不算大，但要翻越的难关却不少。用公司管理团队的话说，作为一家中小型科技企业，在技术创新的主战场上，每前进一步都需要付出巨大的努力；而且只有长期的坚持、耐得住寂寞、坐得住冷板凳，才能取得突破。

在10多年的"创新马拉松"中,创远仪器既要保持速度,又不能无端消耗能量,为此,必须保持创新强度、提高创新效率、将资源投放到最关键处。多年的实践积累,帮助创远仪器形成了一套独到的创新模式。作为一家非常注重企业文化的公司,创远仪器企业文化的核心内容就是"创新求远、尊重个人、服务客户"。这体现了公司对于创新路径、创新主体以及目标归宿的一种认识,也塑造了它的创新模式。

在产业报国的初心支撑下,在我国移动通信产业不断前行的激励下,创远仪器在创新方面投入了巨大的资源。统计显示,自创立以来,公司的研发强度绝大多数年份都保持在30%以上的高位,过去三年累计研发投入超过3亿元,占整个营业收入的比重近40%。而且正如前文所说,很长一段时间内,这样高强度的投入是在技术风险未知、市场前景不明的情况下完成的,因此更加显得难能可贵。

专利是衡量一家企业创新投入与成果非常重要的标志,很难想象,在创远仪器这样一家250人左右的企业里,海内外申请专利累计360余项,人均

▲ 创远仪器累计获得国内外授权专利184项,其中发明专利占38%

攀登通信仪表高地，护航"中国智造"崛起

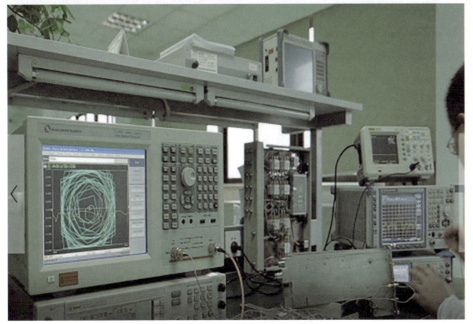

▲ 技术人员正在研发与5G相关的测试仪表

达到1.4项，陆续在德国、美国、韩国、日本等国家和地区完成了专利布局。这些亮眼的数据和出色表现，让创远仪器获得了"上海市知识产权示范企业""国家知识产权优势企业"等称号，更是帮助公司将知识产权保护网撒向了仪器仪表行业的各大主要市场与研发高地。

在人才方面，公司管理团队深知，创新项目的关键在于人才。为了给核心技术团队提供愿景，激励他们长期奋斗，创远仪器特意设计成"股份有限公司"架构。在日常工作中，创远仪器非常重视人才的成长，创新性地采取将研发部门直接设在高校和科研院所的实验室中，让工程师直接和专家教授一起工作等多种培养渠道和方式，为创新型人才打造持续成长的通道。

客户意识也是创远仪器企业文化中非常重要的基因。创远之所以能够在风云莫测的创新冒险中胜出，关键在于公司一直把研发深深扎根于市场之中。在公司管理团队看来，绝不能"为了创新而创新"，最重要的是要靠创新帮助客户化解他们最大的痛点。

"让听得见炮声的人做决策"，这是创远仪器的管理层特别强调的一点。也就是说，公司上下必须认真倾听来自市场一线的声音，从而保证技术方向与市场趋势紧密结合。在研发的关键期，创远研发团队常常与客户的工程师们同吃同住，一起泡在一线，从而历练出了他们对市场需求高度的敏捷反应——客户有任何需求和想法，团队总能在第一时间给出回应。比如，创远仪器自主研发了世界上首款基于安卓操作系统的工程测试仪表，将仪表的尺寸从传统的手提箱大小一下子压缩到了和手机相仿，在便携性方面实现了一次飞跃。这款设备不仅能为外出工作的测试人员减负，甚至还可以安装在无人机上，在三维空间中测试 5G 信号分布。

不过，贴近客户并不等于一味追随市场。创远仪器十分强调把握创新节奏，强调技术领先性，但同时强调"只领先半步"，这样既能避免创新过度导致在非核心市场和远期客户上投入过多，浪费宝贵的资金和时间，也可以在现阶段为满足当下客户需求拿得出"一击致胜"的能力。

2009 年，创远仪器开始参与国家科技重大专项"新一代宽带无线移动通信网"（03 专项）。自 2012 年开始，实力不断壮大的创远仪器已经在 03 专项中牵头承担多个课题。跻身"国家队"之后，公司既深感使命光荣，同时也清晰地意识到，重大专项着眼于中长期战略性需求，对企业当下的经营不会产生显著拉动。因此，企业绝不能"躺"在重大专项上，而是要扬长避短，一方面借助重大专项"登高望远",提升技术能力,另一方面要想方设法推动重大专项技术的"降维应用",也就是结合当期市场需求,适当降低前瞻性技术的复杂性,从而让"高精尖"更加"接地气",以最具市场效率的方式完成转化。

在创新的执行层面,创远仪器还探索出了一种"化外脑为内脑"的新型产学研模式,为公司高质量研发夯实基础。

2012年,创远仪器与在通信与微波领域中享有较高声望的东南大学合作,组建了"东大—创远电子测量技术联合研究中心",正式落地"资金前移、技术前移、人才前移"的产学研创新战略。在东南大学信息科学与工程学院院长洪伟等资深专家的支持下,创远仪器持续向该联合研究中心投入资金,在通信测试技术的先导性领域布局;同时,创远仪器还向该联合研究中心派驻了数十名研发人员,与多位教授一起工作,使得企业研发人员也有机会站到技术前沿拓宽视野、磨炼技能。实际上,该联合研究中心已经成为一个介于高校和企业之间的人才储备库与实训基地——不少员工都能在联合研究中心继续得到培训,从而在一所"永不毕业的大学"里持续提升自己。业内有些企业曾经悄悄带着高薪承诺来创远仪器"挖角",但很多时候他们得到的回复是:"这里有其他地方所没有的学习机会,我不舍得走。"

资金、技术、人才"三个前移"的战略在东南大学落地后,创远仪器继续加大探索力度,分别与国内若干所"双一流"建设高校建立产学研合作机构,并在海外也按照此模式建设新型实验室。这些"化外脑为内脑"的平台,帮助创远仪器在5G、北斗导航、智能制造等更多产业化领域拓展出新空间,而且很快就以"人才高地"的美誉而声名远扬。

(四)整合与拓展:从"根据地"走向多元化

创远仪器的初心和使命是打造全球无线通信测试仪器知名品牌。对这样一家志向远大的创新型企业来说,推进技术多元化、丰富产品线、提升企业规模和影响力至关重要。随着2015年公司在新三板成功挂牌、登陆资本市场,进而在一年之后荣获国家科学技术进步奖特等奖,创远仪器的实力迅速增强,拓展业务线的时机越来越成熟。由此,创远仪器开始从移动通信向外

▲ 创远仪器的"1+3"战略，以测试仪器为核心，涵盖 3 个业务领域

拓展，形成了"1+3"的战略布局。

"1+3"战略中的"1"，就是创远仪器最独特的内核——围绕无线通信测试环节，不断提升技术储备，持续增强国产无线通信测试仪器"国家队"的势能。围绕这一核心，创远仪器将业务逻辑整合为"3"大方向：无线通信测试，即以 5G/6G 通信、北斗导航、半导体芯片为主的无线通信测试仪器业务；车联网测试，即以 C-V2X、汽车电子为主的车联网测试业务；无线通信设备，即以无线侦测设备、毫米波模块、卫星通信传输模块为主的通信设备业务。

"1+3"的布局，实际上是创远仪器在总结第一个 10 年的发展经验后，对发展战略的一次再提炼、再聚焦。其中涉及的无线通信、车联网、低轨卫星、卫星导航、频谱侦测、频谱监测等，都是我国构筑未来数字经济和数字社会的基石技术，都是像 4G、5G 那样以国家实力为背书、凝聚全行业能量向科技和产业制高点进军的战略要地。这几个领域相互独立，但又相互依存，在底层技术和应用层面具备交叉跨界的潜力，可以互相激发并衍生出新的机会。

仰望星空，脚踏实地，这是根植于创远仪器基因中的一种特质。创远仪器的管理团队很清楚，"眺望"不能取代"前行"，"1+3"战略的关键在于落地，只有经过辛勤汗水的浇灌，小苗才能长成大树，开花结果。同时，"1+3"也不意味着四面出击，尽管公司实力已经今非昔比，但资源永远是有限的，而且随着企业能级的提升，所面临的市场考验和竞争对手也都会相应升级。为此，必须将有限的资源投入高价值领域，继续通过创新带动盈利，让公司业务不断向价值链高地跃迁。

出身于军人家庭、曾在国防科技大学求学的创远仪器创始人冯跃军，在分析市场与企业策略时，常会用军事用语来强化表达。他说，每家公司的业务模式必将随自身发展阶段的不同而改变，从"武装割据"到"农村包围城市"，再到打赢"三大战役"夺取最终胜利。对创远仪器而言，当前仍然处于创业阶段，为此，"1+3"战略虽然是一次向外突破，但依然需要清晰地界定出若干个细分市场，通过不断建立新的"根据地"，才能聚焦火力、以弱胜强，通过差异化和颠覆性技术创新，在每个拓展的方向上迅速争取到数一数二的地位，在强大的竞争对手面前赢得优势。

正是在这样的战略引领下，创远仪器以深厚的技术积累为客户提供越来越多的解决方案，创新产品持续实现攻城略地，应用领域越来越宽广。在移动通信领域，继在3G、4G时代牢牢掌握自主标准测试仪器70%的市场份

▲ 创远仪器中标中国移动和中国电信 5G 无线网络维护仪表（5G 多模扫频仪）集采

额之后，创远仪器在5G时代同样一马当先，从2019年开始先后两次在中国移动5G网络维护仪表招标中拿到70%份额，以及在2020年中国电信扫频仪集采项目中拿下大单。同时，创远仪器独创的航空测试套件得到了中国商飞、国外大型飞机制造企业、国外知名航空公司等国际知名企业的认可，海外市场正不断拓展。而在智能制造领域，创远仪器的矢量网络分析仪也实现了对世界一流技术的赶超，广泛应用于制造产线以及高铁、地铁漏缆检测等场景。

（五）变局与机遇：从做技术到做生态

我们常说，4G改变生活，5G改变社会。当前，5G网络建设及应用是"数字新基建"的重要内容，也为各行业"育新机、开新局"提供了重要支撑。5G时代，由于传统无线通信检测仪表的硬件大都无法满足现实的网络测试需求，原先领先者所积累的历史优势被急剧压缩，整条赛道上，大家将拥有一条更加公平的起跑线。中国本土创新企业也有机会换一种方式竞争，从过去"做技术""做产业"向"做平台""做生态"升级。

全球仪器仪表行业经过80多年的发展，现在已基本成熟，行业格局看似牢不可破，但实际上，巨头们受制于既往的技术捆绑和路径依赖，在转型时显得迟缓犹豫，在需要攀登新的高峰时，很多企业已不复当年之勇。如果说早前中国仪器仪表行业面对的是正值盛年的对手，如今则此消彼长。在创远仪器的决策者眼中，"我们得到的或许是迄今为止最好的机会，当然也很可能是最大的挑战。这或许能算是'世界百年未有之大变局'在仪器这个特定行业的投射"。

2020年8月，创远仪器位于G60科创走廊起点以及龙头的上海松江的新总部正式启用，将自身发展融入国家富强的"大局观"也由此提升到新的层级。背靠长三角高质量一体化发展国家战略，创远仪器又在松江着手打造"5G产业基地"，在空间上进一步构筑纵深，在产业上进一步辐射影响，通过组建产业生态和联盟，进一步寻求与国家战略同频共振的新频点。

"5G产业基地"聚焦5G通信和物联网的创新平台与科创高地。根据基地发展蓝图，它将以创远仪器为核心，吸引高校院所、标准研究机构、国家级工程中心、国家级认证机构、5G测试高峰论坛等高能级创新主体聚合，以长三角G60科创走廊为发展沃土，借助5G/6G和长三角发展的东风，深耕无线通信和毫米波技术，创新引领，重点发展5G/6G通信、毫米波芯片、低轨卫星、北斗导航及通导一体、网络安全等产业，形成生产、研发及相应产业为一体的信创产业经济，进而带动G60科创走廊实现更大作为。

开放是当前全球创新合作不可阻挡的趋势，创远仪器对此一直深信不疑，如果说之前创远仪器与高校联手开辟的产学研模式，是研发领域开放式创新的第一步，那么，"5G产业基地"则将创远仪器的开放创新策略在产业链层面又一次进行了升华。基于创远仪器对创新的理解，企业正通过与更多合作伙伴"合纵连横"，携手共进，相互赋能，探索为国家打造出更有厚度、更具韧性的产业集群。

▲ 创远仪器着手打造"5G产业基地"，力争成为长三角5G企业创新创业集聚新高地

在国家着力构建双循环发展新格局的大背景下，一直以自主创新为使命的创远仪器，不仅从来没有拒绝全球化，更是持续以开放姿态拥抱全球化。公司在全球积极拓展国际市场，一些知名国外企业，如今也通过与创远仪器

合作而重新焕发生机——他们在全球市场贴牌销售由创远仪器研发制造的设备，在市场上大受欢迎，不仅帮助这些国外企业保留了品牌和业务，也相当于在另一个层面扩大了中国创新的影响力和朋友圈。这样的全球化技术合作就是典型的双赢局面。

"征途须策马，风劲当扬帆。"创始人冯跃军曾经这样寄语创远仪器的全体员工。对许许多多奔跑在创新路上的中国企业而言，他们面对的是一个历史性的机遇，虽然道路艰难曲折，但未来将是一片光明。

▲ 创远仪器创始人冯跃军当选"上海市第五届工商业领军人物"

三、经验启示

（一）抢抓历史机遇，担当时代重任

当前，我国正在加快形成以国内大循环为主体、国内国际双循环相互促进的新发展格局。在开启全面建设社会主义现代化国家新征程的历史关头，党的十九届五中全会审议通过《中共中央关于制定国民经济和社会发展第十四个五年规划和二〇三五年远景目标的建议》，集中回答了新形势下实现什么样的发展、如何实现发展这个重大问题，并把创新放在我国现代化建

设全局中的核心地位，将科技自立自强作为国家发展战略支撑摆在各项规划任务的首位进行专章部署。对全社会各类创新主体而言，当前面临的历史机遇、承担的历史重任非比寻常。

透过创远仪器令人欣喜的"成绩单"，也能看到一种创新的"双循环"。一方面，创远仪器通过前瞻性技术布局、高强度研发投入、高水平技术产出、高毛利营收回报，在企业内部形成了积极良性的"创新小循环"。另一方面，创远仪器的发展离不开一个更重要的"创新大循环"，也就是不断把握国家重大战略需求，寻求企业自身发展的脉动与大环境主旋律的同频共振，通过积极融入更大的创新生态、从中汲取动能、打开边界、释放价值。这种创新的"双循环"，可以说是创远仪器区别于其他创新企业的最大特色之一。用创远仪器创始人的话说，回顾发展历程，最大的感受就是要感恩国家、感恩时代；如果没有国家对高科技产业的重视，没有移动通信行业快速成长的背景，那么就无法想象创远仪器能取得今天的发展成就。可以说，国家和民族产业发展的大局是高科技企业最重要的外部环境，同时企业也要不断以自身努力来推动大环境前行，只有牢牢把握好"做事"与"做势"的关系，最终才能实现"势起事成"。

自 2005 年创立以来，创远仪器始终坚决响应国家号召，突破知名跨国公司设置的技术与市场壁垒，大胆探索关键技术，从而与整个民族通信产业集群一道实现了从 3G、4G 到 5G 的跨越和腾飞。在此基础上，创远仪器继续突破既有圈层，从移动通信挺进到卫星导航及通导一体、车联网等国家重点发展的战略性产业空间。截至目前，创远仪器累计承担了 12 个国家重大专项和 13 个地方项目的科研任务，同时以"国家队"身份成为各大电信运营商、通信设备企业、科研机构的战略合作伙伴。

在创远仪器的发展历程中，围绕创新、人才、市场、客户等，积累了不少好经验、好做法。概括起来就是：创新求远、尊重个人、服务客户。第一，追求卓越创新，以赶超世界领先水平为己任。自创立以来，企业始终坚持两个高强度：一是研发人员占所有员工比重超过 60%，二是研发投入占企业营收比重超过 30%。在这样的高强度创新投入支撑下，创远仪器实现了重要突破,从3G时代启动自主研发到5G时代全面掌握相关核心技术。第二,具有强烈的人才意识,重视人才、尊重人才。企业通过与高校设立联合实验室等多种方式与途径,为人才成长创造更多的机会和更好的条件;同时借助股份公司的架构,对核心技术人员进行重点激励。第三,客户意识和市场意识是创远仪器研发创新获得成功的重要基础。企业之所以在研发资源有限的情况下,产出了达到国家科技进步奖特等奖水准的创新成果,关键在于紧扣市场需求和客户痛点,持续以"快人半步"的节奏推进高效率的研发,通过一场10余年的"创新马拉松",实现了从"跟跑"向"并跑""领跑"的跨越。

(二)寻找合适平台,构建技术优势

高新技术企业需要怎样的成长环境?该如何识别乃至服务好创新领域的"种子选手"?从创远仪器的发展之路来看,有这么几点是值得重视的。

其一,要注重发挥技术标准对于产业的引导作用。中国移动通信行业从3G、4G到5G的成功跨越已经表明,如果国家能通过支持自主技术标准等方式,向产业界清晰地释放政府意图,那就能在一定程度上消除企业创新时所面对的不确定性,为全产业链合作提供向心力。创远仪器能从3G开始持续紧跟4G、5G的发展节奏,就是因为哪怕在研发中遭遇瓶颈,企业依然可以从国家释放的信号和提供的支持中,看到"创新隧道"前方"微弱的光亮",这种发展中的方向感和正向预期,是中小企业在推进创新的过程中非常需要的。

其二,要更好发挥政府重大专项对于企业创新的带动作用。国家重大专项当然要体现高度、服务国家战略、实现政府意图;但国家专项也应该着眼于产业,以此更好地促进全产业链创新能级的有效提升。对企业来说,参与重大专项仍需要高度重视市场反馈,不断寻找前沿技术与市场对接的渠道,摆脱"为创新而创新"的迷思,特别要选定细分市场,构建技术优势,培育持续迭代能力,从而将参与重大专项的势能转化为发展与盈利的动能。

其三,创远仪器"半路出家"登上国家科学技术进步奖特等奖领奖台的案例,在一定程度上证明了"能不能做好创新"关键并不在于企业的"出

身"，而在于企业是否具备足够的动力，以及是否拥有了合适的平台。中国有大量极富创新精神和创新能力的中小企业，政府应该积极创造机会，完善公平竞争环境，引导鼓励大企业与中小企业开展合作，各施所长，形成有厚度、有弹性的创新协作格局。同时，政府也要在共性技术、标准研究、公共服务等方面加大支持力度，把研发环境与支撑体系作为公共服务和公共产品，更好地向产业界进行输出，帮助中小企业提高创新成功率。

其四，政府要在关键阶段、关键要素上为高新技术企业及时提供支持。2015年，创远仪器在新三板挂牌，为其发展注入了更强的后劲，提供了更充分的保障，业务边界也可以更加自如地拓展。对高新技术企业来说，融资能力是重要的核心竞争力，如果能借助金融创新，在规范前提下加速产业与资本的对接，就能更好地为创新注入能量，让企业家能够更加大胆地出击。此外，对于在一二线城市发展的高新技术企业来说，本地的人才优势非常显著，但高房价、高成本也制约了企业进一步招揽人才的空间和能力。如何帮助企业在这方面"减负增效"，提升激励创新的营商环境，值得思考。

正如习近平主席在首届中国国际进口博览会开幕式上所说："中国经济是一片大海，而不是一个小池塘。大海有风平浪静之时，也有风狂雨骤之时。……经历了无数次狂风骤雨，大海依旧在那儿！经历了5 000多年的艰难困苦，中国依旧在这儿！面向未来，中国将永远在这儿！"着眼未来，如果有更多高新技术企业能勇敢地扬帆出海，扛过"风狂雨骤之时"，抵达成功的彼岸，这不仅是中华民族之幸，也将为世界经济与科技的繁荣发展注入新动力。

专家点评

> 国家"十四五"规划和2035年远景目标纲要，都把创新摆在前所未有的突出位置，为全国科研工作者、企业家和技术人员确立了新的努力方向和奋斗目标。

近 20 年来，从 3G、4G 到 5G，我国已在移动通信产业成功地踏出了一条独特的创新之路——在国家战略需求的牵引下，政产学研用协同与国际合作并举的创新之路，最终将新一代移动通信标准和技术主导权牢牢掌握在手中。作为这一历程的亲历者与见证者，创远仪器的实践案例值得关注。

创新最重要的是营造土壤。如何选择创新方向？如何树立创新的信心？如何发挥企业主体作用？如何形成良性协同的创新生态链？政府如何有效引导和凝聚合力破解瓶颈？怎样创造人尽其才的环境？创远仪器创新发展的奋斗历程或许对这些问题提供了一定的答案。

山高人为峰。要登上创新之巅，最重要的因素就是人。正如我们从创远仪器团队身上所看到的，我国拥有一大批既富有聪明才智与探索精神，也具备大局观与责任感的企业家和科研人员。必须利用好这一独特优势，在起步时对他们悉心呵护，在奋起时给他们鼓劲加油，在腾飞时能慷慨地送上掌声赞许，并助他们迈上更高的高峰。

新时代催人奋进，新时代大有可为。虽然"从 0 到 1"的突破非常艰难，从"跟跑"到"领跑"的过程非常坎坷，但凭借国家的体制与市场规模优势，凭借华夏赤子们的报国初心与奋斗热情，我们一定能够在创新道路上跋山涉水，不断创造令世界刮目相看的新奇迹。

点评专家

杨骅，中国 TD 产业联盟秘书长，教授级高级工程师。国家第六代移动通信（6G）技术研发总体专家组专家，中国 IMT-2020(5G) 推进组成员，国家重大专项 03 专项总体组专家，国家高科技计划 863（5G）专家组副组长。2012 年获国家科学技术进步奖一等奖，2016 年获国家科学技术进步奖特等奖。主要从事移动通信与移动互联网+工作，是移动通信 3G、4G、5G 技术标准与产业的参与者与组织者。

思考题

1. 结合本案例，谈谈你对于"只有时代的企业，没有企业的时代"这种说法是如何理解的。
2. 创远仪器的技术创新模式具有哪些特点？让你印象尤为深刻的是什么？
3. 创新意味着冒险，大创新意味着大冒险。创业者应该如何在机遇与风险之间进行平衡和抉择？

 创业者小传

冯跃军，上海创远仪器技术股份有限公司创始人兼董事长。

男，汉族，1965年2月出生，中共党员。1996年7月于解放军信息工程学院（现解放军信息工程大学）计算机工程专业本科毕业，2004年11月获得中欧国际工商学院工商管理硕士学位。

1982年入伍，曾获中国人民解放军科学技术进步奖三等奖、一等奖，以及"上海市第五届工商业领军人物"等荣誉。

驰骋财经天地，领跑"金领"教育

——上海高顿教育科技有限公司倾力打造终身智慧财经教育新生态

"教育兴则国家兴，教育强则国家强。"教育，是关系民族前途和未来的"百年大计"，也是寄托着亿万家庭对美好生活期盼的民生工程。随着我国进入新发展阶段，产业升级和经济结构调整不断加快，对"新财经"人才的培养需求也更加迫切，因而职业教育的重要地位和作用越来越凸显。

扫一扫，看视频

上海高顿教育科技有限公司（下文简称"高顿教育"）于2006年6月应势而生。创立伊始，高顿教育敏锐地把目光锁定在财经职业教育领域，"从职业中来，到职业里去"，多年来一路深耕细作，探索科技赋能，如今已发展成为一家以财经教育为核心，全方位构建"终身智慧财经教育生态"的综合性国际职业教育集团，推动和见证了中国职业教育和中国金融行业的成长变革。

秉承"成就年轻梦想，推动中国新商业文明发展"的使命追求，高顿教育一路高歌猛进，迅速成长为国内最大的财经学习平台，在全球46座城市开设了66所分校和学习中心，并在悉尼、伦敦设立海外分校，累计在线用户超700万，成功服务超过18万家企业，至今已为国内外各大知名企业输出超过100万名财经人才。

新财经　高端金融人才　科技赋能　职业教育　终身教育生态

一、背景情况

（一）企业新痛点："新财经"人才稀缺

这些年来，以互联网、大数据、人工智能、云计算、5G等为代表的新科技革命和产业革命，加速与经济社会各领域深入渗透融合，对传统的产业和经济业态产生了深刻变革和深远影响。数字经济、智能经济、流量经济、共享经济等新经济业态应运而生，不断改变和重塑财经领域的内涵与外延，催生了"新财经"这一新趋势。

新趋势催生新需求。"新财经"人才愈来愈成为商业领域的主导力量之一，企业对"新财经"人才的需求更加迫切，"稀缺性"成为企业新痛点，财经教育也随之步入新阶段。"新财经"人才的培养，不仅要求专业知识复合、能力聚合和思维整合，更要求教育、经济、科技和实践的深度融合，以跨学科和融通性为主要特征，从而达成财经学科思维和知识体系的重塑。这一时代命题对教育机构而言，是挑战，更是机遇。多年来，高顿教育秉承"从职业中来，到职业里去"的教育理念，坚持以人为本，校、企、人三方联动，推动终身智慧财经教育生态形成闭环，最终通过培养无数"新财经"人才去推动未来新商业文明的发展。

（二）行业新风口：职业教育改革进入快车道

随着创新驱动发展战略的大力推进，中国经济产业升级和结构调整不断加快，各行各业对技术技能人才的需求更加紧迫，职业教育的重要地位和作用愈发凸显。加快构建现代职业教育体系、提高职业教育水平越来越成为社会共识。产教深度融合、中职高职衔接、职业教育与普通教育相互沟通的现代职业教育体系日趋走向完善。

2019年1月，国务院印发了《国家职业教育改革实施方案》，正式启动"1+X"证书制度（即学历证书+若干职业技能等级证书），宣告职业教育赛道"春风已至"。同年7月，金融业对外开放"新十一条"正式发布，向世界释放一个信号——中国一直都在坚持对外开放，而且开放的大门只会越来越大。随即，国务院总理李克强在上海考察时强调："金融开放要以合规经营为基础，这些都需要更多金融高端人才。要加强教育培训方面的中外合作，加快培养更多熟悉国内法规和国际规则、理念新、善经营的金融人才。"新风口下，财经职业教育必然成为国家培养高端金融人才的重要"弹药库"。

然而，财经职业教育仍存在名师资源稀缺、行业制度不成熟、市场行为不规范等问题，导致"新财经"人才培育的市场需求尚未被合理满足。作为中国财经教育行业的标杆性企业，高顿教育始终牢记使命，致力于帮助学员实现财经职业梦想。通过融合前沿科技和专业培训，链接国际资源与机遇，服务于国家经济社会发展，服务于国内专业财经人才的全方位培养，服务于财经人士的终身学习需求。

（三）借力新技术：数字经济异军突起

线上零售、云端教育、远程办公、视频会议……当前我国数字经济正呈现异军突起之势，纷纷"飞入寻常百姓家"。5G网络的普及，支撑了在线教育高清音视频的实时传输；VR/AR可穿戴设备帮助学生更好地进行互动体验，使线上教学模式迎来了革命性的发展；"AI+教育"亦将引领教育系统改革，出现AI教室、AI教师、智能教育评价、数字教育资源智能推荐、教育模式向个性化转变等；除此之外，大数据、云服务等强大科技手段，也能帮助在线教育机构构建更加低成本、高安全、高效率的学习平台。

2010年，高顿教育敏锐地嗅到在线教育风口，着手布局高顿网校，成为国内财经教育领域最早开展在线教育的企业之一。2019年，全球首个行政区域5G网络在上海建成并开始试用，高顿教育作为中国财经教育行业的领导品牌以及上海虹口区的代表性优秀企业之一，成为上海市首批5G试点企业，率先实现5G覆盖，聚焦5G在教育行业的应用及创新，积极推动5G在教学场景中的应用。此外，高顿教育紧跟时代潮流，用科技驱动教育创新，自主研发Glive、Smart School、EP智能学习平台、财务人才评测系统等深受用户信赖的智能教育平台。突如其来的新冠疫情，更是印证了高顿教育对未来趋势判断的前瞻性，当学员们因为线下课程全面停课而手足无措时，高顿教育率先发现大家的学习需求，迅速推出413节在线财经课程，并携手人民日报客户端、学习强国、央视频等平台发布，保障学员在疫情期间也能通过在线教育实现个人能力的提升。

国家的需要，移动互联网发展的需要；高顿教育的顺势而为，团队的创新求变……这一切叠加到一起，谱写了高顿教育的传奇。高顿教育也进入了

▲ 高顿教育 10 周年外滩 LED 灯光秀

开花结果的阶段。至今，高顿教育已于 2014 年获得新东方 3 500 万美元 A 轮融资；2015 年获得前程无忧 B 轮融资；2018 年获得由高瓴资本、摩根士丹利联合领投，涌铧资本、嘉御基金跟投的 8 亿元 C 轮融资；2020 年又完成新一轮融资，由腾讯领投，正心谷资本、弘卓资本跟投。与阿里、华为、京东等企业建立财务体系深度合作，销售额从 2014 年的 3 亿元，到 2020 年突破 35 亿元，成为当之无愧的财经教育领域独角兽企业。

二、主要做法

"注册学员人数：6 500 000；在线学员人数：750 000；做题人数：267 668……"打开高顿教育的网校平台，页面上滚动的数字正实时显示着全国各地学员的在线学习数据。"每次深夜加完班，看到上面的数字还在不断更新跳动，我们的内心深处依然会为之热血沸腾，为财经教育甘之如饴。"高顿教育的创始人李锋说。

不忘初心谋发展，抢抓机遇研创新。从 2006 年 To B（面向企业客户）市场起家，继而在 2008 年开始开拓 To C（面向个人客户）市场，到如今的

▲ 科技大屏显示实时数据

融合前沿科技打造"终身智慧财经教育生态"体系……高顿教育拥有众多线上、线下财经教育品牌，如高顿金融研究院、高顿财经、高顿网校、高顿研究院、高顿咨询、中国管理会计校友会等。同时，高顿教育还与上海财经大学、牛津大学摄政学院等百余所国内外著名院校达成战略合作，加速整合全球财经教育优质资源，搭建财经教育生态，引领全行业前行。

自2006年成立以来，高顿教育在财经教育领域一步一个脚印，逐渐走出了自己的一片新天地。如今，高顿教育已成为中国财经职业教育这个细分市场的"尖子生"，但它前进的步伐从未停下，它的创新之路亦始终保持行业内的"领跑"姿态。

（一）守初心，担使命：打造财经教育新生态

1. To B + To C：开启布局"财经教育生态链"

2006年，正是中国经济迅速腾飞的新起点，全球化进程也已驶入快车道。这一年，财政部公布新企业会计准则。但当时国内市场上能够提供企业财税培训服务的教育机构凤毛麟角。

在这样的大背景下，2006年6月，高顿教育在创始人李锋、联合创始人李珂、朱文耀的筹划下应运而生。成立之初，高顿教育以企业财税服务为业

务起点，为响应企业需求，还推出了新的所得税实务培训课程，这不仅填补了当时国内税法培训领域的空白，同时也使得高顿教育依托这一传统业务迅速腾飞。

中国加入 WTO 之后，财经人才的巨大缺口日益凸显。与国际财经领域相比，中国大陆财经从业人员占总人口的比例，以及国际通行的国际注册会计师（ACCA）、特许金融分析师（CFA）、注册会计师（CPA）、注册管理会计师（CMA）等证书的持证人占据每百万人口比例，都处在偏低的位置。当时的高顿教育正处于稳中求进的发展阶段，但 3 位创始人都敏锐地嗅到："国内财经培训将会迎来一个巨大的市场需求！"于是，他们大胆地开始了新的尝试——将业务外延扩展到 To C 领域的财经资格证书培训。2008 年，高顿财经正式成立，开始涉足对个体学员的培训。

受限于地理交通和通信信息的不便利，创始团队成员最初只能利用邮件与国外的一些资质协会隔空交流。由于时差问题，团队成员三更半夜还在线上回复邮件是家常便饭。"一开始就是从零做起，小规模小体量，不太可能邀请国外资质协会来上海总部参观。"谈及这一段创业经历，一些元老级成员仍然记忆犹新。所幸，功夫不负有心人，随着谈判的深入，高顿教育联合政府部门、权威财经组织、顶级商学院，成功引入了包括 ACCA、USCPA、CICPA、CMA、CFA、CIMA、FRM、会计职称等在内的全球含金量较高的财经职业资格认证。

与国际资质协会的关系是连上了，但是对于国内报考相关资质证书的学员该如何开展教学呢？当时国际资质证书培训行业尚处于萌芽期，从事这一类教学的教师非常稀缺。团队经过深思熟虑，决定招募国内重点大学的教师们投身于教学研究之中。于是，团队开始走访国内高校，与教师们逐一进行沟通，最终成功说服大家利用业余时间来提供教学支持。

成立至今，高顿教育不断引入并完善全球一流财经职业资格认证体系，并与国际财经协会保持着良好合作关系，希望以优质的资质提供完善的日常教学服务，在此基础上建构适合中国商业人才培育的财经知识体系。高顿教育上海总部及多家分校接连荣获特许公认会计师公会（ACCA）官方颁发的"白金级职业发展合作伙伴";成为中国首批获得特许金融分析师协会（CFA）PPGP 资质，符合 CFA 备考培训规范的机构；获得美国管理会计师协会（IMA）授权的美国注册管理会计师（CMA）培训；中国大陆首批经过美国全国州会计委员会联合会（NASBA）授权的美国注册会计师（USCPA）后续教育（CPE）课程教培机构；中国大陆首家 GARP 认可的 FRM 备考机构；全球量化金融领域权威证书 CQF（国际量化金融证书）的核心合作伙伴和在中国大陆的独家合作机构等。

取得国际资质协会的官方授权后，高顿教育与协会一直保持紧密的沟通，一方面保证能获取行业、协会和考试的最新资讯，另一方面也能及时与官方机构沟通中国市场的情况。例如，2020 年上半年，疫情防控导致各种中大型考试相继延期，打乱了很多考生的备考节奏，雪上加霜的是有些课程正值考纲内容更换的节点，如 ACCA。为此，高顿教育 ACCA 项目部积极与 ACCA 中国代表处沟通，协助统计 6 月考季需新增的考位，解决考生报不上名的急迫需求。同时，针对 6 月 F6 考纲变化的情况，高顿 ACCA 在官方公布考试取消当天就邀请到了 ACCA 官方认证的 Tutor Guru（资深讲师）Sdanvi 研究培训方案。作为 F6 科目的行业标杆讲师，Sdanvi 对考纲可谓驾轻就熟，短短 1 天内就为学员们准备好了新的学习方案，帮助很多学员及时调整备考方向。

2. 线上+线下：重点打造"财经教育闭环"

互联网时代的到来，给教育带来了全新的场景改革。2010 年，高顿教育敏锐地嗅到了在线教育风口，着手布局高顿网校，成为国内财经教育领域最早开展在线教育的企业之一。

2010 年，高顿教育以长三角为试点，大胆尝试了立足长三角、布局全中国的业务发展模式。

说起 2010 年的夏天，高顿教育联合创始人李珂很是感慨。"我们借助世博会，第一次在长三角地区做推广，让更多高校的学生和从业人员了解到上海金融行业日新月异的发展。"李珂说，当时高顿教育的办学资质在行业内已经处于领先地位，对于依托上海的企业发展能力也很有信心。于是，他

▲ 高顿网校办公区

和团队再次产生了一个大胆的想法——何不走出上海，尝试一下长三角地区的教学推广呢？高顿网校已经在紧锣密鼓的更新迭代中，如若长三角市场打通，对日后高顿教育形成"线上+线下教育闭环"来说意义重大。

说干就干，高顿教育的行动派做事风格和团队韧性这时完全被释放出来。公司派出近20位市场专员，成立若干业务小组。大家自愿放弃休息时间，拿着传单、海报等信息表，深入浙江、江苏、安徽等地的高校，为高校学子介绍国际财经协会资质证书的含金量、上海金融行业的发展前景、高顿教育的教学体系等。

经过近3个月的走访和宣传，高顿教育在2010年的夏天成功举办了夏令营活动，带着长三角地区高校的学子参观世博会，并实地了解了上海的金融行业。在一场场真诚的面对面交流中，高顿教育不仅帮助学生们明确了自身的职业发展方向，更在长三角地区的高校中建立了良好的口碑。由此开始，高顿教育迈出了布局全中国的步伐。

到了2012年，高顿网校已经搭建成一个成熟的互联网财经教育平台，高顿教育的线上市场进一步得到拓展。2013年，高顿教育启动了学院服务，一方面帮助大学生塑造职业能力，另一方面为大学提供教育服务，帮助大学提升专业建设能力，并将高顿教育所拥有的国际化的资源引入到大学。

2013年，高顿教育与浙江一所大学合作国际会计培训班，为其开设人才班、特色班，并提供教学支持。创始人李锋清楚地记得，开班的第一期只有11个人参加，由于这所大学地理位置偏远，高顿派出的授课教师要坐很长时间的车才能到达学校，一路颠簸下来非常辛苦，但是为了这11名学生，团队和老师们都坚持下来了。"这些学生毕业时大部分都进入了顶尖的国际企业，有的学生正是因为高顿改变了自己的人生轨迹，现在想想这仍然是一件非常有意义的事情。"李锋说。

高顿教育的实体分校不仅提供线下的学习服务，也为当地参与线上课程的学员提供服务。学生可以在线上完成部分课程的学习，然后在线下参与更为深入的探讨，这样线上责任教师就能根据同学们做的综合性案例加深对学生的了解，从而实现个性化教学服务。2020年，在全国高校因疫情影响采取"封闭式管理"的情况下，高顿教育仍然走进了30多所高校，面向财经类院系大学生启动"财经力量"全国巡讲，通过线上线下共同发力，进一步推动终身智慧财经教育生态形成闭环。

3. 师资+课程：全面搭建"终身教育平台"

（1）打铁必须自身硬，一流师资力量助力财经梦想。

教学质量是教育企业的生命线。高顿教育认为，如果把大量精力放在前端营销，而忽略了教育品质本身，教学质量、后端服务跟不上，将会非常不利于企业乃至整个行业的发展。

"汇聚财经力量，赋能明日精英"。高顿教育在遴选教师时尤其注重4个方面：其一是学术能力，是否具备"比学赶帮"的专业化优势；其二是准确表达等软技能；其三是价值观，必须把学生放在第一位；其四是不断提升的向上力量。成立以来，高顿教育始终坚持狠抓师资队伍建设，高标准严要求把控教学供给端，汇集专业名师、学界专家、行业精英千余位。其中集团内有800位全职教师，80%是来自国际知名学府的硕士、博士毕业生并在全球

▲ 高顿教育名师合影

一流企业具备实战经验，不少人曾就职于摩根、中金、四大会计师事务所等世界百强企业。坚持不断夯实师资实力，让高顿教育在赛道对手面前铸成了一道难以逾越的铁壁。

高顿教育的师资力量主要有以下几类：

第一类是专业名师，以平均5年以上的授课经验和领先行业水平的高通过率为学员提供优秀的教学服务，兼顾知识体系建构与职业发展规划。如现任高顿CFA/FRM研究中心主任兼首席讲师的冯伟章老师，曾在世界百强企业担任过高级经理，负责公司亚太地区新业务的投资分析与决策，有多年投资与项目管理的一线经验。凭借着过硬的专业知识与行业经验，冯老师负责的班级学员考试通过率接近90%，并于2019年在央广网主办的年度全国明星教师评选中荣获"2019年度全国明星教师"称号。

高顿教育的师资实力不仅体现在教师团队的专业水准，更体现在他们身为教育工作者的情怀。新冠疫情不仅是对健康的威胁，也是一场心理持久战。为了缓解学员们的焦虑，高顿教育的教师团队用自己独特的方式为学员进行"心理按摩"。如高顿 ACCA 的谢老师和学员们分享她在非典期间，因从外地返校不得不封闭隔离的那一段难熬经历。"一开始简直是度日如年，害怕的同时又担心自己跟不上课程。但焦虑也没用，不如行动起来。"走出消极情绪后，当时的她在隔离期间开始自学专业课，每天在阳台上读英语、一边爬楼梯锻炼一边练习听力，结果既提高了成绩又成功减肥。学员们听了也开始振作起来，纷纷重新制定了学习计划。

像谢老师这样时刻关注学员学习生活的教师在高顿教育比比皆是——Peter 老师会在情人节前夕"戏精上身"，以一人分饰两角演绎情侣之间吵架拌嘴的有趣方式，来为学员们讲解 ACCA 里的知识点；"少女心爆棚"的 Sdanvi 老师，用自己的表情包、Pass 之歌和学员们互动得不亦乐乎，并时不时分享一些资料干货，惹得一众迷妹迷弟"盖楼"许愿。这些老师们所有的努力都是为了让学生能取得理想成绩，并以此成为实现个人梦想的开端。"每次出成绩的时候，微信上就会有学员来报喜，那一刻，如果我有一双翅膀，成就感真的能够冲破天际。"这是冯伟章老师的心声，也是所有高顿教育老师们的心声。以师者之尊，怀"渡人"之心，为学员点亮一盏引人前行的明灯。

第二类是学界专家。为了给学员提供最高规格的国际级教学水准，高顿教育组建了学术专家指导委员会，邀请上海财经大学教授、中国会计学会副会长、财政部中国会计准则委员会委员孙铮教授担任主席，厦门大学曲晓辉教授、对外经济贸易大学张新民教授和汤谷良教授、中山大学林斌教授等近 20 名中国会计学界知名专家担任学术指导专家顾问。

深厚的学术资源，让高顿教育在每一次行业热点出现时，都能第一时间为学员带来最具深度的专业解读。2018 年 8 月 31 日下午，新《个税法》通过，在这次个税调整引发全社会讨论时，高顿教育迅速推出了《贾康谈个税》，邀请中国财政科学研究所原所长、高顿中国税务研究院首席专家贾康解读个税知识，推动大众对财经的认知升级。财税政策经常会更新变动，要想不落伍，就要时常关注高顿教育这样专业、系统的讲解课程——这也从一个侧面验证了高顿教育发展的可持续性。

第三类是行业精英。为了给学员提供一条终身职业发展通道，高顿教育早在 2017 年就成立了中国大学生职业发展专家指导委员会，由百度资本管理合伙人武文洁女士担任首届主席，并聘请了德勤会计师事务所合伙人吴卫军先生、博世（中国）投资有限公司 CFO 杨川麟先生等数十位来自世界 500 强企业、国际四大会计师事务所等专业机构的资深人士作为首批专家顾问。

秉持着"从职业中来，到职业中去"的教育理念，高顿教育还在 2020 年疫情期间上线"财经力量"公益讲堂，联手招商银行研究院宏观经济研究所所长谭卓、老虎证券创始合伙人徐扬、国金证券首席策略分析师武腾龙、《财务幸福简明指南》译者黄凡、汇丰（中国）尚玉资深理财规划专家张娜五位大咖，面向在职群体提供财商培养、能力提升、职业规划等多维度的实战经验与干货分享。

（2）构建多元课程体系，打造终身教育生态链。

近些年来，"终身教育"多次被教育从业者提上议程，并得到政策制定者的重视。2019 年中共中央、国务院印发的《中国教育现代化 2035》中，就提出把"到 2035 年，建成服务全民终身学习的现代教育体系"作为未来教育规划的重中之重。

打造终身教育生态链也是高顿教育一直以来的坚持。从普适性的泛财经教育，到针对财经资格证书的学习平台，再到为财经学生打造的小马学长、Hi 实习等实习实训产品，未来还将延展至高端财经人士的知识管理、能力提升和高端人脉交流，高顿教育正以专业财经教育为核心，逐步完善提升财经人专业能力和全民财商素养的终身财经教育生态链。而近些年来逐渐拓宽的留学、考研、农信社招聘考试等业务板块再一次丰富了高顿教育的课程体系，面向不同发展人群，以多元化教培方案填补了终身教育的生态拼图。

"教育的本质和农业很相似，农业需要非常用心的投入，需要非常多的坚持，需要非常多的耐心，等待开花结果，教育亦如是。"这是高顿对教育的深刻理解。因此在课程的开发上，高顿教育从不吝惜投入大量精力。三大研究院——ACCA 研究院、CPA 研究院、CFA&FRM 研究院承担起了教研教

▲ 注册会计师统一考试系列教材

学的主要责任。大部分授课教师也会参与到课程开发、考纲研究、热点案例分析，甚至教材研发等更加前端的工作中，使知识结构更加体系化。

此外，2019年优化成立的考研研究院，高顿考研在教学环节针对考研学员特点，独创推出了"七段教学"严控出分体系，在每个知识点的教学过程中均采用七步切片式教学法——学、讲、练、测、模、评、答，帮助学员分阶段、分难度、抓重点抓薄弱环节，有的放矢高效备考。与此同时，高顿考研还推出周末面授精细讲解＋周中直播习题答疑的独家辅导模式，以面授＋直播相结合的双师教学手段，有效实现线上和线下教与学融合（OMO模式）。

截至2020年，高顿研究院共研发完成各类教辅材料220多种，已经公开出版的教材涵盖CFA、FRM、ACCA、CPA、CMA、会计实操、财务实操、金融考研等方面，共计65种选题，其中CMA系列教材被列为IMA官方推荐教材，累积销量突破28万册；CFA一级中文教材、二级中文教材、一级精要图解年销量超过8万套，已成为中国考生在选择CFA考试资料时的信赖之选。

从 To B 到 To B+To C 共同发展，从线下到线下＋线上共同发展，高顿教育每一次业务的拓展都是以市场需求为切入点，财经教育的市场需要什么，"嗅觉"灵敏的高顿教育便尝试着去做些什么，完善其在财经教育领域的布局。目前，高顿教育"终身智慧财经教育生态"体系可以分为以下几个阶段：第一阶段包括财经基础知识的系统学习，以及泛财经知识学习与服务。第二阶段，高顿教育提供更高级的学习内容，包括国际财经先进的财经知识体系化学习，如美国注册金融分析师 CFA、特许公认会计师 ACCA 等，培养高端财经人才。第三阶段，对于在校学生，高顿教育也在强化知识学习的同时，提供就业实践机会。高顿教育会组织大量的财经夏令营，带学员走进企业，让在财经一线工作的专业人员以丰富的实践经验进行教学。此外，高顿教育还会为学员提供实习、游学机会，帮助学员尽快完成从理论到实践的转化。第四阶段，在学员进入企业后，其财务金融知识的学习和个人能力的提升，都由高顿教育进行教学。此外，高顿教育也会搭建峰会等社交圈，以此满足在职人士不断更新知识，以及跟精英人士交流的需求。在战略布局上，以完成"终身财经教育"为方向，由高顿财经、高顿网校、高顿财务培训等事业部提供服务，打通用户前端与企业后端；在地域上，立足上海，以长三角为依托，逐渐辐射全国。这便是高顿教育完成构建终身智慧财经教育生态链最终目标的布局策略。

（二）以初心，致创新：新趋势打造"新财经人"

当前我国的教育信息化迎来了 2.0 时代，在移动互联网、大数据、超级计算、传感网、脑科学等新理论、新技术以及经济社会发展需求的共同驱动下，人类的生产、生活乃至思维、教育学习方式都受到巨大影响。借助科学技术，我们能够解决优质教育资源分布不均衡、个性化学习服务能力不足等传统教育难以解决的问题，这也是高顿教育布局教育科技的出发点。

1. 耗时两年搭建知识图谱，智慧答疑定制专属学习路径

教师现场讲解答疑，学生通过手机端答题，云端自动处理结果并提示易错知识点，由教师敦促完成正确结果，智能教学平台从教与学的两端同步提升效率……这是高顿教育推出的大数据智能教学平台 Smart School，将讲授、

答疑、反馈、纠错各环节应用到现实闭环的成果。

经过多年研发，高顿教育在2015年上线了EP智能财经学习平台，这也是全球首个财经教育领域的智能学习平台。"Epiphany，简称EP，就是顿悟的意思，我们希望每个财经学习者都能从这个平台上获得一个最适合自己的路径，获得灵感和顿悟。"高顿教育联合创始人、科研中心总经理吴江华介绍道。

耗时两年，高顿教育成功搭建积累了8亿多条学习行为数据和财经教育的知识图谱，EP智能财经学习平台可以凭借这一知识图谱，根据学员的学习背景和能力，设计学习路径，并根据学员的反馈推荐下一步的路径。

EP课程主要分为前导阶段、知识精讲、复习冲刺3个阶段。30道题的学前能力测试，主要是为了帮助学员定制在前导阶段的学习计划，根据测试结果，确定学员需要学习哪些基础知识点，可以跳过哪些基础知识点。在复习冲刺阶段，系统会根据学员在前两个阶段对知识点的掌握程度，来确定课程大纲。EP课程上线仅仅两个月，学员就超过1万名，且学员满意率高达96%。目前，高顿网校共有CFA持证无忧、ACCA极速通关、CPA上财名师及CMA（EP）等四门课程加载了EP智能系统。其中CPA上财名师课程，共被拆分成了1 490个知识点进行学习，而CFA持证无忧、ACCA极速通关和CMA课程则分别被拆分成了1 370个知识点、1 368个知识点和446个知识点。

随着EP的发展，高顿教育还衍生开发出GBot（智能答疑）、Glive（交互式财经直播平台）等围绕个人学习、互动学习、解题答疑等多个场景的学习工具，提供全场景智能服务。其中Glive交互式直播平台，不仅画质音质清晰，使用家用4G网络也基本不会出现卡顿现象，还能实时与学员互动，保证学员的上课体验与线下无异，成为2020年疫情期间学生在线学习的最佳搭档。

通过每个季度对通过率的记录和复盘，高顿教育验证了智能网课在提高学员学习效率上的作用：使用EP的平均通过率，跟3年前使用普通网课的通过率相比，有20%以上的提升；Glive课堂有3个班级的科目通过率达到了 100%，平均通过率达到了 91%，远超 62% 的全球通过率；Gbot 在职业培训类课程中的问题解决率达 56.9%，为企业提供的智税机器人答疑服务，准确率达到了 80%。

2. 年投入上亿部署教育科技，精准提升学习与教研效能

科技赋能教育，自 2010 年正式布局伊始，高顿科技研发中心就始终致力于吸引人才，打磨技术。截至目前，高顿教育拥有近 50 项自主研发专利技术，其中 EP 智能财经学习平台更是斩获了 2017 年中国人工智能领军奖。目前高顿科技研发中心拥有 300 多位国内外科技专家，其中每年都不乏来自阿里、百度、微软等头部互联网公司的优秀人才加入，企业每年仅研发投入就过亿元，这样的科技投入在中国民营教育机构中尚不多见。"这两年我们的战略重点之一就是教育科技，我们不在乎线上用户到底有多少，我们追求的是，线上用户的学习体验跟线下一样，并为用户提供更适合自己的学习场景。"吴江华阐述道。

新技术在为学生提高效率的同时，反过来也在对教研产生影响。高顿教育 CFA 项目旗下"持证无忧网课"的数据驱动型学习模型 DDL（Data Driven Learning），通过主动获取学员的课程数据和学习数据，比如被反复观看最多次的教学视频、正确率最低的试题、学员最活跃的时间段等等，既能帮助学员找到学习的痛点和兴奋时间段，主动优化学习计划，也能为教研提供数据支撑，指导教研方向和课堂教学。

3. 创新助学服务模式，全力打造"新财经"人才

学管是高顿教育独创的"讲师—助教—学习管理师"三师教学服务模式中的一环，旨在帮助学员保持良好的学习状态，实现完课率与通过率双高。而学员除了享有讲师授课与一对一的学管教辅服务之外，还将获得具备财经专业背景或持有相关财经证书的助教跟进答疑、提供实时学习指导。

"真诚可靠、温暖人心、正向沟通、专业精进、超越期待"，这是不久前高顿教育会计学堂学管部发布的"督学范儿"核心理念。会计学堂将其称作"学管团队的 DNA"，是学管对学员的承诺——用精湛的专业技能和温暖人心的服务帮助学员完成学习，参加并通过考试。

"学管不仅要关注学生的成绩,更要注意他们的情绪,而且每个学生都有不同的性格特点,所以要多倾听、多和他们交流、多站在他们的角度考虑。"不仅是会计学堂,这 20 个字的核心理念也是整个高顿教育学管行为准则的缩影。

2020 年疫情期间,学管老师也承担了比平时更大的安抚学员情绪、督促学员学习方面的压力。其实,高顿教育大部分的学管年纪也不过 25 岁上下,同样也要面对疫情带来的压力和焦虑,但学生的一声"老师",却唤起他们超出年龄的沉着。"我们鼓励学员继续学习的同时,学员们在这种情况下仍坚持学习的态度也在鼓舞我,只有更好地为他们服务才不算辜负。"高顿 CPA 学管老师表示,这个春节完全不敢让手机离开视线,就怕学员有事时找不到自己而更着急。

"新财经"教育应是有情怀、有责任、有温度、有灵魂、有使命的教育,是"工具理性"与"价值理性"相得益彰的教育,是理论修养、实践能力和职业操守有机统一的教育。与目前行业中普遍流行的以高新互联网技术带动教学内容规模化的"轻"创模式不同,高顿教育的发展理念始终坚持教育是一种讲究沉浸感和现实感的场景化存在,人在其中扮演的服务角色不可或缺,同时也强调"新财经人"必须拥有"终身学习"的能力和愿景。只要是学员所需要的技能和知识,高顿教育都会倾尽全力联动前端的高校、后端的企业和自身师资,为"新财经"人才打造全链条的终身教育服务。

(三)践初心,谋未来:打造财经教育产业链

2019 年 2 月,国务院印发《国家职业教育改革实施方案》,正式启动"1+X"证书制度(即学历证书+若干职业技能等级证书),同时积极推动产教融合、实训基地打造。这一年,高顿教育以培育"新财经人"为愿景,加快了在高校和企业层面"终身智慧财经教育生态"的打造。在高校层面,高顿教育积极促进产学合作协同育人,与海内外高校联合建设方向班和实践教学基地;在企业层面,高顿教育以内部讲师培训计划等方式,不断助力企业创造内生价值、助推产业升级。

1. 打通校企合作，实现师资资源和高校学术底蕴优势互动

高顿教育通过多年教学实践和行业观察发现，我国虽然拥有全球最大的经济管理教育供给系统，96%以上的高校都开设了相关专业，但大部分学校的商科教育还处于传统的"填鸭式"教学阶段，无法满足处于经济发展前沿的一线企业对新型人才的需求。而校企合作可以通过让教育链、人才链与产业链、创新链有机衔接，有效推动教学内容、课程体系、教学方法的改革，从而培养出具备新商科思维的高端人才。

近年来，在教育部门的指导下，高顿教育积极参与"产学合作、协同育人"项目，包含教学内容和课程体系改革、师资培训等八大类。其中，高顿教育依托自身国际官方协会和国际教育资源优势，在教学内容和课程体系改革项目中引入国际财经证书和资源，将ACCA、CMA、CFA、FRM、USCPA等国际高端财经证书与高校人才培养计划相结合，通过课程植入的方式，提升高校在会计、金融人才培养计划上的改革与创新。

在第54届中国高等教育博览会（2019·秋）上，"高顿教育与武汉纺织

▲ 高顿教育与北京科技大学东凌经济管理学院的教育部产学研协同育人项目"签约仪式"

大学 CFA 方向共建"案例入围了"校企合作，双百计划"案例展示环节。武汉纺织大学 CFA 教育中心主任吴磊在现场分享时提到，此次合作效果斐然。2013 级方向班学员在 CFA 一级考试中首次通过率高达 78.6%，此后三届的方向班学员首次考试通过率也均保持在全球平均水平之上。自 2015 年以来，已有 109 名学员毕业于高顿教育 CFA 方向班。其中 20 人进入华中科技大学、中国农业大学等名校攻读硕士，17 人赴海外名校深造，其余学员也大多进入专业对口的金融机构，就业前景良好。

2. 行业活动聚合优质资源，助力财经人发掘自我潜力

面对新科技不断涌现，以及新周期下复杂多变的市场环境，高顿教育依托 15 年来积累的行业资源，多年来不断联合各家知名企业、权威媒体、官方协会，举办各类青年商赛、高端行业峰会、领袖论坛，为青年才俊、商界新锐、有志之士搭建展现综合实力的舞台，链接企业与个人，为行业发掘后起之秀，助力人才脱颖而出。

除主办名师讲坛、财经女性领导力峰会等线下线上活动外，高顿教育还曾牵手中南财经政法大学，助力由全国会计专业学位研究生教育指导委员会、教育部学位与研究生教育发展中心主办的第六届中国 MPAcc 学生案例大赛；与 IMA 协会联合主办创新型管理会计实践论坛等活动，深受学员、在校师生和财经人士好评。在参加高顿教育联合武汉各大高校、楚天都市报举办的"财经力量"2019 全国高校巡回演讲后，湖北经济学院金融专业的大一新生评价道："老师们的分享让我受益匪浅，听完后我不仅更清晰地了解了金融专业的职业发展方向，也更明白以后该往哪些方面用功了。"

细数高顿教育的发展历程不难发现，高等财经教育发展始终与中国经济社会发展同频共振，同向而行。中国经济社会的迅速发展为财经教育发展提供了坚实的实践基础，同时高顿教育以其鲜明的行业背景、独特的教学模式、出色的社会影响力，成为推动时代发展和社会进步的重要力量。如今，高顿教育经过 10 多年的耕耘，已在全球 46 座城市开设了 66 所分校和学习中心，并在悉尼、伦敦设立海外分校，成功服务超过 18 万家企业，累计在线用户超 700 万，100 多万名学员从高顿教育集团走向全球各大知名企业，

顺利开启梦想的职业生涯。

与此同时，备受资本市场青睐的高顿教育，经过数轮融资拥有了知名投资机构和明星教育企业的强背书效应，逐渐完善了其所构建的"终身智慧财经教育生态"体系。它既拥有前端财经知识的传播，有高顿网校、高顿财经这样获取财经知识和财经证书考培的专业学习平台，同时也为财经类大学生打造了财经实习、财经游学项目，再延展到成为一个针对高端财经人士终身学习进行知识管理、实践能力提升以及高端人脉交流的增值平台，如高端财务培训、财菁会、高端税务峰会等平台。谈及未来的布局，创始人李锋说，高顿教育将继续围绕整个生态链来建设，这是高顿教育在财经教育领域中与竞争对手相比最大的优势。

（四）凝初心，优团队：锻造活力创新型员工

全球著名的投资专家巴菲特曾说过这样一句话：投资如投人。高顿教育作为一家以"成就年轻梦想，推动中国新商业文明发展"为使命的创新创业型互联网企业，始终将员工视为最核心的竞争力。目前公司员工平均年龄在26岁左右，大部分员工是90后，其中管理层也有不少人是由公司自己一手培养起来的90后，这些年轻且优秀的员工又反过来进一步巩固了高顿教育的创新创业基因。

1. 完善制度建设，提供清晰上升路径

对高顿教育来说，要想基业长青，除了坚持业务创新外，最核心的发力点还是要优化团队管理模式。如何增强活力，激活内部团队，让中高层的管理人员持续焕发斗志，使公司上下都保持创新和奋斗精神，高顿教育自有一套体系。

高顿教育作为一家以教育为底色的互联网企业，始终保持着对员工个体的人文关怀，同时，也为员工制定了一套可行、有效且清晰的晋升制度，大胆提拔年轻人担纲管理层，为企业发展注入新鲜活力。比如，通过外派等形式，让后备干部到业务一线进行充分历练，如果通过考验，高顿教育从不吝惜给予员工职级、待遇等肯定。浙江市场副总监陈旭就是通过这种方式晋升成为年轻管理层中的一员。如今30岁的他负责辖管杭州、金华、嘉兴、绍

兴等地的分校业务。23岁那年，陈旭成为高顿教育的一名市场专员，来到高顿教育第二年，他凭借优秀表现得到外派临港的机会，仅用一个月就完成了下半年业绩目标，成为全集团第一个完成业务指标的人。于是，他又被外派到杭州升任市场主管。在陈旭的带领下，杭州市场团队当年全年业绩破千万，是前一年业绩的5倍，公司便直接将他提拔为杭州市场经理，委以重任。

"高顿教育是一家擅于赋能年轻人的平台，就像我们的使命，'成就年轻梦想'，这个梦想是客户的，也是员工的。公司给予年轻员工充分的信任和舞台，能让我们快速成长。"陈旭表示，高顿教育是一家有温度的平台，因为大家都年轻且彼此都认可，所以才能把背后交给彼此，但同时公司的规章制度又让同事间的交往和沟通有行为准则的规范。

2. 传递企业文化，增强员工归属感

纵观国内外成功企业的发展经验，企业文化做实了就是生产力、做强了就是竞争力、做细了就是凝聚力。因此，高顿教育始终把企业文化建设作为企业高速前行中的重要引擎，为公司凝聚人才、推动企业快速、健康、可持

▲ 企业文化——高顿图书馆

续发展提供不竭动力。

高顿教育充分发挥自身技术优势，依托微信社群、小程序、APP 等移动工具，同时利用自己开发的直播、视频交流等系统，全方位传递企业文化。此外，丰富多彩的创新活动，也成为传导企业文化、增强团队凝聚力的重要载体。如在公司内部设立瑜伽、羽毛球、篮球、夜跑等俱乐部，丰富员工业余生活的同时，让员工从活动组织的细节中感受到公司"以正立心、以信持行、以责育怀、以拼为本、以韧成事"的价值观，培养有正气、有诚信、讲责任、知拼搏、善坚持的人才，让员工切实感受到公司推动职业教育发展的信念和人文关怀的理念，为公司宏大目标的达成夯实精神基础，也为员工创造快乐、简单、激情、向上的工作氛围。2020 年，面对突如其来的新冠疫情，企业对员工坚定地承诺："不因疫情原因裁员一人，不因疫情原因少发一分钱工资。"一诺千金，充盈在高顿人心中的是满满的幸福感和归属感。

针对员工的安家诉求，高顿教育在企业内部推出了购房无息借款计划，员工在工作地购买第一套住房，可以向公司申请 30 万元及以上的无息借款，累计已有 156 名员工在公司的帮助下顺利购买住房；此外，公司还推出了人才外派培养计划，为员工提供优质的学习交流机会，一般每年选拔 10 名优秀员工，公费外派到美国费尔菲尔德大学、西北大学、加州圣玛丽学院、英国牛津布鲁克斯大学、上海财经大学等知名院校攻读 MBA 学位等。

高顿教育既是一家互联网企业，又是一家教育企业。教育是一种特殊的精神产品，需要全员都具备教育情怀和文化内涵。站在过去与未来的梦想交汇点上，高顿人信念坚定、目标明确、豪情满怀。未来，财经教育领域必定风云变幻，但对于高顿教育来说始终不变的仍旧是那份忠于教育的使命，稳扎稳打一心做好教育本身，这才是高顿未来的第一要务。

（五）归初心，挑责任：帮助年轻人实现梦想

新商业文明时代，经济效益已不再是企业追求的唯一，甚至从某些层面来说，企业的价值体现在其所具备的社会价值。解决社会实质性问题越多，企业价值就越大。作为财经教育界的领创企业，高顿教育创立的初衷是帮助人们实现职业梦想，10 多年来，商业版图不断扩展的同时，这份初心从未改

变,并用实际行动践行企业社会责任。

1. 走进大山做公益,脱贫攻坚见成效

在国家"打好精准脱贫攻坚战"及"乡村振兴战略"的政策号召下,2018年开始,高顿教育基于"立德树人"的教育情怀,实施以产业帮扶为支点,撬动"造血式"扶贫为核心的"暖锋计划",鼓励有智慧、有热情、有想法的年轻人回乡创业,助力地方百姓实现创收、增收。

2018年6月24日,高顿教育与云南省富宁县人民政府共同签署了《有效扶贫战略合作协议》,充分利用富宁县丰富的农产品资源优势,发挥高顿教育在产业扶贫中的积极作用,围绕"一户一工一产业"的思路,开启"企农结合"模式,推动知识、技术、资源、资金同步下乡,做好做精准产业帮扶,推进富宁县脱贫攻坚工作。

▲ 高顿教育与云南省富宁县战略合作签约仪式

早在正式签署合作协议之前,高顿教育就开始面向全国招募志愿扶贫创客,经过3个月的招募、选拔、培训等工作,10名来自全国各高校的硕士研究生成为"暖锋计划"志愿扶贫创客,被派驻到富宁县两个贫困村,考察当地自然资源和产业基础等实际情况,又历经3个月的驻扎调研和仔细论证,

"暖锋计划"的扶贫创客们与当地乡镇、村委共同确定"洞波乡里那村刺绣工作室"和"那能乡那瓜村砂糖橘种植合作社"2个项目，并由高顿教育为当地提供所有资金、原材料、物料以及技术支持，而项目产生的收益则全部返回当地用于扶贫公益事业。

截至2020年年底，里那村70余名妇女劳作刺绣，每年创收20余万元。那瓜村100多户贫困户参与砂糖橘种植，长期提供40多个农村岗位，每年创收不低于120万元，扶贫效益显著。

2. 独创"扶贫创客"理念，彰显"新财经人"品质

"扶贫创客"的概念由高顿教育独创，即由一些有想法的人自主创业。它源于与富宁县扶贫合作初期产生的灵感。在挑选扶贫创客的时候，高顿教育内部制定了一个规则，叫"四有创客"：第一是有专业，高顿教育培养出的三批创客均为来自一线院校的优秀学生，有农林、金融、果木专业或者社会学等相关专业；第二是有情怀；第三是有韧性，通过不间断的交流、每天的身体力行和当地人民融洽相处；第四是要有影响力，感染力强，表达能力强。

在所有创客驻村之前，高顿教育都会邀请企业家、专业学者、公益领域的专家们以及高顿投资圈中的一部分投资人，对他们进行为期3个月的封闭式培训，并指导大家如何把扶贫项目当作商业计划来进行。但是扶贫项目的推进难免会遇到困难，如那瓜村的砂糖橘种植项目，当地村民宁愿守着半亩薄田也不愿将土地流转，自进驻到村子后，扶贫创客们一边做着示范土地，一边继续说服村民同意土地流转。当看到第一批种下的橘子挂果后，终于有几位村民答应跟高顿教育签下流转土地协议。高顿教育的扶贫创客们用坚定的公益情怀，在远方的大山里挥洒着青春，培育着新的希望和果实，这跟高顿教育十几年如一日为社会输出高端财经人才的理念如出一辙。

3. 不忘初心练本领，铸就美好人生

在高顿教育制定的扶贫工作规则中，每一个创客需要在村中服务至少1年时间。在服务期满后，高顿教育将从多个维度对扶贫创客的工作进行考

核：一是看对当地的扶贫成果，包括项目创收、对脱贫攻坚指标的贡献；二是实地走访调查当地群众和领导的满意度；第三要考察个人价值观层面的变化。当然，对于承担扶贫工作的员工，高顿教育承诺给予其不低于市场水平的薪资待遇，同时保证他们在1年服务期结束后有一个不错的归宿。"如果他们愿意留在当地，我们也很支持。如果他们想要回来或者去其他地方，我们也会尽力安排。这些愿意奉献的员工是非常值得珍惜的。"

在这一年内，创客们凭着一腔扶贫热血和不服输的劲头，成了田间地头的一把好手。除草、翻耕、定点、洒灰、挖排水沟、栽苗土垄，样样农活不在话下；开拖拉机、换轮胎，曾经大城市里见所未见的技能也是驾轻就熟。"巾帼不让须眉"，小颜和小曹两位姑娘是"暖锋计划"里那村瑶绣创新工作室的主要负责人，她们的主要任务就是把当地留守的妇女聚集起来，培训刺绣技能并实现创收。有70余位绣娘在她们的动员下加入刺绣培训。

更加令人动容的是，有些年轻的创客在扶贫工作期满后决定留在当地，继续帮助当地村民将产业做扎实。如年仅20岁的小李，经过10多年的寒窗苦读终于得到去大城市发展的机会，然而在富宁县历练了1年之后，他决定留在这个并不是家乡的偏远乡村。小李说："闭塞的山村，需要外界的力量帮他们走出来，正如我的家乡就在很多人的帮助和努力下也在一步一步实现脱贫致富。"

经过两年的运作后，"暖锋计划"不仅交出了一张令人惊喜的答卷，也因此获评为"2019年全国十佳公益项目"。"让每个人都有机会拥有更好的人生、更好的生活，赢得尊重"是高顿教育公益情怀的出发点，希望以此回馈社会。"暖锋计划"是高顿教育系统性参与公益扶贫的开端，旨在发挥高顿教育的企业优势，调动学员和合作企业两类资源构建公益网络平台，通过与西部贫困县、乡村结对，进行资源整合及产业帮扶，扎根农村，以点带面，探索出一条"授人以渔"的可推广创新实践和务实扶贫模式。除"暖锋计划"的农业扶贫项目之外，无论是发挥学术和资源优势开办"财经力量"等财商公益讲座，还是联合高校设立奖助学金，都足以证明，高顿教育已开始主动探索承担教育企业可以承担的社会责任，并获得《公益时报》颁发的

"2019年度中国公益企业"，也将在未来持续以教育之心，行公益之事。

三、经验启示

教育不同于其他商业形态，这是一个需要积淀的领域，而非靠突飞猛进就能一日千里。自创立以来，高顿教育始终坚持"成就年轻梦想，推动中国新商业文明发展"的使命，专注财经职业教育领域，不论从市场占有率、品牌美誉度还是商业盈利，都能称为国内财经职业教育领域的领导者，也对国内教育企业的发展提供了有益启示。

（一）坚持创新驱动，是企业抓住未来趋势的引擎

进化能力是一家优秀企业基业长青的最核心要素，在教育行业也同样如此。高顿教育之所以能脱颖而出，很大程度上是其能及时适应新竞争环境下教与学的新变化。以科技赋能未来，以创新驱动发展，高顿教育的脚步一向坚实而有力。

高顿教育不仅利用互联网、AI、大数据等新技术让这个行业变得更高效且人性化，同时不断推进技术创新和产业升级，将布局教育科技作为战略重点，用创新科技手段，让线上用户的学习体验跟线下同步，为用户提供更适合自己的学习场景。

新时代新发展，高顿教育立足国内，走向国际，首家海外分校悉尼分校于2020年8月正式对外招生，这也成为高顿模式成功后的第一次对外输出，而后企业又把目光投向了英国……高顿教育与时俱进的创新与求变的强烈愿望，让其能紧紧地把握住时代的脉搏，做长远且有价值的事。

（二）坚定细分领域，是企业实现竞争突围的钥匙

多样化与个性化的互联网特征，决定了一家企业不可能完全满足所有用户的多样性需求，此时，垂直细分就显得尤为重要。早在2006年，互联网在国内刚开始起步时，3名财经大学毕业的合伙人就已经锁定财经教育领域，这就是他们要为之奋斗终生的细分市场，同时也是高顿教育的起点。

创立伊始，高顿教育紧抓中国会计准则调整的契机，成功找到业务突破

口，让 GE、可口可乐这样的世界 500 强也赫然列于客户名单之上。于是，放弃了"讲大故事"而专注财经教育领域的高顿教育，很快形成了能够贯穿财务人员整个职业发展的系统产品线——从入门的新人到财务经理，再到财务总监，实现了全覆盖。不仅如此，高顿教育还能够为企业提供专业的高管和中高层的财务培训。

高顿教育从一开始，就没有将自己定义成一家传统的教育培训机构。在高顿教育的理念中，传统的教培机构只提供培训，而高顿教育提供的是整个职业生涯的塑造与培养——为财经人才铺就一条实现职业梦想的道路，同时他们在职业生涯不断深造的过程中，对高顿教育也会实现反哺。这种理念被称为"财经生态圈"。高顿教育的发展逻辑，也是一个和财经人互相成就梦想的故事。

（三）坚守创业初心，是企业成就长远价值的灯塔

教育是信任的事业，没有时间的沉淀，铸就不了信任的金字招牌。"信任远比规模更重要"，正因为有这样的认知，高顿教育始终坚守创业初心，在发展过程中不断审视自我，砥砺前行。

高顿教育采取的是稳步推进的策略——让质量先上升一个台阶，然后企业往前迈一步，规模扩大一点；然后质量再上升一个台阶，企业再往前迈一步，规模再扩大一点。采取这样稳扎稳打的扩张策略，高顿教育始终坚持教育最重要的是质量，尤其在扩张的过程中，一定要先提高质量。市场就算丢了，只要质量在，是可以收得回来的，但口碑坏了，消费者的信任没了，对企业将是釜底抽薪的打击。

所以，无论是刚出校门需要求职的大学生，还是初涉职场的财务新人，抑或是经验丰富的财务总监，只要进入高顿教育的财经培训系统，所得到的价值远远不止一堂课这么简单，他们能得到的是贯穿整个职业生涯的专业提升。这是高顿教育对整个财经教育行业所做出的创新努力，也是高顿人始终不变的追随梦想之心。

专家点评

金融力量的强弱是影响大国崛起进程的关键因素之一。要推动金融升级发展，除了要有高瞻远瞩的大国金融战略，还需要与之匹配的金融人才队伍。

中国目前有800多万金融从业人员，但具备优秀资质的高端人才屈指可数，在当前国际形势下，填补高端金融人才缺口尤为迫切。而培养人才，关键还得靠教育。高校自然是人才培养主阵地，但校外培训机构的作用不可或缺。高顿教育作为国内财经教育领域的老品牌、大品牌，不论是教学质量还是科技水平，在业界都是有口皆碑。

高顿教育是一家快企业。在我国经济刚开始腾飞之际就锁定财经教育这个垂直蓝海，并迅速与官方协会、职业团体建立联系，为国内金融学生、从业人员引进众多高端、前沿的金融证书课程；同时在快速变化的经济环境中，敏锐洞察移动互联网时代和科技赋能产业的趋势，提前布局在线教育。

高顿教育也是一家慢企业。它的慢呈现在脚踏实地扩展业务版图的成长路径，也体现在当前拼流量、比营销的行业环境下，仍坚持创业初心，将企业发展建立在教学品质、体验胜出的地基上。这一点非常难能可贵。

点评专家

孙铮，上海财经大学原副校长，上海财经大学学术委员会主任委员、会计与财务研究院院长、商学院教授、博士生导师，兼任中国会计学会副会长、财政部会计标准战略委员会委员、财政部会计准则委员会委员、国务院学位委员会学科评议组（工商管理学科）成员等社会职务。

思考题

1. 短短的十几年，高顿教育已成长为国内财经职业教育领域的"尖子生"和"领跑者"。你认为高顿创造发展传奇的成功密码是什么？

2. 高顿教育是一家快企业，也是一家慢企业。请结合企业生命周期理论，谈谈企业在创新创业过程中应该如何正确处理和把握"快"与"慢"的关系。

3. "扶贫创客"的概念提出和实践推进是由高顿教育率先独创的。你认为它的"独特性"体现在什么地方？又引发了你的哪些思考？

创业者小传

李锋，上海高顿教育科技有限公司创始人、党委书记、董事长兼首席执行官。

男，汉族，1979年2月出生，中共党员。2002年7月于上海财经大学统计学专业本科毕业。

曾获"安永企业家奖2018中国获奖者"、"千帆行动"上海市青年企业家培养计划"领军型"青年企业家人选、"虹口区创业英才"等荣誉。2021年被评为上海市优秀党务工作者。

担任上海市虹口区政协委员、中国互联网协会互联网教育工作委员会理事、上海市新的社会阶层人士联谊会理事、虹口区花园坊联合党委副书记等社会职务。曾被选调参加中央组织部、中央统战部、全国工商联"全国民营企业年轻一代党员出资人"培训示范班，其创业事迹入选中央党校"新时代民营企业党建典型案例"。

逆流而上,打造数字营销新基建

——上海意略明数字科技股份有限公司以数据赋能品牌营销

摘 要

在"创新创业、报效祖国——海外学人回国创业周"活动的鼓舞和感召下,根植于"上海服务",以数据赋能产业为目标,立志成为本土优秀战略营销公司的上海意略明数字科技股份有限公司(下文简称"意略明")于2007年破土而出。

扫一扫,看视频

10多年来,意略明以大数据科技驱动为核心,倾心打造从商业模式到产品与服务创新、从洞察到策略、从创新到创意、从媒体到通路的全链路整合营销新模式,为客户提供大小数据融合的科学洞察、品牌策略的精准制定和实时调整、基于大数据快速实时的创意迭代、算法驱动的高效媒体投放和渠道调整优化等一站式专业营销服务,有效帮助客户实现商业投资及企业价值最大化。

凭借背靠上海的优势,意略明审时度势在澳大利亚和新加坡收购大数据及数据赋能技术企业,积极布局全球大数据营销科技及服务平台。如今,意略明已成功发展为一家扎根上海、面向全球,以数据赋能为核心驱动的股份制企业,在上海、成都、墨尔本、悉尼、新加坡5个城市,拥有200多名营销咨询师、算法工程师、AI工程师、大数据应用专家、媒体投放专家,以及资深创新创意专家等。

大数据营销　数据赋能　人工智能　现代服务业　新基建

一、背景情况

2017年12月8日,中共中央政治局就实施国家大数据战略进行第二次集体学习,习近平总书记在主持学习时强调,要推动大数据技术产业创新发展。我国网络购物、移动支付、共享经济等数字经济新业态新模式蓬勃发展，走在了世界前列。我们要瞄准世界科技前沿，集中优势资源突破大数据核心技术，加快构建自主可控的大数据产业链、价值链和生态系统。他还强调，要坚持数据开放、市场主导，以数据为纽带促进产学研深度融合，形成数据驱动型创新体系和发展模式，培育造就一批大数据领军企业，打造多层次、多类型的大数据人才队伍。事实上，当数据成为驱动技术与商业发展的新能源，当"中国制造"加速向"中国智造"转型，以数据赋能产业及品牌，就成为数字经济赋能实体经济的核心驱动之一。

2020年，我国统筹新冠疫情防控和经济社会发展取得重大成果，在世界主要经济体中率先实现正增长。面对世界经济复杂局面，党的十九届五中全会提出，要加快建设现代化经济体系，加快构建以国内大循环为主体、国内国际双循环相互促进的新发展格局。在此过程中，数据作为重要的生产要素，必定会加速成为推动国内品牌崛起和兴盛的新动力、经济发展质量变革和效率变革的新引擎。

作为企业"医生"和"顾问"的营销咨询行业，同样是提升国家核心竞争力的重要力量之一，在市场经济的环境里扮演着非常重要的角色。然而，即使到了21世纪初，社会各界对市场咨询行业功能和作用尚缺乏足够的认知，对咨询机构还抱有一定质疑。同时，市场咨询行业从业人员素质良莠不齐，咨询力量欠缺，咨询活动不广泛，市场容量狭小，行业规模与体量较小，与国外市场咨询业相比仍处劣势地位，存在着比较大的差距，难以与之抗衡。

此外，不论是全球知名的研究咨询公司，还是本土优秀的行业领导机构，给企业及品牌商提供的咨询报告，大部分仍以数据本身的整理和呈现为主，侧重在"是什么"和"为什么"上给出部分答案，但对于解决方案，即下一步的"怎么做"却涉及不多也不实。这就导致大部分的研究咨询结果并不能成功落地，品牌商投入了时间和精力，换来的大多是一纸漂亮的空文。

2007年，为填补市场咨询与管理咨询的空白，以从美国学成归来的周波为首的几位年轻人，携手创立了上海意略明数字科技股份有限公司（原为上海意略明市场营销咨询有限公司）。创始人周波于1996年前往美国留学，2003年放弃美国的高薪工作和绿卡，毅然决然地回到国内，加入了一家世界一流的国际咨询公司，并担任过上海分公司和广州分公司的总经理。创业团队里的其他成员，有的与周波一样拥有海外留学背景，有的在外企咨询行业服务多年，团队成员工作经验非常丰富。但当时国内市场咨询行业可以说是外资咨询公司的天下，它们垄断价格，服务态度傲慢，项目产出华而不实。创业团队成员时常聚在一起，交流探讨这一情况的解决之道，他们坚信改革开放中的中国经济长期持续增长赋予了难得的发展机遇，坚信通过自己的努力可以改善行业现状，推动营销变革。

生在上海、长在黄浦的意略明，围绕核心大数据业务，在数据驱动跨界融合、聚合创新资源、激活创新动能、营造行业生态等方面，显示出了一个数字时代创新创业企业与众不同的优良品质，并立志成长为一家引领全球市场营销数字化变革的国际化公司，以此更好地回馈黄浦、服务上海。

随着意略明全球发展战略的推进、数据赋能核心竞争力的提升、管理咨询服务类型的多样化，公司管理团队坚持创新驱动，更加重视人才的自我培养和职业发展，加大数据平台构建及算法模型、商业应用模型等领域的研发与投入，意略明数字科技集团这一未来蓝图呼之欲出，令人期待。

二、主要做法

创新创业的最大魅力，便在于凭借智慧和努力，从无到有地创造奇迹。作为一家在传统意义上主要以"人"为核心资产的咨询及营销机构，意略明能够取得目前以"数据"及"数据赋能"为核心的营销数字化变革"领头羊"的不俗业绩，主要凭借以下4点。

（一）坚持与时俱进，抓好技术创新

2007年，意略明创立之初，周波和他的伙伴们就把"填补市场咨询与管理咨询之空白"作为创业初衷，把"诚信为本，夯实根基，以客户需求为牵引，以目标结果为导向，充分发扬'工匠精神'"作为他们的创业信条。

跨入2014年，电商成为主要消费战场之一，消费者的生活逐渐被数字化所驱动。品牌与消费者之间的连接触点越来越多，营销渠道与销售渠道之间的界限却愈加模糊。一方面，丰富多样的产品以巨大的体量和速度将自己的信息不间断地推向消费者；另一方面，消费者的要求更为复杂和个性化，他们的时间趋向碎片化，注意力时间大幅缩减，这给品牌的营销人员以及整个营销行业带来巨大的挑战。彼时国内的市场营销在传统的理念指导下，仍然奉行"大品牌和大概念"的原则，以传统的电视广告和冗长的报刊文章为载体，进行4—6个粗略的市场细分，以推动从曝光到兴趣、从购买到忠诚的完整消费链路。

这些略显滞后的营销模式，外加广告传媒行业模糊的标签、重视短期回报、透明度和精准度有限的特点，给品牌营销的数字化变革带来了相当大的桎梏，市场及品牌迫切期望有一套全新的营销体系及框架。如何能根植于数据赋能，全方位提高品牌营销的精准度和营销投入的透明度，让企业及品牌能够解锁数据之能，最大化自己的价值，并为消费者以及整个社会创造符合数字化生活方式的优质体验？意略明不断在思考。起初，公司只是利用小规模的数据帮助客户解决问题，并未找准未来大数据的应用方向，但在公司决策者看来，"大数据和小数据并不能简单地进行割裂，小数据的应用可以辅助品牌进行深度思考，大数据却能够从宏观方面更加有效地保障营销方案的落地实施"。

为了更好地服务于"上海市要打造现代服务业新高地"这一宏大目标，作为一家多年来受到市、区两级政府关注与支持的高科技企业，一家放眼全球、立志于推动市场营销行业变革的"领头羊"企业，创始人坚定地将以大数据推动营销服务，加速现代服务业高端化、技术化作为发展方向。公司管理层非常清楚，商业的高精度运营将由数据尤其是大数据来驱动，并且明确地认识到，运用大数据让传统市场营销时代的大而全、模糊与低效，变革为大数据时代新营销的精准优质、透明高回报，必须具备3个方面的要素：第一是数据，第二是算法，第三是应用。国内各行各业庞大的数据库已初具规模，统计技巧和算法工具较为完善，最具挑战性的是数据平台的搭建及数据

▲ 从算法驱动到数字重构

如何赋能,如何应用到商业领域,如何改变商业模式的运作。

从2014年开始,意略明就已着手布局大数据产业。当时,公司管理层做出了一个出人意料的举动:从一个利润率颇高的团队内抽调了一位业务总监,在行业内率先成立了大数据赋能部门,研究探索大数据营销的各种可能及方向。当时这位在大学时期便斩获全国建模与算法大奖的业务总监,每周带着电脑,和公司管理层一起对着Excel,逐项讨论数据赋能的各种尝试与结果,长长的列表上,每周都有内容被叉掉,每周又都有新的内容被添加。就是在这样一轮又一轮快速试错、快速调整的创新中,在一次又一次失望与希望中,意略明终于摸清了数据赋能营销的基本脉搏。

当然,拥有这个长列表的不仅仅是数据赋能团队,意略明其他业务团队同样如此,比如医药、传播与创意团队,策略咨询团队等。在每年两次的公司策略会议上,这些业务团队里总会有人不由自主地哭出来,因为前进的路上有太多坎、太多痛苦,但迈过这个坎之后便能收获拨开云雾见天日的喜悦与欣慰。

如今看来,这个起步遥遥领先于国内各大市场营销和咨询服务类企业。2014—2016年,公司每年大数据领域的投资都大大高于其他业务上的投资,从早期的DMP(数据管理平台),到如今大部分服务提供商仍据以为生的电商运营,虽然曾连续3年处于亏损状态,但到2016年年底,凭借持之以恒的技术创新，以及根植于企业基因的"让品牌价值最大化"这一核心追求，意略明终于迎来了数据赋能的春天，且成为这个春天里为数不多的赢家。

2016年年底，阿里开始开放其数据平台，各个营销服务企业无不欢呼雀跃。基于之前在数据赋能领域多年探索的成果，意略明以数据赋能营销的理念和阿里方面"全域营销"的概念高度匹配，因此得以成为首批入选阿里数据银行的认证服务商，之后又先后成为阿里集团数据策略中心、天猫新品创新中心的金牌服务商，2019年年底还以优异的品牌服务入选其首批全托管服务商和创新工场全托管服务商行列。

除了与阿里和京东这样大型的数据平台进行合作，通过多年的大数据赋能经验，意略明的管理团队对于什么样的数据最有价值，各大平台数据的优势和劣势，如何在合法合规的情况下采集并使用数据等方面，有了充分而深刻的理解。因此从2019年开始，公司打出了一套新"组合拳"：开始新的技术研发项目，筹建自己的消费者数据平台，建立一个动态的消费者资产数据库，再基于这个数据库去做营销赋能，从而在品牌营销数字化转型的战场上，占据一块独属于意略明的战略高地，大大增强在数据赋能领域的企业竞争力。在意略明看来，这个布局不只在中国有着深远意义，还将成为全球范围内驱动营销变革的一个重要引擎。

▲ 以数据赋能，驱动全球营销新的未来

然而对公司来说，更重要的是这些数据在未来的市场营销中如何能进行有效应用。首先，传统的市场营销依赖于个人的思考和决策，每一个思考与决策的环节彼此独立、相互分割，因此会造成很多信息的损耗和效率的降低。意略明的营销模式是以数据"串"起整个营销链路，所有决策被整合在同一链路上，通过同一套数据去思考去驱动，从人群到测试，从上市到销量，以数据打通营销环节全流程端到端的解决方案。其次，当整个链路被打通后，无论是通过与阿里或京东这样的大型数据平台合作，还是通过意略明自建的数据平台，都可以实现相当部分的运营决策半自动化或全自动化。举例来说，意略明正在申请专利的媒体智能投放业务，就可以通过对特定人群在特定品类里出现的频率或购买行为，计算出针对特定产品的相应投放计划，包括广告投放的媒体、受众、时间、频次，并根据品牌营销预算的多少，推断其广告投放之后的点击率与转化率，让品牌商对于自己的投资回报胸有成竹。

基于数据赋能，意略明持续引领行业裂变，给品牌商带来了可观效益：欧莱雅零点面霜首日销售破10万件；Vivo X23幻彩版销量5倍于计划，成功变身爆款；三得利新品和乐怡半年内上升为天猫品类销量第一；由意略明主导推动的美的创新洗衣机和Dickies创新设计的卫衣，上市后均迅速成为消费者钟爱的爆款产品……

公司坚持持续不断研发多种科技应用，10多项相关算法与建模的专利申请正在进行，每年都会有多项软件著作权被批准，独立拥有多项商标和商业应用，包括ZEUS企业资源管理系统、InsightCloud创新社区平台、Atlas金融数据应用平台、FlOW消费者互动系统、GHAWAR消费者终端数据平台、算法驱动的智能媒体投放、策略优化及人群标签系统等。这些技术与专利的保驾护航，对提升意略明企业未来核心竞争力大有裨益，并将助推意略明在竞争激烈的国际市场中，牢牢立足、开疆拓土。

未来一段时间内，数字新经济和数字新基建也必将成为上海数据产业发展的重中之重，应用创新与融合发展并进，产业升级与法治建设并进，鼓励促进行业数据、社会数据进一步开放，在数据流动中做强资源。意略明将紧紧拥抱上海城市数字化转型的新机遇，围绕公司核心大数据业务，不断创新，在数据驱动的营销新基建行动中，助力品牌，服务消费者，确保数据服务在人们美好生活愿景中发挥更大价值。

（二）创新服务模式，重视品牌塑造

企业品牌作为一种无形资产，是一个企业存在和发展的灵魂。众所周知，品牌代表着企业的竞争力，如果一个企业只有产品，没有长期的品牌沉淀，那么这个企业注定是没有生命力和延续性的。只有重视品牌，准确结合产品特质，通过品牌营销，才能转化成实实在在的业绩收益，这样的企业才能做大做强。

一方面，随着大数据时代的到来，各行业数据规模呈 TB 级（Terabyte，万亿字节存储单位）增长，数据在企业和品牌中所发挥的作用也日益增长，首要问题便是如何更好地利用大数据去有效推动营销链路，最大化打通数据资产成为意略明品牌塑造力的核心；另一方面，大多数所谓的大数据营销企业，都是从纯技术出发，以工具为导向，告诉品牌商能做什么、不能做什么。意略明则另辟蹊径，开创了一种匠心独具的商业模式——更注重从问题解决的端口出发，先找到问题再去看数据，有了数据再来做算法，是典型的"从客户的角度出发，以客户目标为导向"的商业模式。

在这个理念的指导下，作为以数据赋能为特征的新一代高科技企业，意略明的组织结构与人员架构与传统的科技企业不尽相同，不像那些普通的MarTech（营销科技）公司，只重视和招聘纯粹技术性的人才，而是按需有机地将不同领域的人整合起来。前端要有咨询师，因为咨询师可以帮助客户找到问题所在；中端要有 IT 工程师与算法工程师，因为他们可以提供大数据时代的核心工具，即算法，算法出来后要在"最后一公里"应用，这又需要很多其他领域的专业人员加入进来，包括数据建模专家、策略咨询师、广告创意专家、媒体投放专家、活动营销策划等。然而，一屋子同样类型的人容易管理，一屋子不同类型的人很难管理，但为了能够从源头把握客户的需求并保障客户的营销目标能够完美实现，意略明在这方面一直坚持原则，从未妥协。

▲ 商业咨询

2019年，公司为了开发一个新产品，希望招聘一名算法工程师，其既要懂数学算法又要会编程，还要懂得如何进行商业产品开发。市场上懂算法的人很多，懂编程的人也很多，也有许多产品开发能力很强的人，但既懂技术又对前端的应用感兴趣并且沟通能力强的人实在少之又少。不出所料，这个职位招了很久才如愿以偿找到合适的人，但在新的业务模式下，正是因为意略明对个人能力的多样性要求以及链路上各专业人才的有机融合，才使得公司"以数据赋能为核心的全链路营销技术与服务"在客户端与业界获得高度评价与认可。

从本质上来说，市场营销是去影响或改变消费者决策的一门学科，目的是帮助品牌达成业务。传统的品牌营销主要是想方设法地捕捉有效的消费者进行沟通，对企业来说，在这个过程中的损耗相当巨大。行业中的不少实际案例，也充分表明不少公司投入了很多钱和精力去做广告，而在广告人群中，真正属于其产品目标消费者的却不到10%，这对商业发展来说是一种巨大的浪费，对社会来说，同样如此。对部分消费者来说，其实这也是一个适得其反的推广经历，因为他们对大量的广告没有兴趣，打心里厌烦和排斥收到许多不感兴趣的广告信息。一言以蔽之，这是对社会资源的一种浪费。如何破解这一难题并最终提升品牌的销售转化、赢得市场竞争呢？

意略明的营销专家从多年的客户服务与经典案例中发现，任何产品的营销成功，其实就是整个营销链路的成功，包括产品与服务如何创新，策略如何构建，市场如何定位，传播与沟通如何协同，广告投放如何才能精准触达、高效转化，线上线下的销售渠道与市场通路如何铺设最终形成资产闭环，是一个非常复杂的链条和生态，也是品牌与客户的终极目标与需求。

从 2016 年开始，公司重新定义各事业部，打造从商业模式及产品与服务创新，到洞察及策略，创意到营销，媒体到通路的全链路营销新模式，以数据为核心，以算法为驱动，形成数据闭环，为品牌提供实时高效、千人千面、多触点协同的消费者全生态营销服务，保障创意方案执行落地，传播战略规划及时调整，内容与形式高度整合，确保创意资产落实为企业品牌资产，品牌营销转化为企业实实在在的业绩收益。

意略明的这项革新取得了极佳的市场反馈：公司帮助国内燕窝领导品牌燕之屋挖掘新品机会，设计产品包装，进行 IP 联名，通过阿里电商平台的多个媒体推广，在国内燕窝市场掀起一阵营销热浪，受到客户与消费者高度好评。日本饮料界巨擘三得利，希望在中国推出一款针对"95 后"的新品果瀑

▲ 意略明拥有 200 多位不同领域的营销专家，助力实现数字时代新的突破和跨越

茶。意略明大数据研究部门从大数据入手，分析消费者的喜好与流行趋势，并且根据多年饮料市场的案例经验，充分把握年轻人注重个性、追求跨界与突破的人群特点，为客户的新品开发提供方向及策略建议。与此同时，意略明策略及创意传播部门结合年轻人的特点，圈定营销人群，精炼消费者洞察，提纯并确定产品概念，制定包含抖音、B站、微博、淘宝直播、阿里站内引流在内的跨平台多渠道营销方案，成功实现老牌日企和年轻消费者的破圈营销。

（三）推动理念创新，布局全球市场

民营经济作为上海经济社会发展的重要力量，对上海发展的重要性不言而喻，而上海多年来也持续大力支持民营企业提升核心竞争力，为民营经济发展营造良好的制度环境、公平的市场环境、一流的营商环境，推动更多民营企业在上海做大做强、走向世界。

顺应时代发展趋势，意略明从公司战略层面出发，积极调整产业布局，加快全球化战略步伐。作为一名资深海归和曾经的职业经理人，周波坚定地认为，中国作为世界第二大经济体、全球最大的消费市场，未来几十年甚至上百年，一定会是世界经济发展的动力源。公司要实现更为长远的发展，需要以本国技术为基础，早日在全球领域构建核心竞争力，以中国领先的营销数字化思路去拓展国际业务。

然而纵观过往，传统的咨询公司要实现跨国拓展相当不易，因为以"人"为主导的核心业务在不同市场之间很难复制和扩展，各国市场发展与成熟程度也多有不同。经过多方考察和论证，意略明所构建的以大数据驱动市场营销的商业模式，目前不仅在国内领先于行业竞争对手，即使放眼全球范围，也是非常先进的。与此同时，算法和技术的发展与应用可以跨越疆域，在不同的市场上齐头并进。因此，从2017年开始，意略明聘请曾在全球市场营销集团WPP任职多年的亚太区高管，开始在整个亚太区内寻求拥有消费者数据、领先营销科技或有潜力的营销咨询及服务公司，谋求国际拓展与跨国经营新布局。

2018年，意略明成功并购了澳大利亚一家主营金融调研、拥有30多万

▲ 意略明卓越专业的团队

消费者金融行为数据的营销咨询公司 DBM，意略明的业务因此拓展到澳大利亚，并开始借此引进其大数据营销的技术与经验，在中国探索金融行业消费者大数据的建立与应用。

2020 年年初，虽然新冠疫情给市场带来一定的不确定性，但公司仍然按照原计划并购了新加坡一家智能营销科技公司。该公司基于消费者洞察和购物行为的分析，高质量的设计和高效的线上线下服务，为客户提供以大数据为核心的智能零售解决方案，使得意略明主张的营销全链路又往前推进了一步，落地到店铺营销及消费者数据贯通的最终环节。目前，公司正在积极申请黄浦区民营企业总部，加快全球化进程。预计未来一两年内，意略明将建立自己的数据库，打通澳大利亚和新加坡全域业务，通过建模开发应用，进一步推动市场营销行业的大数据变革，公司也将在全球大数据营销科技及服务领域迈上新台阶。

（四）弘扬工匠精神，引领行业变革

今天的上海正处在转型发展的重要关口，作为一家成长性企业，意略明正站立在历史与未来的交汇之处。公司上下积极践行社会主义核心价值观，大力弘扬劳模精神、劳动精神、工匠精神，为上海建设卓越的全球城市汇聚强大正能量。

创业以来，公司负责人始终以"工匠精神"为鞭策，携手全体员工练

好内功，克服浮躁之风，不断提升自己的专业化水平，努力成为所在领域的专家，少一些投机取巧，多一些脚踏实地；少一些急功近利，多一些专注持久。

意略明创业伊始，市场上的咨询公司有两种极端，其中一种行事风格犹如调查公司，以收集到更多更全的消费者问卷数据为目标，良莠不分、事无巨细地呈现给客户，长达几百页的报告充斥着方法论与数据表，但对于这些数据所体现出的问题，以及更为重要的如何解决这些问题，经常如蜻蜓点水、浅尝辄止。针对这种现象，意略明公司对所有项目都实行"总监负责制"，以"洞察—策略—商业影响"为核心目标，要求每一个项目都必须有项目总监亲自参与，深度介入客户需求、项目设计与执行、出具报告等每一个环节，于细微处下功夫，力求从繁杂的市场噪声中甄别对于品牌营销有价值的市场信号，并最终挖掘出消费者的洞见和真知。意略明提供给客户的不是长篇累牍的数据集合，而是精炼之后能够快速应用于品牌营销及品牌创新的执行方案，且坚持在客户的最初需求上做到"多行一步"：如果给了客户消费者细分的策略，那必定会额外给出一份如何进行细分的简易工具；如果给了客户一个品牌定位，那必定会额外再提供一份广告创意的脚本和文案。正是这种真正以客户为中心，坚持为客户多想一步的追求与做法，使得意略明从创业初期就得到了国内外优质客户的信任和首肯，成为包括玛氏、雀巢、惠氏、赛诺菲、默沙东、上海家化等上百家客户的数据营销战略合作伙伴，其中多数连续服务10年以上。

"工匠精神"所倡导的执着和专注，也体现在尊重质量，尊重真知，不畏权威，不走灰色路线。曾经有一位非常有名的、就职于全球500强公司的中国高管，看到意略明团队的报告后，因为与之前所得到的认知与经验有所不同，要求按其思路重新来过。但项目组认为方案与执行无可指责，冒着宁可从此不再合作的风险，将同样的一份报告带到了其所在公司全球管理层的面前，结果得到了该公司全球营销总监的高度评价，认为这份报告是他"所见过最具洞察力、最有创造力的营销方案"。还有一位客户，因为被意略明的专业化打动，希望能由意略明来主导一个预算超出常规报价两三倍的项

▲ 多元平等的团队合作

目,但碰巧相关团队人手不足,为了项目质量有保证,为了参与的每一个项目都对得起自己的职业操守和专业理想,公司宁愿放弃这个收益颇丰的项目也绝对不马虎将就,断然拒绝了客户的邀约。这种不太常见的做法,却打动了客户的心,即使需要多等几个月,仍然选择与意略明进行合作。

"我们的理想是打造一个能够推动市场营销变革的企业,能够让品牌商手里的每一分钱都物有所值,能够让这个行业尊重真知且被人尊重。"创始人周波经常这样告诫员工。

三、经验启示

从 2007 年到今天,意略明从一家默默无闻的企业发展到营收上亿元、业务辐射至亚太地区的民营跨国咨询及营销集团。公司除了拥有一批具有强烈的家国情怀,始终满怀热情投身于中国市场营销行业的创业团队之外,还有许多支持支撑企业发展进步的核心成功要素。

1. 紧抓数字化时代机遇，量体裁衣创新商业模式

现代服务业在上海经济发展中扮演着越来越重要的角色，也是上海经济持续增长的新动力，各级政府一直高度重视现代服务业的发展与投入。作为一家立足上海现代服务行业的民营企业，意略明并非仅仅关注于自身规模体量的成长发展，仅仅满足于营收的增长、盈利能力的提升、解决了多少就业、纳税贡献度等，而是更多地关注国家的政策导向和着眼于未来市场营销及咨询行业的发展趋势。正是由于公司管理层的时代敏感性和科学洞察力，意略明不断强化自身的优势产能，尝试新的业务增长模式，捕捉未来科技发展方向，并结合自身的商业模式加以创新，使企业在初创期从外资市场咨询类巨头垄断局面下能够成功突围，进而在发展过程中顺利突破人才与商业模式的瓶颈期，并通过不断的商业积累，于大数据时代抢占先机，在数据、算法及应用多个领域提升市场竞争力，增强企业未来发展的抗风险能力，保障企业在市场上的良好口碑与行业定价话语权。

面对突如其来的新冠疫情，意略明作为一家高新技术企业，相对而言受到的冲击较小，这主要得益于公司在商业领域的不断优化和商业经营模式的不断创新。相较于不少同行业竞争对手纠结于单一的技术创新，意略明清楚地认识到自身的价值不是单纯的技术，而是更多地将商业运作模式作为牵引导向，着眼于如何通过数据、通过科技驱动营销的变革，从问题的端口出发，先找到问题再去关联数据，有了数据再精细算法，通过AI算法找到所要的信息，帮助客户解决问题，实现市场营销的品效合一，这也是意略明与其他同行企业的不同之处。未来，意略明将通过研发设计APP合理采集数据，建立自己独有的数据库体系，并依托自己的数据库进行市场营销的应用，为客户提供独有的全链路端到端的解决方案。

2. 居安思危打破舒适圈，积极创新提升核心竞争力

在意略明有一种说法，那就是"以显微镜的方式去追求质量的精益求精，以望远镜的方式去布局奠定未来竞争格局的研发与创新"。对科技创新及研发的高度重视，是意略明可持续发展的内在驱动力。公司每年拿出6%—9%的营业收入投到研发项目中，并成立专门的研发基金，对于创新

的业务团队及个人进行大力褒奖。对此，也曾有个别合伙人表示不理解，甚至有一些抱怨，希望坚守传统的营销咨询模式，每年获取一定的利润和分红，小富即安。但经过内部多轮学习讨论与思想碰撞，公司股东与中高层人员都认识到，面对世界经济的风云变幻和国内经济的日新月异，每一个意略明人都必须不断学习，不断提升，居安思危，勇于打破固有的舒适圈，才能适应未来科技创新与数据赋能新潮流，匹配公司业务高速发展的要求。

为此，公司坚持不定期开展内部培训，及时了解客户的需求，分析项目反馈，脱身传统的市场调研咨询业务，以数据为核心，打造全链路营销模式，受到客户的一致好评。同时，为了鼓励内部创新及研发，公司专门制定了相关的研发奖励政策，每年定期举办创意大赛，通过案例宣讲，进行评优并试点落地，专门拨款奖励及支持各个业务团队内部创新。这是因为在公司决策层的眼中，作为企业可持续发展的核心动力，创新在意略明关键性策略发展上扮演着不可替代的作用，必须重点地持续加以关注。

如今，当品牌商对数据赋能逐渐熟悉，当整合营销的理念逐渐深入品牌商之心，当公司其他业务部门也开始深谙大数据应用的各种技能，当意略明的发展开始完全受益于数据赋能的营销理念时，这个永不懈怠的创业团队又开始启动新一轮"望远镜"计划，开始勾勒5年之后市场营销的新场景，孵化新的创意，并思考意略明如何在5年及10年之后仍然能以领先的姿态，占据市场营销变革的优胜之地。

3. 抓好人才队伍建设，积极培养业务骨干

任何行业的发展，首先离不开的就是人才队伍。无论是为设备赋智，还是为企业赋值，或是为产业赋能，人才本身的智慧和才能是行业发展的关键。

公司坚持将"以人为本，尊重与关爱"理念切实落到实处，坚持在日常工作与运营中不断提升员工的幸福感和获得感。创业之初，为了摆脱大城市上下班高峰的交通拥挤困顿，公司摒弃了刻板的上下班打卡制度，建立了相对自由合理的弹性工作机制，业务团队内部视情况还可以进行再调剂。后

来，为了把员工通勤便利的优势固化下来，公司毅然放弃搬迁到郊区办公以缩减运营成本的计划，直接将办公场所锁定在交通便利的南京东路商圈。2020年9月，公司整体搬迁到位于该商圈黄金地段的商务楼办公，办公室装修别具一格，除正常办公桌位外，还设有咖啡区、吧台、休息区等多种不同的互动及开放区域，工作场所更加舒适、更具人性化。

▲ 办公场所公共协作区一角

公司坚持不断完善员工福利体系，优化职业发展计划，为员工职业发展创造更多机遇。同时，与时俱进优化合伙人制度，动态引进新的合伙人，持续优化管理团队，通过包括分配一定的原始股份在内的股权激励，以及合理的薪酬考核机制等方式，保障员工能够分享公司成长带来的红利。

为建立复合型、创新型的人才梯队，公司通过内部培养、猎头挖掘、高校招聘等渠道，千方百计培养和引进高端人才，挖掘补充业务精英，扩大人才队伍。值得一提的是，意略明招聘选拔人才不拘泥于相关对象的专业出身，更多关注他们的思维逻辑和商业理念，要求能充分理解商业模式并予以不断融合，否则即便是技术上的行家，也未必是合适的人才。

经过10多年的发展，意略明员工队伍由最初的不足10人，发展到目前拥有200多名营销咨询师、算法工程师、AI工程师、大数据应用专家、媒体投放专家,以及资深创新创意专家,其中仅上海一地,2020年就新聘人才50多位,硕士研究生学历以上员工累计接近80名,海归人员占50%,技术与专业人才占比达到80%以上。

 专家点评

意略明公司的案例,不仅是一个对数字化转型这一当前最有价值潜力的工作富有启发性的范例,也充分展示出新型高技术服务业如何在人工智能与大数据时代进行技术创新和服务创新的有效探索,凸显出正确的公司核心价值观与以人为本的组织文化在公司战略定位、业务突破和内部管理、员工激励乃至公司与社会关系上所发挥的关键作用。

意略明的成功之道,既有技术上的先进性,又深谙人性、接地气;既有雄心与务实兼顾的国际化拓展经验,也有帮助本地品牌抓住双循环大机遇的落地实践;既有数据赋能充分调动大数据与小数据的平衡融合,也不忘记AI和大数据越是发达,越应让人才和想象力在创新中尽显主导性的经营智慧。

虽然在领导力和伦理方面着笔不多,但负责任的企业和充满爱的组织的形象跃然纸上。意略明的案例可以供创业企业学习借鉴,也适合做企业转型专题研讨。它有助于企业家重视和处理好组织行为与创新二者的关系,以此为切入点做相关管理思考也是很好的素材。

点评专家

杨斌,清华大学党委常委、副校长、教务长,兼任深圳国际研究生院院长。清华大学经济管理学院教授。

思考题

1. 意略明的成功实践,与上海的营商环境之间有怎样的关系?在其他城市是否会有不同的路径和结果?
2. 意略明"从用户的角度出发去思考问题,以用户为中心来搭建企业的商业模式",对于企业或服务型组织来说,有什么具体的启示?如何借鉴这种做法,优化自己的工作与服务模式?
3. 企事业单位如何通过大小数据的结合,更好地服务于自己的用户和客户?

 创业者小传

周波,上海意略明数字科技股份有限公司创始人兼首席执行官。

男,汉族,1972年1月出生。1994年6月于中山大学社会学专业本科毕业,1998年4月获得美国阿克伦大学社会学硕士学位,2002年12月获得美国密歇根大学MBA学位。

曾同时担任全球第一大传播及市场集团WPP旗下知名的市场研究公司TNS上海分公司和广州分公司的总经理,先后任职于尼尔森(纽约)与百事(中国)。

向阳而行，在高端装备"必争之地"实现从零突破

——理想晶延半导体设备（上海）股份有限公司自主研发之路

摘要

心无旁骛创新创造，高端装备产业报国——这是理想晶延半导体设备（上海）股份有限公司（下文简称"理想晶延"）始终坚守的初心。

扫一扫，看视频

作为一家以CVD（化学气相沉积）技术为核心，覆盖半导体及泛半导体领域的高端设备供应商，理想晶延主要从事LED外延片、高效晶硅光伏电池、半导体封测领域的关键设备及相关辅助设备研发、制造和销售。自2013年5月成立以来，理想晶延组建了一支由奚明博士领衔，由多位海归技术专家、行业资深专家等高端人才组成的研发团队，累计投入超亿元研发资金，深耕半导体薄膜沉积设备领域并取得丰硕成果，相继推出MOCVD（金属有机物化学气相沉积）设备、ALD（原子层沉积）设备的国内首台套产品，以及Dual-PECVD（管式等离子增强化学气相沉积）双面镀膜设备等。

理想晶延自主创新研发的产品设备，成功打破了欧美日行业巨头的长期垄断，并广泛应用于国内外LED、光伏等行业。理想晶延打造了由产业、金融、智力资本融合推动的高端装备研发与创业平台市场化运作模式，自主研发的高效晶硅电池生产设备凭借产品技术优势取得天合光能、晶科能源等一线太阳能电池厂商的长期使用和认可，并远销泰国、越南等海外市场。

回望理想晶延的创新创业之路，离不开国家政策的引领和上海良好的营商环境，正如奚明博士所说："理想晶延一路走来，充满了艰辛和曲折，也得到了政府和各界人士的鼎力支持与帮助，能取得今天的成效非常不易。"今天的理想晶延，一方面继续开拓光伏背钝化设备业务，另一方面也正积极布局半导体智能装备领域，加速从通用设备向定制化设备市场发展，致力于成为国际领先的半导体高端装备研制企业。

高端装备　半导体　ALD设备　自主研发　进口替代

一、背景情况

当今世界正经历百年未有之大变局，新一轮科技革命和产业变革深入发展，国际力量对比深刻调整。七十年弹指而过，新中国的制造业在"一穷二白"的基础上起步，充分发挥了比较优势切入全球产业链，经济活力得到了充分释放，使得我国从一个农业国快速跃升为名副其实的"世界工厂"和全球制造业第一大国，产业基础能力和产业链水平均实现了大幅提升。

习近平总书记曾指出："装备制造业是制造业的脊梁，要加大投入、加强研发、加快发展，努力占领世界制高点、掌控技术话语权，使我国成为现代装备制造业大国。"高端装备制造业作为决定国家产业综合竞争力的战略性新兴产业，是现代产业体系的脊梁，也是推动工业转型升级的新引擎。但同时我们也应当看到，我国高端装备制造业"大而不强"的特征仍较为明显，关键核心技术缺失、产品附加值较低、产业结构不优等问题突出。党的十九届五中全会审议通过的《中共中央关于制定国民经济和社会发展第十四个五年规划和二〇三五年远景目标的建议》中，提出我国要实现产业基础高级化、产业链现代化水平明显提高，而提升装备制造业的能力和水平是产业基础高级化的重中之重。

近年来，上海不断通过优化营商环境、以制度创新推动科技创新、实施包容审慎监管等举措，加速上海科创中心建设的进程。"十四五"时期，上海更要全力做强创新引擎，以更大决心、更大力度深化科技体制机制改革，打造充分激发创新活力动力的发展环境，为加快科创中心建设提供强有力制度保障，进一步丰富产业体系内涵，聚焦"卡脖子"领域，充分发挥上海优势，努力在基础科技领域做出大的创新，在关键核心技术领域取得大的突破，在科创中心建设上实现大的跨越。优化创新环境、强化精准扶持，为高端装备制造业带来利好发展机会。

连接上海、嘉兴、杭州等城市的长三角G60科创走廊，是长三角地区打造世界级先进制造业集群的重要基地，也是上海集合优势资源、深入新兴产业布局、激发创新活力的科创高地。理想晶延作为高端装备研发制造的先行者，始终坚持以创新推动企业高质量发展的理念，这与长三角G60科创走廊战略思想不谋而合。为谋求企业长远发展，理想晶延于2017年落户松江经济技术开发区，并成为正泰启迪智电港首批入驻企业。

理想晶延立足高端装备制造领域，着眼世界前沿科技，心无旁骛创新创造，不断探索出创新发展的好模式、好经验，并成功打破国际垄断，实现了"卡脖子"进口产品替代。创立至今，理想晶延先后顺利完成了包括工信部电子产业发展基金项目、上海市高端智能装备首台突破专项、上海张江国家自主创新示范区专项等政府重大科技专项，累计获得授权专利57项，其中发明专利34项，另获软件著作权13项，核心技术获上海市科技进步奖二等奖。公司先后被授予"国家高新技术企业""上海市科技小巨人企业""上海市'专精特新'中小企业""上海市专利工作试点企业""松江区企业技术中心"等称号；公司由创立之初的40名员工扩展到如今的160余名，2020年经济效益逆势飞扬再升级，销售收入达到3.19亿元。

在适宜的土壤里，创新就能迸发强大活力。理想晶延立足长三角G60科创走廊区位优势，通过持续的创新创造能力，主动为激发高端装备制造业自主研发意识、助力"中国制造迈向中国创造"等贡献自身力量。行稳致远，进而有为，理想晶延的发展转型之路，不仅是我国高端装备制造业创新变革的一个缩影，更与上海科创发展同频共振，见证了彼此的成长蜕变。

二、主要做法

理想晶延2 400多平方米的制造车间里，10余台大型设备一字排开，穿着防尘服的工作人员忙碌而专注地组装高效光伏镀膜装备，他们正为每一个零部件的精准安装而较劲……这是在公司每天都能看到的工作场景。这间忙砾的制造车间背后，凝聚了理想晶延多年的创新成果和智慧结晶。

坚持科技创新驱动发展——理想晶延成立至今，始终脚踏实地搞研发，自主自强争创新，在发展过程中，不仅汇聚了一群立志攻克"卡脖子"技术的国内外顶尖技术专家，还积极响应国家号召，顺应历史发展大势，将创新高效开放共享的发展理念贯穿企业发展全过程，成功打破国际垄断，弥补了国内高端制造装备领域的技术空白。深度解读理想晶延的创新历程，主要有以下6个方面的做法。

（一）守初心、遇热土：毅然归国，领衔高端装备进口替代

2009年，国务院公布了战略性新兴产业发展规划，政府对于LED产业给予了很大的支持力度。2010年，LED产业进入发展元年，当年全球平均增长率约为50%，我国产业规模更是达到1 256亿元。同时，在这一年，我国大部分LED企业都将重心转移到研发上游外延芯片领域，一口气引入了500—600台MOCVD设备，这相当于2008年全球的引入总量。MOCVD设备是生产LED外延芯片最核心的设备，其工艺、技术极其复杂，是制造环节中最为昂贵的设备，成本占整体LED外延芯片的一半。当时的MOCVD设备技术被欧美行业巨头垄断，我国的LED企业在国际博弈中一直处于劣势，严重阻碍了我国LED行业的发展。彼时，远在大洋彼岸担任美国应用材料公司（Applied Materials）副总裁的奚明博士，精准地捕捉到了中国大地上不断萌生、涌动的创业热情。在半导体制造领域拥有10多年丰富设备开发经验的她，深知中国每年进口设备不仅要花很多冤枉钱，还处处受制于人，甚至影响国内整个产业链的发展。

久居他乡数十载，奚明博士始终心念祖国。用国产设备替代进口设备，更是扎根在她内心深处的愿望。于是在2010年，已过不惑之年的她毅然归国，带着自主自强的创业热情，加入初创企业理想能源设备（上海）有限公司。初心遇见热土，以奚明博士为核心的海归创业团队，瞄准卡住行业"咽喉"的技术难题，逐风而起，走上了MOCVD设备的国产化道路。

"MOCVD国产化正是为了降低生产成本，获得市场话语权，让LED进一步得到普及。"奚明博士及其团队研发出的MOCVD设备，创新和差异化

设计特征非常突出，在反应器喷淋头、加热单元和温度控制、墙体内耐高温材料组合、系统架构等方面实现了突破性创新，设备的性能指标在多个方面超越了进口同类设备。当时，虽然奚明博士和团队成功实现了MOCVD设备的研发与生产，但遗憾的是，这场从0到1的突破，带来的市场成效却并不如他们预期的那般理想。奚博士认识到："关注技术多过市场，是当时管理团队最大的一个问题。"于是，她带着这支高精尖研发团队，又一次轻装上阵，瞄准了当时蓄势待发的高效光伏晶硅电池产业。

（二）首台套、中国造：创新驱动，攻克"卡脖子"关键技术

光伏产业已有60多年的发展历史，我国太阳能产业虽起步略晚，但发展迅速，在螺旋式上升中不断发展。2009年，我国出台了应对国际金融危机的一揽子政策，光伏产业获得战略性新兴产业的定位，催生了新一轮光伏产业投资热潮。近几年来，我国光伏行业发展迅猛，装机容量和发电量都在快速增加，即使遭遇突如其来的新冠疫情，2020年依然是逆势增长，新增装机容量和发电量再创新高，增速双双保持两位数，增长势头强劲。

太阳能电池是光伏新能源产业的基础，高效电池技术成了各大企业的"必争之地"。在传统光伏电池升级换代加速的进程中，镀膜是一道重要工序，直接关系到光电转换效率。因此，镀膜设备和背钝化设备在太阳能电池生产线的设备总投资额中占有重要比重。2013年以前，国内市场上的光伏背钝化设备基本被德国梅耶伯格公司和荷兰SoLayTec公司垄断，核心技术受制于人，加上采购价格高昂，早已影响了整个光电产业发展。光伏背钝化设备亟需国产化替代。

于是，在2013年5月，奚明博士带着当时攻坚MOCVD设备的研发团队，成立了理想晶延。经过了一次市场的洗礼和检验，理想晶延的研发团队更加坚定"创新创造，产业报国"的创业初心，瞄准了代表未来发展方向的高效太阳能电池技术，坚持自主研发，开发民族品牌，立志攻克"卡脖子"关键技术。

团队成员利用自身在国际企业拥有的多年半导体镀膜设备经验，认真分析了德国和荷兰两家公司的长短板——德国的梅耶伯格公司设备采用平板

式PECVD镀膜，设备平台较稳定，适合量产，但成膜过程中掉渣严重，运维成本很高；而荷兰SoLayTec公司机台采用单片ALD镀膜方式，成膜质量高、均匀性好，但设备设计不适应规模化量产，且生产过程中经常卡片、碎片，腔体内粉尘严重，开机率严重受影响，设备使用率不高。基于此，光伏背钝化设备要想真正实现国产化，就必须同时满足规模化量产和质量达标两个条件。以当时的研发技术水平，这对奚明博士和团队来说，既是机遇也是挑战。

"惟创新者进，惟创新者强，惟创新者胜。"用国产设备替代进口设备一直是理想晶延创始团队的追求。从2014年开始，为了加快研发进程，理想晶延的研发人员在杭州的正泰太阳能制造工厂进行持续性"蹲点"，一步一步攻克技术难题、改进设备工艺。有的一待就是大半年，整个团队也经常一起坚持到深夜。尤其是在ALD设备的气体喷淋系统试验阶段，为了使镀膜效果更加全面高效，团队甚至买来大图钉进行仿真测试。经过一次又一次的

▲ 理想晶延自主研发的ALD设备产品

摸索和调整，从 0 到 1 找规律，从 1 到 10 再优化，理想晶延的研发团队实现了镀膜过程中气场、热场和气压的完美平衡。历经 500 多个日夜齐心协力的奋战，理想晶延终于在 2015 年开发出了全球首创的平板式 in-line ALD 设备，成功实现了太阳能电池领域高端装备"中国造"。理想晶延自主研发的平板式 in-line ALD 设备兼具平板式镀膜和单片 ALD 镀膜设备之长，具有镀膜质量高、源耗低、运维成本低、运行稳定等优势。

"没有金刚钻，不揽瓷器活。"在设备行业，首台套产品的试用存在一定风险，加上客户当时对国产设备不太信任，因此在平板式 in-line ALD 设备的初期市场推广阶段，理想晶延也遇到了一定的困难。"我们第一个批量采购的客户来自江苏一家集团公司，当时客户先买进一台，并与德国和荷兰的进口设备进行比较。"理想晶延技术支持部经理袁刚介绍道，经过一段时间的试用后，客户发现相比国际一流品牌，理想晶延的 ALD 背钝化设备不仅丝毫不逊色，而且在光电转化效率、稳定性、维护成本、镀膜质量等方面更加出色，可以以更低成本推进产线技术升级。后来，这个客户又一口气追加了 5 台订单，理想晶延也终于"守得云开见月明"。凭借产品技术优势，理想晶延 ALD 背钝化设备逐步取得了国内外主流太阳能电池厂商的一致认可，并成功实现了规模化量产。

在 ALD 背钝化设备的整个研发过程中，理想晶延潜心一志钻研技术，稳扎稳打，从未言弃，终于厚积薄发，一举打破国际垄断，突破了我国光伏背钝化技术依赖进口的发展瓶颈，从而使我国在光伏产业掌握了更多的主动权，并推动国际同类竞争品牌大幅度下调市场价格，有效降低了度电成本，为国家光伏发电平价上网重大战略的实施奠定了坚实的基础。

（三）补短板、谋转型：前瞻布局，在延伸领域增长发力

继自主研发的平板式 in-line ALD 背钝化设备规模化量产之后，理想晶延始终保持与国际同步的研发能力，持续对产品进行升级迭代，不断优化结构，使设备运行更加稳定。目前，理想晶延平板式 in-line ALD 背钝化设备克服了超大基板镀膜的技术瓶颈，实现了 15 000 片 / 小时超高设备单位时间产能，在镀膜质量、稳定性及维护成本等方面均超越其他同类设备，达到国际

向阳而行,在高端装备"必争之地"实现从零突破

▲ 喜迎 ALD 设备产品百台下线

先进水平。截至 2020 年,理想晶延 ALD 设备已累计出货 120 余台,并出口至越南、泰国等地。

为了顺应市场需求,理想晶延的研发团队在奚明博士的带领下更上一层楼,集思广益创造了"双面镀膜"的设计理念。奚明博士介绍道:"理想晶延提出的'双面镀膜'概念,是行业内首创。"2019 年下半年,研发团队对"双面镀膜"概念进行了可行性研究,并于 2020 年进入了整机研发阶段,成功推出管式 PECVD 双面镀膜设备。通过自主研发的独创性旋转机构,可以一次性完成正面和背面的镀膜,省去一次硅片加热和冷却步骤,不仅极大地减少了硅片应力翘曲造成的碎片和划伤,提高了设备的产能,而且也减少了人工和一套与之相配套的自动化设备。目前,管式 PECVD 双面镀膜设备样品机台已完成了在客户端的验证,电池转换效率超过 23%,多项性能已经超过之前垄断市场的相关设备,凭借产品的异质化设计及优异的设备性能受到广大一线电池片厂商的热切关注。管式 PECVD 双面镀膜设备技术的推出,丰富了理想晶延 PERC 电池工艺设备的产品线,进一步强化了理想晶延在

PERC 电池工艺设备领域经验的积累丰富，以及技术持续领先的品牌美誉度。该产品作为新的企业增长发力点，正逐步受到市场认可。值得一提的是，管式 PECVD 双面镀膜设备技术具有完全自主知识产权，理想晶延已申请并取得多项相关专利。

"志当存高远，行当积跬步"。近年来，光伏行业已逐渐步入成熟期，半导体行业相应的封装技术则呈现多样性发展态势。在当今某些西方国家对中国进口半导体设备设置层层阻碍的背景下，半导体设备国产化迫在眉睫。同时，受益于 5G、人工智能、高性能计算、物联网等新兴技术的高速发展，半导体行业迅速发展，带动了对设备的大量需求。2019 年年底，理想晶延便着手积极布局半导体智能装备，并购了一家拥有 30 年行业经验的新加坡高端精密智能装备企业，该企业早在 2018 年就已进入了 Apple 供应链体系，为 AMS Heptagon 定制微光学自动化制造系统，供应 iPhone X 人脸识别技术的关键元件；此外，并购企业在存储市场也拥有多年经验，持续为 Seagate HDD 和 SanDisk SSD 提供自动化设备。依托新加坡并购企业的坚实技术积累以及自身日益强大的自主研发实力，理想晶延开启了向智能装备领域拓展延伸的新征程。目前，理想晶延推出了半导体智能装备的一系列新产品，包括自动光学（AOI）智能检测设备、晶圆堆叠设备、双面点胶设备等。凭借自身先进扎实的技术积累和创新驱动能力，理想晶延已成功完成从通用设备向定制化设备市场发展的战略转型。

"创新创造"的理念始终贯穿理想晶延的战略转型历程，无论是在深耕高端光电设备研制时期，还是在积极布局高端半导体封装定制设备的技术和市场阶段，理想晶延都始终瞄准核心关键技术，不断开发新产品、激发新动能，推动企业不断迈向产业链、创新链、价值链高端。

（四）育新机、开新局：响应号召，与上海科创同频共振

上海向来是创新创业"养分"最为充沛的区域之一，围绕企业成长链，上海也在不断优化营商环境，做好服务企业的"店小二"。理想晶延诞生于张江高科技园区，在那里经历了初创时期的曲折并成功涅槃。2017 年，为了更加贴近市场，更快服务客户，理想晶延将研发和生产搬到松江经济技术开发区,并成为正泰启迪智电港首批入驻企业。无论是搬迁办公地点还是攻坚技术的研发历程,上海市和浦东新区、松江区等各级政府所给予的大力支持和精准扶持,都让理想晶延倍感温暖。理想晶延不仅是上海营商环境和科创政策的受益者,更是上海科创发展的参与者和见证者。

近年来,为了更好地服务不同阶段的企业创新需求,上海市政府构建了全链条式的科技服务体系,通过育苗工程、创新资金、科技小巨人工程和卓越创新企业培育工程等项目的实施,逐步形成了围绕企业成长线的政策扶持链。得益于这条完整的政策扶持链,理想晶延建立了规范的研发组织管理体系,加快了创新项目的研发进度,缩短了高新技术产品成果转化周期,实现企业跨越式发展。

理想晶延先后获得"国家高新技术企业""上海市科技小巨人企业""上

▲ 理想晶延自主研发的产品获得上海市科技进步奖二等奖

海市专利工作试点企业""上海市'专精特新'中小企业""松江区企业技术中心""松江区专利工作试点企业"等荣誉和相关资金扶持。理想晶延自主研发的系列产品先后获得"上海市科技进步奖二等奖""上海市创新产品""松江区质量创新奖"等。

在项目扶持方面,理想晶延也获益颇多。2017年,理想晶延获得上海市经济和信息化委员会"上海市高端智能装备首台突破和应用示范"专项扶持,并于2019年3月顺利通过验收。同年,理想晶延还获得了上海张江国家自主创新示范区专项发展资金项目扶持,也于2020年9月顺利完成验收。

▲ 理想晶延通过"上海市高端智能装备首台突破和应用示范"专项项目验收

理想晶延搬至松江后,切身体会到区政府通过《松江区关于加快推进G60科创走廊高新技术企业发展的若干政策》等政策的实施,以高效、务实的举措为企业的快速发展保驾护航。如今的长三角G60科创走廊,已拥有多家与理想晶延相关联的高新技术企业、先进制造企业,产业集群态势强劲。未来,理想晶延将继续发挥创新研发优势,在育新机、开新局中闯出新路,积极参与上海科创建设,努力打造成为长三角G60科创走廊高端装备制造领域的一颗璀璨明珠。

（五）控品质、树标杆：完善服务，从源头阻断质量问题

理想晶延发展至今，始终以客户为导向，用心聆听客户需求，不断创新改革，提高核心技术竞争力和品牌服务竞争力，努力提供卓越的品质和完善的服务，树立装备制造行业服务水准的新标杆。理想晶延坚持贯彻执行"客户至上，品质第一，全员参与，卓越高效"的质量方针，力求实现"产品出厂合格率100%，顾客满意度＞85%，准时交货率100%"的质量目标。

初心控质量，敬畏铸安全。从设计图纸开始，理想晶延就已经把严格把控质量的基因融入进来，复杂的图纸通过技术人员的专业解读得以简化分解，每一个零部件的细节都清晰可见。到了零部件组装阶段，每一次组装之前工作人员都要进行细致入微的检查，尤其是对关键零部件的把控更为严格谨慎：先由理想晶延的资深技术人员与供应商一起讨论对关键零部件进行一一分解，并确定关键计划和时间节点；随后技术人员进行二次检

▲ 通过严格的机台测试加强质量管控

▲ 机台测试

▲ 车间掠影

查核验,确定产品部件符合客户需求后再进行组装。而在设备交付至客户之前,理想晶延会进行长达数十天的测试,单组测试和整机测试相辅相成,竭尽全力从源头上阻断质量问题。凭借持续的自主创新能力,以及长期积累形成的技术优势、管理经验和产能规模优势,理想晶延能够根据客户对设备的性能参数等方面的定制化要求进行生产,保证良好的产品质量和及时稳定的供应,帮助客户提升产品良率、产品性能,实现价值提升,获得了客户的广泛赞誉。

闭环服务模式,深受客户认可。要保障企业实现业务连续性,必然离不开专业全面的售前、售后服务。为此,理想晶延通过构建完整的企业服务生态体系,"产前紧密对接、产中严格把控、产后追踪回访",为客户提供可追溯可反馈的服务链。数十名技术人员长驻外地客户生产车间,为国内外企业提供全线闭环服务,深受客户认可。

2020年,面对新冠疫情带来的挑战,理想晶延的服务模式也随之做出调整,在技术人员因疫情而无法赶往现场的情况下,通过远程答疑和辅助调控,及时帮助客户解决了复工生产问题。除了远程咨询,还有不少技术人员自春节假期开始就驻守在客户工厂,他们用自己精湛的技术、丰富的经验,抚平客户的焦虑,用每一次的及时响应客户需求、解决问题故障,实践着坚守者的力量。

(六)引人才、育青苗:名师带徒,建立高精尖培养体系

习近平总书记指出:"人才竞争已经成为综合国力竞争的核心。"招智引才是企业发展的关键一环。理想晶延深知人才对于技术研发和长线发展的重要性。从一线技术人才到核心骨干再到管理部门一把手,经过多年的努力与沉淀,公司已逐渐打造出一条高精尖人才供应链,而这些高精尖人才也将全力保障并支撑理想晶延未来的战略发展。理想晶延由创立之初的40名员工扩展到如今的160余名,其中包括海归博士、资深专家在内的高端技术人才占比超过一半,公司的核心专家团队合计拥有100多项国际专利,在全球领先的高端装备企业拥有多年的研发与管理经验。

成熟的人才往往已经具备较强的知识转化能力和价值创造能力,对企

业的发展非常重要，是构成企业竞争力的重要力量。为加快培养并造就一支高技能骨干人员队伍，理想晶延成立了松江区首席技师工作室——徐舟工作室，由海归专家奚明博士和众多高技能专家组成首席技师评聘领导小组，员工可通过单位推荐、理论考试、技能考核、首席技师评聘领导小组评议、公示评审等流程，加入公司首席技师人才库，由公司定期组织首席技师承担企业技术革新、技术攻关任务，推广新技术、新工艺和先进操作法，开展"名师带徒"，进行人才培训。理想晶延还积极创造条件，有计划地安排公司首席技师进行技能进修、参观考察和技术交流，并给予其科研项目一定经费和其他服务支持，首席技师取得技术成果，公司也会按照一定比例对其进行嘉奖。

理想晶延的人才培养体系，不仅仅着眼于成熟人才，更注重培育人才"青苗"，并不断完善将人才"青苗"有效转变为人才竞争力的机制。通过新员工培训、以老带新等措施培养新进员工的创新活力和创造热情，并鼓励员工积极参与行业技能竞赛，培养出不少一线技能人才，确保了公司生产体系层级齐全、分工明确，使研发部和生产部相辅相成，成为支持公司发展的中坚力量。另外，在薪酬体系构建中，公司通过对管理层和核心骨干进行季度考核，对一线技术人才进行月度考核，并以团队合作指数的方式将公司目标与团队协作能力直接挂钩，在保证员工稳定收入的同时激发大家创新研发的热情和活力。此外，自搬迁至松江区以来，理想晶延积极践行松江区 G60 科创走廊人才积分管理办法，通过帮助员工申请人才公寓租住补贴、子女就学、医疗服务等一系列人才激励措施，及时有效地解决了公司员工的后顾之忧，迅速帮助员工全身心投入产品的技术开发工作。

对人才而言，优厚的物质待遇固然重要，但成长的空间和企业的担当亦是真正的魅力所在。企业因人才的聚集而兴起，人才的价值因企业的强大而彰显，企业和人才相互吸引、共生共促。成立至今，理想晶延积极推进高科技人才队伍建设，努力创造良好的成长环境，充分发挥高素质科技人才在公司中的示范引领作用。未来，理想晶延将继续坚持以人为本，持续加大青年人才的引进和培养力度，强化打造高素质研发人才，为公司各阶段战略目标的实现提供原动力，助力每个员工在理想晶延的大舞台上发光发热，实现人生梦想。

三、经验启示

（一）坚持自主研发，科技创新驱动高质量发展

习近平总书记指出："抓创新就是抓发展，谋创新就是谋未来。"创新是一个民族进步的灵魂，是一个国家兴旺发达的不竭动力，也是中华民族最深沉的民族禀赋。在激烈的国际竞争中，惟创新者进，惟创新者强，惟创新者胜。

理想晶延自成立来始终坚守自主研发的创业初心。从 MOCVD 设备到平板式 in-line ALD 背钝化设备，再到最新推出的管式 PECVD 双面镀膜设备，理想晶延夜以继日搞研发，脚踏实地谋发展，最终依靠自身的研发创新能力解决了我国光伏背钝化设备技术和产业化难题，打破了该领域长期被国外技术"卡脖子"的状况，促进我国光伏背钝化设备产业站稳全球市场。

唯有以科技创新驱动产业高质量发展，才是不断抢占国际国内现代产业制高点的有效途径。奚明博士及其带领的研发团队，认清国家重大需求，瞄准经济主战场，对标世界科技前沿，始终坚持提升自身科技创新能力，大胆探索认真打好核心技术攻坚战，迅速掌握全球范围内的科技竞争先机，使理想晶延在较短时间内就成为光伏背钝化设备行业内创新要素集成、科技成果转化的生力军。在深化创新驱动战略进程中，理想晶延中流击水，勇立潮头，保障关键核心技术源头供给，依靠自身研发能力支撑引领产业新业态和新模式，不断催生新发展动能。

（二）紧抓时代机遇，顺应大势推动转型升级

习近平总书记指出："装备制造业是国之重器，是实体经济的重要组成部分，要把握优势，乘势而为，做强做优做大。"当今世界正经历百年未有之大变局，我国发展面临的国内外环境发生着深刻复杂变化。乘着国家全面加强自主创新能力的东风，理想晶延牢牢把握上海科创发展机遇，积极参与

长三角 G60 科创走廊的区域合作和企业联动服务，成功探索出了一条具有时代符号、中国特色、企业特点的深化改革之路。

2014 年，随着国家上网电价政策出台以及减少碳排放政策的确立，光伏行业迎来一个新的发展周期。提高转换效率和降低生产成本一直都是太阳能电池生产厂家的不懈追求，在硅片厚度不断减薄的趋势下，为了实现提高转换效率的目标，就必须为电池的前、背表面提供高效的钝化技术。理想晶延正是抓住了这一历史机遇，瞄准了代表未来发展方向的高效太阳能电池技术，开启积极开发布局核心装备技术的征程，最终取得突破性胜利。在奚明博士及众多高端优秀人才"市场化思维"的带领下，理想晶延在自主研发和市场需求之间寻找到一个很好的平衡点，紧紧围绕市场需求，敏锐捕捉市场商机，深化供给侧结构性改革，提高企业供给适配性。

面对当今世界百年未有之大变局，包括理想晶延在内的战略性新兴产业企业要紧紧抓住构建新发展格局的重大历史机遇，在时代大势中思考谋划战略定位、产业布局、发展思路和努力方向，在新发展阶段勇担使命、奋起直追、敢闯善闯、精益求精，奋力展现新时代科技企业新作为。

（三）注重人才培养，招智引才提升核心竞争力

当今世界，综合国力的竞争归根到底是人才的竞争、人才素质的竞争。必须大力弘扬劳模精神、劳动精神、工匠精神，激励更多人才特别是青年一代走科技创新、科技报国之路，培养更多高科技人才和大国工匠，为全面建设社会主义现代化国家提供有力人才保障。我国高端装备制造业的发展正迈向中高端水平，对科技人才的素质和能力提出了更高要求。理想晶延以人才队伍建设为驱动，技术研发团队包括海归博士、资深专家等高端技术人才，他们在全球领先的高端装备企业都拥有多年的研发与管理经验，是一支能攻技术难关、敢攀科技高峰的科技精英团队。

"工欲善其事，必先利其器"。理想晶延通过培育首席技师、职业技能培训、灵活人才激励机制、畅通技能人才职业发展通道、积极参与职业技能大赛等方式，为公司的技术人才提供广阔的自我提升空间、技能展示舞台和交流切磋平台，打造促进创新转化的高水平人才"蓄水池"，建立健全企业人

才培养体系，以人才驱动创新能力，吸引高精尖人才队伍加入公司在研发和生产层次的全面、长期、稳定合作，督促大家奋勇拼搏、把握机遇、乘风破浪、开拓进取，在新时代锻造新技能，实现新梦想。

（四）依靠营商环境，激发内生动力发展潜力

面对复杂的国内外形势，党中央、国务院着力深化"放管服"改革，大力优化国内营商环境。营商环境是区域经济高质量发展的关键驱动之一。中共中央、国务院2019年12月1日印发的《长江三角洲区域一体化发展规划纲要》明确提出"合力打造国际一流营商环境"。上海承载着长三角一体化的龙头带动重任，近年来，上海全市上下努力推动营商环境持续的改善优化，充分调动企业创业创新积极性，更好地激发了企业的内生动力和高质量发展潜力。

理想晶延创立至今，一直都是上海营商环境的受益者和宣传者。理想晶延最初聚焦国内研发空白领域时，就获得了市、区两级政府的大力扶持。政府扶持、企业发力，在两者的集中攻关下，理想晶延加快速度突破技术壁垒，成功摆脱国外垄断。奚明博士放弃了优越的生活条件毅然决然选择回国加入理想晶延，并与其共同成长，共同见证上海营商环境的利好发展。"上海的营商环境优势不仅表现在为企业提供强大的扶持力度，更表现在能够为企业发展提供持续性的扶持和帮助，这种长期的持续性政策扶持对企业来说非常具有吸引力。"理想晶延入驻松江以后，松江区政府不仅为公司提供了一片创新创业、崇尚实业、开放包容的热土，更为企业量身定做一套全面服务方案，全力落实一张要素保障清单，聚力打造一个联动发展平台，努力做好企业的最佳拍档，为企业的长远发展提供最强助力。松江区政府一系列优化营商环境的举措，让初来乍到的理想晶延备受鼓舞，通过政府的科创政策和一对一的精准扶持，公司迅速解决了人才落户、厂房建设等诸多问题。此外，G60科创走廊作为上海建设具有全球影响力的科技创新中心的重要承载区，也为企业的发展提供了足够的政策福利和有力保障。

专家点评

高端装备是装备制造业的核心，对提升装备制造业乃至整体工业竞争力发挥着关键性作用，大力发展高端装备制造业是提升装备制造业和整体工业竞争力、变"制造大国"为"制造强国"的迫切需要。理想晶延积极响应国家号召和产业需求，坚持自主创新，矢志装备报国，奉献清洁能源，拳拳赤诚之心终铸成大器。在持续8年的创新发展历程中，理想晶延以市场需求为导向，朝着既定技术研发目标，不断挑战和超越自我，攻克了LED外延片和高效晶硅电池薄膜沉积核心高端装备的关键技术，实现半导体高端装备国产化的重大突破，解决了制约我国光伏产业自主可控发展核心装备"卡脖子"的问题，抒写了大国重器的责任与担当。

在大众创业、万众创新的热潮中，理想晶延之所以能够脱颖而出，稳居行业技术的制高点，根本原因是长期摸索形成了特色化、适用型的企业技术创新体系，这对当下众多科技型企业的创新发展具有一定的启迪和示范作用。国之重器，未来可期，愿理想晶延能持续坚守初心，秉承创新驱动的发展理念，争做半导体设备国产化先锋，成为高端装备行业的一颗璀璨明珠。

点评专家

李锦彪，正泰电气股份有限公司副总裁，博士，教授级高级工程师，享受国务院政府特殊津贴。

思考题

1. 结合理想晶延技术创新及产业化的发展历程，谈谈企业应该如何把握技术创新与市场需求之间的关系。

2. 高科技企业选址应该主要考虑哪些因素？这对于政府和企业分别提出了什么要求？
3. 本案例中奚明博士领衔的海归创业有什么显著特征？为我们提供了哪些启示？

 创业者小传

奚明，理想晶延半导体设备（上海）股份有限公司总经理。

女，汉族，1966年9月出生。1988年7月于中国科学技术大学应用化学专业本科毕业，1989年5月获得美国哥伦比亚大学化学硕士学位，1993年5月获得美国哥伦比亚大学化学博士学位，在美国麻省理工学院从事过博士后研究工作。

曾担任美国应用材料公司副总裁，全面负责公司AKT部门的PVD及EBT事业部（年销售额超过10亿美元）工作。拥有在美国应用材料公司等国际顶尖大型设备公司超过20年的产品开发和市场运营高层管理经验，领导研制MCVD、MOCVD、ALD、ECP、PVD等多种世界领先的覆膜设备，累计获授权80多项专利技术，先后于1999年和2001年两次获颁美国应用材料公司总裁奖。

近年来，带领理想晶延研发团队先后研制出高效晶硅太阳能电池镀膜ALD设备、管式PECVD双面镀膜设备等半导体高端装备，成功填补国内技术空白，其中ALD设备获得上海市科技进步奖二等奖。

抢抓改革历史机遇，科技赋能财税"智"理

——上海云砺信息科技有限公司助力"营改增"

摘要

尽管国际国内形势发生了深刻复杂变化，但我国经济稳中向好、长期向好的基本面没有变，同时也对营商环境提出了更新更高的要求。税负环境，是营商环境的重要维度。近年来，我国财税领域改革多点突破，不断向纵深推进，税收数字化正在颠覆传统办税模式。

扫一扫，看视频

作为优质的企业服务平台，上海云砺信息科技有限公司（下文简称"云砺"）依托互联网、区块链、人工智能等现代信息技术，专注于为企业提供供应链信息协同以及增值税发票管理云平台等解决方案。在"营改增"、票据电子化等领域，云砺积极配合政府相关部门，帮助企业加速打通税改政策落地的"最后一公里"，帮助企业提质增效、降低成本，让更多企业"轻装上阵"。

云砺的创业初心已经融入其名："云"代表云计算等新兴技术，"砺"则代表砥砺前行。从不足10人的初创团队，到如今拥有1 000余名员工，自2015年成立以来，云砺已经服务了150多家世界500强企业，联结了超过100万家供应商，平台累计结算金额近20万亿元。2020年，云砺与国内数十家知名企业共同登上了新兴市场"科技百强挑战者"科技企业榜单，入选"新基建产业独角兽TOP100"榜单，正快速成长为中国企业服务领域的领先企业。云砺不仅通过科技赋能，为助力优化营商环境、激发市场主体活力等贡献自身力量，它的发展也见证了中国企业与中国经济的成长变革。

税制改革"营改增" 优化营商环境 企业数字化 票易通平台

一、背景情况

(一) 聚焦企业痛点：营改增政策落地背后

在全球新冠疫情和经贸形势不确定性背景下，2020年《国务院政府工作报告》提出，积极的财政政策要更加积极有为，要坚决把减税降费政策落到企业，留得青山，赢得未来。事实上，实施大规模的减税降费已经成为近年来推动我国经济健康发展的重要举措之一。过去几年里，财税领域改革多点突破，不断向纵深推进；增值税改革更是减税政策的重中之重。

相较于按收入全额计算缴纳税金的营业税，增值税只对产品或者服务的增值部分纳税，可以扣除一些成本及费用。"营改增"减少了重复纳税的环节，可以促使社会形成良性循环，有利于降低企业税负。

我国于2012年启动增值税改革。2016年3月18日召开的国务院常务会议决定，自2016年5月1日起，中国将全面推开"营改增"试点，将建筑业、房地产业、金融业、生活服务业全部纳入"营改增"试点。至此，营业税退出历史舞台，增值税制度更加规范。这也是自1994年分税制改革以来，我国财税体制的又一次深刻变革。

"营改增"割掉了重复征税的"尾巴"，主要目的是降低企业税负，对企业来说是利好消息。然而，在实际操作过程中，人们却发现，有部分企业的税负不降反升——原来，增值税抵扣的前提是必须及时取得合规的进项增值税发票。如果在采购时不能取得进项税发票，并及时进行验真，就不能进行增值税抵扣。如何及时获得合格的进项税发票，就成为当时困扰企业的痛点。

这一问题在部分行业尤为明显。例如，建筑施工产业链中的上游企业以小规模纳税人及个体工商户居多，往往不能或不愿意开具增值税发票，导致下游企业难以抵扣材料费、人工费。

(二) 聚焦必然需求：票据电子化改革

与"营改增"同时进行的，还有财政票据电子化改革。2012年年初，在北京、浙江、广州、深圳等 22 个省市开展网络（电子）发票应用试点后，国家税务总局进一步提出要积极推广使用网络发票管理系统开具发票。

票据电子化进程蹄疾步稳。"营改增"正式落地后，包括酒店业、餐饮业在内的服务业商户一并实质性地被纳入电子发票的开票范围。统计数据显示，2017 年我国电子发票开具量达 13.1 亿张，预计到 2022 年将可能高达 545.5 亿张，保持超过 100% 的年均增长速度。

2019 年 11 月 27 日，国务院总理李克强主持召开国务院常务会议提出，实现增值税专用发票电子化和主要涉税事项网上办理。2020 年 3 月，国家税务总局要求，进一步扩大电子发票公共服务平台优化版的实施范围，力争在年底前增值税发票电子化进程取得实质性进展。

对于企业而言，发票管理尤为重要。一直以来，在企业的日常经营管理活动过程中，销售业务、采购业务、费用报销、会计核算、税务核算和纳税申报等工作都与发票息息相关，发票管理是企业财税管理的基础工作，也是企业涉税风险管理的源头。

随着时代发展与"互联网+"的兴起，传统纸质发票由于存在不易保存管理、报销周期长、假票报销风险大等弊端，已难以满足企业快速发展的需求，也阻碍了企业数字化转型的进程。实现发票与税务管理数字化，已然成为企业顺应发展新要求的必然需求。

（三）聚焦市场空白：企业服务行业待兴

在国家积极推进税务改革与票据电子化进程中，抢抓时代机遇，直击行业痛点，回应市场需求——上海云砺信息科技有限公司正是在这样的背景下创建起来的。

云砺创始人兼 CEO 吴云曾任职于宝信软件，负责搭建宝钢集团的财务共享服务中心系统。吴云不仅专业经验丰富，更有长远眼光。在他看来，30 多年前，任正非赶上了通信业的大潮创建了华为；20 多年前，马云乘着互联网的大浪创建了阿里巴巴。当时，欧美已拥有 2.5 万亿美元规模的企业服务市场，中国基本上仍是一片空白。吴云与初创团队坚信，中国企业服务领域必将出现龙头企业，这一市场潜力巨大，前景无限。

"营改增"、金税工程等是近年来影响最大、最深刻的税制改革。2015年年底,正逢改革持续深入的关键时刻。以此为契机,云砺开发了"票易通发票管理及供应链协同平台"(下文简称"票易通平台")这款重磅产品,开始了创业征程。

2015年至今,云砺已经为包括万科、保利、华润、沃尔玛、麦当劳、阿里等在内的超过150家世界500强企业提供了优质的服务。2019年年底,云砺完成了由淡马锡领投,高瓴资本、钟鼎资本跟投的近1亿美元C轮战略性融资,公司汇集了来自麦肯锡、埃森哲、IBM、普华永道、安永、百度、阿里、华为等不同行业内顶级公司的行业专家,正快速成长为中国企业服务领域的领先企业。

成立伊始,云砺只是一个不到10人的小团队,现如今已经拥有1 000余名员工,分公司遍布全国各地。云砺很年轻,创始团队成员大多是"80后",公司员工绝大部分是年轻人;云砺很专业,许多曾经的甲方客户纷纷加盟,

▲ 云砺团队

一些技术专家甚至宁愿放弃原本几千万元的年薪;云砺更近乎苛刻,一些高管完全放弃了在海外的生活,回到祖国,全身心投入经济发展建设中来——因为相信,所以坚定。

二、主要做法

"云平台业务量:350 930 308;当日活跃客户量:14 569……"走进位于上海国际研发总部基地创意园区的云砺总部,迎面即可看到电子屏幕上呈现的企业服务全景图,庞大业务量实时跳动。

科技赋能发票管理——云砺在这个"对症下药"的小切口,钻出了一个大市场。如今,云砺已成为中国企业协同服务领域这个细分市场的佼佼者,斐然亮眼的战绩,也让资本市场青睐有加。

(一)坚守初心:承担时代使命,打造"企业朋友圈"

2015年的夏天,在复旦软件园一个10余平方米的小房间内,云砺的初创团队聚到了一起。如同乔布斯的车库神话,这间后来被称为"小黑屋"的办公场所,正是云砺梦想的最初诞生地。

彼时,产业互联网的概念还没有普及,但吴云与他的创始团队已经洞察到了机遇。如果说,微信连接的是人与人,让腾讯获得了一张移动互联网的"船票";那么,吴云瞄准的就是企业与企业,以及企业内部的各大软件系统——他想要打造一张产业互联网。

在吴云看来,当今社会的C端(消费者)之间的服务已经做得非常好了,但B端(商务)之间在世界范围内都没有出现一个很好的产品或公司。中国已经是世界第二大经济体,中国经济发展需要企业发展,而企业则需要服务提供商,帮助节省成本、提升效能。这是非常有前景的任务,中国企业或许可以承担使命。

与面向C端消费者的互联网创业不同,面向B端的产业互联网创业并非萌发于灵光一现的奇思妙想,它需要基于多年行业经验积累。而吴云与团队,恰恰具有这方面的优势。

在创业之前，吴云是宝钢集团旗下软件上市公司宝信软件的高级总监。携团队历经 8 年，吴云帮助宝钢集团搭建起财务共享信息化平台——这是国内首个超大型企业的财务共享中心，覆盖了宝钢集团旗下钢铁、贸易、工程技术、金融、地产、生活服务各大板块近 500 家独立法人公司，不仅行业种类繁多，每日交互的数据也堪称海量。平台建成后，核算人员只有 190 多人，是建设前的十分之一。这一成果，也得到国务院国资委、财政部及各大央企 CFO 的高度认可。

这一平台的建设，不仅让吴云积累了丰富经验，成为这方面的行家，也让他看到了机遇。吴云认为，这是一个很有价值的平台，它不仅能在宝钢集团内部发挥作用，而且应该能够帮助更多企业降低成本，实现数字化转型，让它们享受到像宝钢集团那样的服务——这一平台的最终形态，应该是一个公共互联网平台，可以打造成为连接企业的"朋友圈"。

要连接企业与企业，必须寻找一个合适的切入点。中国实行"以票控税"，对于企业来说，发票管理是财税管理的基础工作，也是业务往来的核心凭证。不管企业身处什么行业，发票相当于一个"标准接口"：这张纸承载了所有经济活动，它的格式是统一的，围绕发票可以向上向下延伸，做很多事情。

税制改革正如火如荼地开展着，在宝钢集团工作的经历，让吴云与团队找到了合适切入点。当"营改增"政策覆盖面越来越广，企业的供应商管理、信息系统管理、专票抵扣等都要重新梳理和规范，否则极有可能出现税务风险。企业如何快速适应，如何及时获取合规进项发票？云砺打造的票易通平台，正是选择从这一切口着手，帮助宏观政策更快速地落实到微观层面，帮助企业降低成本、改善综合税负率，让企业更有获得感。

白手起家的创业过程，注定充满艰辛。技术出身的吴云，原本工作稳定，令人羡慕。创业后，他白天在外奔波跑业务跑项目，晚上除了做产品研发之外，还要算账、做报表、准备融资……迎宾、保安、会计、出纳，什么杂事都干。那时的吴云每天忙得脚不沾地，电话都来不及接，连家人都找不到他。

其他技术人员也都挤在"小黑屋"里,一起熬到深夜,每个人都身兼数职:写代码、做测试、接电话,又是业务方、又是系统方。那会儿,大家总是会准备不同版本的名片,上面的职务有时是"项目经理",有时是"技术总监"。

屋里的一张白板上总是密密麻麻写满了反馈与建议,它见证着初代产品的无数次更迭——讨论产品研发,经常结束时就已是半夜12点了,大家就用手机各自把白板拍一张照,转身就在自己的工位上埋头奋战。园区附近有一辆公交的末班车运营至凌晨,每晚大家就踩着末班车的时间节点回家;自驾回去的,走之前还要先查一查当天高架是否封路。

然而,梦想却是甜蜜的。就这样攻坚了两三个月,做好过渡,用户协同,优化迭代……票易通的主要系统从无到有搭建起来了。没人能够想象,这样一支不到10人的初创团队,一开始就拿下了万科、麦当劳、康帕斯等超大型企业,世界500强、行业标杆纷至沓来。

(二)抢抓机遇:打通税改政策落地"最后一公里"

如今,面向C端的互联网创业往往是依靠资本运作,通过低价竞争赢得市场。云砺则认为,面向B端的产业互联网更应凭借技术与服务稳扎稳打。公司的早期战略就是先从大型企业入手。虽然这座"大山"看起来很难攀爬,然而,一旦成功拿下,将形成不可估量的示范效应,其实是事半功倍。

万科,就是这样一座"大山"。作为云砺在房地产领域的第一个客户,万科与云砺的牵手,产生了巨大的示范效应。

"营改增"前,房地产企业缴纳的是5%的营业税,税费计算相对简单。改革之后,增值税税率相对上升,要减去成本,必须拿到上游企业合规的进项发票,每一张发票、每一笔交易都对得上,才可以转嫁税负。然而,这样的工作量对于万科这种体量庞大的大型企业来说,挑战极为艰巨。第一,当时万科有2 700多个楼盘项目,上游供应商企业达2万多个,彼此间的交易结算服务本就是浩瀚工程;第二,这些项目分散在全国各地,更增加了企业的管理难度;第三,单纯依靠"人海战术"难以监管,一旦操作失误,极有可能出现税务风险。

为此，万科成立了专门工作小组，重点筛选市场上具备税务服务能力的68家服务商，云砺的票易通平台脱颖而出。

2016年3月，国务院决定，自当年5月1日起全面推开"营改增"试点，房地产业也纳入试点。供应商信息整理，接口传递，核对数据……项目在推进过程中也遇到一些问题，而企业改革迫在眉睫。云砺团队下定决心，无论如何也要全力保证万科项目顺利落地。当时，公司的研发人员只有约20人，还有其他项目也正在同时进行中，团队管理难度大。创始团队当机立断，决定将几乎所有研发人员全部调去位于深圳的万科总部。

在深圳的这段时间，研发人员记忆犹新。他们所住的宾馆距离万科总部不远，隔着一个风景宜人的公园，但谁都没有时间欣赏，几乎每天都是忙着加班。第一拨员工回到宾馆时，基本已经是半夜12点了；而核心研发人员甚至要持续工作到凌晨四五点，等任务暂告一段落时，天都亮了。办公场所附近的食品贩售机，几乎一两天就会被研发团队掏空一次。就这样，大约耗费两周时间，万科的用户系统与票易通平台全部对接上了。每天结算多少、认证多少，衔接流畅。

辛苦付出总是有收获的，在云砺团队奋力拼搏之下，企业间的信任感也不断增强。2016年5月1日，万科增值税管理协同平台上线，系统切换后实现了降本增效：原来需要900多个人处理的发票，现在只需2个专业财务外加4个操作工就能轻松完成。

云砺与万科深度合作，为万科"营改增"提供了整套的解决方案，也打通了政策落地的"最后一公里"，让企业享受到税改政策实实在在的利好。

通过票易通系统，企业可以连接供应商，完美实现结算信息协同和供应商一键开票，大幅提高供应商开票效率和准确性。上游供应商登录平台后，可以根据万科的要求和规格开具发票。后续，供应商将专票寄到万科公司后，万科只需扫描核验，即可自动识别数据，完成后续认证、缴付等工作。如此一来，上游供应商提供的票据格式规整、结算及时，进项明细一目了然，这极大提高了企业采购结算业务处理效率。此外，票易通还接入了查验系统，能对发票的真伪进行风险管理，极大降低进项发票的税务风险。

▲ 全国首张增量房电子发票暨电子票证互通成功

基于票易通平台，万科结合纳税筹划节税约 200 亿元，年总开票量约 3 000 亿元。国家税务总局调研营改增工作时曾评价，万科的供应链发票管理平台代表未来国税增值税的管理方向。

万科所面对的挑战不是孤例。在"营改增"初期，众多企业都面对改革带来的不确定性：企业财税部门需要在短期内知道做什么，更需要知道如何落地。在这个过程中，云砺积极响应国家号召，与各级税务部门密切配合，运用先进的技术平台和丰富的行业经验，帮助企业做好转型和升级。例如，麦当劳作为云砺"营改增"客户之一，在不到一年时间里，税负由全面推开"营改增"试点前的 4.9% 降至 2016 年年底的 0.6%，减税金额达 4.5 亿元。

（三）创新驱动：核心产品具备完全自主知识产权

在没有任何信用背书和经验背书的情况下，云砺初创团队，如何能够打动客户、赢得市场，收获"第一桶金"？除了把握机遇外，创新驱动、不断迭代先进技术，云砺也一直在较劲。

云砺在细分领域内取得诸多"第一"。例如，2016 年 5 月 1 日，云砺帮助汉堡王开出了中国连锁餐饮行业第一张扫码开具的电子发票。如今我们习以为常的"扫一扫"开电子发票，其实在当时还极为少见，云砺则帮助汉堡王成为"第一个吃螃蟹"的企业。

每次消费后，打印小票是柜台的必备动作。当时，汉堡王的小票上已经有二维码，不过并没有加入开票功能。用户自行扫码，填写信息，自动开票，可以释放柜台人员的时间，节省成本。能否做一下功能拓展？云砺的技术团队动足脑筋，在不到一个月时间里，边协调、边研发，做了大量系统功能改造。

方寸之间的一个二维码，看似简单，背后对技术的要求却不小。整合了开票所需的必要信息后，尽管扫码开票功能已经实现，但问题又出现了：二维码内容压得多，打印小票耗时明显增加了，可能原本需要2—3秒，现在需要9—10秒，这等于无形中又增加了企业成本。为此，技术团队又加班加点，经过几轮沟通优化后，终于解决了这个问题，形成了一套两全其美的方案。

云砺是上海市高新技术企业，凭借先进技术优势，已在国内外荣获多项资质认证。自主创新、具备完全自主知识产权的票易通平台，是为企业提供供应链信息协同服务和增值税发票管理解决方案的核心产品。云砺作为SaaS企业服务软件的市场开拓者，目前已获得29项软件著作权，并于2017年就通过了软件能力成熟度集成模型（CMMI3）认证。推出伊始，就迅速获得众多世界500强企业及各行业标杆企业的认可，并在较快的时间内达成合作、投入部署和应用。

从2017年开始，票易通平台开始从本地化部署模式向SaaS转型。SaaS是21世纪开始兴起的一种完全创新的软件应用模式，作为一种软件布局模型，其应用专为网络交付而设计，便于用户通过互联网托管、部署及接入。SaaS的优点在于，用户无需购买软件，只需要租用基于Web的软件，不受时间、地点限制，无需对软件进行维护，且软件的采购风险和投入更低。把SaaS平台的基础底层能力做好做扎实，就能为客户提供标准化的模块产品，同时，也能把更多的时间和精力腾出来，偏重做个性化的交付和服务。

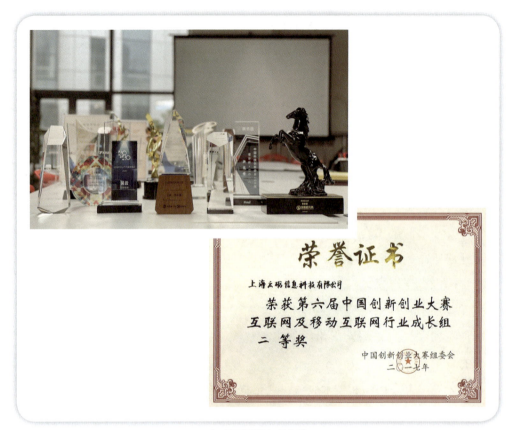

▲ 云砺所获各项荣誉

2019年，公司在SaaS的基础上，加入了PaaS平台的研发。通过PaaS+SaaS的模式，可以集成第三方应用，更好满足个性化需求。例如，个税产品或者供应链金融产品，都可以基于票易通的PaaS平台，对接API接口。

云砺始终专注于应用行业最先进的技术，近年来，更顺应时代趋势，加快人工智能、区块链等新技术应用。

2018年年底，云砺依托人工智能技术，开发了一款智能一体化开票机器人。原本，财务发票打印是一项烦琐且细化的工作，打印、分联、盖章、存档等，都不能马虎。特别是对业务量比较大的企业，发票打印耗时耗力。如果遇到业务高峰期，财务人员经常要加班开票到半夜。

而这一切可以由人工智能完美代替。以一个公司一个月开出 2 000 张发票来算，大约需要 1.45 个人每天满负荷工作才能完成任务，如果使用一体化开票机器人，每天只需要 0.15 个人即可。

此外，在区块链电子发票方面，云砺也正在深圳布局试点。采用区块链电子发票，经营者可以在区块链上实现发票申领、开具、查验、入账；消费者可以实现链上储存、流转、报销；而对于税务监管方、管理方而言，则可以达到全流程监管的科技创新，实现无纸化智能税务管理。

（四）科技赋能：助力更多企业数字化转型

当前，促进数字化转型的有利条件在不断积聚，一个"数字中国"正跃然屏上。数字技术与各类技术发生广泛的连接，驱动传统产业数字化转型的认同度越来越高，数字经济与产业深度融合将是中国经济发展的大趋势。

依托票易通平台，云砺不仅为企业提供专业的发票管理解决方案，还依托大数据、云计算、人工智能等技术应用，进一步提升传统产业生产效率，节省人工成本，助力企业数字化转型。

例如，有几十年发展历史的汉堡王，是一家在全球 61 个国家及地区拥有超过 11 220 家分店的大型连锁快餐企业。"营改增"之后，税前扣除项目减少、购进固定资产计税基础的变化使汉堡王在整体上得到更多的发展空间和机遇，不过，由于发票开具、管理过程对于数据本身庞大复杂的企业而言更为复杂，可以说每一个数据、每一条信息都攸关性命，汉堡王也面临着经济转型过程的一次蜕变。

2016 年 5 月，汉堡王与云砺就"票易通平台"达成了签约协议。云砺为其财税系统的转型做出了严谨、专业的解决对策，并构建出全集团的进项发票管理平台。该平台覆盖了汉堡王集团旗下所有公司，实现了增值税专用发票全信息采集、集中勾选认证和报表分析，并提供发票快速验真服务，降低财务风险。不仅如此，票易通还搭建了发票影像库，建立发票索引信息链，实现会计档案电子化，最终形成全集团统一的纳税申报服务平台。如此一来，即可批量化、自动化地实现纳税申报处理，有效提升效率，降低税务风险，提高集团整体的税务监管和分析水平。

当时，汉堡王财务总监陈昊曾这样评价："发票的电子信息、影像信息、实物信息通过票易通都能全流程实时跟踪，事前、事中、事后全过程涉税业务事项和业务信息也都能统一操作和数据共享，这样一来供应链的结算管理就一目了然了。"

相较于小型企业，大型连锁类企业的财税体系更加繁杂，幸好，转型之路上有云砺相伴。2017年1月，红星美凯龙与云砺签约。依托票易通平台，云砺帮助企业进行进项发票统一管理、扫描和集中认证服务，帮助企业加强进项风险管控、降低成本及资金占用，从根本上实现企业现金流最大优化。红星美凯龙成功完成税务转型，不仅为今后的发展打下坚实基础，同时也推动了电子税务新生态的建设进展。

全面推进"营改增"以来，越来越多企业已意识到，税改带来的不仅仅是税率以及税收方式的变化，更需对集团整体的财税系统进行全面改造升级。

作为中国知名的500强企业，阳光保险成立3年就跻身七大保险集团行列，成为全球市场化企业中成长最快的公司之一。企业在迅速发展的同时，无可避免地面临集团管理方面愈发沉重的压力，而压力的来源之一，就是尚待完善的财税管理系统。

当时，集团旗下设有36家二级机构、近1 700家三四级分支机构，如此庞大的分支规模，也给传统的业务协同模式带来巨大挑战。

2017年4月，云砺与阳光保险签约。票易通为阳光保险构建了自动化、信息化、透明化的增值税发票管理系统，帮助集团分布在全国各地的776家机构突破地域验票的限制，实现异地集中统一认证。

对于云砺而言，这是票易通在大型金融保险集团税务管理领域取得的又一重大进展；对于阳光保险而言，数字化转型也使其尝到甜头：不仅构建了标准化的税务垂直管理体系、降低税务管理成本，也为税务信息共享和深度开发应用提供有力保障。

企业和供应商在交易的过程中使用的发票，会产生很多交易性的数据信息。云砺参与打造的智慧税务新模式，有助于企业利用数据进行更精准的可视化分析，对交易流程、日常经营等进行更完善的风险把控，及时发现异常与隐患。这也是一场数字化的供给侧结构性改革，在"业财税一体化"的趋势下，云砺帮助企业整合数据，从管理视角帮助企业盘活数据资产，让财务为业务提供更好支撑。

（五）专业服务：优化营商环境，激发市场活力

云砺是土生土长的上海企业，也是上海营商环境的受益者。上海市、宝山区、大场镇，各级政府所给予的大力支持与"店小二"服务，让企业倍感温暖。

在创业之初，大场镇政府相关负责人就对这个项目非常感兴趣，很快为云砺找来了合适的办公场所——园区内某栋楼的一整层，有约1 200平方米。在寸土寸金的上海，对一个初创团队而言，实属大手笔。当时，云砺的初创团队不满10人，起步资金有限，而吴云他们心里也没底，不知道公司能不能扩充到这样的规模。

于是，云砺就与镇政府商量："能不能先租100—200平方米？"镇里却这样回答："你们先安心发展，场地就先给你们留着吧，我觉得你们肯定用得上。"于是，云砺就在宝山区大场镇注册扎根。果不其然，云砺的发展速度甚至超过了他们自己的预期，仅仅半年多时间，一整层1 200平方米都租了下来；很快，这也不够用了，不到一年的时间，又把旁边的一层楼也租下来了。

"租房"的故事，只是一个缩影。在上海良好的营商环境下，云砺飞速成长，坚持初心，将企业服务这一核心竞争力做到了极致。

目前，云砺已经形成了一套专业、完备、多层次的服务体系架构，覆盖战略层、业务层、产品层，满足客户不同需求。客户投诉如何反馈？每个项目节点何时交付？整个服务过程都被充分记录，在信息系统里有迹可循，形成闭环。

产研团队时常为了一个细节反复打磨，优化用户体验。例如，在开具发票时，摸清客户需求，做到极致：基于一张订单或多张订单，可以合并组合开票或分别开票；开票时可以自主挑选其中的明细；开完一部分，剩下的也

▲ 云砺的产研团队

可以继续开具,灵活性强。又如,为了页面设计,票易通先后经过四次版本更迭,用户场景不断优化,即使是用户勾选清单时"全选""反选"如何达到最优效果等细微之处,设计团队也从用户视角出发,反复优化考量。

对于产研团队而言,紧急情况、临时调度的情况时有发生,云砺始终将客户放在第一位。

云砺在华南地区的第一个大客户是沃尔玛——世界500强中排名第一的企业。尽管刚签约时,云砺尚无对应的产品上线,不过凭借着相似行业客户的拓展经验,公司各部门齐心协力,共同推动了"订单开票助手"的设计和商用。这款产品后来也成为公司在零售行业开疆拓土的基石,被内部同事亲切地称为"小橄榄"。

"小橄榄"在后续推广时虽然风光无限,但是一开始在华南区上线的过程中却有些磕磕绊绊。沃尔玛的门店早上开门营业早,晚上闭店还要进行盘点,一年365天无休,为了支撑客户的业务、快速响应客户的需求,云砺团队把每一个沃尔玛门店的店员都拉进微信群,及时对接。每晚组织电话会议,寻找针对性的解决方案……就这样,经过5个月的不懈努力,沃尔玛项目一期实现国内近400个门店全覆盖,云砺帮助沃尔玛成为国内最早全面使用实时联网交易数据开发票的大卖场。后来,该项目经过两期推广,已经覆盖了沃尔玛所有国内门店的对外销售业务,还兼容纸票、电子发票、区块链发票多种开票模式,为顾客带来良好的体验。

▲ 云砺助力沃尔玛上线区块链电子发票

实现自身发展的同时,云砺也不遗余力地为中国营商环境优化做出自己的贡献。

——服务头部企业,助力优化营商环境。

《2020年世界纳税报告》显示,2018年度中国纳税指标上升了9位,中国在纳税时间及纳税次数这两项关键指标上明显优于全球均值,尤其是中国的纳税时间从2004年的832小时压缩至2018年的138小时,比上一年又减少了 4 小时，税收数字化正在颠覆传统办税模式。世界银行对中国在优化升级电子纳税申报和缴款系统等方面所取得的成果予以了积极评价。

如前所述，云砺已经为包括万科、保利、华润、沃尔玛、麦当劳、阿里等在内的超过 140 家世界 500 强企业提供了优质的服务，在细分行业头部企业占比更高。

2020 年，在国家宣布专票电子化进程全面加速后，云砺第一时间组织技术力量，于 2020 年 3 月成为首批通过国家税务总局认证的增值税电子发票云平台解决方案供应商。同时，云砺在全国 22 个省、5 个自治区、4 个直辖市、5 个计划单列市的税务局，均已提供相关材料并先后出示公告。在试点方面，云砺也已完成麦当劳内部信息系统的完全对接和部署，使之成为国税第一批专票电子化试点企业。

通过科技赋能，云砺助力相关部门和单位，为企业提供温情的普惠金融服务。

——服务小微企业，助力激发市场活力。

云砺通过发票管理所搭建的产业互联网，目前一端连着超过 150 家世界 500 强企业，一端则连着超过 100 万家供应商，其中不乏中小微企业。依托真实、高质量的发票数据，云砺孵化了基于近 20 万亿元真实闭环交易数据的供应链金融服务子公司，与近 20 家金融机构实现全线上对接，平台目前已协助专业金融机构为多家大型集团企业上游供应商提供近千亿元的金融服务。

新冠疫情发生后，云砺与一个大型餐饮连锁公司达成战略合作。该核心企业因为战略扩张，未来需要大量资金支持，却因疫情现金流受到影响，无法及时支付供应商货款。同时，其上游供应商应收账款不能及时回笼，对正常经营造成较大困扰。这些供应商多为中小企业，融资难且融资贵。

为了解决该核心企业及其上游供应商的问题，云砺提供了一套全线上化的数字化金融服务解决方案：基于客户基础交易，帮助核心企业的上游供应商摆脱传统担保，获得融资；同时借助数字化、线上化服务平台，为中小企业提供"无接触"普惠金融服务。最终，实现了供应商从开户、签约、申请融资、到贷款发放、提现的全线上电子化,收款周期由原来的 120 天缩短至 7 天。与此同时,依托核心企业的信用及数字化金融科技技术,使供应商的融资成本由原来的超过 10% 降到 5%,拿到融资款的时间由原来的 10 天缩短到最快 1 天。

(六)党建引领:加快专业人才聚集

集聚大批专业人才,是云砺崛起突围的核心优势之一。

目前,云砺已聚拢了一批顶级业务专家,分别来自制造、房地产、零售、医药等各个细分领域,负责定义模型;其次,来自全球顶级企业服务公司及 BAT 等互联网企业的资深技术专家,负责底层架构及产品设计;最后,由来自全球顶级咨询机构的专业服务团队负责在企业现场咨询及实施落地服务。在吴云看来,云砺的优势在于聚焦专业能力、技术能力和服务能力,这也是产业互联网的必备条件。

人才集聚,源于为中国经济发展努力的共同信念。云砺的目标是用当今最好的互联网技术重新构建企业服务,组建一个连接企业、开放的互联网平台。相比于原本企业内部的系统,需要搭建全新的构架。在未知领域摸着石头过河,注定走得艰难,但可喜的是,云砺的小伙伴越来越多。

如何管理并最大限度地打造一支具有高度凝聚力和战斗力的人才队伍,是云砺创始团队一直在思考和探索的问题。党建引领,成为最佳路径。

2017 年 5 月,上海云砺信息科技有限公司党支部成立,公司主要高层均为支部在册党员。党支部书记白洋作为公司执行副总裁,一直倡导将党建和公司文化建设相结合,在公司发展建设过程中不断发挥党建引领作用。

云砺是一家互联网公司,具有年轻化、流动性大、人员活动范围大等特点,年轻党员多,思想多样。针对这样的客观现实,公司党支部坚持理论联系实践,不仅切实抓好"两会一课"等教育方式,还开展了丰富多彩的实践活动,创建公司党建交流群,编辑内部交流读物,线上与线下联动,将党员吸引到党建活动中来,在实践中学习理论,在实践中提升党员党性。

党建示范窗口围绕公司中心工作,全面推进公司运营转型,通过学习讨论,把广大党员的思想和行动统一到公司的工作部署上来,调整发展思路,

创新创业　活力四射 ——新时代上海创新型企业攻坚克难实践案例

▲ 党建引领，打造一支具有高度凝聚力和战斗力的人才队伍

推动公司发展模式转型和各项工作。公司党支部经常性地组织开展调查研究和各种主题实践活动，利用多种形式，深入探讨和研究影响公司发展的重大问题，充分调动党员干部的积极性、主动性、创造性，推动公司各项工作迈上新台阶。

2020年，上海云砺信息科技有限公司党支部获评"宝山区'两新'组织党群阵地示范窗口单位"。实践证明，示范窗口探索了新形势下加强和改进民营企业党建工作的新途径，结合实际找准了民营企业党建工作的着力点，充分发挥了统一思想、凝聚人心、激发活力的作用，有效促进了公司和员工双向联动发展，营造了健康、向上的良好企业氛围。党建引领，帮助云砺大大增强了公司的凝聚力与战斗力，不断推动公司企业文化建设向纵深发展。

三、经验启示

（一）顺应历史大势，把握发展机遇

作为世界第二大经济体和制造业大国，中国经济发展潜力巨大。在国家的全面税改战略中，"营改增"和发票电子化是两个重要抓手，增值税专用发票电子化又是发票电子化最重要的一环。它是我国税务管理全面数字化的重要抓手，更是落实各项税制改革的必要技术支撑。

我国发票电子化进程在增值税普通发票领域已取得成功并全面普及，增值税专用发票电子化亦全面推开。云砺顺应中国经济社会发展的历史大势，顺应第四次工业革命发展趋势，敏锐地把握住了数字化、网络化、智能化发展机遇。通过"营改增"的切口，云砺踏准未来企业服务的布局，通过自身先进技术和优质服务，助力中国企业探寻新的增长动能和发展路径。

（二）坚持创业初心，拥有长远眼光

云砺的愿景是做全球第一的企业协同服务平台，成为中国产业互联网的骄傲。创业之路注定艰辛，初创之时资源很少，需要摸着石头过河，更需要管理团队拥有足够长远的眼光，踏准方向，坚定地走下去。

近年来，一大批互联网企业倒下了，究其原因，往往是由于依靠资本输

血、低价竞争的畸形发展模式，无法实现自我造血。面向产业互联网，云砺扎根企业服务，最终让公司在经济寒冬中实现逆势飞扬。

（三）瞄准行业痛点，提升核心竞争力

随着互联网、大数据、云计算、人工智能等技术的兴起和发展，企业的传统管理运营面对数字化转型。只有准确把握客户的痛点和需求，才能提升最有价值的优质企业服务。

云砺正是瞄准了企业"痛点"，票易通平台专注于以发票为核心的财税信息化领域，聚焦结算、供应链、财务共享等领域。从纸质发票变成电子数据，这一过程看似简单，但真正落地则需要与客户的组织、流程、信息系统全面对接，才能实现系统在所有应用场景下的高效运转。为此，云砺很早就在资金资源方面做了充分的整合与布局，并且注重储备专业人才，以创新驱动提升核心竞争力。

专家点评

> 我们非常看好中国企业服务这个赛道。从全球范围来看，已经涌现出不少伟大的企业服务公司，而中国在这个赛道上还是一片蓝海。如今，中国的企业正在走向成熟，通过云计算、移动通信等技术手段实现着数字化转型。
>
> 云砺就是在这个赛道上的开拓者和领导者之一，我们之所以对云砺的前景看好，主要有以下3点原因。
>
> 第一，优秀的团队。在和创业团队的接触中，我们深深地被他们的热情所感染，创始人吴云与他的团队拥有非常丰富的行业经验，并且正不断地从咨询公司、IT公司吸纳顶级的人才资源。
>
> 第二，企业的理想。我们坚信云砺和创业团队能够坚守为客户创造价值的初心，这一点在企业服务这个赛道上尤为重要。云砺目前所做的行业数据基础平台，是未来多功能应用拓展和延伸的基石，长期价值前景无限。

第三，业务的模式。云砺聚焦各行业的领军企业，然后围绕他们发展上下游的客户。由于云砺的客户都是成熟的、要求非常高的领军企业，服务他们实际上会更加困难。但是，最好的客户才能打造出最优秀的企业服务公司。和这些高水平、高要求的客户合作，一定能历练出云砺未来在行业中的领先地位。

一个 To B（面向企业客户）的企业，需要足够的时间来成长。我们希望云砺在未来这个赛道上能够越跑越快，成为当之无愧的行业领导者。

点评专家

吴亦兵，哈佛大学博士，淡马锡全球企业发展联席总裁，淡马锡中国区总裁。

思考题

1. 对于一家在线新经济企业，云砺的创业发展抓住了什么风口机遇？又是如何找到创业的切入点和落脚点的？
2. 云砺在创业之初为什么首先选择各行业的头部企业来进行业务破局？谈谈这种业务模式的适用条件。
3. 作为服务实体经济的互联网公司，企业如何才能摆脱简单的软件竞争，重新定义核心竞争力？

创业者小传

吴云，上海云砺信息科技有限公司创始人兼首席执行官。

男，汉族，1981年6月出生，中共党员。2003年7月于上海交通大学电子工程专业本科毕业，高级工程师，中国供应链、财务、税务信息化专家。

获得过"千帆行动"上海市青年企业家培养计划人选、"上海市青年创业英才"等荣誉；先后入选清华大学经济管理学院企业家学者DBA项目成员、清华大学五道口金融学院崇岭计划首期学员、2020《财富》"中国40位40岁以下商界精英"、2020中国房地产金融50人等；担任上海市工商联（总商会）执行委员、上海市宝山区工商联副主席、G20青年企业家联盟项目中国理事会常务理事、中国房地产金融CFO50论坛（2020）常务理事等社会职务。

曾任职于宝钢股份控股的上市软件企业上海宝信软件有限公司，负责搭建完成宝钢集团的财务共享服务中心系统等。

从"初生"到"领跑",逐梦"互联网+体育"

——虎扑(上海)文化传播股份有限公司构建中国体育产业独角兽生态

> 以"体育强则中国强，国运兴则体育兴"为初心，以"向每个用户传递前进力量"为使命——虎扑（上海）文化传播股份有限公司（下文简称"虎扑"或"虎扑公司"）在中国"互联网+体育"的浪潮中独占鳌头，不遗余力地推进中国体育产业独角兽生态体系构建。
>
> 2007年，虎扑创始人程杭毅然归国投身于中国互联网体育产业。从最初寂寂无闻的传统体育论坛，到如今网络社区、电子商务、创新业务、产业投资等四大业务板块的相互联动，虎扑公司走出了一条"互联网+体育产业"的拓荒传奇之路，成为引领行业发展的翘楚。
>
> 在科技硬实力方面，虎扑十分注重技术创新能力建设，在云计算、大数据等前沿领域建立了丰富的技术储备；在文化软实力方面，虎扑坚持弘扬正能量，以其独有的"直文化"凝聚了一批热爱运动、热爱生活、热爱家国的年轻人，他们把世界看作竞技场，试图唤醒每个人心中的"小小英雄"。
>
> 今天的虎扑，注册用户超过8 000万，日均访问量峰值达2.3亿，已经成为中国最大的体育互联网平台。从"初生虎"发展为"独角兽"，虎扑的蜕变不仅是创始团队不懈奋斗的结果，更是中国互联网产业日益发展强大、营商环境持续优化的生动缩影。

扫一扫，看视频

互联网+ 体育产业 中国梦 正能量 直文化

一、背景情况

"体育是提高人民健康水平的重要手段，也是实现中国梦的重要内容，能为中华民族伟大复兴提供凝心聚气的强大精神力量。"习近平总书记指出，加快建设体育强国，就要坚持以人民为中心的思想，把人民作为发展体育事业的主体，把满足人民健身需求、促进人的全面发展作为体育工作的出发点和落脚点，落实全民健身国家战略，不断提高人民健康水平。

2019年9月17日，国务院办公厅印发《关于促进全民健身和体育消费推动体育产业高质量发展的意见》，提出体育产业在满足人民日益增长的美好生活需要方面发挥着不可替代的作用，要强化体育产业要素保障，激发市场活力和消费热情，推动体育产业成为国民经济支柱性产业，积极实施全民健身行动，让经常参加体育锻炼成为一种生活方式。

那么，如何实现体育产业的更高质量发展？"互联网+"走进了人们的视野。

2017年1月12日，上海市人民政府办公厅印发《上海市体育产业发展实施方案（2016—2020）》，率先提出了"互联网+体育"加速产业融合，将打破传统产业发展的固有模式和价值链条，激发与体育产业相关的新产品、新技术、新业态、新模式。

近年来，党和国家十分重视互联网产业的发展。特别是习近平总书记多次调研视察互联网企业，给予互联网企业很高的评价，并强调："互联网是20世纪最伟大的发明之一，给人们的生产生活带来巨大变化，对很多领域的创新发展起到很强带动作用。互联网发展给各行各业创新带来历史机遇。要充分发挥企业利用互联网转变发展方式的积极性，支持和鼓励企业开展技术创新、服务创新、商业模式创新，进行创业探索。鼓励企业更好服务社会，服务人民。"

工信部和上海市政府积极贯彻落实习近平总书记重要讲话精神，先后出台多项优化营商环境政策措施，鼓励和支持互联网企业的发展。借助新技术、新业态的力量，体育产业开始走出一条创新发展之路。虎扑公司，也正是在这样的潮流中应时而生、应时而兴。

从2007年留学归国创业开始，虎扑创始人程杭便带领团队，充分借助国家及上海在营商环境和发展互联网经济方面推出的各项政策措施，拥抱时代机遇，致力于打造中国体育文化产业领先企业，聚焦网络社区、电子商务、创新业务、产业投资四大核心业务板块，走出了一条"互联网+体育产业"的拓荒传奇之路。

如今的虎扑公司拥有员工近千人，2018—2020年累计收入超过18亿元，近3年纳税合计近7 000万元。企业先后被授予"全国体育事业突出贡献奖""国家体育产业示范单位""国家高新技术企业""上海市科技小巨人企业""上海市著名商标""上海名牌""上海市体育产业示范单位""上海市电子商务示范企业""虹口区企业技术中心""虹口区区长质量奖金奖""虹口区年度重点企业贡献奖"等荣誉。

二、主要做法

"不忘初心""直文化""竞争MVP""元气满满"……走进虎扑公司位于上海市虹口区花园坊的办公区域，迎面而来的是一块巨大的背景墙。红、黄、白的经典配色彰显热情，许多充满正能量或带有虎扑特色的关键词句，在上面排得满满当当。

▲ 办公区域背景墙

这块区域是"标志性打卡地",来到公司参观的人,大多会忍不住举起手机,拍照留念。这块背景墙看似杂乱,却又给人一种生机盎然、蓬勃向上的美感。

与它所展示的画面一样,虎扑在过往的发展历程中,正是以无限的激情与活力"野蛮生长"、不断突破。从"初生虎"到"独角兽",虎扑走出了一条"互联网+体育产业"的开荒拓土之路。

(一)幼虎初生:筚路蓝缕、持之以恒,以无限激情"野蛮生长"

1. 从"走出去"到"走回来":放弃绿卡,贡献祖国

今天的虎扑,拥有注册用户超过 8 000 万,日均访问量峰值达 2.3 亿,已经成为中国最大的体育互联网平台。让我们将时光的指针拨向过去,来到 17 年前——

2004 年,一名在美国的中国留学生用租来的服务器创办了一个小小的篮球论坛:hoopCHINA。这名留学生,就是虎扑创始人程杭。而这个小小的论坛,就是虎扑的起点。

那时的程杭从清华大学毕业后,正在美国芝加哥继续深造。他从小就热爱篮球,喜欢 NBA。尤其让他兴奋并骄傲的是,23 岁的姚明被休斯敦火箭队选中,成为第 2 位登陆 NBA 的中国球员。因为姚明,篮球运动在国内掀起了新一轮热潮。

抱着与更多的中国球迷分享 NBA 赛事的初衷,程杭开始筹划做一个篮球论坛。"当时,我花了 260 美元租的服务器。"很快,这位"行动派"一手打造的 hoopCHINA 于 2004 年 1 月 1 日正式对外开放。Hoop 最初的意思是"篮网",后来音译为"虎扑"。

最初,hoopCHINA 上的所有内容都由程杭自己翻译撰写。足足有一年半的时间,他几乎每天都会花费两三个小时编译那些国外媒体报道、但被国内媒体遗漏的内容。在那个资讯还不那么发达的时代,这些信息对于国内球迷有着巨大的吸引力。

渐渐地,程杭不再是"一个人在战斗",越来越多的篮球迷们加入了进来,网站的内容日趋多元化,hoopCHINA 很快在篮球迷群体中建立起了极高的口碑。那时，中国的互联网正进入快速发展期，统计数据显示，2005年中国网民数量已增长到1亿多，而虎扑的注册用户在2006年已接近100万的规模，并且跻身Alexa全球前1 000位。

此时，有两个问题摆在了程杭的面前——留在美国还是回到中国？自己一手创办的虎扑接下来的路该怎么走？

"商业模式创新方面，中国从未输过。我看好国内的发展，当然是回国！"秉持贡献祖国的坚定信念，程杭果断地放弃了当时很多人梦寐以求的美国"绿卡"，选择回国。与此同时，他也在一步步谋划虎扑的未来。2007年，程杭与几位合伙人共同创办了上海雷傲普文化传播有限公司，开始公司化运营。

2. 当爱好成为职业：热血沸腾，激情澎湃

1803、1705、13G……初到虎扑的新员工，或多或少会有些纳闷：会议室的名字为什么奇奇怪怪，毫无规律可循？面对这些疑问，老员工往往会心一笑：这些数字正代表着虎扑的发展印记。

"1803和1705是我们最早办公室的门牌号。"2007年加入虎扑的老员工潘拓回忆，当年公司在上海浦东南路、商城路路口的东泰大楼租了一套商住两用房。一开始办公楼在北楼的1803，只有2名员工；后来随着几位新同事的加入，房间坐不下了，就在隔壁的东泰南楼租了1705，既是办公室，也是宿舍。

初创团队就是在这样的条件下起步的。当人数扩大到10个人的时候，大家又搬到了新办公室，位于东方路、浦东大道路口的良丰大厦，13G是那时候的门牌号。

虎扑最早的员工大部分来源于虎扑用户，大家都是网友。刚开始见面尚有些拘谨，不过只需谈论一场球赛或一双球鞋，很快就能消除陌生感，打成一片。因为共同的热爱、出于共同的目标，大家自然而然地相聚在一起，激情澎湃地工作着。例如，虎扑真正意义上的第一名员工董亚朋，原本是马刺中文网创始人，曾经创造过连续工作48小时、再睡24小时的纪录；另一名早期员工杨冰也曾经有很长一段时间没下过楼，独自一人在

1803 默默工作，餐饭全靠外卖解决……"拓荒"之路无疑是艰难的，但大家都"累并快乐着"。

"篮球迷们几乎可以在虎扑上找到关于篮球的一切，篮球界的各路高手都聚集于此，在论坛里热血沸腾，为篮球痴迷。"有人这样评价 hoopCHINA。在垂直领域几乎做到了极致的虎扑，也拥有了丰富的人脉资源，能够做到许多传统媒体做不到的事。

后来，虎扑公司的员工已经从个位数、两位数，扩展到超过 4 000 人；办公空间也从一间房，变成了一栋楼——虎扑在花园坊有了独立的办公楼，旗下子公司也在附近落地。那些初创记忆，就成了会议室的名字。

（二）新虎茁壮：日新月异、乘势而上，与时代脉搏同频共振

从一个篮球论坛转型为门户网站，到主动拥抱"互联网+体育"，再到成为这一领域的"开荒者"……虎扑的成长发展，也难免经历过坎坷与冲击。不过，困难并没有压倒朝气蓬勃的新生之虎。顺应时代浪潮，虎扑抓住机遇、乘势而上。在与时代脉搏的同频共振中，这只新虎迎来了日新月异的成长。

1. 在扶持中发展奋进：综合运营，逐步超越

2007 年，虎扑的公司化运营之路正式起步。这一年，中国网民的数量已达到 1.6 亿，仅次于美国，位居全球第二，网络游戏、网络广告、电子商务每年的增长都超过 100%。

在这样的背景下，程杭决定将虎扑从论坛向门户转型。足球、F1、运动装备……虎扑网站增加所覆盖的运动门类，并进一步拓展业务范围，先后涉及线下活动、电商和游戏，开始向综合化运营发展。

艾瑞咨询提供的数据显示，2011 年 6 月，虎扑体育网的单周用户访问量首次超过新浪体育，成为中国最大的体育网站。2012 年 4 月，在程杭的力推下，hoopCHINA、GoalHi 和 HelloF1 三个独立网站全部统一到了 hupu.com 的域名之下，由此，虎扑作为一个体育综合门户网站雏形初显。

虎扑的飞速茁壮，不仅来自创始团队的不懈奋斗，更与国家和上海不断优化的营商环境及扶持互联网企业发展的各项政策措施密切相关。上海

市服务业发展引导资金、上海市促进文化创意发展财政扶持资金、张江自主创新示范项目、上海市科技小巨人企业……从创立之初，程杭和他带领的虎扑团队就得到了政府的大力支持，而后一直与上海乃至国家同成长、共发展。

"国家和上海在优化营商环境和发展互联网经济等方面推出了许多政策，虎扑这些年的发展与之息息相关。我们享受到税收政策、租房补贴等，也让我们成功孵化出了旗下公司与优秀产品。"程杭坦言，正是由于国家对发展互联网企业的高度重视和支持，由于上海营造了良好的营商环境，虎扑才能如此迅速地发展成长。

2. 在热潮中保持清醒：嗅觉敏锐，抢抓机遇

当褒奖与荣誉纷至沓来时，程杭与团队并没有因此自满。相反，他们嗅觉敏锐、目光长远，已经瞄准了虎扑未来的前进之路——"互联网+体育产业"。2004—2014年，"互联网+"体育产业的体量和想象空间并不大。这样的选择，让虎扑成为行业内唯一一家在"开荒"的企业。

2014年，虎扑遇到了关键的转折点。这一年，国务院46号文件出台，明确指出体育产业的发展目标是"到2025年，基本建立布局合理、功能完善、门类齐全的体育产业体系，体育产品和服务更加丰富，市场机制不断完善，消费需求愈加旺盛，对其他产业带动作用明显提升，体育产业总规模超过5万亿元，成为推动经济社会持续发展的重要力量"。

46号文件的出台给体育产业的发展带来了政策红利，同时也给虎扑带来了竞争和挑战。前有万达、阿里等巨头的涌入，后有手握IP的乐视体育、新浪、腾讯等企业，还有无数创业公司异军突起……"面对产业爆发式发展，虎扑的能量会不会被严重稀释？虎扑如何进行创新裂变，找到属于自己的未来方向？"当时，程杭与团队其他成员们的心头，都萦绕着这两个关键问题。

面对冲击，虎扑的选择是拥抱机遇、改革创新。那时，行业内的赛事IP"抢夺大战"普遍火热，虎扑并没有一个猛子扎入其中，而是沉着冷静地选择了"不走寻常路"。

例如，虎扑联合景林、贵人鸟成立了中国首个体育基金——动域资本，投资了许多有发展前景的体育类相关项目，其中甚至包含虎扑的直接竞品。

又如，虎扑专注自身，以用户为核心，完善用户体验。虎扑把握 UGC 模式（User Generated Content 模式，即用户将自己原创的内容通过互联网平台进行展示或者提供给其他用户的方式）的发展趋势，不仅加强原创产品，更保证内容质量更丰富、更优质。

再如，虎扑创新变革，打造线上结合线下的立体化体育生态圈。篮球公园和同城约战、邀请 NBA 球星来华参加商业赛事、通过修改一些篮球规则举办特定的赛事……线上线下融合，活动日趋丰富，诞生了"路人王"等爆款产品，风靡全国。

曾经的虎扑是一家坚持以体育为核心的传统论坛，在互联网浪潮的冲击下，它不仅没有被淹没，反而熠熠生辉，不断扩大体育营销版图。从"开荒者"到"弄潮儿"，虎扑公司敏锐地抓住互联网技术革命的契机，果断将"互联网 +"与体育产业深度融合，为行业充分赋能，成为引领行业发展的翘楚。

（三）猛虎添翼：攻坚克难、本固枝荣，牢牢把握技术创新

作为一家互联网公司，虎扑深知，只有拥有过硬的技术作为"核心竞争力"，才能保证功能完善和用户体验。虎扑公司一直高度重视技术团队的建设，积极引进高端技术人才，并在研发方面持续投入，建立了丰富的技术储备。

程杭与其团队始终不忘初心、攻坚克难，抓住技术革命的契机，引领产业创新发展。"创新"，为这头猛虎的腾飞增添羽翼。

1. 重视技术团队建设，建立高效研发体系

虎扑拥有高效的研发体系，已形成有序的研发架构负责公司研发项目的组织、管理和实施，包括技术中台和应用研发两部分。技术中台包括服务架构组、持续交付平台、基础设施服务平台、中间件产品、微服务治理平台、监控中心、基础应用产品和大数据平台等；应用研发包括虎扑平台、识货平台、"路人王"赛事，以及广告系统和运营系统等。

（1）发展中后台技术，保障虎扑平台稳定性及安全性。

虎扑平台是公司运营的旗舰平台，发端于体育文化，现已成为中国最大的体育垂直互联网平台之一。虎扑平台具有较高的用户注册数量及较大的用户访问量，尤其是在体育赛事进行过程中，往往有海量用户"一拥而上"。短时间、大流量的特点，也对平台稳定性、数据安全性、服务及时性提出了更高的要求。

为此，虎扑公司在云端计算、实时互动、大数据、高可用微服务集群等领域进行大量研发投入，并形成多项核心技术，能够提供高效、准确、多样化、个性化的中后台服务，在用户端则体现为需求的快速响应、平台的稳定运营及数据的安全准确。

通过发展中后台技术，虎扑平台不断提升用户体验、创造用户价值，并凝聚了海量活跃的用户群体。活跃的用户群体正是虎扑形成经营成果的基础，基于用户基础广、留存高、黏性强的平台及赛事，公司能够向品牌商、电商及其他客户提供互联网营销服务及电商导购服务，帮助其触达用户、扩大品牌影响力。

（2）自主研发大数据算法，作为识货平台的经营基础。

由于运动鞋及潮流品牌服饰商品在市场上存在包括品牌官网、电商及各级经销商网店等在内的多种销售渠道，相同款式产品存在多种配色、年度款、限量款及尺码，消费者自行购买需花费大量时间进行检索比价，且往往难以判别产品是否为正品。

针对用户的这类"痛点"，虎扑推出识货平台。这一平台能够通过自主研发的机器学习算法及大数据标准化处理算法等方式，快速处理来自全网的运动鞋及潮流品牌服饰商品信息，同时通过多种措施甄别渠道销售商品是否为正品并过滤不良、售假商家，最终向消费者呈现标准化的、具有正品保障的商品信息。

通过自动化算法对全网商品信息进行标准化整合，同时采取多种措施甄别销售渠道、过滤售假商家，方便消费者快速锁定正品渠道并比较其价格，最终通过跳转链接完成购买。这一过程有赖于机器学习算法的准确性及团队对运动鞋及潮流品牌服饰行业的深刻理解。除此之外，识货平台推荐引擎可根据用户历史购买行为，推荐合适商品，提升用户购买体验。因此，自主研发的大数据算法是识货平台的经营基础，也是近年来识货平台 GMV 持续快速增长的重要前提。

（3）实时互动及视觉模式识别技术，助力"路人王"成长。

你的投篮与进球，都能够自动被捕捉、识别并相应计分，比赛视频还会自动剪辑并形成集锦片段，绝不错过每个"高光时刻"……这样的比赛事件识别技术，在虎扑的民间篮球赛事中也可以体验。

基于虎扑视频播放器及互动数据缓和编码技术，"路人王"比赛视频能够实现贴片视频实时多视角切换以及赛事数据自动化贴片。不同于 NBA、CBA 等职业篮球比赛，"路人王"是一项民间篮球赛事，每场比赛无法调动与职业篮球比赛相当的各类资源。基于虎扑的这些技术成果，"路人王"赛事的运营成本显著降低，运营效率显著提高，在较低资源配置的情况下仍能够满足每场比赛的视频需求并产生传播所需的基础材料，确保民间篮球赛事能够成功运营并不断推广。

自 2016 年首次开赛以来，"路人王"仅用 3 年时间就快速成长为中国目前关注度高、覆盖人数广的全民篮球赛事之一。

2. 紧跟行业发展趋势，维持创新续航能力

互联网行业是人才、技术密集型的行业，体育行业对从业人员的经验及对行业的认知提出了较高的要求；"互联网＋体育"则对企业的跨领域技术创新能力、跨界融合协同能力、市场需求把握能力提出了较高的要求。

虎扑公司顺应前述行业发展的要求，从产品能力、研发投入、行业整合、对外合作以及资源协同等方面制定发展战略，通过技术成果与业务实践的紧密结合，帮助公司在巩固现有细分市场领先优势的同时，拓宽公司的业务领域，取得了良好的经营成绩，并为实现长期可持续发展奠定了较好的基础。

（1）设立"虎扑小学"，营造技术创新的文化氛围。

公司设立"虎扑小学"，并引入在线学习平台，帮助技术人员更好地开展知识和学习管理。"虎扑小学"邀请内部业务骨干或外部专家作为"微课讲师"制作"微课"并上传至在线学习平台,鼓励员工利用碎片化时间高效学习及互动。微课的课程通常紧密贴合业务场景,向员工传达行业前沿信息,并讨论技术创新思路、未来发展方向等。公司对于参与"虎扑小学"授课及积极学习、互动的员工均给予奖励。

(2)举办"编程马拉松",激发员工创造力和创新热情。

自2015年起,虎扑公司于每年9月举办"编程马拉松"大赛,至今已经举办5次。技术人员在大赛中临时结对、现场编程,根据编程的产出成果及对公司的价值决出一、二、三等奖。在后续产品研发阶段,比赛成果将进一步得以培育,在产品成熟后及时推出市场。"编程马拉松"大赛机制鼓励团队合作,挖掘员工潜力,激发员工创造力和创新热情。

(3)建立有效的激励机制,鼓励研发人员积极自主创新。

虎扑公司建立了完善科学的激励机制,鼓励研发人员积极进行自主创新。公司将创新成果作为研发人员的绩效考核指标之一,从奖金和股权上对技术创新给予奖励,调动研发人员的积极性。同时,公司鼓励员工进行软件著作权及发明专利的申请,对于成功申请软件著作权及发明专利的员工给予一定的奖励。

此外,公司建立并完善外部协同创新机制,在持续保障内部技术创新投入的同时,积极开拓与外部合作渠道,建立协同创新机制并对其不断完善。

凭借着一腔热血和对技术的追逐,这头猛虎的成长步伐愈发稳健。

(四)头虎领跑:脱颖而出、树立优势,构筑独角兽生态体系

市场估值达77亿元人民币,注册用户超过8 000万,日均访问量峰值达2.3亿……今天的虎扑,是中国最大的体育互联网平台,无疑已经成为领跑的"头虎"。

专注于技术创新战略建设之外,虎扑牢记"体育强则中国强,国运兴则体育兴"的初心,为提升当代年轻人的文化自信、民族自信而努力,向每个用户传递前进的力量。

1. "独角兽"生态：四大业务板块相互联动

瞄准了互联网电商的发展势头，2014年2月，虎扑旗下导购网站"识货网"上线，同年4月，识货APP在各大应用市场上架；2015年，程杭又有"大动作"，虎扑与贵人鸟、景林资本联合成立资金规模20亿元的体育产业基金"动域资本"，这也是中国首个体育产业基金；2018年，虎扑完成6.18亿元融资；2019年，虎扑完成12.6亿元Pre-IPO融资；2020年，虎扑获得2.4亿元D轮投资。

网络社区、电子商务、创新业务、产业投资——四大业务板块相互联动，虎扑正在构筑中国体育产业领先的独角兽企业生态体系。

2020年，在新冠疫情的影响下，由于国内外赛事无法开展，虎扑的线下业务与赛事直播都受到不同程度的影响。但得益于线上线下相结合的独特经营模式，虎扑"化危为机、危中寻机"，不断寻求新的增长点。

（1）文化板块——中国最大的体育互联网平台，营销业务拓展迅猛。

虎扑除了拥有中国访问量最大的体育垂直网站"虎扑体育网"，"虎扑"APP也成为用户使用时长排名第一的体育类移动应用，月活跃用户数超过1 100万。虎扑通过向广大用户提供专业、及时、准确、客观和丰富多样的体育资讯，并通过社区化运营，增强用户互动及黏性，构建了满足广大用户从热点体育事件到全品类话题互动讨论需求的文化社区。借助这些海量用户平台，公司为用户提供完整覆盖线上线下的体育相关内容与服务，主要包括赛事资讯、社区互动、线上增值、赛事运营、体育服务、商品和服务导购等。

（2）电商板块——中国最大体育潮流电商平台，业务保持高速增长。

虎扑电商板块成功孵化出了"识货""得物"两个紧密贴合用户消费需求的移动互联网产品。在不断解决用户需求痛点的过程中，市场给予了积极的反馈。2018—2020年，虎扑体系的电商交易规模分别为330亿元、510亿元、980亿元，年均复合增长率达144%，并在国内形成了新的电商竞争格局，虎扑体系的电商平台成为国内交易规模领先的电商交易平台，实现以精准电商服务为切入点、打造电商领域"新赛道"的战略目标。

（3）创新板块——创新构建"互联网+体育"全生态体系。

虎扑借助行业领军者的地位和雄厚的资本实力，全方面布局体育产业，紧紧围绕"互联网趋势下的新竞技娱乐方式"和"消费升级下的新生活方式"，借助培育孵化、内部创业、创新布局多举并重，旗下拓海、路人王、JRS等品牌在整合营销、体育经纪、海外资源拓展和自有IP培育等多个领域形成了全产业链、全生态的完整布局，构建起了"互联网+体育"独角兽生态体系。

（4）投资板块——积极投资布局，构建完整的独角兽生态。

经过多年的投资布局，虎扑设立的体育产业投资基金"动域资本"已经成为体育行业内最为活跃、产出明星项目最多的行业投资基金。足球领域最大的线上社区"懂球帝"、国内第一的搏击IP"昆仑决"、时下最流行的24小时自主健身房"超级猩猩"……许多项目在行业内辨识度高、影响力大。目前，动域资本投资项目超过50个，现阶段估值超过260亿元，并已经形成带动效应。

2. "直文化"内核：为民族自信不懈努力

"体育强则中国强，国运兴则体育兴"，是虎扑不忘的初心；"向每个用户传递前进力量"，是虎扑牢记的使命。

虎扑以其特有的"直文化"为核心，在企业文化建设的过程中，对内，激发党建活力，凝聚青年力量；对外，增强文化自信，承担社会责任。尤其是在2020年面对新冠疫情的艰巨挑战时，虎扑发挥自身优势，线上线下一齐发力，成为民营企业应对重大突发性公共事件的优秀模范。

"直文化"是虎扑独有的一种社区文化，它是虎扑社区经过17年的用户增长与沉淀，所发掘出的文化属性。

由体育论坛起家，虎扑的用户群体始终以男性为主。通过多年的用心经营，虎扑在长期发展中逐步沉淀了大规模的忠实用户群，其中有90%的用户是16—35岁的年轻男性。这群热爱运动、热爱生活、热爱家国的年轻人，在体育、文娱等领域有着强烈的爱好与分享欲，他们共同历经着校园、职场、创业、组建家庭等数个人生转变期。虎扑用户互称"JRs"（家人们），他们年龄彼此接近，曾处在或同处于相似境遇之中，有诸多困惑与喜悦需要分享。虎扑正是提供了这样一个传递积极乐观的生活态度的平台。

（1）激发党建活力：紧跟"中国最牛创业团队"。

"共产党员岗""党员先锋岗"……在虎扑开放式的办公环境中，有不少工位上会摆放着这样的铭牌。

虽然虎扑是一家民营企业，但公司在发展过程中，深刻地感受到因为有了党的关怀和好政策，企业才能够走到今天。因此，虎扑自觉地把党建工作纳入企业整体发展战略。2014年12月，虎扑成立党支部，并于2017年10月获批升格为党总支。公司不但为党组织的活动提供专用场地等，而且在企业年度预算中设立党建工作专项经费，还依托互联网企业的技术优势搭建了线上党建平台。

"中国共产党是中国最牛的创业团队，这是我们虎扑从上到下的一个普遍共识。"程杭表示，从党建历史中汲取经验和智慧，成为企业发展的"红色引擎"。从建党之初仅有50多名党员，到如今党员人数突破9 000万，中国共产党的凝聚力和战斗力不断增强，始终保持旺盛的生机与活力。党怎样

▲ 企业党建文化墙

▲ 公司党总支活动专用场地

团结和管理这个庞大的组织？又如何带领人民取得一系列辉煌成就？"我们相信，答案就蕴含在党史知识这座浩瀚宝库中。"程杭认为，其中的宝贵经验，无论对一个人还是一个组织来说，都是一把帮助其步入成功之门的关键钥匙。这样，学习党的光辉历史，就成为虎扑党员们的一种行动自觉，并努力把学习成果转化为推动企业高质量发展的具体实践。

作为一家员工多为"90后""95后"的互联网企业，如何让党建更好引领企业文化建设，赋能助力企业发展？虎扑公司党总支精心组织策划，不断创新方式方法。比如，在"虎扑小学"及时开发和上线了党建学习专栏，使之成为传播党的历史知识和创新理论的有效载体，方便员工随时随地利用碎片化时间进行学习研讨。又如，针对性地制订了"向党学习"课程计划，汲取内核助力发展。2019年以来，"向党学习"线上课程已经进行了4期，内容包括军队政委制度与人力资源业务的联系、疫情期间国务院联防联控机制与公司OKR工作法（目标与关键成果法）的对比、革命英雄主义与"直文化"的关系，以及毛主席著作《中国的红色政权为什么能够存在？》和《中国社会各阶级的分析》对用户体验五要素的启示。同期，虎扑还开启了"向党学习"线下讲座，内容涉及"学好中共党史，深悟创业之道""遵义会议是如何成功召开的""十一届三中全会为什么会成为我党第二次伟大历史转折点"等主题。

从"初生"到"领跑",逐梦"互联网＋体育"

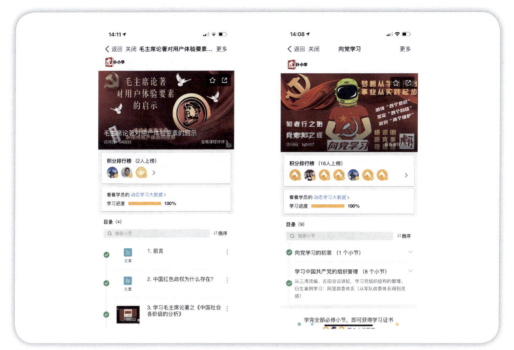

▲ "向党学习"线上精品课程

同时,虎扑的各项治理举措也把党建引领贯穿始终。特别是在社区治理上,虎扑以营造清朗网络空间为己任,为维护300万日活跃用户的社区,公司一直用"人工审核＋技术辅助"的模式全天候、不间断地保持健康网络生态。"作为互联网平台,虎扑要引领网友在正确的道路上不断向前迈进,只有坚持党的领导,用党的科学理论武装头脑,才能保证方向不出错,形成有效的引领带动作用。"程杭表示,虎扑在社区有计划地发帖转载有关红色文化的内容,包含了党史、军事等各个方面,坚定地将虎扑打造成为正能量充沛、主旋律高昂的网络社区。

不仅如此,虎扑还积极尝试将体育精神与红色文化创新结合。例如,"路人王"团队在虹口区委宣传部的指导下,联合中共四大纪念馆举办"力量之源杯"3V3红色文化篮球赛,吸引了消防员、军人、公务员、"路人王"明星等各行各业的选手报名参赛,并采用"5G+VR"技术开展现场直播,综合观看人次超过千万,人民网、学习强国等多家主流媒体给予充分肯定。这种用体育竞技形式传承红色基因的创新模式赢得了社会广泛赞誉,提升了青

▲ "力量之源杯" 3V3 红色文化篮球赛

▲ 参观中共四大会址

年人的文化自信，倡导了正确的价值导向。

（2）增强文化自信：陪伴唤醒心中的"小小英雄"。

"崇尚英雄才会产生英雄，争做英雄才能英雄辈出。"习近平总书记在2019年向国家勋章和国家荣誉称号获得者颁授勋章奖章时这样说。

"英雄忠诚的品格品质、不懈的奋斗精神和伟大的无我境界，值得每一位虎扑人和虎扑用户去弘扬传承，引领新一代青年传递前进的力量。"在程杭看来，虎扑引以为傲的"直文化"的内核，正与之不谋而合。

何为"直文化"？"简单地说，你可以把它理解成与'丧文化'相对。"程杭说，"直文化"是一种始终追求自强不息、弘扬正能量价值观的文化。在"直文化"的世界里，每个人心中都住着一个"小小英雄"：他们勇于承担责任，愿意用自身的力量帮助身边的弱者，尽管也常常遭遇挫折和气馁，但最终往往能坚定对胜利的向往。

程杭打了一个比方："如果显露到极致，他可以是少室山上那句'尔等齐上，萧某何惧'；可以是旧伤未愈，仍然披上中国队战袍的姚明；也可以是我们每一个勇敢面对自己的普通人：哪怕是野球场上的汗水，高考前的冲刺夜读……'小小英雄'都在努力奋斗。"程杭说，很多时候，这个"小小英雄"会由于工作、学习和社交的压力而躲藏起来，但只要鼓励这个小小英雄显露，他便能勇于承担责任，直面困难。

从体育赛事到社会事件和生活故事，从体育精神，衍生到校园、家庭、社会生活中的正能量，再到崇尚英雄……"直文化"的内涵日益丰富。

"JRs之间、用户与虎扑之间的信任感与归属感，形成了一道道强力的纽带。"程杭认为，大家相互激励、陪伴、分享，弱化用户心中的"焦虑""愤怒""狂妄""自卑""丧"等负能量。虎扑"7×24"地理解、接纳、陪伴、激励他们，走出低谷、强大自己，成为自己的英雄。这样一个充满活力、积极向上的虎扑社区，也使用户具有极高的活跃度与黏性。2020年，虎扑APP人均使用时长达45分钟，前30日平均留存率高达49%。

作为社区的管理者，虎扑牢记"向每个用户传递前进的力量"的使命，致力于以"直文化"唤醒每个人心中的"小小英雄"，进而推动全社会形成见贤思齐、崇尚英雄、争做先锋的良好氛围。

（3）承担社会责任：打造志愿者服务先进集体。

在虎扑成长的过程中，得到了政府和社会各界方方面面的支持和帮助。因此，在不断发展壮大的同时，虎扑不忘以回馈社会为己任，积极承担社会责任，向用户传递前进的力量。

新冠疫情发生之后，程杭第一时间在工作群里向全体员工发出号召："我们要用内容、活动在社区里鼓励大家。"他带领虎扑志愿服务队迅速组织力量，结合本领域优势，在精神层面和物资方面提供了强有力的支援保障。

线上，虎扑利用网络影响力，展开驰援活动。

——设立"疫情聚合页"。在虎扑网站上及时搭建了"疫情聚合页"，传递真实有效的疫情信息。密切关注最新疫情动态，带头积极宣传防控知识，成为疫情谣言的制止者、防控知识的传播者，努力营造人心安定、同舟共济的社会氛围。

——设立"疫区求助页"。除了武汉之外，还有很多湖北省其他地区的用户给虎扑留言。为此，虎扑于2020年1月26日上线"疫区求助页"，汇总并发布相关求助信息，帮助湖北用户发声。

——发起"点亮中国"活动。2020年1月25日，一条"转发此微博，虎扑将代表全体用户捐赠1元"的爱心传递帖席卷新浪微博平台，短短4小时转发量突破百万。虎扑创造了100多万元的爱心款项，并在第一时间兑换为医用物资送往定点医院。同时，号召无数JRs纷纷参与到抗击疫情的行动中，自发为武汉募捐，JRs的每一次捐助都会让自己家乡所在的省份爱心的颜色更深，从而描绘出一幅"点亮中国"的爱心地图。

——发起"你颠球，我捐款"爱心活动。2020年1月29日，虎扑足球号召全国球友进行爱心接力，发起"你颠球，我捐款"的线上活动。球友每颠球1次，虎扑捐赠1元。利用足球运动中较为简单且不受场地限制的动作，调动每个热爱足球的用户积极参与，在锻炼身体、提高免疫力的同时献出爱心。短短3天时间吸引了200人参与，最高颠球数达6 064次，随后以最快的速度将 67 285 元善款的医用物资捐赠给荆州市中心医院。

——发起"步行街每日 MVP"小小英雄活动。这里报道每一位为疫情贡献自己力量的"小小英雄"，有展示自己隔离全过程的 JR，有以科比名义捐赠的 JR，有设计河南"小汤山"的 JR，有亲自送口罩的 JR，也有自掏腰包的留学生 JR……他们不只是虎扑社区的 MVP，也是向整个中国"传递前进的力量"的 MVP。另外，很多医务工作者也是篮球迷、体育迷，他们在虎扑社区发帖告知医院一线战斗的消息、图像，得到其他 JRs 的点赞和鼓励。

线下，虎扑也在积极行动、捐款捐物。

自 2020 年 1 月 23 日起，虎扑陆续将 100 多万元医疗防护物资送至前线医院。公司成立专项抗疫运营小组，集中筹集了超过 5 000 件防护服、80 万个口罩，集中送达武汉及周边地区医院。"95 后"党员明柔冒着被感染的风险，逆行返回武汉，联系对接医院、物流、供应商三方，最终把物资直接送到了武汉市光谷第三医院、武汉市第四医院、湖北省中医院等 18 家医院的白衣天使们手中。

▲ 抗击疫情，虎扑在行动

与此同时，呼吁各方力量献爱心。2020 年 1 月 31 日，虎扑受部分 CBA、WCBA 球员及经纪人委托，代捐口罩与护目镜等医疗物资给所需医院。广东男篮队员赵睿、北控男篮队员孙桐林都通过虎扑的渠道向武汉地区的医院捐助了善款，并呼吁大家多多贡献自己的力量，一起努力抗击疫情。

事实上，自虎扑公司成立以来，公益一直是程杭工作清单中重要的一项内容，虎扑被评选为"2019 年上海市志愿服务先进集体"。

2019 年，程杭结合虎扑社区"直文化"的理念，与上海团市委、虹口团区委共同发起了"小小英雄公益挑战"，用户上传投篮挑战视频，一分 3 元，活动吸引了众多电竞选手、CBA 明星球员，以及抖音网红主播鼎力相助，主流媒体与新媒体共同发声，同时为小小英雄助威。通过"以年轻人喜闻乐见的方式传递正能量"，不到两周时间，虎扑、抖音、微博三大平台的总浏览量破亿，为云南省马关县的 8 所小学打造了"梦想运动场"，入选"百川杯"上海市首届非公有制经济组织青年公益创新大赛"十大公益项目"。

三、经验启示

（一）专注"用户原则"，创造产品价值

从专注篮球报道，到覆盖足球、赛车等全体育报道，再到涉猎电竞、影视等板块，如今的虎扑已不再仅是一个垂直的体育社区，而更像一个泛男性化的内容社区。

虎扑 Logo 的 4 次更新，见证了这一变化。最早的 logo 是"hoop CHINA"，聚焦篮球相关的内容报道；第 2 次是"虎扑体育"，突出体育概念；第 3 次是英文版的"HUPU"；2020 年 4 月 8 日，虎扑 logo 正式更新为"虎扑"。

程杭坦言，虎扑 logo 的 4 次更换，背后有一脉相承的逻辑，那就是"用户需求的变化和业务的迭代"。过去，通过热门体育话题和衍生内容，虎扑不知不觉地将一群有特质的用户连接在了一起；当这群用户习惯了在虎扑的讨论氛围后，他们逐渐将新的内容带到了虎扑，虎扑则成为用户情感连接的

平台。

程杭喜欢观察用户。在他的认知中，用户需求是产品创造价值的核心。"做我们的用户喜欢的事情，跟着用户的需求走，肯定没有错。"从草根到潮流，虎扑紧跟用户画像。早期体育资讯传播途径不发达、不方便，团队就为有需求的用户们以可达、合适的方式提供所需资讯。发展至今，国民生活水平提升、消费升级，用户不断产生新需求，团队不断满足新需求。

在虎扑的办公室内，贴着一条虎扑自制的"用户运营六原则"："用户是谁""给用户带来什么价值""数据怎么样""能不能用技术解决""顶级公司怎么做"，以及契合公司文化内核的"符不符合直文化"。

虎扑对于用户反馈非常在意。除了定期组织线下活动，他们也会在线上打开所有可开放的反馈渠道。不同于用算法向用户输出内容，他们还鼓励用户在论坛等平台产生内容，再由运营部工作人员每天收集这些内容、了解用户反馈和喜好。这种看似不太先进的模式会花费不少人力和时间，但程杭认为非常值得，也很有收获。只有尽可能多渠道地了解用户及其需求，对产品和服务的对应改变才算"对症下药"。

（二）坚持党建引领，汲取红色养分

虎扑始终坚定不移跟党走，以弘扬"直文化"正能量为己任。不忘"体育强则中国强，国运兴则体育兴"的初心，牢记"向每个用户传递前进力量"的使命。

秉持着"贡献祖国"的坚定信念，虎扑创始人程杭从海外归国，闯出了一番事业。从初创成长到发展壮大，年轻的创业者们从党的奋斗历程中持续汲取精神力量和智慧养分，不断增强开拓前进的勇气和力量，这是虎扑能走向成功的重要因素。

虎扑坚持把加强党建理论学习作为互联网企业"强身健体"的内在要求。一方面，虎扑把党创造的组织管理经验借鉴运用到公司运营中，将红色文化作为企业独特"直文化"的精神内核；另一方面，虎扑作为互联网平台，引导广大网民在正确的道路上不断向前迈进，用党的科学理论武装头脑，保证发展方向不出错，形成有效的引领带动作用。

例如，虎扑管理团队通过对"向党学习"课程的学习研讨，引出了"人力资源业务合作伙伴"（HRBP）的概念。管理团队决定在公司内部的各部门设置 HRBP 这一职务。增设这一职务的时间不到 3 个月，带来的正面效应就很快显现，各部门在人员招聘、团队沟通、员工培训等方面，运行效率均比从前有显著提高。

（三）实力"软硬兼备"，保持创新激情

虎扑拥有目前国内最为活跃和最具影响力的体育网站，为体育爱好者提供了完整专业的交流和分享平台。在竞争日趋白热化的体育网站中，虎扑凭借自身独特的传播风格和经营特色稳坐同类专业网站的头把交椅，具有很强的代表性。

这份成绩单的取得与虎扑拥有的高效研发体系密不可分，依托富有韧性的企业研发架构稳步推进研发项目的组织、管理和实施。当然，文化软实力对于虎扑而言同样非常重要。

一方面，虎扑有着严谨积极的企业文化。虎扑非常看重与广大体育迷的互动，其新闻报道严格真实、论坛严谨专业、视频丰富全面且没有广告等，使其在中国体育爱好者中评价极高。

另一方面，虎扑有着高黏度的忠实用户。虎扑对用户群体的把控极其"严格"，若想在虎扑发帖，必须先做一套试卷，且分数要达到 90 分以上，而试卷中的相关问题几乎只有虎扑论坛的长期关注者才可能答对。这样严格的"账号机制"使虎扑用户之间也更加有志同道合、惺惺相惜的感情。

正是由于科技硬实力与文化软实力并重，虎扑的"直文化"社区才能集聚起一群热爱运动、热爱生活、热爱家国的年轻人——传递勇气，传递温暖，传递前进的力量，始终保持锐意创新的激情和勇气。

专家点评

在"互联网+"的浪潮中，传统体育行业如何谋求发展之路？虎扑为我们提供了一个极具参考价值的创新案例。从站稳脚跟到持续深耕，

今天的虎扑已成为体育类用户基础最大的互联网平台。这份成功的背后，既有创始人对体育行业的热爱与始终不懈的坚持，也有技术工作者对勇攀高峰的不断追求，当然，也得益于国家对相关行业的大力扶持。

自国发〔2014〕46号文件发布以来，"互联网+体育行业"加速迭代，不少企业异军突起。虎扑紧扣时代脉搏的跳动频率，将自身发展和民族发展趋势联系起来，成为体育行业一道靓丽的风景线，也为其他有志于深耕"互联网+"领域的企业提供了一个优秀的范本。

体育事业关乎人民幸福，关乎民族未来，具有能够凝心聚气的强大精神力量。希望今后能够看到更多的企业加入体育行业，共同传播体育文化，增强全民身体素质，促进体育事业全面发展。

点评专家

肖淑红，北京体育大学体育商学院院长，教授、博士生导师。兼任教育部工商管理类教育指导委员会委员、国际价值工程学会中国首席注册价值管理专家、中国技术经济学会理事、中国技术经济学会体育经济与价值管理分会理事长、北京价值工程学会副会长等社会职务。主要研究领域为体育中介市场，体育组织的核心竞争力、商业模式以及价值链管理。

思考题

1. "体育产业需要的是千里马，而不是独角兽。"对于这种说法，你怎么看？
2. 虎扑创新创业的成功实践，让你印象最为深刻的是什么？
3. 互联网对很多领域的创新发展起到很强带动作用。结合本案例，请联系实际谈谈企业在"互联网+"的浪潮中应该怎样选准赛道。

创业者小传

程杭，虎扑（上海）文化传播股份有限公司创始人兼董事长。

男，汉族，1979年8月出生。2001年7月于清华大学精密仪器专业本科毕业，2009年7月获得芝加哥西北大学机械工程专业博士学位。

曾获科技部"创新人才推进计划科技创新创业人才""上海市领军人才""虹口区拔尖人才""上海文化企业十大年度人物""虹口区青年联合会杰出贡献奖"，以及"福布斯九大值得关注的中国年轻企业家"等荣誉。担任上海市虹口区人大代表、虹口区青联副主席、虹口区青年企业家协会副主席、虹口区工商联（总商会）执行委员等社会职务。

推动基础软件发展，
实现数据复制核心技术国产化

——上海英方软件股份有限公司探索信息安全技术自主可控

当前,数据作为新型生产要素,已经成为信息时代国家基础战略性资源,数据安全关系到经济社会发展的方方面面。自2017年以来,我国已经将数据安全纳入国家战略保护领域,并陆续出台了《中华人民共和国网络安全法》《中华人民共和国密码法》等与信息安全相关的法律法规和政策。

扫一扫,看视频

2009年,企业创始团队的"八大金刚"踏着时代的节拍,在位于北京的一间民房里,敲下了字节级复制技术的第一行代码,迈出了打破国外对该技术长期垄断的第一步,共同打造和憧憬中国数据复制技术的黄金时代。

2011年,上海英方软件股份有限公司(下文简称"英方软件")在黄浦江畔成立。"英方软件"成立的初衷是保护用户的信息安全,"英"取自"information"中"in"的发音,"方"代表海量数据的平方、双份安全的含义,英文简称"information2",意在帮助全球客户实现信息系统和业务数据的多重保护。

英方软件自成立以来,一路攀登,高歌猛进,不仅在技术层面实现了世界先进数据复制技术的国产化,而且在市场层面也逐渐完成全球化布局。目前,在信息及数据安全市场,英方软件已经发展成国内领军企业,数据复制技术覆盖数据安全主要应用场景,国内证券行业市场占有率达80%以上,自主研发的产品远销全球主要经济体。2019年,英方软件完成B+轮融资,并进入IPO上市辅导阶段,2020年再次完成新一轮融资。企业先后获评"全国信息安全标准化技术委员会成员""上海市科技小巨人企业""DRI年度最佳DR服务商""2020新基建与行业创新应用领军企业"等。

基础软件　数据复制技术　数据灾备　信息安全　云数据管理

一、背景情况

2001年9月，发生在美国纽约世界贸易中心的"9·11恐怖袭击事件"震惊全世界，造成多家跨国公司的商业数据损毁丢失，促使全球用户从此提升了对信息系统和数据安全的重视程度。2013年6月，前CIA（美国中央情报局）技术分析员爱德华·斯诺登向媒体透露了美国国家安全局（NSA）和联邦调查局（FBI）于2007年启动的一个代号为"棱镜"的秘密监控项目，被纳入监控的信息包括电邮、即时消息、视频、照片、存储数据、语音聊天、文件传输、视频会议、登录时间和社交网络资料细节，世界舆论为之哗然，"棱镜"事件也促使各国加强网络信息和个人隐私的安全保护。2017年5月，臭名昭著的勒索病毒"Wannacry"在全球肆虐，造成英国、俄罗斯、其他欧洲国家及中国国内多个高校校园网、大型企业内网和政府机构专网中招，造成大面积的服务中断和重要文件数据被加密。

面对日益严峻的网络安全和信息安全问题，我国相继出台了一系列的法律法规，旨在加强对企业及个人的信息安全的保护，例如：2017年6月1日，《中华人民共和国网络安全法》颁布实施，成为我国首部网络安全领域的法律；2019年12月1日，国家标准《信息安全技术 网络安全等级保护基本要求》（GB/T 22239—2019）实施，保护对象包括基础信息网络（广电网、电信网等）、信息系统（采用传统技术的系统）、云计算平台、大数据平台、移动互联、物联网和工业控制系统等；2020年10月21日，《中华人民共和国个人信息保护法（草案）》公布，向全社会公开征求意见；2021年6月10日，十三届全国人大常委会第二十九次会议通过《中华人民共和国数据安全法》。

"没有网络安全就没有国家安全，就没有经济社会稳定运行，广大人民群众利益也难以得到保障。"习近平总书记非常重视网络安全和数据安全的保护工作。2016年4月19日，在网络安全和信息化工作座谈会上，习近平总书记对互联网管理提出明确要求：金融、能源、电力、通信、交通等领域的关键信息基础设施是经济社会运行的神经中枢，是网络安全的重中之重，也是可能遭到重点攻击的目标。"物理隔离"防线可被跨网入侵，电力调配指令可被恶意篡改，金融交易信息可被窃取，这些都是重大风险隐患。不出问题则已，一出问题就可能导致交通中断、金融紊乱、电力瘫痪等，具有很大的破坏性和杀伤力。我们必须深入研究，采取有效措施，切实做好国家关键信息基础设施安全防护。

网络安全的核心是信息安全和数据安全。数据作为新时代重要的生产要素，像石油一样，属于国家基础战略性资源。保护各类用户的业务连续性和数据安全，是数字经济和社会数字化转型应用的基础。然而自美国人在1946年发明世界上第一台计算机ENIAC开始，关键的IT信息技术和标准就掌握在以美国为首的西方国家的科技公司手中。以数据复制核心技术为例，信息系统容灾和数据库数据、文件备份及共享、大数据同步等先进的数据复制技术，长期被外国IT公司所垄断。

如何掌握信息化核心技术，将核心技术受制于人这个最大的隐患剔除掉？2015年2月，习近平总书记在视察中科院西安光机所时给我们指明了方向：现在国力增强了，我们仍要继续自力更生，核心技术靠化缘是要不来的。

聚焦信息化核心技术国产化，英方软件的发展立足于保障国家的信息安全，十年磨一剑，成功推出了字节级、数据库语义级、变长块级等先进的数据复制技术。英方软件是目前唯一掌握字节级、数据库语义级、变长块级等数据复制技术的基础软件厂商。产品涵盖数据安全、业务连续性、大数据管理等领域，具备多层次、多策略、全域的且适合云和大数据时代的特点。英方软件一步一个脚印，脚踏实地实践着当初的创业梦想——成为中国乃至全球数据复制技术领域的领军者。

二、主要做法

这些年来，我国宏观经济发展稳定，各行业对信息安全产品的需求快速增长。相关调研报告显示，从灾备细分市场看，2010年我国灾备行业市场规模约49.8亿元，到2015年我国灾备行业市场规模达到了106.5亿元。预计到2022年中国灾备行业市场规模可达300亿元以上。

灾备起源于20世纪70年代的美国。1979年，IT公司SunGard在美国费城建立了全世界第一个灾备中心。当时人们关注的重点是企业IT系统的数据备份和系统备份等。随后IT备份发展到了灾难恢复规划（DRP），并在IT备份中加入了灾难恢复预案、资源需求和灾备中心的管理，形成了生产运行中心的保障概念。美国"9·11恐怖袭击事件"后，全球用户提升了对灾备的重视程度，异地灾备建设一时成为趋势。在IT技术的不断更新以及全面风险管控要求提高的环境下，灾备的范畴从传统的容灾备份、恢复、业务连续性规划、灾难恢复规划、灾备演练等领域，拓展到了通信保障、危机公关、紧急事件响应、供应链危机管理等。

作为中国灾备行业市场高速发展的参与者，英方软件聚焦行业痛点，坚持走自主研发道路，从刚开始的追随者转变为行业的引领者。如今，英方软件已经从一家初创公司，发展成国家信息化安全领域重要的基础软件厂商。

▲ 英方软件产品全栈图

（一）勇立潮头，实现数据复制核心技术国产化

2009年10月1日，在北京的一间民房里，以胡军擎、周华等为核心的英方软件创始团队，在电脑上敲下了字节级复制技术的第一行代码，8个不服输的年轻人正式组建起一支国内字节级复制技术的研发团队。

这行代码因何诞生？时间回到一年前，"5·12"汶川地震导致灾区很多建筑被夷为平地，部分银行的营业网点也遭受严重破坏，但是灾后储户的存款、贷款等信息并没有因为网点的损毁出现错误，说明银行的数据并没有丢失，这主要归功于银行信息系统"两地三中心"的灾备建设。然而，"两地三中心"的机房建设需要投入巨大的建设和运营成本，除了金融行业，其他行业基本不敢涉足。

有没有可以实现本地到同城或异地的数据增量实时复制技术？如此一来，企业在建设异地灾备中心时，就可以减少网络带宽、软硬件设备的投入。同时，两边的数据能够保持一致性，实现高性价比的异地灾备，最终帮助更多的中小企业在面对战争、地震、火灾、洪灾等区域性灾难时，能够将损失降到最小，并快速恢复业务数据和系统的正常运行。

有，这是一种叫字节级数据复制的先进技术。但是，当时这一技术只掌握在国外IT公司手里。随着信息化的发展和数字化转型时代的到来，如果中国信息科技企业无法实现对字节级复制技术的突破，那么未来在政务、国防、金融、电信、能源等关键领域，信息数据的异地保护还得依靠国外的技术，核心技术依旧受制于人。

只有掌握关键核心技术才有话语权，英方软件"八大金刚"决心走出舒适圈，实现数据复制核心技术国产化从"从0到1"的突破。

为什么一开始就下决心要啃下字节级复制技术这根"硬骨头"，而不是像当时大多数信息化安全厂商一样，利用大众化的块复制技术进入行业？英方软件CEO胡军擎表示："唯一性、领先性是英方软件非常看重的技术特点，特别是唯一性，是英方软件在激烈市场竞争中的护城河。"

知易行难，字节级复制被誉为"数据复制技术'皇冠上的钻石'"。如果说块复制技术是将一块硬盘上的数据传输到另一块硬盘上，那么字节级复制

技术，就是将每个数据变化的字节（I/O），从一个服务器按顺序传输到另一个服务器上。它们的颗粒度就是一杯水和一滴水之间的差距。

在数据复制技术领域，颗粒度越细，技术难度就越高，且几乎是成倍增加。在2009—2011年的3年时间里，英方软件创始团队投入了全部精力进行技术攻关。回忆起那段奋斗的时光，英方软件研发副总经理陈勇铨说道："在北京的一间民房里，大家是没日没夜地敲代码搞测试，为了不打乱工作思路，有时到了饭点，大家就煮方便面充饥，困了就在客厅里打个地铺睡一会儿。关键时刻，我们是人歇机器不歇，实在熬不住了，值班的人就去把睡觉的人叫醒来接班。"

这样拼搏了两年后，为了让国产化的字节级复制技术的第一个版本的产品性能更加稳定，英方软件创始团队决定移师杭州某基地。大家拿出最大的决心，采用全员半封闭的管理方式，吹响了突破字节级复制技术最后一道防线的冲锋号。"板凳甘坐十年冷，那段时间真的很难熬，但也很充实。"陈勇铨对这段奋斗经历感触颇深。

有志者事竟成。2011年，英方软件创始团队宣布国内字节级复制技术研

▲ 英方软件办公楼外景

发成功，成为全球极少数能够掌握这一先进数据复制技术的团队之一。同年8月，英方软件在黄浦江畔正式成立，并推出了第一款"DR+HA"应用级高可用国产化灾备产品。

然而，还没来得及举杯相庆，英方软件就陷入了另一个困境。对于一家初创公司，尤其是涉及数据复制核心业务的公司来说，用户能够给予的信任是有限的。在产品推向市场的初期，如何证明产品的可靠性和安全性成为团队面临的最大挑战。解决这个问题的办法，就是购买高性能的服务器做产品测试，然而高性能服务器的价格不菲，对当时的团队来说，一台服务器的费用无疑是一笔巨款。有人提议，可以试试借服务器这个办法，但别人花高价买来的服务器，又怎会闲下来供他人使用呢？

经过一番思考与讨论，英方软件管理层决定拿出个人信用卡，去国外某云平台租用高性能的云主机进行产品测试。产品通过测试的喜讯给英方软件所有员工都注入了一剂强心针。由于太高兴，技术人员忘了关闭高性能云主机，导致信用卡被继续收取费用。折算下来，发现最终费用比买一台服务器还高，整个团队为此心疼了好久。

但好在这笔费用花得很值得，英方软件的产品采用高性能云主机做测试，为今后基于云计算的技术和产品的开发、测试及使用奠定了坚实的基础，包括后来推出的数据库语义级复制、变长块级复制等先进的数据复制技术，全面适配云计算环境，并打造了基于云的产品矩阵：英方云 i2yun.com、云灾备运营 i2Cloud、系统迁移 i2Move、虚拟化备份管理 i2VP 等。

▲ 英方云 logo

回想起当年的选择和奋斗，胡军擎深有感悟："一个民族有一群仰望星空的人，他们才有希望。搞技术，做产品，要么不做，要做就做最前沿的技术，英方人要勇立潮头，不辞辛苦，不负韶华。"

2018年11月，习近平总书记在首届中国国际进口博览会的开幕式上发表主旨演讲提到："一座城市有一座城市的品格。上海背靠长江水，面向太平洋，长期领中国开放风气之先。"英方软件抓住时代机遇，勇立潮头，自力更生，正是上海这座城市品格的生动缩影。

（二）服务为本，坚持以客户需求为创新导向

客户第一，这是英方软件成立至今一直坚持的服务理念。2011年，英方软件推出国内首个内核级的高可用灾备管理产品i2Availability之时，为了在上海某知名券商顺利上线运行，英方软件派驻了彼时最精干的技术团队为客户提供现场支持。

和传统的备份产品单一的应用场景相比，i2Availability能够适应远距离、窄带宽、跨平台等更加广泛的应用场景，为此现场支持的英方技术人员也需要投入更多的时间和精力对产品参数和规则进行调试。一位当时参与现场支持的技术人员回忆，从产品开始测试到上线部署，历经数月，关键的时候，他连续几个工作日吃住在客户现场。这种精益求精的服务精神，在收获客户高度认可与信赖的同时，也给英方软件赢得了好口碑。如今该客户已经成为英方软件的忠实用户，在很多证券行业的全国会议上，都积极向其他证券公司推荐英方软件的高可用、行情分发、数据库容灾和大数据同步等产品。

客户为根、服务为本，英方软件始终坚持"最好的技术创新来自客户的需求"这一理念。不同于应用层的软件，基础软件从客户提出需求到最终落地，短则几个月，长则一两年，这意味着员工需要做好长期服务客户的准备。一位英方软件研发骨干对此深有体会，为了帮助某移动客户实现异地容灾项目的成功上线，他往返于公司与客户现场数月之久。在关键功能的最后测试阶段，接连好几天驻守在客户现场的他，无法陪伴在即将分娩的爱人的身边，甚至错过了孩子出生的时刻。

正是基于这种客户为先的服务精神，从2011年至今，英方软件从证券行业开始，利用各种自主创新的数据复制技术，逐渐在满足不同客户的服务需求中，推出了数据实时复制i2COOPY、系统迁移i2Move、数据分发系统

▲ 英方软件产品界面

i2Distributor、持续数据保护与恢复 i2CDP、数据库灾备管理 i2Active、数据流复制管理 i2Stream、数据副本管理 i2CDM 等重磅产品，形成"人无我有、人有我优"的竞争优势。

目前，英方软件服务的行业市场包括政务、国防、金融、医疗、教育、制造、电信、能源、互联网等，客户数量也从几十家迅速增长到数千家，市场占有率迅速跃升至行业第一梯队。IDC 发布的《中国数据备份与恢复系统市场跟踪报告，2020 年下半年》中公布的数据显示，英方软件在中国灾备软件市场全球厂商中排名前列，2020 年市场占比达到 10.6%，是中国本土专注于灾备及数据管理的技术厂商中排名最靠前的。

客户群体的增加，在大大提升英方软件业务营收的同时，也给服务团队带来了新的挑战。为此，英方软件通过延揽优秀专业人才，搭建了覆盖全国和海外重点地区的研发、技术、产品和营销服务团队，建立了针对不同客户需求，启动不同服务等级的响应机制，按优先级满足各类用户的服务请求。这种服务模式有效地保障了客户关键业务系统的正常运行。例如，2020 年 7 月 17 日晚上 12 点左右，某华南航空公司地面认证系统出现故障，紧急求助英方软件在当地的技术服务团队。接到客户的服务请求时，考虑到航空公司已经排满了第二天的航班，当地服务团队决定立即启动一级响应机制，组织技术骨干立刻驻场支持。经过英方软件技术人员长达4个小时的系统排查，最终找到系统故障的问题所在，进而快速帮助用户解决问题，确保该航空公司地面认证系统及时恢复正常运行，避免了航班的大面积延误。

英方软件产品与服务团队负责人吕爱民表示："公司的产品很多功能来自客户的需求，在为用户提供技术服务的同时，我们会积极听取客户对产品功能的意见，并在后续的产品升级中进行技术创新，加速产品迭代，以适应不断变化的市场需求。"

（三）资本助力，盘活重要资源服务企业发展

巧妇难为无米之炊。2009—2011年，在英方软件正式成立之前，由于资金有限，创业团队时常无法按时发放生活费用。每当资金紧张时，只能拆东墙补西墙。陈勇铨表示："最困难的时候，团队成员有两三个月领不到生活费用，养家糊口都成了问题。"

2011年，英方软件成立后，资金流动越来越大，管理团队意识到，拆东墙补西墙的做法已不现实，没有钱，公司就无法正常运作。没有钱，是企业所有困难中最大的难处。为此，英方管理团队决定引入社会资本，从而更好地留住和吸引更多的优秀人才，加快产品研发和市场推广，全面促进企业跨越式发展。

字节级复制技术在国内的唯一性，是英方软件获得资本青睐的法宝之一。2014年，英方软件迎来了第一轮的股权投资（A轮）。借助这笔资金，英方软件加大了对核心高可用产品的研发力度，同时开始搭建营销团队，提升英方软件在金融、政务、医疗、电信等行业的品牌影响力。

2015年，英方软件在资本市场乘胜出击，顺利完成了好望角投资机构的B轮投资，并推出了首家企业业务连续性云服务平台——英方云 i2yun.com。同年，英方软件相继推出了i2CDP、i2Move、i2Distributor等产品，丰富了公司的产品线。

2016年，英方软件成功在新三板挂牌，并于2017年完成数千万元的定向增发，借此加速对海外市场的布局，产品远销俄罗斯、法国、沙特阿拉

伯、南非、墨西哥等国家，英方软件由此吹响了进军国际市场的号角。

2019年，英方软件完成了B+轮融资，同年启动IPO辅导上市计划，2020年再次完成新一轮融资。从未停下发展脚步的英方软件顺应时代趋势，而今又继续强化基础软件的发展底座，先后与国内多家国产化芯片、操作系统、数据库、存储和服务器厂商完成产品兼容性认证，并成为全国信息安全标准化技术委员会成员，助力信息安全产业的国产化发展。

回顾英方软件这几次股权融资的历程，公司决策层有了这样的体会：在合规的前提下，股权融资不要拘泥于特定的融资模式，管理团队要善于盘活各种资源，在选择投资方时除了资金支持外，还要重点考虑投资机构能不能在市场、管理、理念等方面助力英方软件的发展。正如胡军擎所言："投资机构选择英方软件时，他们是非常认同英方所处的赛道、产品价值和发展理念的，双方的目标是共赢，要达到1+1>2的效果。"

依托资本、人才及各种资源的支持，英方软件如今已经发展成为国内信息安全领域领先的基础软件厂商。此外，英方软件相继完成了一系列部门的搭建。2011—2016年，英方软件相继成立了行业客户部、区域渠道销售部和市场部；2017—2020年，英方软件又成立了大客户事业部和战略渠道部，实现了各个细分市场的精准覆盖。

与此同时，英方软件继续加大对研发的投入。2011—2016年，英方软件在北京、上海两地建立了企业级产品研发中心；2017年，英方软件开始在杭州建立了以文件共享和管理i2Share为核心的研发中心，帮助各类用户实现文件的在线管理、分享和保护等。

（四）合作共赢，打造自主可控的生态体系

英方软件发展至今，经历了一系列组织架构的变革，但无论怎样变化，串联起各阶段的发展主题都是自主创新、安全可控。

英方软件的产品使命，就是要保障各类用户的关键生产系统和业务数据的安全。打铁必须自身硬，如果自身产品安全性不过关，何谈保护用户的业务和数据安全？

为此，从创立之初，英方软件就坚持对产品的自主创新，严格把控产品

研发的质量安全。同时，英方软件借助外部专业机构的力量，通过加强 IT 化管理、提高产品安全性、规范现场服务、规范软件设计开发过程、客户反馈问题质量回溯等措施，建立了一套完善的安全质量管理体系。

到 2020 年年底，英方软件先后通过了质量管理体系认证、信息安全管理体系认证、国家信息安全产品认证、涉密信息系统产品检测认证、软件能力成熟度集成模型（CMMI3）认证等安全测试，同时满足了海外发达国家对进口软件在安全漏洞和软件缺陷方面的要求。

在自主创新、完善安全质量管理体系的同时，英方软件借梯登高，不断扩大朋友圈。2015 年，英方软件携手中国电信、中国移动、中国联通等运营商打造国内创新型 DRaaS 灾备即服务；2016 年，英方软件首推"灾备全生态"落地方案，陆续与华为云、阿里云、腾讯云、百度云、天翼云等公有云建立战略联盟；2020 年，英方软件与华为、浪潮、曙光、新华三、联想等建立了生态合作伙伴关系，同时全国签约渠道已经超过了 500 家。

在自主可控合作方面，英方软件陆续与主流的国产化厂商完成了产品兼容性互认证。认证伙伴包括华为鲲鹏云、华为云、浪潮云、中科曙光云、腾讯云等云服务商；麒麟、统信、红旗、华为、普华等操作系统厂商；人

▲ 英方软件高可用灾备管理产品 i2Availability 入驻华为云严选商城

大金仓、达梦、南大通用、神舟通用、瀚高、易鲸捷、优炫云等数据库厂商；飞腾、龙芯、兆芯、曙光、联想、易华录、宏杉、深信服等芯片及存储厂商。

独行快，众行远。英方软件与伙伴打造的自主可控的生态合作体系，很好地帮助产品获得了更多的销售渠道。2016—2020年，英方软件通过与华为、百度、腾讯、移动、联通等云平台的合作，将产品发布到线上的"云超市"，方便用户直接购买i2Active、i2Stream、i2COOPY、i2Move、i2NAS、i2Share、i2DTO、i2Availability、i2Backup等产品，帮助英方软件实现传统的B2B销售方式向B2C的销售方式延伸，打破产品销售渠道的天花板，让产品的购买成本和渠道成本更低，也让更多的中小型企业用户能更便捷地购买到英方软件的产品。

（五）价值引领，做受"下一代"尊敬的科技企业

黄金圈法则（Why-How-What），被誉为世界上最有影响力的领导者思维模式之一，它揭示了领导者如何激励及影响人们的行为。例如，当一支队伍的人数达到一定规模后，就需要领导者给大家一个"Why"，告诉大伙我们为什么在一起，我们能够帮助这个社会做什么。这是一个团队的使命、价值观和文化认同的问题。

英方软件成立至今，以胡军擎、周华为首的创始团队，确定了"让世界早有准备"的企业使命，并致力于为全球用户构建高效的IT资产保护体系。

英方软件品牌负责人黄亮表示："这种能够帮助广大用户保护其关键业务系统和数据安全的工作目标，是公司每位员工的奋斗使命，是我们对各个阶段的奋斗目标达成一致的指导原则。"

针对IT信息行业工作强度高、专业性强等特点，英方软件提出了"激情（passion）、专注（attitude）、诚信（integrity）、勤奋（diligence）"的i2PAID企业价值观。

激情（passion）是一种心态，激情不是年轻人才有的气质，开放心态，延续激情。

专注（attitude）是一种态度，严谨做事，匠心做人，做让人尊敬的企业。

诚信（integrity）是一种财富，言必信，行必果，正直立业，诚信待客。

勤奋（diligence）是一种品质，更是一种美德，高效的工作源于持之以恒的勤奋。

员工是英方软件最大的财富之一，特别是充满活力和创造力的年轻一代员工，他们是企业持续发展、基业长青的火种。英方软件为此提出了"构建一个乐于工作和生活的平台，做受人尊敬的科技企业"的共同愿景。"公司会通过健全的员工福利体系和特别经济激励等措施，让奋斗者共享公司的发展成果，让大家的付出既得到精神上的激励，也得到物质上的奖励。"英方软件人力资源总监黄丽娟表示。

为了丰富员工的文体生活，同时提升队伍的凝聚力和战斗力，英方软件坚持不定期举办各类丰富多彩的活动。公司行政及后勤部门会在大家忙碌的工作中，见缝插针地组织一些轻松的娱乐活动，让员工劳逸结合。例如，举办大型的家庭日盛典活动，邀请员工的家属到公司参观和互动，让家人理解和支持员工的工作等。此外，还会不定期举行轰趴、密室逃脱、快乐桌游等各种新潮娱乐活动，非常受年轻员工的欢迎；也会通过年假、调休等休假方式，让喜欢外出旅行的员工到外面的世界看一看、走一走。

除了营造舒适、轻松、活泼的工作环境，对年轻一代的培养也是英方软件的发展目标之一。黄丽娟表示，多名90后员工通过努力工作和优秀的业绩，已经被提拔为相关岗位的总监，他们向大家展示了新一代英方人的拼搏、专业和创新精神。同时，企业也会借助上海市各级政府提供的政策和平台，让员工更多参与到政府的交流项目中，增加见识，增长才干。

（六）爱国敬业，维护关键领域的信息安全

英方软件作为一家中国企业，浓郁的家国情怀始终贯穿企业发展的每个阶段。

在英方软件的现代化办公楼里，步入正门的右手边，高高挂着一面鲜艳的五星红旗。英方软件行政人员表示，无论在公司哪个时期的办公场所，都会将国旗挂在最显眼的地方，并告诉员工要把企业与个人的理想追求融入党和国家事业之中。

▲ 鲜艳的五星红旗总是悬挂在公司最显眼的位置

企业的发展和个人的成长,必须与国家的发展需要紧密相连。英方软件作为信息安全保护领域的基础软件企业,是国家信息安全的参与者、建设者之一。国家利益至上,维护国家安全,是英方软件要求每个员工必须遵守的行为准则。为了加强员工的爱国主义和集体主义教育,英方软件组织员工集中收看庆祝中华人民共和国成立70周年阅兵、纪念抗日战争胜利70周年大阅兵,并开展露天电影院红色影片展等集体活动。

爱国敬业,英方软件时刻践行维护国家关键应用信息化安全的使命。2020年,面对突如其来的新冠疫情,英方软件在全国各地的技术服务团队昼夜奋战,克服人员流动管制带来的各种困难,积极配合当地的卫健委和医院,做好医疗信息系统和数据安全的保障工作。在那段特殊的时间里,部署了英方软件产品的近500家医院客户中,没有发生一起因为信息系统故障导致数据丢失或服务器停止服务的事件。之后,包括医院在内的客户给英方软件发来感谢信，致谢英方软件在关键时刻，共克时艰，为他们的业务和数据安全提供及时的保障服务。

在国家发展的其他关键应用领域，同样有英方软件活跃的身影。当下，英方产品正日夜守护着精密机电、半导体芯片、空间技术研究、中国船舶重工等国之重器，为国家关键领域的信息化安全构筑起一道道看不见的"钢铁长城"。

三、经验启示

当今世界正面临百年未有之大变局，中国科技企业需要抓住国家经济从高速增长转向高质量发展的转型机遇，在经济内循环和外循环的双循环中，坚定走好科技自立自强之路，在适应行业市场不断变化的需求中发展壮大。

（一）实现核心技术自主可控，更好应对潜在危机

当今世界，国际风云变幻莫测，大国之间加剧了核心技术话语权的竞争。目前，国内不少科技企业在关键领域取得了突破性进展，却被部分西方国家歪曲抹黑，并以国家安全为由，不停地挥舞制裁大棒，蛮横地限制和封锁一些关键技术和产品流向这些企业。

没有这些关键技术和产品，中国科技企业还能不能保持创新能力，会不会失去引领行业发展的能力，这是我们当前面临的最大挑战。

在英方软件看来，科技企业的发展，一定要实现核心技术的自主可控，并将唯一性、创新性、领先性作为发展的重点。历史教训告诉我们，如果核心技术受制于人，就会被别人在产品性能、价格和行业标准上压得喘不过气来，别人就可能在发展的道路上"设卡挖坑"，甚至对企业实行"断供"制裁，从技术上阻碍中国企业的发展。

英方软件通过对数据复制核心技术的不断投入，以字节级复制为突破口，全面发展面向云计算、大数据和各种混合架构平台的数据复制技术。目前，英方软件可以帮助国内各行各业的用户，在进行国产化IT产品替代时，

将搭载在国外产品上的系统、数据和应用，低成本、安全、高效地迁移到国产IT产品上。英方软件在这个过程中，也培养了一大批信息技术的综合性人才，为中国的信息化产业在技术标准、人才培养等方面贡献出了自己的一份力量。

（二）善用资本和资源助发展，实现企业高速增长

发展是企业的永恒主题。但是无数的经验告诉我们，资金和资源的短缺，是影响企业持续发展的主要原因之一。特别是中小民营企业由来已久的融资难、融资贵的问题，在一定程度上阻碍了它们的健康发展。

其实，除了银行的贷款，股权融资或债权融资也已经是民营企业获得发展资金的重要途径。特别是在科技领域，国内已经形成非常完善的风险投资体系，拥有大批本土的风险投资（VC）和私募股权投资（PE）机构。

在英方软件的决策者看来，企业在发展壮大阶段，应充分利用好媒体、创投圈等平台吸引投资机构的注意力，因势利导及时将公司的股权变现。英方软件成立至今，已经完成了多轮股权融资。这样，一来可以保障企业现金流的健康，让公司正常地运转；二来可以留住关键的技术人才，集中精力和资源，巩固自身的产品技术优势，快速抢占行业市场。

此外，对于当地政府出台的各种扶持民营企业发展的政策措施，企业要认真研究，设立专人专岗对接各级政府的资源平台，使地方政府推出的好政策能更好地助推企业行稳致远。

（三）打造信仰坚定的"铁军"，高效抓好团队管理

没有凝聚力的团队就是一盘散沙，乌合之众打不了胜仗。商场如战场，企业如果没有扬帆远航的梦想，核心员工没有做大做强的追求，全体员工没有信仰、信念、信心，那么，企业在发展的过程中，就会纪律涣散、人心动摇，容易被各种挫折打败。

前些年的公开数据显示，中国中小企业的平均寿命只有2.5年，而欧美企业平均寿命是40年，日本企业平均寿命则高达58年。造成中国中小企业寿命短的原因，除了部分企业做的产品技术含量不高，不懂得科技创新之外，更重要的是很多企业在发展过程中，没有很好地统一员工的思想。英方

软件明确提出了"激情（passion）、专注（attitude）、诚信（integrity）、勤奋（diligence）"的企业价值观，再通过企业使命、愿景、价值观和爱国主义教育等一系列企业文化的建设，有力地推进了分散在全国各地员工思想和行动的一致性。

上下同欲者胜。英方软件的团队在业内是出了名的能打硬仗的铁军，特别是公司的研发和技术人员，在客户现场的服务水平一直高于行业的平均水平，深受用户的赞誉。这离不开英方软件对员工的高标准严要求，不断加强教育引导，多举措提升员工素质。与此同时，企业非常注重员工的成长及其职业生涯的发展，珍惜政府提供的政策和平台，让员工得到更多交流与锻炼的机会，拓展眼界，提升能力。

（四）保持创新和进取的姿态，品牌才能基业长青

危机感是企业保持基业长青的一种积极心态，正如比尔·盖茨所言，微软离破产永远只有 18 个月。大企业集团尚且如此，更何况中小型企业，特别是创业创新这场马拉松比赛，每一条赛道都充满着各种风险和挑战，中小企业因此更应该居安思危，未雨绸缪。

同时，企业发展到一定规模，会开始慢慢出现"大企业病"，机构臃肿、会议频繁、管理团队庞大，坐办公室的人多了，跑客户现场的人少了，慢慢地企业就会失去活力和创造力，最终走向没落。

"做受'下一代'尊敬的科技企业"是英方软件创立至今所坚守的初心。从 2009 年在北京的一间民房成立研发团队，到现在拥有独立的办公大楼，英方软件的管理团队始终保持朴实的工作作风。现今，英方软件依旧采用开放式的办公方式，充分保障管理层与普通员工之间交流的便捷和通畅。

此外，英方软件的胡军擎、周华等创业元老，每年的出差次数都是公司最多的，他们经常深入一线市场，除了了解各地合作伙伴和用户的需求，还会与一线员工讨论技术方案，并将市场的新需求反馈给研发和产品等部门，有力保障各类技术产品的生命力和创造力。

专家点评

中国信息化产业经过30多年的发展,许多在商业上取得成功的信息化公司,其产品并没有成为信息化的基石和底座。数据复制技术作为中间件应用的关键技术,是基础软件的重要分支,能够帮助各类用户打通数据孤岛,实现数据的互联互通。如今,以胡军擎、周华等为核心的英方软件团队,花费多年时间,相继实现了字节级数据复制、数据库语义级数据复制、变长块级数据复制等核心技术的自主创新。更重要的是,英方软件将这些技术全部转化成产品,并广泛应用于政府、银行、证券、医疗、教育、电信和电力能源等关键领域,保障了相关行业和领域关键信息系统的高可用和数据安全。

英方软件在发展的过程中,也培养了一大批专业的数据复制技术人才,为壮大我国基础软件的人才队伍做出了贡献。但是,我们也应该清醒地认识到,在基础软件领域,国内外的差距还非常大,我们不能放松警惕,还是要通过自身的研发设计,全面掌握关键产品的核心技术,实现信息系统从硬件到软件的自主研发、生产、升级和维护的全程可控,这也是实现信息化技术国产化的必经之路。

在这方面,英方软件向我们展示了其勇立潮头、自主创新的气魄,希望英方软件的案例故事,可以给更多的企业或个人带来启迪;也期待大家携手共进,一起推动我国信息技术应用创新产业高质量发展。

点评专家

韩伟力,复旦大学软件学院副院长,教授、博士生导师,中国计算机学会杰出会员,中国电子学会信息安全专家委员会副主任委员,上海市计算机学会信息安全专委会副主任,中国计算机学会上海分部监督委员会主席。主要研究领域为数据安全、访问控制、人工智能系统安全。

思考题

1. 突破"卡脖子"技术是当前的热门话题。本案例中,英方软件积极探寻核心技术自主可控之路,有哪些做法值得借鉴?
2. "做受'下一代'尊敬的科技企业",是极具英方软件特色的创业理念。你认为它的"深刻性"体现在什么地方?又引发了你的哪些遐想?
3. 《数据安全法》出台之后,将对类似英方软件这样的数据安全领域的科技企业带来哪些发展机遇?

 创业者小传

胡军擎,上海英方软件股份有限公司创始人、董事长兼首席执行官。

男,汉族,1975年3月出生。1997年7月于西安理工大学精密仪器与计算机测试技术专业本科毕业。

曾获中组部"国家'万人计划'科技创业领军人才"、上海市黄浦区"自主创新领军人才"等荣誉。国际灾难恢复协会(DRI)CBCP。

担任上海市工商联(总商会)执行委员、上海市黄浦区工商联副主席等社会职务。曾就职于多家存储/灾备领域的知名跨国企业,包括TandbergData、DoubleTake、HP、SUN、StorageTek、AsiaInfo等公司,历任研发经理、资深架构师、销售总监、中国区总经理、首席代表等职位。

让"医生的眼睛"实现国产替代

——上海透景生命科技股份有限公司推进体外诊断自主创新

伴随着体外诊断技术的不断升级和相关前沿科学技术的广泛应用,全球体外诊断行业市场规模呈快速增长态势,体外诊断产业已成为当今世界最活跃、发展最快的行业之一,在疾病预防、诊断和愈后的判断、治疗药物的筛选检测、健康状况的评价以及遗传预测等领域正

扫一扫,看视频

发挥着越来越大的作用。在人口老龄化加速、创新技术突破和政策红利助推的三轮驱动下,我国体外诊断行业正处于蓬勃发展的阶段。

2003年11月,上海透景生命科技股份有限公司(下文简称"透景生命")从素有"中国药谷"之称的上海张江高科技园区扬帆启航,并于2017年4月首次公开发行股票并在深圳创业板上市。作为一家专注于高端临床诊断产品开发、生产和销售的高新技术企业,透景生命成功创建了先进而多样化的临床体外诊断试剂研发技术平台,在肿瘤、心血管、感染等疾病的体外诊断产品领域居于领先地位,产品已在全国近千家医疗机构使用,性能达到甚至超过国外同类产品,率先迈开了国产替代的步伐。公司先后获得"国家高新技术企业""上海市科技小巨人企业""上海市'专精特新'中小企业""上海市专利工作试点企业""上海市企业技术中心""浦东新区'四新'企业创新奖"等荣誉称号。

生物医药　医疗器械　体外诊断　肿瘤检测　国产替代

一、背景情况

体外诊断(In Vitro Diagnosis,IVD),是指在人体之外通过对人体的样本(血液、体液、组织等)进行检测而获取临床诊断信息的产品和服务。体

外诊断产品广泛应用于临床各个阶段，贯穿初步诊断、治疗方案选择、有效性评价、确诊治愈等疾病诊疗全过程。目前，临床诊断信息的80%左右来自体外诊断，被称为"医生的眼睛"。

（一）从无到有：我国IVD发展迅速

我国体外诊断行业起步于20世纪80年代，在2000年前后从生化诊断、酶联免疫试剂技术开始，快速占领国内空白市场，而后开发出生化仪、酶免仪。国产IVD企业技术的发展从无到有，从易到难。随着2010年国产化学发光技术的突破，第一次实现技术层面的升级换代，并迅速占领二级医院市场，但仍难以撼动三级医院市场外资品牌的领先优势。同时，很多细分领域进口品牌具有卡位优势，医院不会轻易更换使用成熟的技术平台。对于大部分IVD企业来说，必须在技术、成本、产品质量等环节进行差异化竞争才能有所突破。

（二）体量差距：国内市场相对分散

国外市场由于发展较早，体外诊断行业较为成熟，已经形成以罗氏、雅培、贝克曼（丹纳赫）、西门子为主的"4+X"较为稳定的格局，行业前十销售收入均在10亿美元以上，同时排名前十的厂家在各自细分市场都极具竞争力。而国内市场中外资品牌占据主导地位，国产品牌相对分散。国产IVD公司与国际品牌相比，在体量上还存在着极大差距，这也意味着国产IVD公司要成长为国际品牌还有很长的路要走，未来可成长的空间也极大。

（三）战略机遇：医改助力国产替代

由于发展阶段不同，国产公司技术落后进口品牌较多，国产IVD公司的竞争环境一直都比较艰难。然而，国家医药卫生体制改革却为国产IVD行业带来了特殊的发展机遇。自2012年以来，"医保、医药、医疗"三医联动，先后推出医保控费、药品降价并取消药品加成、分级诊疗等一系列政策，政策的累积效应对我国医疗行业产生深刻影响，也给体外诊断行业带来了变革。对于国产IVD企业来说，行业变革是难得的战略机遇期，如果抓住，就能实现超常规发展。

2003年11月，透景生命在素有"中国药谷"之称的上海张江高科技园

▲ 透景生命办公大楼一角

▲ 明亮的实验室

▲ 标准生产车间

▲ 产成品库

区正式成立。公司一直秉承自主创新的理念，致力于打造性能优异的体外诊断产品，助力临床医疗诊断，实现 IVD 的国产替代。自 2003 年创立以来，公司自主开发了一系列具有独特技术的高端体外诊断产品，涵盖肿瘤、心血管、自身免疫、感染等多个领域，性能达到甚至超过国外同类产品，并在国内近千家医疗机构得到广泛应用，已成为国内乃至国际上肿瘤标志物和 HPV 检测领域中项目最为齐全、技术最为领先的公司之一。

二、主要做法

（一）自主创新：两次关键抉择，走上创业之路

如今，张江科学城从"高科技园"起步开始，经历了孕育起步、快速发展，实现了由"园"到"城"的华丽转身。大批国内外知名的集成电路、生物医药、人工智能等产业领域创新企业在这里云集，大批来自全球各地的各类优秀科技人员在这里创业。透景生命的创始人姚见儿，正是扎根在这里的众多奋斗者中的一员。姚见儿的创业之路，源自其人生当中的两次毅然抉择。

▲ 透景生命创始人姚见儿

第一次抉择，是姚见儿即将博士毕业的 1998 年。那一年，马上就要完成医学博士学业、正在积极准备继续出国深造的他，从杭州来到上海办理留学签证。办完签证后，他顺道拜访了当时在张江高科技园区创业的同学。这次拜访，让姚见儿看到了有这么一群人正在张江高科技园区孜孜不倦地痴迷于创新生物医药的研发，热切期盼着能够成功开发出一款自主创新的 I 类新药。他被这些人的创新热情深深地打动，毅然决定放弃出国的打算，甚至直接办理了博士学业中退，举家来到张江，加盟这家创业公司，担任该新药的研发经理，全身心地投入生物新药的研制工作中。经过几年的刻苦攻关，姚见儿终于完成了这款新药的研制任务，其所任职的创业公司也在我国香港创业板成功上市。

2001 年，姚见儿在上海市政府生物芯片技术专项经费的资助下，在生物芯片领域把骨髓分析（白细胞共同抗原分析）的课题研究做得小有声色，并受邀到西雅图全球行业大会做演讲。

演讲结束后，不少同行上前和他讨论技术问题。有人问他："你有没有见过一种荧光编码微球代替物理地址，用不同颜色的微球标记不同的生物分子同时检测上百个指标的技术？"尽管没人把拥有这项技术的公司名字和技术原理明白地告诉他，但姚见儿凭借自己的行业知识积累，已经明显感觉到，这个技术比他正在做的固态芯片先进。

经过多方打听，姚见儿得知拥有这项技术的是美国上市公司 Luminex（路明克斯）。Luminex 的创始人是一群研究流式细胞仪的科学家，在一次检测中创造性地改良了传统技术，实现了一次检测能分辨多个不同荧光标记微球的功能，形成了 Luminex 最早的核心技术，并于 1995 年在美国得克萨斯州的奥斯汀成立了 Luminex 公司。

姚见儿对 Luminex 的商业模式很感兴趣。"他们只是专注在生物、物理领域，还有更多并不擅长的事情应该让专业的人来做。而这项技术的伟大之处还在于，利用荧光编码微球和流式技术，可以高通量地检测各种基因和蛋白分子，与传统技术相比，有 10—100 倍的速度提升，大大地提高了临床检测的效率，缩短了报告等待时间，降低了检测成本，因此应用潜力是无限的。"

2003年，因看好IVD行业的发展以及流式技术在IVD领域应用的机会，姚见儿做出了第二个关键抉择：辞去了上市公司研发经理的职位，依靠3F（家人、朋友、创业基金）模式，创立了透景生命，并坚持自主创新，打造高端体外诊断产品。

"如果我们想在产品性能上超越其他人，替代竞争对手，那么，我们的产品性能必须在人家1.0的基础上变成2.0，或者10.0，要让客户有很强烈的差异感。"创新是企业的发展之道，为此，透景生命密切关注国内外行业技术动向，定期举行技术研讨会，针对行业内出现的新技术新材料新工艺进行学习再创新；对新技术进行充分的调研，积极引进国内外先进设备，不断完善创新模式建设。

（二）瞄准需求：关注技术前沿，锚定发展动力

企业的创新并非无本之木，首先需要了解市场的需求。因而，提供满足临床需求的创新型技术和产品就是企业不断发展的原动力，也是透景生命的发展方向。"作为创新技术推动的企业，透景生命致力于为医生、病人及医疗机构提供契合核心需求的产品、服务。"

肿瘤是老百姓最为关注的疾病，已成为城乡居民的第一位死因。要有效降低肿瘤患者的死亡率，关键是早发现、早诊断、早治疗。随着我国老龄化进程加剧，对肿瘤领域的早期诊断需求越来越大。因此，透景生命成立之后，径直将产品方向对准肿瘤领域，并朝着国内外肿瘤诊断领域第一的目标迈进。

虽然通过对肿瘤标志物的检测可以充分发挥对病情早发现、早诊断、早治疗的作用，但国内肿瘤标志物检测的八成市场仍被国外品牌占据，因而开发具有国外同类性能的国产产品迫在眉睫。经过多年持续的技术攻关，透景生命围绕各类常见肿瘤标志物开发了一系列肿瘤标志物检测产品，覆盖正常人群的筛查、辅助鉴别诊断、愈后疗效跟踪等肿瘤全病程，性能达到甚至超过进口同类产品，检测指标数也超过了进口企业，成为肿瘤标志物较为齐全的公司之一。另外，传统肿瘤标志物检测速度受技术限制远低于生化检测，大幅提高检测速度可以有效减少医生和病人的等待时间。于是，公司通过自

◀ 科研人员在做实验

▶ 技术讨论中

主创新开发了高速联检的流式荧光技术，可以同时检测多个肿瘤标志物，检测速度得到数倍的提升，产品一经推出就得到了市场的广泛认可。

随着临床研究的不断深入，越来越多的肿瘤相关检测项目进入临床应用阶段。即时、尽早地获得最新的理论研究进展并开发相应的检测产品，有助于产品迅速占领目标市场。理论研究表明，女性宫颈癌与持续长期的人乳头瘤病毒（HPV）高危亚型感染有关。透景生命敏锐把握HPV检测在未来宫颈癌的应用机会，在公司成立时即开展了HPV核酸检测试剂的开发，而当时很多业内人员甚至还不知道什么是HPV。随着德国人哈拉尔德·楚尔·豪森发现HPV导致宫颈癌这一研究成果获得2008年诺贝尔医学奖，HPV才正式进入大众视野。此时，公司开发的HPV检测产品已完成研发并即将投放市场，如今，公司成功跻身HPV检测领域供应商前五名。

肺癌作为发病率最高的肿瘤，传统的确诊方法为低剂量螺旋CT检测。由于受其他疾病以及肿瘤早期病灶较小等因素干扰，经低剂量螺旋CT检测为阳性但病灶很小的病人无法正确判断是否罹患肺癌，需要通过活体取样和病理切片后才能进行确认。但由于受病理医生人数及技能的限制，准确性不足50%。为此，公司经过6年的潜心研究，对各类新型的检测技术进行跟踪和分析，在经历了无数次的失败后终于选择了最新的甲基化技术对肺癌相关基因进行筛查，成功开发了国内第一款肺癌甲基化产品，同时申请了国家和国际专利。

透景生命秉持着"以医生、病人及医疗机构的需求为中心"的价值观，以领先的技术水平、丰富的产品线和优异的产品性能为公司赢得了大量的忠实客户资源，使得销售网络覆盖国内30个省市、近千家医疗机构，广泛应用于国内各级医院、体检中心、独立实验室等医疗卫生机构，获得了市场的高度认可。

（三）历经挫折：坚持打磨产品，携手共渡难关

任何企业的创业之路和产品的创新都不可能是一帆风顺的。由于透景生命的创新技术在国内大多属于首创，产品从研发到上市的过程中也遭遇了很多波折和质疑。在产品研发过程中，首先遭遇了诸如多指标联合检测的体系研究、高剂量钩端效应的行业难题等一系列困难，公司研发人员埋头研究、全力以赴，经过无数次的试验、失败、再试验，终于寻找到了解决问题的出路与方式，克服了一系列行业性难题并成功申请了国家发明专利。2004年年底，透景生命开始做注册报批，由于采用的技术属国内首创，遭到了监管部门的质疑：别人1个试剂盒测1个指标，你们怎么测10个？经过公司与监管部门的多次沟通，并向他们详细地介绍了产品的技术原理，最终取得了监管部门的认可，成功进入注册阶段。但不巧的是，这时整体的行业监管政策发生了变动，公司研发的产品从监管分类上由药品变更为医疗器械，需要遵循调整后的监管政策要求重新进行注册报批，公司产品上市的时间又延期了。但公司并未放弃，按照新的监管政策重新进行研究、临床与注册，经过4年的不懈奋战，公司的产品终于获得监管部门的审批，取得了产品注册证书。

在这期间，由于持续的投入，公司的资金已开始捉襟见肘，一度陷入生死存亡之间，员工走的走、散的散，只剩下几个主要骨干。股东希望先做贸易解决生存问题，但创始人姚见儿和这些骨干始终坚持自主创新的发展路

径，认为只有不断地打磨技术和产品，确保技术和产品达到甚至超过国外水平，才能在市场竞争中取得核心的竞争优势，进而在未来创造出更大的价值。经过不断地与股东进行解释和沟通，股东们终于被创业团队的诚心和远见打动，最终在最艰难的时刻多次增资，携手共渡难关。

经过6年多的持续投入，透景生命终于在2009年拿到了等待已久的医疗器械注册证，成为当时国内唯一有流式荧光（液态芯片）产品通过国家药监局批准的单位，将产品成功推向市场。产品一经问世，得到了市场的空前反响。之后，透景生命由小变大、由弱转强，步入快速发展轨道，如今透景生命的产品已在全国近千家医疗机构得到广泛应用。

（四）目标长远：借助各方力量，保障研发投入

凭借着不停步的创新韧劲和领先的研发成果，透景生命先后收获了来自张江高科技园区、浦东新区以及上海市科技主管部门的肯定和关爱，这些渠道给予的扶持和资助在一定程度上缓解了公司在爬坡过坎过程中面临的资金压力。2009年，公司的首款产品完成研发并取得了行业准入资格，但市场推广需要大量的资金，同时后续仍有为数不少的产品需要持续进行投入，企业一时陷入资金缺口的困境。然而，由于公司为轻资产企业，正常的银行融资又很难获得支持。在这个关键当口，公司被浦东新区政府认定为浦东新区企业研发机构，获得了100万元的资助，一下子解了企业的燃眉之急。同时，公司虽然没有购置并形成大量的固定资产，但在长期的研发过程中却积累了可观的专利等知识产权。当时，浦东新区政府根据科技型轻资产企业这些普遍具有的特点和共同面临的问题，率先推出了知识产权质押担保贷款政策，透景生命第一时间以持有的专利进行质押担保，向银行申请了贷款。公司借助这些资助与贷款，以及产品上市后迅速获得市场认可而不断回笼的资金，不仅渡过了难关，而且赢得了先发优势，当年就实现了800余万元的收入，此后收入规模不断扩大，并于2017年4月成功地在创业板上市。

成功上市后，公司的资金问题已不再是限制企业发展的主要问题，如何快速发展才能更好地符合公司的长期发展战略就被摆在了首位。透景生命始终认为不断地创新投入，研发出可媲美甚至超过国外同类产品的质优、价

廉、符合市场需求的创新产品才是企业的长期发展之道。同类产品未来的价格将不断下降，利润空间也会越来越薄，只有具有独特价值和特色的创新型产品才是企业未来的主要利润来源。因此，企业上市后仍然毫不犹豫地继续投入大量的资金用于技术创新，用高强度的研发投入来保持公司研发体系的活力和竞争力。2018—2020 年，3 年的研发投入分别达到 3 999.81 万元、5 198.88 万元、6 293.19 万元，呈现出了逐年大幅度增长的态势。

（五）社会责任：紧急研制试剂，即时复工复产

一场突如其来的新型冠状病毒肺炎疫情扰乱了人们正常的生活秩序，严重危及人民群众的生命安全和身体健康。尽快完成新冠病毒检测试剂的研制，对疫情防控殊为重要。作为体外诊断试剂研发企业，疫情就是命令。公司即时地投入了产品研发，相关研发人员放弃了春节与家人团聚的机会，夜以继日地从事新冠病毒检测试剂的研制，终于在春节期间完成了新冠病毒核酸检测试剂的研制。春节之后，公司又即时地复工复产并成立了疫情防控行动小组，继续研制并生产了多个相关检测产品。在打赢这场疫情防控阻击战中，透景生命毫不退缩地贡献了专业担当的力量。

此外，公司还连续多年荣获中国癌症基金会颁发的"社会公益奖"、广东健康管理学会的协同创新奖等，并成为中国宫颈癌防治工程 HPV 合作中心。

三、经验启示

（一）抓住机遇，以创新创业为动力之源

创新是社会进步的灵魂，创业是推进经济社会发展、改善民生的重要途径，创新和创业相连一体、共生共存。近年来，党和政府高度重视创新创业，持续推进大众创业、万众创新，在国家层面和地方层面出台了一系列政策支持创新创业，创新创业迎来了最好的发展时期。透景生命正是牢牢抓住了国家和地方大力鼓励生物医药产业进行国产替代带来的前有未有的难得机遇，专注创新、执着创业，迎来企业发展的明媚春天。

随着PE/VC等各类投资基金的成熟发展，投资基金的运作越来越专业化，投资的时期包括天使轮、A轮至C轮、PreIPO等，覆盖企业发展的各个阶段；同时，随着越来越多的优质企业成功上市，积累了较多的资金，且有动力通过投资培育更多创新型的项目或企业，创业融资更加多样、便利。这就为创新型企业提供了充足的资金保障，只要扎实地进行技术创新，市场有多种途径快速地找到合适的投资人进行融资，帮助持续推进优质项目向产业化方向发展。

（二）瞄准痛点，形成企业核心竞争力

创新应与目前国内外的经济与技术水平相匹配，否则就是空中楼阁，无法实现。试想一下，如果没有移动通信技术的进步，就无法实现目前人们习以为常的互联网生活，更无从谈起各种新型商业模式的创新，也不可能成就腾讯、阿里巴巴、华为等互联网企业。另外，创新也要以市场需求为导向，否则，即使能在技术上取得重大突破，但如果无法被市场所接受和使用，最终也可能会被束之高阁，失去创新的价值。只有通过各种方式对目标市场进行详细了解，充分分析目标市场的空间、现有技术水平、市场竞争格局、现有产品不足等，结合自身特点选择合适的领域进行创新创业，方可形成自身的核心竞争力。

随着生活方式、环境污染、寿命延长，肿瘤的发病率明显提高，对于肿瘤检测的需求规模日益巨大。但国内企业在进入肿瘤检测领域的时间较短，加之国内生物医药技术与国外存在一定的滞后，国内肿瘤检测领域的市场长期被国外品牌占据。正是因为看到肿瘤检测领域的需求缺口和发展前景，透景生命才应运而生。由于终端用户对于检测速度的要求越来越高，透景生命又顺势自主研发了可实现快速联检的流式荧光技术，大幅度地提升了检测速度，已成为行业内最具特色的技术，以此技术开发的产品已被国内近千家医疗机构使用，成为相关领域国内龙头企业之一。

（三）不忘初心，在"无人区"砥砺前行

创新意味着在走一条前人没有走过的路，没有经验可循，可能面临包括技术、人才、资金、管理等各方面的坎坷与困难，有些困难甚至可能影

响最终的成败。作为先行者，要有直面这些坎坷与困难的勇气，不能被这些坎坷与困难吓倒，要不忘创新创业的初衷，学会借助各方资源，寻找克服困难的方法，找到符合自身发展的道路，不管道路如何艰难，坚持到底，勇往直前。

创新企业在发展中有几个常见的发展瓶颈：一是技术与产品创新过程中遇到了难以解决的技术难点。虽然在创新创业前已经过深入调研与分析，但在技术和产品实现过程中仍然会面临诸多无法设想的难题，不少创新企业在此停步不前，只有坚持初心、努力坚持的创业者才有机会找到技术突破的方法，跨入新的发展征程。二是技术与产品已经成熟，在市场推广时市场接受的时间较长甚至一时无法被市场接受。由于之前市场无同类产品，新技术和新产品被市场接受需要一个过渡期，在此期间技术和产品的推广难度可能会比现有产品更大。特别对于生物医药领域，新技术和新产品在进入市场前尚需取得相关监管部门的审批并进行物价核定，由于没有或甚少有可比产品，更需要向各相关监管部门详细介绍技术的创新之处及其产品价值，以尽早取得审批才有机会进入市场。不管是技术创新难以突破，还是一时无法为市场所接受，只有不忘创新创业的初心，坚持不懈，方得始终。

（四）政策扶持，促进创新型企业发展

创新型企业在资产结构上看固定资产较少但专利、商标、软件著作权等无形资产比重较高，人员以高学历为主，在初期技术投入较大但收入很少甚至没有任何收入。这些都与传统企业存在着巨大的差异，政府各相关部门在制定行业发展政策时需充分考虑这类企业的发展特点，适时出台符合创新型企业发展规律的政策措施，以有效促进创新型企业发展。例如，在发展初期由于创新型企业的投入较大，尚无法产生或仅有少量的收入，此时需要出台相关扶持政策促进其继续加大研发投入，对于其研发投入进行适当的补贴来加以鼓励；创新型企业融资时可降低对其传统型固定资产的考量，而着重评估其优质专利、商标等无形资产，并以这类资产作为抵押或质押物支持企业获得融资。

专家点评

发现甚至创造巨大的市场机会是创新的动力和源泉。生物医药产业作为国家八大战略新兴产业，其市场规模及发展潜力都非常大。但由于国内的生物医药领域起步较晚，经过近几十年的发展技术水平虽已逐步接近国外先进水平，在某些领域甚至达到了国际领先，但在大部分领域仍以国外品牌为主。因此，开发具有自主知识产权、有创新性、可替代进口品牌的产品已成为生物医药领域的必然要求，也是确保国内民众健康安全的保障。此领域的创业方兴未艾，受到市场和资本的广泛关注，越来越多的有理想、有抱负的人投身到创新创业的时代洪流中。

透景生命作为高端体外诊断产品的研发、生产和销售的生物医药企业，一直关注新技术和产品创新，在困难面前坚持创新，不断前行，多次创造了全国第一的辉煌成果，前后共申请了60余项专利，产品已在以国际品牌为主的三级医院广泛应用，并占到全部医院客户的80%，率先迈开了国产替代的步伐。

点评专家

王方华，上海交通大学安泰经济与管理学院原院长，教授、博士生导师，国内管理学界知名学者。曾任国务院学位办学科评议组成员、全国MBA教育指导委员会委员、教育部科技委学部委员、中国市场学会副会长、上海行为科学学会会长、上海市市场学会副会长、上海管理科学学会理事长等社会职务。

思考题

1. 在自主创新领域，基于市场需求的"二次创新"或从0到1的原始创新，企业应该如何看待和选择呢？

2. 作为创新型企业,长期不断的研发投入或将导致企业短期资金不足。处于尚未盈利阶段,企业的生存问题如何来解决?
3. 为更好地促进企业自主创新,政府部门还可以进一步发挥怎样的作用?

创业者小传

姚见儿,上海透景生命科技股份有限公司创始人、董事长兼总经理。

男,汉族,1970年6月出生,中共党员。1993年7月于浙江医科大学(现浙江大学医学院)病理学专业本科毕业,1996年6月获浙江大学医学硕士学位,继而在浙江大学攻读病理学博士,后因创业办理博士学业中退。

曾获科技部"创新人才推进计划科技创新创业人才""上海市领军人才""中国体外诊断产业领军人物"等荣誉。担任全国卫生产业企业管理协会医学检验产业分会副会长、全国卫生产业企业管理协会医学专业委员会常务委员、上海市浦东新区科技服务机构发展促进会会长等社会职务。

帮助小微企业从"0"到"1"

——上海山谷优帮众创空间管理有限公司打造创新创业服务平台的实践探索

创新创业　活力四射——新时代上海创新型企业攻坚克难实践案例

在"大众创业、万众创新"的时代浪潮下，上海山谷优帮众创空间管理有限公司（下文简称"山谷you帮众创空间"或"山谷you帮"）于2015年8月应运而生。以"陪伴成长、分享成功"为愿景，以"服务创业团队、助力企业发展"为使命，山谷you帮按照低成本、便利化、全要素、开放式的小微企业孵化平台建设要求，全心全意做好空间打造，用心用情搭建服务平台，凝聚了一支有专业经验、有奉献精神的创业导师，整合了一批资源丰富、高能高效的服务机构。从创业辅导到政策应用，从资源对接到成果转化，山谷you帮为新创企业、创业项目提供全链条、多角度、一站式的服务，助推企业走上健康发展的道路。伴随着创新企业的不断成长，山谷you帮先后被认定为"国家级众创空间"和"上海市科技企业孵化器"，为进一步完善创新创业生态系统，激发大众创新创业活力不断探索前行。

扫一扫，看视频

大众创业　孵化载体　众创空间　创业孵化　小微企业

一、背景情况

创新是引领发展的第一动力。抓创新就是抓发展，谋创新就是谋未来。习近平总书记在2014年中央经济工作会议上强调，市场要活、创新要实、政策要宽，营造有利于大众创业、市场主体创新的政策制度环境。

2014年9月，在夏季达沃斯论坛上，李克强总理提出"大众创业、万众创新"的号召，要求打破一切体制机制的障碍，让每一个有创业愿望的人都拥有自主创业的空间，让创新创造的血液在全社会自由流动，让自主发展的精神在全体人民中蔚然成风。随后，国务院印发《关于大力推进大众创业万众创新若干政策措施的意见》。自此，全国上下掀起了一股创新创业的热潮。

2015年5月，十届上海市委八次全会审议并通过了《关于加快建设具有全球影响力的科技创新中心的意见》，提出"两步走"规划，到2020年前，上海要形成科技创新中心基本框架体系；到2030年，要形成科技创新中心城市的核心功能，并在体制机制、人才机制、创新环境和重大布局等方面作出部署。在创新环境方面，要求促进科技中介服务集群化发展，推动科技与金融紧密结合，支持各类研发创新机构发展，建造更多开放便捷的众创空间，强化对科技创新中心建设的法治保障，进一步营造大众创业、万众创新的浓厚氛围。

作为上海建设科创中心的重要承载区之一的闵行区，积极响应建设全球影响力科技创中心的战略目标，将建设南部科创中心作为重要的发展方向，致力于建设国家科技成果转移转化示范区，打造具有闵行特色的"一站式科创集聚区"。围绕形成"创新引领区""众创集聚区""产业承载区"的形态布局要求，闵行区政府在打造具有全球吸引力的众创集聚区方面，加强与国内外优质创业服务机构的对接和合作，推动创新创业孵化平台及专业服务平台的建设，致力打造具有新鲜活力、优质资源和高效成果的众创集聚区。

正是在这样的创新创业大背景下，山谷you帮众创空间应运而生。2015年8月，山谷you帮成为闵行区首家以众创空间为类目注册的众创空间专业运营管理机构。自成立以来，山谷you帮始终践行着"服务创业团队、助力企业发展"的使命，以及"陪伴成长、分享成功"的愿景，用心服务创业者，帮助企业成长成事。

自创立以来，山谷you帮每年都在突破，都在向上进阶。

2017年3月，山谷you帮被上海市科委认定为"上海市新型孵化器（众创空间）"；同年9月，获"闵行区低碳科普示范园区"认定；同年12月，被科技部认定为"国家级众创空间"。2018年5月，山谷you帮被闵行区人力资源和社会保障局评定为"区级创业孵化示范基地"。2021年4月，获"闵行区劳动关系和谐园区"认定。2021年5月，被上海市科委认定为"上

▲ 山谷you帮被科技部认定为"国家级众创空间"

海市科技企业孵化器"。目前，山谷you帮是上海全市为数不多的同时拥有科技企业孵化器、众创空间双认定的孵化载体之一，并年连续4年在闵行区科委组织的孵化载体年度绩效考核中名列新型孵化器组前两位。

在培育企业方面，截至2020年12月底，山谷you帮累计培育创业企业150余家、创业项目90余个；培育企业累计获得各类专利知识产权271项（其中发明专利近60项）；先后有2家企业获得市（区）级科技小巨人立项、6家企业获得国家高新技术企业认定；获得市区级科委创新基金、人社局补贴、大学生创业公益基金资助等各类政策支持的企业30余家，圈讯科技、睿仁佳心、唐廊网络科技、房兴信息科技、卓百文化、道康科技、晴翠文化科技、堇域智能等多家企业成功获得融资合计3 000多万元。2020年，山谷you帮在园的90多家企业中，超过85%的企业有营业收入，全年取得营业收入2.38亿元，缴纳各种税收700余万元。

二、主要做法

（一）提供"幼帮"服务，协力相扶共生

1. 复合的山谷：相叠互补，执信前行

山谷you帮为何能做孵化企业的众创空间？这首先与创始人丰富的职业

▲ 山谷 you 帮创始人刘水彬

经验有密切关系。

在进入科技孵化业态之前,创始人刘水彬曾有过多业态、跨领域的职业经验:商业地产开发和运营、酒店及酒店式公寓、广告行业、建筑和体育产业……刘水彬本身就是一个跨行业的连续创业者,20多年的摸爬滚打,让他深深了解创业生态的重要性。

"陪伴成长,分享成功。"凭借着一腔帮扶小微企业的热情,以及助力万众创新的梦想,2017年起,刘水彬把全部精力专注于企业孵化和服务,在其他产业则保留投资人身份,将经营权交付合伙人。

也是从这一年起,创始人刘水彬开始了他人生的"加减法"。减去的是他以往的职业负荷,因为他要对山谷 you 帮倾注更多的心力;增加的,则是他的社会责任。

其实,此前刘水彬身上就有多个社会标签:同时担任九江市上海商会常务副会长、上海振兴江西促进会修水分会会长、闵行区青年就业创业促进会副会长等多个商协会的社会职务,有着丰富的社会资源和人脉资源。然而,尽管已经身兼数职，但在服务企业的过程中，刘水彬还是时常感到力量不够、资源短缺。

因此，为了打造一个更加专业、更加广阔的服务平台，刘水彬抓住一切机会学习、提升。如今，他又成为上海市科技专家库专家、上海大学生科技创业基金会评审专家、闵行区科技专家库专家、上海紫竹小苗朗新基金投资决策委员会委员、紫竹创投孵化器创业导师、淀湾孵化器创业导师、闵行区颛桥镇商会副会长兼园区专业委员会主任委员等；同时，山谷 you 帮还是上海市技术转移协会、闵行区知识产权协会等创新创业领域行业协会的成员。这些新的身份标识，占去了他的许多时间精力，但拉长了他的服务半径，拓宽了他的联帮平台，再奔波辛苦，他也觉得有价值。

"做一个复合型、有厚度、有温度的服务者，为创业者提供尽可能多的超值服务。"这是刘水彬对自己的要求。他是这样想的，也确实是这样做的。这些年来，利用自己多重身份的优势，他孜孜不倦于资源的对接、撮合，形成有利于企业发展的叠加能量。企业入驻山谷 you 帮逐步长大后，他又为企业寻找适合落地的加速器，目前颛桥周边的总部一号、全方位科技园等多家园区都有从山谷 you 帮走出来加速的企业。目前，入驻加速器的企业不仅得到了稳定成长，还为当地提供了不少就业岗位。

2018 年以来，山谷 you 帮众创空间的精细化孵化服务、联邦式帮扶多次被相关媒体报道；2020 年，山谷 you 帮案例被《科技中国》杂志作为助推科技成果转化典型案例推介。

2. 开放的山谷：不拘一格，兼容并蓄

近年来，孵化器、众创空间层出不穷，不少都有明确的产业方向。例如，国民孵化器定位节能环保，湾区智谷孵化器定位人工智能，Co-Way Space 众创空间定位国际技术转移等。山谷 you 帮在选择入驻企业之初也有过产业方向的考虑，但他们更看重的是创业者的个人禀赋和心理素质。"我们是刚刚起步的创业空间，需要在创业上有梦想、有激情、有行动的人，而不是单一行业的集聚和类同项目的展陈。"山谷 you 帮团队始终这样认为。

为了选择优秀项目，山谷 you 帮对创业者（项目）始终坚持"三个优先

租"原则：一是创业型小微企业优先租；二是互联网、电子信息技术及创新型企业（项目）优先租；三是企业创始人为"90后"的优先租。与之相对的，则是"三不租"原则：一是项目市场前景不好的不租；二是企业负责人不爱学习、不愿交流的不租；三是企业负责人年龄超过45岁的不租。

关注小微、看重学习、面向年轻人……本着开放、包容的态度，山谷you帮对电子信息、新能源、新材料、人工智能等不同领域的科技型创业团队兼容并蓄。目前，已经入驻的科创型企业包括三融环保、芯垣电子、利淘豪斯、顶晶电子、堇域智能、芃酷信息技术、圈讯互联网科技、唯师科技、奥色科技等近百家。这种"不唯行业、但重创客"的吸收人才模式，使空间内部的青年创业者能够在各个领域之间碰撞出灵感的火花。

经过这些年的发展，山谷you帮已形成以电子信息、人工智能为产业导向的科技企业集聚地。2018年，在上海市创新创业服务体系建设中，山谷you帮获得"专业化"立项。

3. 共享的山谷：互动交流，相扶共生

一切为了创业者，为了创业者的一切——在众创空间中，"共享"是一个很重要的概念。它的本意主要是由创业载体提供免费空间和服务，解决小微企业创业初期的资源短缺难题。但在山谷you帮的理解和实践中，"共享"这个词不仅仅是看得见的会议室、观景阳台、咖啡吧等物理空间，它还是一个不断迭代的概念。

山谷you帮将这种"共享"的体验由物质状态伸延到精神层面。例如，每双月的最后一周，邀请2位年轻的创业者走上山谷讲台，分享创业经历，回应创客之惑。这种现身说法的分享会，山谷you帮给它命名为"you客帮"。顾名思义，是为了给处在幼年阶段的小微企业、创业团队提供展现自我、获取资源的舞台。为了提高分享会的吸引力，山谷you帮建立了一个青年创业人才库，除了初创者分享外，还定期邀请外部创业明星（you客）走上讲台，通过共享经验、对话互动，传递创业之道，提振创客信心。

之所以如此看重这个类似于互动课堂的"you客帮"，是因为在刘水彬看来，一个成功的创业者，不仅要有创新的思维、坚韧的品格，还需要具备一

定的控场能力和表达技能。

"有太多的优质项目，由于创业者不善于在公众场合自我表达，往往在创业大赛、项目路演等需要个人展示的舞台上，早早地在陈述环节就被淘汰出局。"刘水彬希望，让有梦想的年轻人"能创业、会演说、善分享"，这是山谷you帮自我设定的服务内容，也是他们对幼年期小微企业的真诚期待。

空间外的"you客"相帮，空间内的创客分享，由于扶幼助弱的双月互动，空间内各个团队之间的关系不再是路人和过客，他们是彼此的分享者和聆听者，在山谷you帮搭建的平台上相扶共生，砥砺前行。

（二）营造"优帮"氛围，助力创业新苗

1. 成长的山谷：导师提点，共育新苗

为了更好地服务创业企业、促进园区高质量发展，山谷you帮坚持走专业化、精益化服务道路，组建了一支优质高能的创业导师队伍。目前，这支队伍有22人，其中既有科创专家、高校教授，也有投资人、成功企业家，更有服务在科技一线的专业人才、知识产权律师等。导师提点、专业辅导，为企业的发展和进步提供了很大帮助，不少企业因此少走了弯路、降低了试错成本。

各路导师汇集山谷，组成了全方位、高效能的专业导师团队。

第一类是专家型导师，他们主要为创客解决商业模式建立、企业管理等问题。例如，殷志成导师是上海市科委认定的科技创业导师，拥有多年国家机关、科研机构、高等院校工作经验，具有扎实的理论功底、丰富的实战经验和卓越的创新能力。此外，还有科技创新政策专家、孵化器运管管理专家、科技创新管理专家等。他们定期来山谷you帮坐堂"开诊"，为企业提供高质量讲座和辅导。在他们的指点下，不少企业走出了弯道超车的成长之路。例如，园区企业三融环保，在专家的辅导下，自主研发多项专利技术，由其主持开发的ERD+饱和蒸汽催化燃烧脱硝技术成功引领行业标准，无氨脱硝率高达76.33%，该企业已拥有各种专利29项，其中发明专利高达18项，于2020年获得"闵行区科技小巨人"立项，并具备申报上海市"科技小巨人企业"的条件。

帮助小微企业从"0"到"1"

▲ 山谷 you 帮导师团队为企业进行创业辅导

▲ 实践型导师辅导企业项目路演

481

第二类是实战型导师，他们由数位一线企业家、投资人联袂组成，主要为创客提供创业大赛、项目路演、项目答辩等实战训练。为了让企业获得更多实训机会，2016年，山谷you帮对有限的空间资源进行梳理，在8楼特别开辟出一个路演室，为企业打造一个路演仿真场所。每季度定期举办一场专业的项目路演，因为有知名导师加盟，不仅本园区的企业争相参加，也有不少外部企业慕名而来。无论PPT的制作、演讲节奏的把握，还是重点内容的呈现，以及现场的即时互动，导师都会给予全面而又细致的辅导。自公司创立以来，空间共举办项目路演10多场，涉及电子信息、人工智能等多个行业。经过严格的实训，近年来有越来越多的企业报名参加了创新大赛，技匠电子、唯师科技等多家企业在"创业在上海"国际创新创业大赛中成功获得创新资金立项，唯师科技获"中国创翼"创业大赛闵行区优胜奖，2019年又有圈讯、波态、卓百等多家企业参加"创业在上海"中国创新创业大赛，2020年更是多达11家园区企业踊跃参赛。手把手的帮扶不仅让园区企业实现了正向成长，也让不少通过特别申请渠道前来学习的企业获益良多，如来自零号湾的木白科技、维岳科技等多家企业在接受了多次创业辅导后，在创业大赛、项目融资上都取得了不俗的成绩。

第三类是专业型导师，他们由财税专家、律师、科技服务专家等组成，主要为企业提供创业政策的专业支持。在创业企业成长的过程中，专业型导师担当的主要是陪伴者和引导者的角色，他们每隔一段时间，就会给企业解读科委、经委、发改委等各政府职能部门发布的政策。在实操层面，专家型导师主要针对企业需求提供各类帮助，如知识产权规划及申报、高新企业（培育）申报、如何得到科技金融的支持、税务新政下企业发展之路、获取创业扶助政策等等。

2. 可塑的山谷：相托向前，精进创新

山谷服务，企业努力，导师加持。多方合力下的山谷you帮，还有另一股特别的力量在推动它前行——来自政府的支持。

颛桥大大小小的园区不少，山谷you帮面积不大，不到1万平方米；位置也不占优，且成立时间也短，谈不上有多少成熟的运营经验。但因为创始

人自身的创业经历，让他明白要让山谷 you 帮小而出众、小中见大，一是要有亮点让政府放心，二是要有"卖点"让创业者安心。在亮点方面，山谷 you 帮成立当年即创造了工作岗位，入驻企业逐年有了税收增长，得到了主管部门的认可。近年来，在闵行 29 家创业孵化载体的年度考核中，山谷 you 帮和紫竹 ET 空间一起，牢牢占据着新型孵化器组别的第一梯队位置。理解政府，用好政策。因为对政商关系的良好把握，颛桥镇商会、科信办、招商服务中心等职能部门在优化营商环境主题活动中，都纷纷将山谷 you 帮作为活动举办地，尽可能向这个年轻的创业空间提供资源，这无形中也提升了山谷 you 帮的影响力。在颛桥镇的"金颛"年会上，山谷 you 帮连续 4 年被评为"优秀园区"。2020 年，颛桥镇交给山谷 you 帮一项特别的任务，由其牵头成立颛桥镇商会园区专业委员会，对镇域的各大小园区进行资源整合，进一步优化区域营商环境、提高企业服务水平。

在"卖点"方面，山谷 you 帮对创业者的关心、支持超越了他们的期望，不仅有成长过程中的各种服务，更有创业心理的支持和关怀。因为在空间创始人刘水彬眼里，通过创业行为塑造坚韧的性格、弹性的心理、创新的思维，远比项目暂时的成功更有价值。因此，他给自己定下一个不成文的规定：每周深度走访 3 位创业者，了解他们的需求、困惑或担心，尽力帮助他们解决问题、配置资源。在他看来，每一位进入山谷的创业者都是可塑的，年轻、有梦想，那就点亮他们、支持他们、托举他们，让他们在摸爬滚打中找到成功之门。

（三）整合"联帮"资源，聚力小微成长

1. 合作的山谷：资源整合，助力创业

对来山谷 you 帮寻求事业发展的创业者，山谷 you 帮给自己的定位是：做一个架桥者，链接一切有效的联帮资源，集聚更多可用力量，打造一站式服务平台，助力创业者走好企业成长中的每一步。

与第三方服务机构合作，包括创业服务机构、律师事务所、会计师事务所、知识产权事务所、创业培训机构等，为创客解决创业中的实务问题。每一类机构，山谷 you 帮优选 3 家合作，形成服务矩阵。为了构建起一个资源富集、信息畅通、链接有效的联帮平台，山谷you帮和创业者一起，创立了"山谷星期五"学习品牌。

于是，在这座创业大楼的顶楼学堂里，或3楼的露天阳台上，每个星期五都有一家专业服务机构如约而来。涉税成本与人力成本筹划、绩效管理与薪酬体系搭建、知识产权体系管理、稳岗补贴和项目申报……围绕初创企业可能遇到的财税、人事、创新、法律等各类问题，不同领域的服务机构与创业者开展面对面的咨询、辅导，为成长中的企业搭建向上的阶梯。

与投资机构合作，为创客解决创业中的投融资难题。山谷you帮与新进创投、全鑫基金、惠畅基金、上海大学生科技创业基金会、紫竹小苗等40多家投资机构建立了长期合作关系，为园区内的优秀项目进行投资。每年在山谷you帮举办的投资机构—创业企业对接会不少于20场，目前获得融资的10多家在孵企业，投资额少则几十万元，多则达数千万元。

同时，山谷you帮利用自身的各种资源，累计为园区及周边企业撮合融资过亿元；获得天使基金雏鹰计划和雄鹰计划支持的企业3家（前者为创业

▲ 举办资源深度对接会

者发放免息免抵押小额信用贷款，后者则是孵化机构投资入股创业企业且不享受股东收益的投资模式）。在引进优质投资机构的同时，山谷 you 帮也设立了自己的 2 000 万元投资基金，投资了柔图科技、房兴科技、道康智能等 9 家企业，投资金额 1 100 余万元。

2. 集约的山谷：开源节流，科学发展

《关于本市发展众创空间推进大众创新创业的指导意见》规定，"采取补助、创投引导、跟投、购买服务等方式，支持众创空间及创业项目、初创项目。鼓励各区对众创空间建设中发生的孵化用房改造费、创业孵化基础服务设施购置费、贷款利息等给予一定补贴"。根据这一文件精神，山谷 you 帮众创空间的开办费得到了政府一定的支持。但创业孵化是一项公益事业，对山谷 you 帮这样的民营机构来说，通过孵化企业赚钱很难，能做到不亏本就很不容易了。为了走好走稳，山谷 you 帮确定了十四字的经营思路：用好联帮资源、精益集约、开源节流。

精益集约方面，主要表现在山谷 you 帮的资源整合上。由于是国家级众创空间，市、区科委，以及颛桥镇政府等相关部门对它的考核比较严格，考核指标包括举办的活动次数、参与人员、为企业提供的服务数量等。在举办创业服务活动时，山谷 you 帮尽量与相关服务机构联合举办，双方分工合作：由服务机构提供师资、资料等，并承担一些相关费用；山谷 you 帮提供场地，组织在孵企业和创业团队参加。同时还与当地招商服务中心、科信办、人社局、商会、工会等政府部门及群团组织加强联系，与他们联合承办企业培训、专题讲座、政策解读、申报辅导等活动。如针对新冠疫情影响，为了提升企业竞争力，山谷 you 帮与颛桥镇总工会、文明办、商会联合举办了商务礼仪培训班，进行了 3 天封闭式培训，为企业送去了疫情时期特别的支持。一心在山谷，聚力助小微。用这种精益集约的方式，既能获得高质量资源，完成上级考核要求，提高企业服务绩效，又能减少活动成本，做到持续发展，实现双赢。

开源节流方面，主要表现在山谷 you 帮的科学管理上。按照低成本、便利化、全要素、开放式的小微企业孵化平台建设要求，空间内部的办公工

位、独立办公室以及全包式办公室等都以低廉的价格出租给创客们使用。目前，山谷 you 帮有 3 种创业空间可供选择：一是 50—500 平方米的独立办公室；二是 20—100 平方米的全包式办公室；三是自成一体的共享工位。除了办公空间外，还配备了培训中心、项目路演中心以及各种中大小会议室，供广大企业及创业团队免费使用。为了减轻初创者的负担，对经过评定的 3 人以下优秀创业项目，空间免除 6 个月的办公室租赁费用。为了做好收支平衡，山谷 you 帮一方面积极参加市、区各级部门的考核、评优，争取相关资格或荣誉称号，得到一些奖金支持，以弥补为企业服务的经费支出；另一方面尽量压缩管理成本，优化空间形象，以良好的服务、较高的品质，吸引优质的创业团队入驻，最大可能降低空置率。几年来，山谷 you 帮众创空间的空置率基本维持在 5% 以下。除了在管理绩效上做文章外，山谷 you 帮还从长远考虑，借助机构推荐和自身判断，寻找一些优质创业项目，进行早期的种子和天使投资，与企业相伴成长，以期获得一些投资收益，弥补经营上的财务压力，尽量做到收支平衡。

（四）做实"诚帮"文章，致力幸福职场

1. 学习的山谷：真情相伴，精益服务

培养一支专业且精干的服务团队，是山谷 you 帮的立足之本。目前，山谷 you 帮管理团队一共 12 人，其中超过 80% 的人具有行业从业经验，平均工作年限 11 年，平均年龄 35 岁，具有大学学历的 9 人，硕士研究生 1 人。设置了企业服务部、招商服务部、投资服务部、行政财务部、物业服务部 5 个职能部门，运营架构为总经理→运营总监→部门负责人→部门工作人员。

为了加强营商环境建设，让服务团队更加务实高效，服务水平更上一个台阶，山谷 you 帮建立了企业小秘书服务机制，企业小秘书在各家企业的工商、财务、税务、知识产权、政策、活动等方面花费了大量的时间和精力，第一时间响应入驻企业的需求，解决他们的发展难题。着眼于夯实能力基础，做好诚帮服务，山谷 you 帮坚持学无止境、持续完善理念，要求员工"在工作中学习、在学习中工作"，做一个不断成长的"学习型员工"。总经理刘水彬不仅自己坚持学习，还经常带领团队到沪上其他创业基地现场交

流，取长补短。运营总监童海燕给自己定下一个精进任务：每年参加一项专业学习，获得一张专业证书。在"上海科技孵化30周年表彰大会"上，童海燕被授予"孵化服务标兵"称号；2020年，她又被评为闵行区众多园区中唯一的"优秀科技金融服务专员"。

尽心尽力做好企业管家，全心全意提供精益服务，山谷you帮得到了入驻企业的高度认可，在同行业中也树立了良好的形象。学习没有止境，优化营商环境永远在路上。坚持用学习武装自己，让山谷you帮走出了一条以小见大、以诚见长的发展道路。自创立以来，山谷you帮每年都有成长型项目进入加速器，也有新项目入驻，平均每年入驻团队（项目）30户以上，年孵化成功率超过85%，这在孵化界是一个很高的比例。

2. 多彩的山谷：活动不断，幸福职场

做诚帮文章，建幸福职场。为了满足创业者和企业白领的精神需求，丰富空间职场生活，山谷you帮以人为本，按照风物节令和实际需求，定期组织各类丰富多彩的文化体育活动。如春节前夕，举办"迎新年，送春联"活动，"带副春联回家乡"也渐渐成为山谷you帮的一个传统；夏天，为落地企业送去南汇水蜜桃，体现空间的夏日关怀。为了让创业者找到创业生活中

▲ 山谷you帮新年送春联活动

创新创业　活力四射　——新时代上海创新型企业攻坚克难实践案例

▲ 山谷 you 帮足球队

的身心平衡，特举办"遇见读书"活动，邀请沪上知名书法家、资深读书者戴寒松老师为大家讲解创业人的读书之道；为丰富女性白领的职场生活，多次举办艺术插花、水仙雕刻等活动，邀请多位专业的艺术老师前来传播艺术、陶冶情操。2018 年，为庆祝孵化器 30 周年，山谷 you 帮联合空间内的企业，组织了一支足球队参加"众创杯"足球赛，山谷球队表现优异，成功晋级八强。各类活动拉近了创业者之间的距离，丰富了他们的职场生活，彰显了空间的人文关怀。除了常态性开展各类有益身心的活动外，山谷 you 帮还在空间优化上做文章，2019 年开辟了"妈咪小屋"，为哺乳期女职工提供舒适自在的独立空间；2020 年又增设了"上海职工学堂""颛商学堂"，为提升园区活动品质做好资源保障。

　　由于设施齐全、活动多样，山谷 you 帮被闵行区委统战部和闵行区新社会阶层人士联谊会确定为"新联会"活动基地，并于 2017 年成为颛桥镇首家挂牌的"新空间"。2019 年，山谷 you 帮喜获闵行区四星级"新空间"荣誉。

▲ "低碳四月走,创业在 you 帮"健身徒步活动

(五)构建"you 帮"生态,合力绿色发展

为响应党的十九大提出的建设"美丽中国"号召,山谷 you 帮以绿色办公、节能降耗为抓手,持续传播低碳理念,引导企业走持续发展之路。除了倡导落户企业在用纸、用水、用电上节约外,还通过举办各种活动来强化绿色观念。例如,结合每年 4 月 23 日的"世界地球日",组织"低碳四月走,创业在 you 帮"健身徒步活动,以宣传垃圾分类为主题,队员徒步 5 千米,一路捡拾白色垃圾,一路传播山谷 you 帮众创空间健康、绿色的公益理念。有 20 多家企业 50 多人全程参加,其中还有空间外的队员从虹口、杨浦等地慕名赶来。

2017 年 9 月,山谷 you 帮被评为"闵行区低碳科普示范园区";同年,山谷 you 帮成为沪上著名公益组织"隐形的翅膀"中的一员,参与了其中不少面向边疆的公益活动。2020 年 5 月,依托"隐形的翅膀"公益组织,以栽植梭梭林和胡杨林的方式,10 亩"山谷优帮"林出现在腾格里沙漠的最西端,他们以这样的一种方式护卫戈壁荒漠,建设中华家园。

除了边疆造林，在创业大楼的露天阳台上，山谷 you 帮也充分利用零碎空间，每年培育一两种菜蔬，平时作为绿色景观，收获时分给创业者。每年的 6—7 月，山谷 you 帮选择色泽鲜、条形好的红色、绿色辣椒，放进定制的"椒傲"环保袋中，逐一送到创业者手中。这份充满山谷特色的生态礼物，饱含着山谷 you 帮对创业者的期许，也是他们低碳办公、绿色生产的生动实践。

生产、生态、生活相融，这是山谷 you 帮一直的追求。为了打造山谷独有的创业文化，山谷 you 帮创始人刘水彬、童海燕经过反复讨论，选择了大豆、磨盘作为山谷创业文化代表。为此他们一边利用零散空间种豆、育苗，一边向老人学习古法制作豆腐的技艺。经过 3 个多月的学习实践，他们已经熟练掌握了一套完整的制作传统豆腐的方法。磨豆、打豆浆、点卤、装箱、成型……繁复的步骤，耐心的等待，在他们眼里，创业如此，服务创业者也如此，需要时间，需要等待和守候。

在山谷 you 帮入门的大厅里，放置了一块年代久远的磨盘，上面用青花笔洗盛水，边上是成熟饱满的黄豆。立在磨盘一侧的铭牌上写着这样的话语：创业艰难，人生如豆。反复磨砺，始见漉汁。豆与豆萁，同根相生。山谷相伴，共向云天。

三、经验启示

山谷 you 帮创立以来，时间虽短，但其品味不低，孵化业绩不俗，对其他创业载体的发展，提供了有益的启示。

1. 坚持服务第一，是做好企业孵化的价值导向

如何评价一家众创空间的运营成效？是看它的面积或空置率？是看它是否盈利？是看它培养了多少成功的企业家或成功的企业，或有多少企业上市？显然不能用一个单一的指标来评价它，而应该看它的使命、愿景，看它是否符合国家的政策导向，看它的定位是否为创业企业和创业团队提供优质的创业孵化服务，看它的团队是否有情怀、奉献精神，是否能为创业者、创

业企业提供及时、周到的创业孵化服务。

众创空间是为创业者、创业企业打基础的,是做创业的"0→1",一般不会收获创业者或创业企业的成功。创业的"0→1"做好了,创业者和创业企业的创业基础就会更扎实,为其未来的发展奠定良好的基础,创业者和创业企业成功的可能性会更高,但创业企业和创业团队的成功一般不发生在众创空间。它好比是幼儿园阶段,对于一个人的成长来说,好的幼儿园可以起到启发智力、规范行为、增长见识、养成习惯的作用,因此,从好的幼儿园毕业的小孩,其成功的可能性会更高一些。山谷 you 帮就像一所优秀的幼儿园,它通过一系列精益化、人性化的服务,让年轻的创业者和处在幼儿阶段的企业打好基础,包括规范管理、对接资源、用好政策等。众创空间全体运营者坚持服务第一的理念,是做好企业孵化的价值导向,也是众创空间由小到大、由弱到强的必由之路。

2. 坚持服务成果转化,是做好众创空间的工作核心

作为科技成果转化的重要载体,众创空间担负着孵化培育创业企业和创业团队的重任。科技人员通过自主创业的方式,转化科技成果。如果成果转化成功,则创业企业发展壮大,意味着创业取得了成功。在服务科技成果转化方面,山谷 you 帮及其团队也是做足了功夫。

一是引导创业企业和创业团队认识到创业的本质就是科技成果转化。在创业企业和创业团队的孵化期间,山谷 you 帮运营团队不定期与创业企业、创业团队交流座谈,了解其在科技成果转化或科技创新方面的进展情况,指导其用好用足国家和上海市、闵行区的科技成果转化政策,增强对科技成果转化的认识。

二是努力帮助创业企业和创业团队开展科技成果转化。成果转化是从知识产权入手,到产品(服务),再到产品组合等的过程。在这一过程中做好政策解读、申请资料等方面的支持,使企业和团队在申报的过程中少花时间、少走弯路。

三是帮助企业和团队对接各类创新资源。在企业的成果转化过程中,山谷 you 帮尽力帮助企业和团队对接高校院所创新资源,走产学研结合的成长

之路。例如，帮助在孵企业三融环保公司对接南京农业大学、波态新材料公司对接复旦大学等，通过高校院所的行业专家及时帮助企业解决成果转化中的一些技术难题。

3. 坚持平台运作，是做好企业服务的基本保障

搭建服务平台，形成服务合力，解决企业创业初期面临的资源瓶颈，是众创空间运营者必须要做的功课。空间开始运营后，社会上的各类服务机构会接连走进大门，寻求合作的机会。但各类服务机构服务品质高低不一，良莠不齐，需要时间来验证。本着对企业负责的态度，在机构遴选时要按专业、时序、梯度进行。一般每种类型的机构选择二到三家进行合作，形成一个紧致型的"店小二"服务团，为创业企业对接好各类客户、合作、上下游、技术援助等资源。建设好这个提供服务、链接资源的互助式平台，需要良好的专业素养和社会阅历。刘水彬经历多、人脉广，形成了一个呼应及时、服务有序的人力资源库。目前，加盟山谷 you 帮的 22 位创业导师都是他的多年好友，带着情怀为创业企业和创业团队提供周到的咨询辅导服务。在具体内容方面，山谷 you 帮做好工商注册、代理记账、社保（稳岗、房租等）补贴、科技政策申报、成果转化等基础性服务，专业机构负责商标专利、股权融资等后端。在机构服务中，山谷 you 帮既是平台搭建者、供需撮合者，也是其中的参与者。

专家点评

山谷 you 帮众创空间凭什么获得一系列荣誉？凭什么得到创业者的青睐？凭什么吸引媒体的关注？凭的是，它是一个有温度的众创空间；凭的是，创始人刘水彬积极响应国家号召，充分利用闵行国家科技成果转移转化示范区建设的有利条件，以过去 10 多年丰富的创业经历、积累的大量人脉资源，为创业者打造了一个有温度的创业者之家，一个低成本、便利化、全要素、开放式的创业服务平台。

衡量一家众创空间做得好不好，不是看它培育出了多少成功的高新

技术企业和企业家，创造了多少产值利税，而是看它转化了多少科技成果，培育了多少有潜质的创业团队和创业企业，为社会输送多少有成长潜力的优秀科技创业企业等。通过这几年的实践，山谷you帮构建了一个链接政府、大学、社区、投资者、专业技术服务机构等多方构成的创业生态，建立了与创业者、创业企业共同成长发展的孵化机制，并带动相关创业企业和众创空间的成长，取得了显著成效，得到了各相关方的高度认可。

面对"你追我赶"的发展态势，时代呼唤创业者，特别是迫切需要一大批年轻人投身到创业的热潮中，因而更需要一批像山谷you帮那样为创业者提供便捷、周到，像家一样有"温度"的众创空间。

点评专家

吴寿仁，上海市科学学研究所副所长，教授级高级工程师，著有《科技成果转化疑解》和《科技成果转化政策导读》等书。

思考题

1. 结合优化营商环境，谈谈本案例在服务创业企业和创业者方面，有哪些做法值得借鉴。
2. 如何衡量一家众创空间做得好不好？请尝试针对众创空间构建一套科学合理的绩效评价指标体系。
3. 请谈谈打造一个成长性好、活力充沛的创新创业孵化载体，相关政府职能部门如何更好赋能。

创业者小传

刘水彬，上海山谷优帮众创空间管理有限公司创始人、董事长兼总经理。

男，汉族，1978年12月出生，无党派人士，大学文化。

担任上海市闵行区青年就业创业促进会副会长、紫竹小苗朗新基金投资决策委员会委员、紫竹创投孵化器创业导师、淀湾创业孵化器创业导师、上海市科技专家库专家、闵行区科技专家库专家、上海市科技创新券评审专家、上海市大学生科技创业基金会评审专家、"挑战杯"上海大学生创业计划竞赛评委专家、上海市产业青年创新大赛评审专家等。

专注并深耕创业孵化、天使投资、技术转移等创业服务领域近十年，并一手创办和控股上海山谷实业集团有限公司，该公司旗下拥有包括商业地产、创业投资、酒店管理、科技孵化等行业的多家企业。

从创新链到产业链:拆除"篱笆墙",孕育新"烯"望

——上海市石墨烯产业技术功能型平台的发展之路

扫一扫，看视频

石墨烯是单层碳原子结构，如果石墨是一本书，那么，石墨烯就是一张纸。它的发现，使两位科学家荣获了2010年诺贝尔物理学奖，也掀起了世界石墨烯研发与应用的热潮。

上海市石墨烯产业技术功能型平台（下文简称"石墨烯平台"）是由上海市和宝山区共同打造的市级研发与转化功能型平台，于2017年11月获批立项，系全市首批启动支持的6家平台之一，由专门成立的上海超碳石墨烯产业技术有限公司（下文简称"超碳公司"）负责运营。

石墨烯平台自成立伊始就立足于打通从实验室到产业化的"最后一公里"，面向石墨烯这一新材料热点产业，以促使石墨烯产业技术研发与转化、孵化培育创新型企业、推动形成产业集群为目标，在紧跟前沿科技、面向产业应用、抓住共性技术、打造人才高地等方面积极探索功能型平台的发展路径。

经过几年的发展，石墨烯平台在为国制材、解决行业痛点与产业共性问题、推动大众创业与万众创新、建设专业服务能力等方面进行了一些有价值的创新实践，逐步发挥"平台促科技，平台带产业"的载体功能。

石墨烯　新材料　新型研发机构　功能型平台　成果转化

一、背景情况

（一）抢滩"新材料之王"

石墨烯是迄今为止最薄的二维纳米材料，被誉为"新材料之王"。它创下多项"之最"——目前世界上电阻率最小、导热率最高、电子迁移率最高、最硬与柔韧性最强的材料，并且还具有表面积大、透光率高等特点。石墨烯极具应用潜力，在新能源、航空航天、电子信息、热管理、节能环保、复合材料等传统领域和新兴领域，都已呈现出良好的应用前景。发展石墨烯产业，对带动相关下游产业技术进步、提升创新能力、加快转型升级、激活潜在消费等，具有重要的现实意义。

2015年10月23日，习近平总书记在访问英国曼彻斯特大学时指出："在当前新一轮产业升级和科技革命大背景下，新材料产业必将成为未来高新技术产业发展的基石和先导，对全球经济、科技、环境等各个领域发展产生深刻影响。中国是石墨资源大国，也是石墨烯研究和应用开发最活跃的国家之一。"2016年1月18日，习近平总书记在省部级主要领导干部学习贯彻党的十八届五中全会精神专题研讨班上的讲话中指出："我去年访问英国时，在曼彻斯特大学国家石墨烯研究院，诺贝尔物理学奖获得者康斯坦丁·诺沃肖洛夫教授和安德烈·海姆教授给我介绍了石墨烯研发情况和开发利用前景。石墨烯是一种新材料，发展前景十分广阔，所以英国政府和欧洲研究与发展基金会都给予了大力支持。"

石墨烯的优异性能引发了全球关注，已有80多个国家和地区投入石墨烯及其应用产品研发，美国、欧盟、英国、韩国和日本更是将石墨烯研究提升至战略高度，以期在新一轮的国际竞争中抢占石墨烯产业发展的制高点。我国相关部委陆续发布了一系列政策，指导石墨烯产业发展，各地政府也陆续出台相应政策予以支持。目前，中国石墨烯产业呈现蓬勃发展态势，已经形成长三角、珠三角、京津冀、山东、西南地区、东北地区、福建等石墨烯产业集聚区。

（二）上海与石墨烯之缘

上海市在石墨烯领域具有一定的优势。

第一，上海具有良好的创新生态环境。为建设具有全球影响力的科技创新中心，上海发布了一系列人才、金融等政策，大力发展科技服务业，为石墨烯这一新兴产业的发展营造了良好的创新创业环境。此外，上海人才储备充足，资本市场成熟，是适合高科技企业发展的一片沃土。

第二，上海在石墨烯领域的基础研究成果积累丰富，处于与国际并跑阶段，论文发表量及专利申请量较高，在石墨烯高端领域的研究处于国际领先地位。上海的石墨烯先进技术，也不断辐射、溢出到长三角区域，乃至深圳、青岛等地。

第三，上海具有良好的产业链，能支撑石墨烯产业发展。目前，上海正在打造一批战略性新兴产业，包括航空航天、新能源汽车、海洋工程、电子信息等。它们对各类先进材料的需求极为迫切，为石墨烯应用产品提供了广阔的市场空间。上海有一批大型企业，这些企业具有深厚的技术积累、较高的知名度和广泛的市场，石墨烯应用技术若率先在这些企业取得突破，将产生强大的影响力和示范效应，从而拉动石墨烯产业的迅速发展；另一方面，一些龙头企业正待转型升级，石墨烯的应用可以提升其产品性能，在新材料领域为企业开辟新的增长点。

创新环境、技术优势、产业基础……上海的优势得天独厚，是石墨烯产业发展的肥沃土壤。中国石墨烯创新企业有近一半集聚在长三角地区。作为长三角的龙头城市，上海有能力也有义务抓住世界石墨烯产业发展的机遇，推进技术创新与应用。这也将有利于提升上海传统产业的技术能级，培育一批具有竞争力的新兴和特色产业，确保上海在新一轮产业发展机遇中的领先地位。

（三）"四梁八柱"与功能型平台

当前，上海正按照国家的战略部署和要求，继续奋力打造具有全球影响力的科技创新中心的核心功能。建设功能型平台是上海实施创新驱动发展战略、加快培育新经济、塑造发展新动能、提升科创中心集中度和显示度的重要举措，是上海科创中心"四梁八柱"的重要组成。

从2013年开始，上海市科委在总结重点实验室、工程技术研究中心、研发公共服务平台等多类基地、平台建设经验的基础上，聚焦全球科技革命和产业变革的新趋势，着眼于上海的科技创新发展、经济产业结构变革、政府职能转变，开始谋划推进功能型平台建设。2014年年初，为进一步培育具有国际影响力的功能型平台,支撑上海科创中心建设,上海市科委选择体制机制相对灵活的上海微技术工业研究院进行试点,对标比利时IMEC等国际一流机构,着力在体制机制改革、产业技术服务、高端人才集聚等方面加快推进。基于上海微技术工业研究院的试点探索,围绕上海的科技发展特点与趋势,总结功能型平台的基本特征,市科委随之启动规划建设18个平台,石墨烯平台就是其中之一。

2015年3月,宝山区政府牵头筹备"石墨烯产业技术功能型平台建设"项目;同年9月,宝山区国资控股成立超碳公司;12月,上海市科委批复"石墨烯产业技术功能型平台建设"项目,石墨烯平台获得"上海石墨烯产业技术功能型平台"授牌;2016年6月,上海石墨烯产业技术功能型平台正式启动;2017年2月,石墨烯平台正式成为"十三五"规划中纳入规划建设的18个平台之一;2017年11月,上海市科委正式将石墨烯平台立项为上海市研发与转化功能型平台建设项目……

石墨烯平台采取企业化运作模式,运营单位超碳公司坐落于上海宝山城市工业园区。现有员工30人,其中专业技术人员20人,本科及以上学历人员占比70%以上。

二、主要做法

(一)平台初成:从实验室到工厂,目标"最后一公里"

1. 理念愿景:提供"保姆式"服务

从实验室到工厂,中间时常会有一道"篱笆墙"阻碍去路。科研成果如何完成从样品到产品再到商品的转化?一个连接创新链与产业链的功能型平台至关重要。

为了打通产业化的"最后一公里",石墨烯平台应运而生。

超碳公司是石墨烯平台的运营单位,现任董事长梁勇,原本在上海电缆研究所工作。是什么吸引他放弃研究所处长的职务,来到一个初创待兴的石墨烯平台?梁勇的答案简洁明了:"因为我觉得这件事可以做。"

梁勇不仅看中新材料的发展前景，更对科技转化服务怀揣着一腔热爱。他原来就是负责推动科技管理和技术成果转化的专业人员，兼任上海市公共研发服务平台的专家，在这一领域已经有20年左右的丰富经验。"我不是奔着石墨烯而来的，是奔着科技转化和服务的平台而来的。"在梁勇看来，平台的核心竞争力不是石墨烯材料本身，而是平台功能的完善和健全。

梁勇把平台提供的服务工作，形容为"保姆式"。"当好'保姆'很不容易，因为各家团队接近产品的程度不一样，有的是嗷嗷待哺，只能抱在手里；有的市场化程度好一些，可能已经10岁了……团队需求各不相同。"他说，不仅是团队，平台建设方也有诸多诉求：有希望项目尽快落地、加速产业集聚的，也有希望成果"高大上"、服务中小企业能力更强大的……现状与要求堪称"千头万绪"，平台的功能意义也由此凸显。

实验室内的科学研究，谁也不能保证一定成功；已有的科技成果，要向现实生产力转化，更像是一场环环相扣的接力赛——有了平台，第一棒跑到后，下一棒会有人接，还得知道接完后往哪儿跑。

千里之行，始于足下。梁勇给自己和平台列了一张任务清单，明确奋斗的理想与愿景。排在第一位的是"服务社会、服务中小企业"，要在这个区域建立公共科技服务平台，集聚孵化纳米材料领域的企业共同发展；排在第二位的是"推动项目落地，助力地方经济"，把科技成果充分应用到现代化事业中去。

"我们觉得这件事非常有意义，可以让科学家团队集中精力把自己的事做好。"梁勇说。凭借一往无前的勇气，怀抱"为国制材"的梦想与使命，2016年，石墨烯平台正式启动。

2. 模式创新：解决"看不懂"难题

为何实验室成果难以直接走向市场？梁勇坦言，其中一个很大的原因，就是投资方"看不懂"："科研成果不同于消费类平台类项目，许多投资者对于盈利模式或产品先进性一知半解，无论是天使基金还是融资，既然看不懂，便也不会投。"

如何把"看不懂"变为"一目了然"？作为新型研发平台，石墨烯平台要解决的就是这个问题。

不妨以石墨烯的轻量化制材为例。

"轻量化"一直是航天、航空、交通、国防等各类装备的发展需求。铝合金因具有低密度、高比强、易加工成型的特点,被广泛应用在飞机、高铁等领域。但铝合金刚度低,弹性模量(70 GPa)比钛合金、高强钢分别低35%和65%,这严重限制了它在某些关键承载结构的设计应用。

石墨烯恰好可以化解这个弱点。碳纳米管、石墨烯等新型纳米碳材料具有非常优异的力学性能,密度仅为钢材的1/6,但强度却是钢材的100倍,刚度则几乎可以与金刚石相媲美。只需将少量的碳纳米管和石墨烯添加到铝合金基体中,就能达到显著的增强效果。碳纳米管和石墨烯因而也被认为是最理想的复合材料"增强体"。特别是由于纳米碳的大小和添加量与铝合金的析出相当,因此,纳米碳与铝合金复合制备的纳米碳增强铝基复合材料,不但有望获得优异的力学性能,还可保持铝合金良好的加工性能,从这个意义上讲,也可称之为"烯碳铝合金"。烯碳铝合金在结构轻量化方面应用潜

▲ 石墨烯碳/铝合金复合材料

力巨大，早在 2000 年即被美国宇航局（NASA）列入发展规划，成为近年来国内外的研发热点。

前景虽然广阔，但这一技术路线却遇到了瓶颈。日本研究者在 1997 年就开始进行相关研究，然而多年来都没有明显进展。碳纳米管的直径只有头发丝的千分之一到万分之一，石墨烯的厚度更是只有头发丝的二十万分之一，要将它们在铝合金基体中均匀分散而又使其保持结构完整性，很难实现。

上海交通大学金属基复合材料国家重点实验室研究团队基于基元组装/仿生复合的学术思想，开发出创新的"叠片粉末冶金"技术原型，通过纳米金属片的堆砌，制备出具有类贝壳"砖砌式"叠层结构的铝基仿生复合材料。由于烯碳在层间均匀取向排布，所制备的烯碳铝合金复合材料强韧性匹配良好，从而实现了纳米碳与铝合金的有效可控复合，制备出了高综合性能烯碳铝合金。

该团队一直希望将这一技术成果进行转化实现产业化，但缺乏合适的载体及工程化条件。"如果在高校进行中试放大，只能通过外协方式。而外协方式主要有 3 个问题：一是数量少，二是可能会造成技术秘密泄漏，三是成本较高，不可能一直持续下去。"团队负责人表示。

2016 年年底，石墨烯平台积极主动对接团队，调研团队优秀成果的基础研究情况及工程化所需支持。2017 年 3 月，石墨烯平台与团队达成一致，双方合作共建烯碳金属基复合材料工程中心，依托工程中心共同推进高强轻量化石墨烯铝合金技术的中试化研究——由石墨烯平台投入该项目工程化所需场地、工程技术人员，以及工程化所需的资金支持；团队投入一支高水平科研团队，包括教育部"长江学者"特聘教授、讲席教授等在内的 8 人，负责项目中试化研究技术研究开发以及工程中心运营。双方还约定，技术中试化研究形成的知识产权由双方共有，将来该技术成果产业化落地需落户在石墨烯平台，知识产权产生的收益双方按约定的比例进行分配。同年 7 月，石墨烯平台正式启动工程中心建设。

谁知，工程中心建设之初，就面临一个很大的难题：成型压机工作条件下对地基基础的当量载荷约为 240 吨，而普通厂房不具备如此高要求的承载条件，因此，需要对地基进行内部建筑工程改造。

怎么改？石墨烯平台邀请上海建筑科学研究院进行了设计、测绘，制定了工程方案，采用复合地基基础，基坑开挖深度 4 米、开挖面积 82 平方米，同时对原厂房的建筑结构进行监测，为控制基坑防止变形，采用桩基结合冠梁的围护形式，打桩 150 根。桩基施工、基顶冠梁、基坑开挖、基础垫层、框架和底板浇筑……一系列地基改造工程先后完成，为大型压机的安装奠定了基础。随后，项目人员又完成了实验室隔断、水电铺设、地坪铺设等环境改造工程。经过 5 个月的加班加点工作，项目人员攻克了一系列难关，终于建成了面积 600 平方米、挑高 11 米的厂房，建成了年产能 20 吨的烯碳铝合金中试线，可制备单重达 0.5 吨的锭坯，能满足下游企业对烯碳铝合金新材料的应用需求。

2019 年 4 月 28 日，工程中心第一批大规格烯碳铝合金锭坯成功下线。下线锭坯发挥了碳纳米管和石墨烯对铝合金的强化作用，具有高比模量、高比强度、高硬度和阻尼减振等优异性质，综合力学性能达到国际领先水平，可应用于航天、航空、军事国防、电子通信、交通运输等领域结构轻量化场景。2019 年 8 月，将烯碳铝合金用作某新型运载火箭舱段构件，顺利通过地面静力试验考评，同比减重效果非常明显。

烯碳铝合金是我国率先研制成功并实用化的新材料，其减重效益与铝锂合金相当，且成本减半，对于打破技术壁垒、实现高性能铝合金材料换道超车具有战略意义。目前，工程中心正在与中航工业、中国航天和中国中车等下游应用单位合作，共同开展烯碳铝合金在航天、航空、交通运输等领域内装备上的应用验证。

为了更好地推动技术成果转化，石墨烯平台和交大团队还共同注册新材料公司——上海鑫烯复合材料工程技术中心有限公司，将进一步提升烯碳铝合金的新材料生产与新产品研制能力。石墨烯产品不再让人"看不懂"，它进入市场的价值，也让更多金融资本一目了然。

为什么说平台的模式是创新的？因为交由科研团队的不是单纯的拨款，

而是真正意义上的投资孵化。"平台与团队共同成长。平台提供的设备、请来的工作人员等,团队可以免费使用,孵化成果是大家共享的。"梁勇坦言,这是上海模式的创新之处,"不是专心做产品的,他不会来,我们也不会要他。"

(二)为国制材:国家赖之以强,人民赖之以好

新材料产业是制造强国的基础,是高新技术产业发展的基石和先导。我国是制造业大国,目前正处在工业转型升级的关键时期,很多领域都离不开材料的支撑。在制造强国战略下,我国虽然逐渐攻克了多项新材料技术瓶颈,助力产业实现了技术升级和转型,然而依然面临着许多"卡脖子"问题。

科技是国之利器,国家赖之以强,企业赖之以赢,人民生活赖之以好。作为致力于石墨烯这一新材料产业化的新型研发机构,石墨烯平台努力为国家新材料产业发展贡献力量。近年来,石墨烯平台已成功孵化出不少产品。它们中既有"高精尖"成果,如晶圆等"卡脖子"领域,为国家谋创新;也有"接地气"应用,如治水等"老大难"问题,为百姓谋福祉。

1. 攻坚"卡脖子":摘得"皇冠上的明珠"

超平铜镍合金单晶晶圆、8英寸石墨烯单晶晶圆、锗基石墨烯晶圆……

▲ 石墨烯8英寸晶圆

2020 中国国际石墨烯创新大会上，这些新材料集体亮相，展示了我国在高质量石墨烯材料领域的创新成果，令人惊艳。

传统硅基集成电路产业已繁荣发展 60 余年，这得益于单晶硅晶圆的供应维持。同样，制备晶圆级单晶是石墨烯在集成电路领域规模化应用的前提。单晶石墨烯晶圆的批量制备，对于推动石墨烯在电子学领域的应用具有重要意义，也将推动石墨烯在射频器件、光电器件、传感器、探测器等高端方向的应用。

能够取得这样的突破，科研团队付出诸多心血，是真正意义上的"十年磨一剑"。在石墨烯平台的推动下，科研团队实现了这些成果的小批量生产，产品尺寸和质量处于国际"领跑"水平。

或许你会问，石墨烯也能制造芯片？目前，集成电路产业中的芯片材料一般使用的是硅片，然而受摩尔定律所限（摩尔定律是指：当价格不变时，集成电路上可容纳的元器件的数目，约每隔 18—24 个月便会增加一倍，性能也将提升一倍），硅芯片的产业化工艺已迈入 5 纳米制程，工艺升级的难度也越来越大。如何突破摩尔定律遇到的瓶颈？用新型碳材料取代硅基材料，是一个被普遍看好的解决方案——石墨烯，就有了它的用武之地。

石墨烯在室温下具有优异的导电性能，电子在其中的运动速度达到光速的 1/300，比在硅芯片中快 100—1 000 倍；石墨烯基处理器运行速度高达 1 000 GHz，比硅芯片高 100—1 000 倍；在半导体工艺制程方面，石墨烯比硅基材料更有望打破限制，续写摩尔定律；此外，石墨烯由于其出色的柔韧性，还可被制成便携式柔性电子器件。这些卓越的性质使石墨烯有望取代硅基材料，成为半导体产业新的基础材料。

因为这些优越的性能，全球多个国家和地区都在石墨烯微电子技术领域进行了"大手笔"布局：欧盟的"石墨烯旗舰计划"总投资 10 亿欧元；美国"未来计算计划"投入近 2 亿美元……毫无疑问，谁先掌握了石墨烯微电子领域的核心技术，谁就将在这场微电子技术变革中掌握主动权。

石墨烯等二维材料在替代硅基半导体材料的道路上，也面临着许多技术难题。正如制造硅芯片的原材料是硅单晶晶圆，若想将石墨烯应用在微电子技术领域，也需要制备出石墨烯晶圆。高质量石墨烯单晶被誉为石墨烯材料"皇冠上的明珠"。

中科院上海微系统所谢晓明研究员团队从 2010 年起就一直致力于高质量石墨烯电子材料制备方面的研究。团队花 10 年时间，掌握了石墨烯单晶晶圆可控制备技术，实现了 4—8 英寸单晶的小批量生产。在国家科技重大专项、上海市科委项目支持下，团队攻克了用籽晶制备单晶的技术难题，让一个几百微米的石墨烯籽晶在二维平面上生长。经过约 2.5 小时，籽晶能生长成 1.5 英寸大小的石墨烯单晶，创造了单核石墨烯单晶尺寸与生长速度的世界纪录。经过后续的不断优化，目前团队已成功制备出 8 英寸石墨烯单晶晶圆。为了提升石墨烯与半导体的兼容性，团队在国际上首次提出了在半导体锗基上直接生长石墨烯的方法，以实现与现有的半导体工艺相兼容。团队还制备了另外一种二维材料——六方氮化硼（又名"白石墨烯"），它也是二维材料，却是绝缘体，将其与石墨烯组合在一起，能够提升材料的综合性能，并有望开发出新的器件功能。2020 年 4 月，团队开展的"高质量石墨烯电子材料制备研究"项目荣获上海市自然科学奖一等奖。此外，团队还在石墨烯材料制备与器件应用领域申请了 100 余项专利，有 70 余项已得到授权，其中国际专利 9 项。

为了把这些优秀成果转化为现实生产力，2019 年 9 月，石墨烯平台和中科院上海微系统所签约合作，由石墨烯平台提供创新实验室，承担石墨烯晶圆中试工作，扩大石墨烯晶圆等产品的生产规模。团队表示，吸引他们来石墨烯平台的原因有两点：一是石墨烯平台有一批工程技术人员，可以为中试研发提供专业服务，这是科研院所和高校所不具备的；二是石墨烯平台拥有丰富的产业资源，能为科研团队提供下游对接服务，加快科技成果产业化进程。

功能型平台的创新实验室适合进行中试，具有"从 1 到 10"的研发与转化功能。短短一年多，创新实验室成果颇丰——这个看似厂房的大型实验室已实现稳定的小批量生产。石墨烯平台还将帮助团队了解和对接产业下游需求，早日实现产品的规模化应用。这一项目的开展，将推动我国的石墨烯微电子技术不光在研发方面处于世界前列，还将在中试和量产方面实现世界领先。

2. 瓦解"老大难":黑臭水体"天然克星"

人民的需要和呼唤,是科技进步和创新的时代声音。被誉为"工业味精"的石墨烯应用领域广泛,在老百姓家门口,也能享受科技成果带来的福祉——比如,用石墨烯材料治理黑臭水体。

2017年10月,上海大学吴明红教授等人的论文《通过离子控制石墨烯氧化膜层间距实现离子筛分》发表于《自然》杂志,提出通过水合离子精确控制石墨烯膜的层间距,控制精度达到十分之一纳米,展示出石墨烯优异的离子筛分和海水淡化性能。2019年1月,由吴明红教授领衔的"石墨烯微结构调控及其表界面效应研究"项目荣获国家自然科学奖二等奖。团队把石墨烯氧化膜的层间距调控到适合微生物生存的尺度,随后把工程菌植入石墨烯氧化膜,构成了石墨烯工程菌复合材料,并在校园里完成了石墨烯复合材料治理小型水体试验。但校园的小型水体与城市河道水体存在一定差距,若想实现石墨烯复合材料治理黑臭水体技术的产业化,必须在城市河道中进行中试研究。

此时,石墨烯平台又发挥起了重要作用。"事实上,早在2016年,我们就开始关注吴明红教授团队发表的论文,与他们持续深入交流。"梁勇说,在前期沟通交流的基础上,2018年6月,石墨烯平台与吴明红教授团队达成共识,依托石墨烯平台,推进该技术成果的转移转化。

宝山城市工业园区的小孟家宅河是园区内污染最严重的河道,也是示范工程的开展区域。2018年7月底,项目正式实施。当时正值酷暑炎夏,示范工程团队人员忍着水体散发出的阵阵臭味,把一桶桶石墨烯工程菌复合材料运到河边,并定时定量将其注入水体中。为了让石墨烯工程菌复合材料可以流到河道的每个地方,示范工程团队人员还特意在河水中安装了多台水泵。一个月后,小孟家宅河水质得到明显改善,河道蓝藻和臭味消失,氨氮含量从13.6毫克/升降至1.5毫克/升,透明度从20厘米升至90厘米。

这场现场测试,由石墨烯平台协调宝山区水务局和宝山城市工业园区,落实小孟家宅河的治理批复,并为技术成果转化提供人力、物力和资金支持,负责现场设施搭建和管理;技术团队则负责开展中试技术研究。双方签订合

▲ 河道治理效果（左：治理前，右：治理后）

作协议，约定该技术示范形成的知识产权由双方共有，将来该技术成果需落户在石墨烯平台，后续该技术成果产生的收益双方按约定比例进行分配。

鉴于小孟家宅河的治理成效，宝山城市工业园区管委会后续又提供了另外 5 条河道，委托石墨烯平台与上海大学的联合团队进行治理。目前，6 条河道水质已处于维护阶段，其水质指标均已达到地表Ⅴ类水标准，部分指标达到地表Ⅳ类或Ⅲ类水标准。该团队已与多地政府部门接洽，争取把石墨烯工程菌复合材料用于更多的受污染水体治理，助力生态文明建设。

2018 年 12 月，石墨烯平台与上海大学团队联合成立了上海齐治环保科技有限公司，让水体治理新技术走上了市场化道路，上海大学向该公司许可了包括该技术在内的 5 项专利。

该项目的转化落地有以下意义：石墨烯平台有效促进了成果转化，使实验室技术通过示范应用走向了市场；带动了新兴产业，打开了石墨烯在环保领域的应用市场；体现了政府对新技术示范应用的引领；在高校、团队和市场之间找到了结合机制，为后续同类项目的开展提供了范例；使上海大学和宝山区政府之间的校区合作形成了良性互动。

除了上述几个典型案例外，石墨烯平台还支持了同济大学科研团队的石墨烯增韧碳纤维复合材料航空发动机结构件项目、复旦大学科研团队的纤维状太阳能电池的中试开发项目以及东华大学科研团队的石墨烯智能纺织品开发项目等，为国家新材料产业的进步贡献力量。

（三）核心优势：解决行业痛点，提供专业服务

截至2020年年底，中国的石墨烯研究创新中心有26个左右。其中，比较著名的有北京石墨烯研究院、宁波材料所、常州石墨烯小镇与江南石墨烯研究院等，一些地方的资金投入与扶持力度很大，前期已孵化出一批企业。那么，除了上海得天独厚的人才高地、企业众多等外部环境因素外，上海石墨烯平台的核心竞争力是什么？解决行业痛点与产业共性问题，是其价值所在。

1. 瞄准痛点：建立行业标准

（1）解决原材料品质与一致性问题。

石墨烯还未实现大规模商业化，一个很大的问题就是石墨烯原材料很难保持一致性，且品质不高。不同厂家，甚至同一厂家不同批次之间的石墨烯都存在着差异。许多石墨烯企业由于随机选择材料或供应商，或者即使进行了材料挑选，选择了正确类型的石墨烯材料和合适的生产商，但是仍然可能会得到不一致的石墨烯，进而导致了产品开发的失败。此外，目前石墨烯材料还存在品质不高的问题。据一项报道，研究人员基于已有的石墨烯表征方法对市面上几十种石墨烯产品进行了测试，发现这些石墨烯材料的关键指标（如尺寸、结构完整性、纯度等）都存在巨大的差异，且在所有产品中每种产品只有极少部分能够满足石墨烯片层低于10层的标准。

石墨烯平台与中科院上海微系统所科研团队合作开展了两个项目，以解决原材料品质与一致性问题。一是物理剥离法制备高质量石墨烯中试规模工艺研究项目，该项目原材料成本低廉、生产效率高、产品质量高，制备出的产品所有原子层厚度在10层以内，且制备过程中对石墨烯结构保存较完整，与目前市场上产品厚度较厚、结构破坏严重的机械剥离石墨烯产品相比具有明显优势。二是鼓泡化学气相沉积法生产高质量石墨烯粉体项目,该项目通过天然气全分解而实现石墨烯和氢气共生宏量生产,得到的石墨烯产品质量高,平均层数为4层,且生产过程中不会像其他石墨烯粉体制备技术那样要用到大量的化学试剂,对环境友好,且氢气产品的共生,也降低了生产成本。这些项目将有效提高石墨烯材料的品质与一致性,降低石墨烯材料的生产成本,推动石墨烯商业化快速实现。

(2)积极参与标准制订。

阻碍石墨烯产品大规模商业化的另一个因素是缺乏行业标准。虽然石墨烯未来将在各个行业及领域迎来巨大的发展空间,研发及产业规模也初见端倪,但是目前由于缺乏相关标准,导致市场鱼龙混杂,"石墨烯"概念被滥用,造成了一定的市场乱象,在一定程度上阻碍了石墨烯产业的健康发展,因此,加快制订相关标准、规范市场是十分有必要的。标准化将规范石墨烯材料的性质和质量,从而加快石墨烯的应用和商业化进程。

石墨烯平台积极参与团体标准制订,承担了大量的分析检测工作。为了保证检测的可靠性,检测人员在市面上采购了品种尽量齐全的样品。由于石墨烯在标准方面存在着很大的空白,在术语、检测方法上没有太多的参考,因此检测人员查阅了许多相关资料,以确保术语的准确性。在检测方法上,检测人员自己琢磨、制订技术方案,做了大量的平行实验、校准实验和验证试验。在检测人员的努力攻关下,石墨烯平台目前已参编石墨烯行业团体标准8项。这些标准的制订,将为石墨烯企业提供有效的参考标准,缩短其研发周期,降低其研发成本,推动石墨烯快速商业化,还将有效规范市场,减少炒作现象,促进石墨烯产业健康发展。

2. 专业服务:推动成果转化

(1)建设专业化中试基地。

开展中试是一个从制定中试规划到输出满足批量生产的生产工艺性文件的系统过程,期间要完成工艺、工装、结构、产品数据、产品可靠性等多项验证工作。对于大多数高校(实验室)及中小企业来说,由于物力和财力的限制,要独立建立中试基地是不可能的,这在一定程度上阻碍了一些优秀科研成果向产业化的转化。

为推进成果转化，石墨烯平台建设了中试基地。中试基地是石墨烯平台的核心能力之一，可为高校或科研院所团队、企业提供专业的中试服务。中试基地聚焦石墨烯半导体晶圆、改性石墨烯功能纤维、石墨烯复合金属材料、高品质石墨烯宏量制备、石墨烯高分子复合材料应用等方向，期望形成一批石墨烯应用集成技术和解决方案，实现石墨烯材料大规模下游应用。目前，石墨烯平台已建成专业化中试基地10 000平方米，均为标准化厂房，层高11米，并配有充足的电力和水力，且石墨烯平台所在的宝山城市工业园区正处于结构转型过程中，存有大量空间，可为石墨烯平台后期扩容提供充足的物理空间。中试基地目前已建设了石墨烯导热硅脂、石墨烯防腐涂料、石墨烯导电剂、烯碳金属基复合材料、石墨烯导热塑料、石墨烯复合纤维6条中试线，即将建成高品质石墨烯材料中试线和石墨烯增韧复合材料中试线，已形成近170台（套）研发与中试设备，部分设备已对外开放共享，且已通过上海市科技创新券系统对外开放。依托所建中试线，石墨烯平台与中科院上海微系统所、上海交通大学、东华大学、上海大学、上海理工大学、上海第二工业大学等高校和科研院所的顶尖科研团队合作开展了10余个中试项目，已开发出一系列中试产品，如烯碳铝合金复合材料、石墨烯导电剂浆料、石墨烯润滑油/脂、石墨烯导热硅脂、石墨烯导热塑料、石墨烯防腐涂料等。

（2）建设分析检测中心。

分析检测中心以石墨烯检测方法和设备的创新及行业标准的制定为目标，整合共享现有优质资源，开展石墨烯材料及应用产品的分析检测评估，建立产品性能参数数据库，是石墨烯平台的另一核心能力。目前，分析检测中心已拥有价值逾2 000万元的各类检测设备，已具备石墨烯材料的结构表征能力，以及石墨烯防腐涂料、石墨烯导热材料和石墨烯导电剂的在线分析检测能力。分析检测设备已通过上海市科技创新券系统对外开放共享。分析检测中心还与上海电缆所、上海交通大学等单位建立了战略合作关系，开展大型分析检测资源的共享和联动，对外开展分析检测服务。

▲ 中试车间

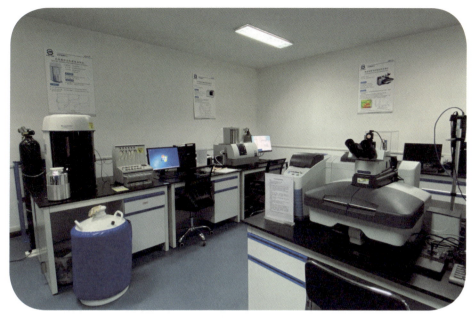

▲ 分析检测中心一角

（3）建设石墨烯新能源材料评价线。

石墨烯新能源材料评价线可为各种石墨烯及其复合材料在电池类产品生产制造过程中遇到的核心工艺问题提供解决方案，对各种工艺手段进行研究并予以工程验证，对于各种石墨烯材料在电池应用中的分散性、成膜性进行工艺研究和工程化实现。同时，该评价线注重技术前瞻性和多容性，涵盖液态电池电极片、固态电池电极片、氢燃料电池膜电极的制造工艺，着重解决电池制造技术的核心工艺问题。该评价线是一个务实的石墨烯新能源电池材料制备及性能评价系统，能够吸引更多的科研团队合作、创新。依托该评价线，目前已产生100万元的委托研发费收入。该评价线后续将不断拓展技术领域，除了锂离子电池，在未来燃料电池、固态电池等新兴领域提供更多的技术支撑和工艺装备能力，在新能源新兴产业技术开发和研究方面提供更多更好的功能服务。此外，该评价线还将争取获得各种标准体系的认证资质、检测资质或者成为国家级检测机构的协作检测单位，逐步提升功能平台成果的权威性。

（4）建设情报服务体系。

石墨烯平台建设了较完善的情报服务体系，搭建服务平台，推进资源共享，满足创新团队和企业对石墨烯行业信息的需求，不断提升平台专业化服务能力和水平。石墨烯平台的情报工作内容主要如下：

一是为石墨烯平台自身发展提供服务和助力。在与团队或企业开展项目合作之前，情报工作人员会对与该项目有关的技术情况、专利情况和市场情况等进行检索分析，并出具报告，有效降低了项目开展所存在的风险。目前已完成报告 20 余项。

二是为政府部门决策提供服务，如制定发展规划、出具分析报告等，已完成石墨烯防腐涂料发展规划、上海市石墨烯企业分析等报告，为政府决策提供了参考。

三是为创新团队和企业提供情报服务，如专利检索分析、行业分析等，避免出现重复工作、专利侵权等问题，并且能够使团队和企业对市场有直观、清晰的了解，从而加快技术开发进程。此外，石墨烯平台还收集了市场上现有的石墨烯材料及应用产品，通过分析检测中心进行性能检测，并以此为基础搭建了石墨烯材料及其应用产品数据库，为创新团队和企业提供产品信息，使其在开发过程中能对市场上的产品有清晰、全面的了解，快速找到性能适合的材料。

3. 凝心众创：培育小微企业

在上海市科委的支持下，石墨烯平台于 2017 年 4 月建设了专业化石墨烯·新材料众创空间。经过几年的不断发展与完善，目前，该众创空间已建成低成本公共办公空间 1 500 平方米，可根据入驻团队/企业需求，提供免费的独立或开放式办公环境、培训室、产品展示馆等公共区域，还可为团队/企业提供低成本的中试、分析检测等专业服务。众创空间累计签约专业化创业导师和专业化技术导师共 20 位，可为团队/企业提供技术和创业等专业化指导；众创空间合作的创新创业专业服务机构数量达 10 余家，可为团队/企业提供知识产权、法务、技术、咨询、会务、分析检测等服务。

众创空间现已集聚高水平创新团队 14 个左右，涉及电子信息、金属材

▲ 办公楼和众创空间

料、热界面材料、储能材料、高分子复合材料、环保材料等领域；累计孵化和引入企业超过20家，其中包括两家大学毕业生创业公司、一家英国曼大留学生创业公司以及两家由科研团队项目成果转化落地孵化出的公司。一批企业成才迅速，比如，2017年9月入驻众创空间的上海新能量纳米科技股份有限公司，2019年12月在上海股权托管交易中心成功挂牌。

4. 开放交流：开展跨域合作

"2020中国国际石墨烯创新大会"已经圆满落幕，会上，长三角共同奏响石墨烯产业一体化发展的"交响曲"——上海、浙江、安徽、无锡、常州等地石墨烯平台及政府代表共同为长三角石墨烯产业发展服务平台、上海超能硬科技梦想实验室揭牌，将进一步加强跨区域合作。

石墨烯平台一贯注重国内外跨区域合作交流，助力构建新发展格局。面向国内，平台立足上海、协同长三角共同发展，瞄准"一体化"与"高质量"，助力"国内大循环"；面向国外，推进国际优质创新资源集聚、国际技术转移，促进"国内国际双循环"。

2019年10月17日，中欧长三角石墨烯创新高峰论坛成功举办。此次论坛启动成立了中欧合作石墨烯创新中心。该中心是由宝山区与中国石墨烯产业技术创新战略联盟共同发起成立的国际石墨烯创新服务平台，也是2019中欧长三角石墨烯创新高峰论坛的重要成果。中心承担着链接上海与欧洲石墨烯产业的重要使命，旨在推动海内外优秀石墨烯项目团队与上海本地产业的深度交流、资源共享、技术合作、成果孵化、人才培养和项目产业化，促进欧盟石墨烯旗舰计划乃至全球高水平石墨烯创新技术及创新成果在上海的产业化落地，提升上海市石墨烯产业技术创新和成果转化的能力，孵化出一批全球性创新型科技项目，攻克关键核心技术和卡脖子"硬科技"，将上海宝山打造成全球石墨烯产业合作孵化的策源地，更成为上海建设具有全球影响力科创中心的有力支撑。

中欧合作石墨烯创新中心将立足于上海宝山，利用长三角经济圈资源，积极筹划国际交流活动，自主开拓海外先进技术在上海的落地孵化和市场拓展，帮助优质的海内外项目在上海完成中试并与下游客户建立合作关系，通过长期的合作引导，打造以宝山区为核心的全球石墨烯高端技术转移转化基

▲ 中欧长三角石墨烯创新高峰论坛

地,并形成泛长三角石墨烯产业经济圈。为落实这项重要的会议成果,促进上海与欧洲石墨烯产业的国际交流合作,推进欧洲以及全球高水平石墨烯创新技术及创新成果在上海的产业化发展,2020年4月3日,寰球(上海)石墨烯科技中心作为中欧合作石墨烯创新中心的运营单位正式成立,并聘请全球知名的信息及服务平台Graphene-Info创始人、首席执行官Ron Mertens先生作为中心主任。

三、经验启示

"行百里者半九十",对于石墨烯这种新材料的产业化过程更是如此,如何打通从科研到产业化的"最后一公里",是石墨烯能否成功实现产业化的关键。石墨烯平台在不断发展的过程中,一直在积极探索如何更好地承载功能和持续发展。

(一)辩证把握"输血"和"造血"的关系

功能型平台首要任务就是围绕行业或产业共性问题针对性地提供科技成果转移转化服务,这类服务提供具有公共产品特征,并不以营利为目的,体现了平台蕴含的特定公益属性,必须坚持政府主导。在平台成立初期,靠"自然生长"很难长大,政府必要的"输血"性财政投入和政策扶持就显得格外重要。

随着功能型平台逐渐发展成熟,共性化的市场服务供给能力和社会各方资源协同能力的不断增强,收入会渐次增加,财政支持的资金在总收入里的比重会下降,市场化运作特征逐步显现。因此,不断增强市场化服务和技术许可能力,是实现财政投入"退坡"机制的保证,也是实现功能型平台自我造血能力和可持续发展的根本途径。

(二)创新采用企业化的运作模式

石墨烯平台采用企业化运作模式,依托超碳公司进行运营,实行董事会领导下的总经理负责制,董事会为平台决策机构。运用市场化机制公开选拔聘用具有专业背景和丰富管理经验的人员组成管理团队,高级管理人员拥有几十年科技项目管理经验及科技项目实施经验。工程技术团队全面实施社会化招聘、企业化管理的用人机制，吸引和集聚了一批优秀的工程技术人员为中试研发基地、分析检测中心提供专业化的工程技术服务。此外，依托超碳公司运用市场化方式大力引入多元投资机制，加强技术与资本的对接，积极吸引社会力量参与，同时为整个市场化运作探索可行有效的治理架构。这样，功能型平台的运行就变得更加灵活、更具活力、更有效率，造血功能和可持续发展能力就变得更有基础、更有保障。

（三）灵活构建多样化的项目推进机制

石墨烯平台作为决策主体，通过多样化的项目推进机制，与高校院所、企业合作，开展单边、双边或多边技术攻关和产品开发。科研团队和企业可向石墨烯平台申请项目，石墨烯平台也可联合科研团队和企业开展合作攻关项目。项目类型有：①成果转化项目。以市场需求为主导，石墨烯平台与高校院所共同开展实验室技术中试转化，形成石墨烯应用（集成）技术或中试产品。②企业定制项目。由企业提出项目需求和目标，石墨烯平台开展定制化研发服务，包括实验室研发、中试工艺开发、小批量生产等。③共性技术研发项目。项目需求由石墨烯平台提出，联合石墨烯生产、应用、设备等企业，共享研发经费、科研人员、知识产权基础上，攻克产业发展面临的共性核心技术。

针对多样化的项目类型，石墨烯平台或参与成果转化收益分配，或适当服务收费，或资助研发经费，从而在一定程度上实现功能型平台提供服务的公益性与自我造血的市场化运营的协调和平衡，既实现助推科技成果的转化，又探索功能型平台逐步向能够自我造血的企业的转型。

当然，具有全球视野，高起点引入国际优质创新资源，不断提升行业影响力和区域辐射力，也是石墨烯平台的一大特色。

 专家点评

上海市委市政府着力打造的"研发与转化功能型平台"是基于上海作为长三角区域的核心枢纽和牵引，对长三角一体化的综合产业布局起着至关重要带动作用的战略举措。新型平台的基本功能在于研发，核心能力在于转化，即打通产业化"最后一公里"，实现"平台促科技，平台带产业"。

长期以来，科技成果转化一直困扰着我国高新技术产业的健康、快速发展，国家和地方政府都在进行着多种方式、模式的探索。上海石墨烯"研发与转化功能型平台"是一种有益的尝试，并取得了丰硕的成果和经验，值得推广。

石墨烯在我国被确定为"战略前沿材料"，被寄予成为新一轮产业升级和科技革命的"新的赛道"的厚望。与其他产业不同的是，石墨烯作为基础材料，应用领域广泛，产业应用集中度较低，石墨烯研发与转化功能型平台在积极借鉴世界一流研发平台的基础上，以解决行业共性问题为切入，积极支持研发机构和企业瞄准实际的应用进行精准研发，同时组建市场化、专业化的服务团队，配套研发服务（实验、测试、信息等）平台，转化服务（中试、标准、认证等）平台，通过引入社会多元投入机制，实行技术和管理双轮驱动的企业化运作模式，以项目形式确定成果归属和利益分配以及退出机制等，积极探索符合中国国情的体制机制创新模式。

目前，从全球石墨烯研发及产业领域角度来看，上海石墨烯研发与转化功能型平台是唯一能够提供石墨烯研发及产业创新服务的平台。期望通过这个平台的成功运行，围绕石墨烯高端应用技术、产品开发，聚集全球石墨烯创新团队，结合长三角区域产业、人才、经济优势，实现先进技术孵化、高端人才培养、头部企业集聚，引领未来全球石墨烯产业创新高地，助推上海全面建成具有全球影响力的科技创新中心。

点评专家

李义春，博士，中国石墨烯产业技术创新战略联盟秘书长，国家新材料专家组委员。

思考题

1. 结合本案例，谈谈新型研发平台在助力打通科研成果转化的"最后一公里"方面，究竟"新"在何处。
2. 石墨烯平台在体制机制上进行了哪些创新，对于同类平台的运作可提供哪些借鉴经验？
3. 功能型平台的建设要坚持政府主导、社会参与、市场化运作。结合本案例，谈谈功能型平台这类新型研发机构如何在公益性和营利性双轮驱动中实现可持续发展。

创业者小传

梁勇，上海超碳石墨烯产业技术有限公司董事长兼总经理。

男，汉族，1964年11月出生。1987年7月于山东大学技术光学专业本科毕业。

担任上海市宝山区人大代表、宝山区科协副主席，以及上海市公共研发服务平台评审专家、中国石墨烯产业技术创新战略联盟产业应用专家委员等社会职务。

曾长期任职于上海电缆研究所，担任科技与质量办公室主任、军品办主任，上海智能电缆有限公司副总经理，分别负责搭建和推进国家高压和特种线缆技术创新服务平台、国家技术转移示范机构和上海智能电缆科技园等。

后　记

本书是在全市上下深入贯彻落实习近平总书记考察上海重要讲话和在浦东开发开放 30 周年庆祝大会上重要讲话精神，全面深化"五个中心"建设，着力强化全球资源配置、科技创新策源、高端产业引领、开放枢纽门户"四大功能"，全力推动浦东高水平改革开放，持续提升城市能级和核心竞争力的大背景下开展研究、编纂出版的。我们认为，在庆祝中国共产党成立 100 周年之际，为更好地服务上海建设具有全球影响力的科技创新中心，主动对科创中心建设成果进行充分挖掘，形成一批生动具体、鲜活管用的攻坚克难典型案例，对于更有效地复制推广创新创业经验，生动展示上海城市软实力，持续放大党领导的全面深化改革效应具有重要意义。

2020 年 5 月，在本市有关部门的直接指导下，上海市委党校（上海行政学院）毛军权教授牵头对上海提出建设具有全球影响力的科技创新中心以来民营科技企业创新创业成果进行深度挖掘和提炼，力争把社会反响好、企业自身获得感强的优秀民营科技企业形成案例。我们深入企业和一线部门进行调研走访 30 余次，同时组织召开了多场次座谈会，尽可能获取一手鲜活素材。为保证案例的价值和质量，我们还邀请来自市内外的各方面专家，组织召开了 25 场次专家咨询评审会，并根据专家意见分别对入选的 22 个案例（排名不分先后）逐一多次进行修改完善。为尽可能完整地展现这些民营科技企业创新创业的成功经验，最终形成的每个案例文本由"背景情况""主要做法""经验启示""专家点评""思考题"5 个板块构成，同时增添了"创业者小传""扫一扫，看视频"等栏目。

这里要特别告诉读者的是，入选本书的企业案例总体上体现出"聚焦重点产业""强调科技赋能""关注综合效益"等特点，除此之外，为了充分彰显上海民营企业党建"硬核"力量，我们还格外强调"突出党建引领"这个维度。入选企业全部建立了党的基层组织，有的企业系党委建制，还有的承担了行业或产业链上党组织建设的牵头责任，实现了党的组织和党的工作全覆盖，切实把"党的建设"和"社会责任"嵌入企业治理，探索形成了党建引领民营企业高质量发展的诸多好经验、好做法。比如，泰坦科技"党建引领企业文化建设"、波克科技"党建赋能业务创新"等经验做法引起了各方高度关注，高顿教育入选中央党校"新时代民营企业党建典型案例"。

本书由上海市委组织部、上海市教卫工作党委、上海科创办共同指导编写，列入上海市委党校（上海行政学院）重点教材。上海市委统战部、上海市教委、上海市科委、上海市人社局、中国浦东干部学院、复旦大学、上海交通大学、华东师范大学、解放日报社、新民晚报社以及上海各区等近40家相关单位的专家，共同参与书中案例的推荐遴选和咨询评审工作。曾任上海对外贸易学院教授、院长，全国工商联副主席、上海市政协副主席、上海市工商联主席，第十一、十二届全国政协常委的著名经济学家王新奎先生欣然为本书作序。包括多位两院院士在内的22名专家学者和行业权威人士分别对书中相关案例做了点评。在编选过程中，有关单位和企业提供了有力支持，尤其是案例企业对于相关案例素材的提交、补充、核查等各项要求，有求必应、不厌其烦。在此，我们对这些单位、专家学者和行业权威人士，以及相关同志表示诚挚的敬意和衷心的感谢！

本书由毛军权教授具体策划，牵头实施案例调研和遴选评审、设计全书整体框架和结构体例并承担案例研究编撰及最终定稿工作。陈思副教授全程参与了全书案例研究编撰，同时协助完成相关工作，并担任本书副主编。本书的编写及出版得到了上海市委党校（上海行政学院）校委领导班子的高度重视和大力支持，尤其是两任常务副校（院）长沈炜同志、徐建刚同志给予亲切关心，郭庆松教授、曾峻教授对研编工作进行具体指导。复旦大学出版社、上海教育电视台为本书的出版付出了大量的心血，做了许多具体而极其细致的工作。同时，本书出版得到了上海张江国家自主创新示范区专项发展资金"十三五"重大项目资助。在此，我们也对这些单位和同志一并表示诚挚的敬意和衷心的感谢！

后 记

研究编撰民营科技企业创新创业案例并出版相关成果，这一工作本身也是一次创新性探索。尽管我们已经为此投入了大量的时间和精力，但限于水平和条件，书中难免会有疏漏和错讹之处。敬请广大读者对本书提出宝贵意见，我们将认真对待、积极吸收每一条意见建议，以便把这项服务于新时代新征程创新创业实践的工作做得更好。

编 者

2021 年 6 月

补记

经上海市委组织部推荐，2022 年 3 月，本书荣幸地入选全国干部教育培训好教材。本次好教材的评选，由中央组织部会同有关部门组成专家组集中审核推荐，全国仅有 45 种教材入选。这份殊荣既是对本书研究成果尤其是点评专家真知灼见的认可，又是对全体编写人员付出努力的肯定，更是对书中所有案例企业的莫大鼓舞。

"大鹏一日同风起，扶摇直上九万里。"我们坚信，在党和国家的亲切关怀和大力支持下，新征程上上海市乃至全国必将会涌现出更多充满活力的优秀民营科技企业，期待它们在创新创业的大道上攻坚克难再出彩、砥砺奋进再出发，不断创造出新的更大奇迹。

编 者

2022 年 7 月

图书在版编目(CIP)数据

创新创业　活力四射:新时代上海创新型企业攻坚克难实践案例/毛军权主编. —上海:复旦大学出版社, 2021.6(2023.5 重印)
ISBN 978-7-309-15756-7

Ⅰ.①创… Ⅱ.①毛… Ⅲ.①企业创新-案例-中国 Ⅳ.①F279.23

中国版本图书馆 CIP 数据核字(2021)第 106552 号

创新创业　活力四射:新时代上海创新型企业攻坚克难实践案例
CHUANGXIN CHUANGYE HUOLI SISHE：XINSHIDAI SHANGHAI CHUANGXINXING QIYE GONGJIAN KE'NAN SHIJIAN ANLI
毛军权　主编
责任编辑/王雅楠

复旦大学出版社有限公司出版发行
上海市国权路 579 号　邮编:200433
网址:fupnet@fudanpress.com　http://www.fudanpress.com
门市零售:86-21-65102580　团体订购:86-21-65104505
出版部电话:86-21-65642845
上海丽佳制版印刷有限公司

开本 787×1092　1/16　印张 33.25　字数 488 千
2021 年 6 月第 1 版
2023 年 5 月第 1 版第 6 次印刷
印数 18 001—18 800

ISBN 978-7-309-15756-7/F·2803
定价:120.00 元

如有印装质量问题,请向复旦大学出版社有限公司出版部调换。
版权所有　侵权必究